李光耀

韓福光 朱萊達 蔡美芬 林惠敏 劉意慶 林悅忻 陳子敬

硬道理

新加坡賴以生存的

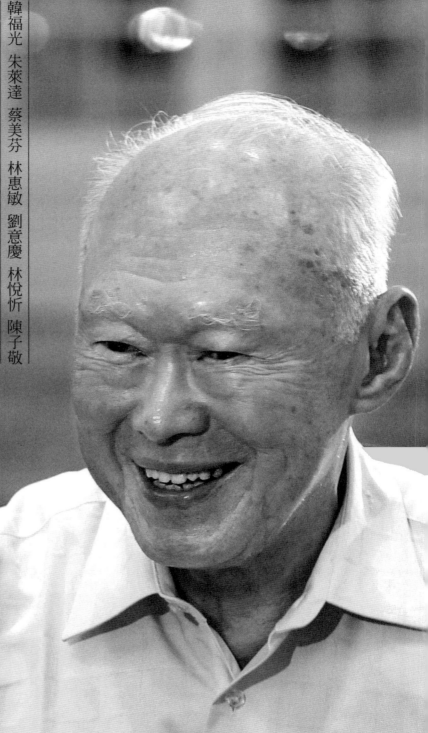

Lee Kuan Yew-Hard Truths to Keep Singapore Going

內閣資政李光耀這32小時的訪談是空前的直率，課題的多元性也是空前絕後的。訪談錄給予美國人獨特的機會，了解這名超凡政治家如何引領一個小城邦，掙脫殖民地時代的枷鎖和從二戰日據時期的廢墟中浴火重生，崛起成為今天的世界經濟強國和一流國家。

　　自從李光耀為了一次演講來到哈佛，我就和他相熟，至今已經有整45年了。我非常仰慕和敬佩他，並可以毫不含糊地聲明，我認為他是過去半個世紀以來最能幹、最有遠見、最具分析力的國際領袖之一。李光耀高瞻遠矚，答應接受這些非常私人的訪談，是為了教育下一代，因為他們太年輕了，沒能經歷新加坡艱難的歷史，無法體會他必須作出的艱難抉擇。這些抉擇，也將是他們以後必須面對的。所有國家可以從這本可讀性高又具啟發性的書中吸取寶貴的經驗。

　　　　　　　　——美國國務卿（*1973年至1977年*）亨利・季辛吉博士

　　在亞洲所有政治領袖中，內閣資政李光耀是我最珍惜的知交，也是我極度敬重的一個人。我擔任日本首相出席七國集團會議前，會和李光耀總理會談，收集他對亞洲課題的見解與看法，作為參考。他對亞洲政治非常入微的洞察力和分析能力，一向都非常意味深長，難能可貴。

　　　　　　　　——日本首相（*1982年至1987年*）中曾根康弘

　　《李光耀：新加坡賴以生存的硬道理》難得把讀者引入這位傑出領袖和政治家的思緒。在這一系列新的訪談中，內閣資政李光耀坦率地針對新加坡在其所處的快速變化而又充滿挑戰性的世界環境中應當扮演的角色，分享了他的智慧與憂慮。本書反映了他堅定不移的觀點，即繁榮和可持續發展的未來，必須借鑒過去的經驗和教訓。

　　　　　　　　——美國總統（*1993年至2001年*）比爾・柯林頓

李光耀一直都對新加坡、新加坡人民、新加坡的前途和與鄰國的關係充滿感情。這樣的情感驅使他把新加坡發展成一個活力充沛，又對世界有價值的國家，而為此他致力於塑造年輕新加坡人的思想。這本新書反映了他的思想，必定會掀起對新加坡前途的討論。

　　　　——馬來西亞財政部長（*1984*年至*1991*年，*1999*年至*2001*年）

　　　　　　　　　　　　　　　　　　　　　　敦達因・再努丁

李光耀是新加坡成功故事的象徵。他把新加坡從一個落後的貿易港蛻變成一個繁榮國家，在世界的影響力遠超出國家面積的比例。他的思想具啟發性又務實，為世界各國的發展提供了寶貴的參考。李光耀以清晰、坦白和有力的字眼，講出了他的看法。這肯定會對讀者產生強大而持久的影響。

　　　　　　　　——韓國總統（*2008*年至今）李明博

我非常尊敬前總理李光耀。他是我認識的最聰明最有效力的世界領袖之一。他也是我重視的朋友。李資政把新加坡治理得非常好，加上他的看法在新加坡以外受到尊敬。他確實是一位名副其實的世界領袖。

　　　　　——美國總統（*1989*年至*1993*年）喬治・H・W・布希

我是在70年代認識李光耀。那時他的朋友都稱呼他哈里。當我和哈里交談或閱讀他的演講、訪談或信件時，總是被他對世界政策和經濟的率直概觀和可靠判斷留下深刻印象。很多時候，他獨到的慧眼令我讚歎不已。我也被李光耀所宣導的亞洲價值觀，特別是儒家文化傳統所吸引。李光耀隨著年齡的增長，越加認同儒家的治國理念。受到李光耀的啟發，我開始鑽研儒家思想。

我佩服李光耀過去幾十年來為新加坡取得不可思議的偉大經濟成就。我和我的妻子非常欽佩這位朋友一生的成就。

　　　　——德國總理（*1974*年至*1982*年）赫爾穆特・施密特

我對李光耀先生充滿最高的敬意。他體現了偉大政治家應有的最高品質。我常形容他是一位聖人。無論你的職責高低，你總是能夠從他身上得到啟發。我在1995年5月當選法國總統後，選擇到新加坡進行我對亞洲的首次官方訪問。那時是1996年2月。我非常讚賞內閣資政的非凡成就，他使新加坡這個小城邦成為全亞洲繁榮與穩定的交匯點。我經常與李光耀見面。我們這些年來的對話，使我獲益不淺。謹以我的友誼和敬仰向他致意。

——法國總統（*1995*年至*2007*年）雅各·席哈克

李光耀有如一盞照明燈，把你吸引到新加坡欣賞它驚人的成就。如果你有幸和這位偉人相處，那就不止這些了。當他講話時，無論場合大小，全場鴉雀無聲。大家把注意力全副投向李光耀，因為他們一致認同他過人的才智、獨到的判斷和強有力的領導。他堅信問責制、包括克己復禮。他說到做到，言行一致。

他為自己設下非常高的標準，也確保新加坡這麼做。新加坡的目標是把所有事情都辦好。作為一個小城邦，新加坡成功地精選和打造了卓越的本土和國際企業，發揮所長。它經營世界最優秀的航空公司。它擁有卓越的醫療制度。它的胡姬花園成了國際典範。新加坡通過維持一支小而強悍的軍隊自保自衛，發揮有效的威懾力量。

我很高興有這機會表達我對老朋友的讚賞，我從他身上學到了很多，我們多年的友誼一直是我靈感的泉源。

——美國國務卿（*1982*年至*1989*年）喬治·舒爾茨

李光耀的言行印證了他是當代最偉大的領袖之一。他也非常有啟發性。每當我們見面，即使我不認同他的看法時，我還是不斷從他身上學習。這本書便是一個很好的例子。

——哈佛大學卓越教授、
《軟硬兼施的巧實力》作者約瑟夫·奈博士

年輕新加坡人如何看李光耀？

本書讓我們清楚認識這位被公認是歷史上最優秀的政治家之一的深厚底蘊。人們對李資政的了解往往流於表面，但追根究底只能怪他們不求甚解。本書讓大家重新認識李資政，而眼光敏銳的人則可從中重新審視新加坡人的精神面貌。本書可說是至今關於李光耀的最透徹著作。

——譚業龍，*27歲*，銀行界專業人士

對一個在國外長大的人而言，本書引人入勝地介紹了李資政的一生及其思想。問答錄讓我感覺自己好像置身在對話之中。資政真誠嘗試與我們分享他的生活經驗，讓我們不再覺得他是那麼遙不可及。他提出許許多多的忠告，我們應該好自為之。

——陳淑燕，*30歲*，助理人力資源經理

本書有別於其他關於李資政的著作，因為它向這位政壇元老提出一系列清新、率直又尖銳的問題，從開放政治制度到媒體自由等等，資政就像一位大理論家，以他獨有的坦率方式維護他的立場。本書值得一讀。

——莫哈末・法若・歐思曼，*21歲*，國大生

資政了解我們這一代人中，有不少勇於通過音樂、服飾或性取向來表達個性的人。他好像隨著年齡的增長而更通情達理，了解到時代已經不同了。

——陳玉蘋，*23歲*，國大生

李光耀依然滿腔熱血，令我深受感動，我想或許因為李光耀不受任何政治或經濟理論束縛，所以他能帶領新加坡從第三世界晉身第一世界。本書強烈反映了李光耀不畏艱險，領導新加坡前進的精神。我不禁懷疑，當

今領導團隊中是否也有如此可敬可畏、充滿幹勁和抱負的領袖。

——馬哈施·賴爾，*26歲*，律師

問答錄的方式令我想起最近李光耀接受查理·羅斯的訪問，我覺得那次訪談非常坦率、真誠，而且更重要的是那是一個直播對話。它把焦點集中在收入不平等的課題，以及他對平等主義和外來人才政策的看法，而這些正好是國人尤其是年輕一代最關切的課題。

——張立中，*24歲*，互聯網起步公司合夥創辦人

訪談把他塑造成洞察先機的智者或未來學家，他的見解非常坦率、堅定而發人深思，反映了他個人和政府的想法。可惜他的很多言論往往流於主觀，令人很難照單全收。

——周翔，*27歲*，學生

本書告訴我們資政身為公眾人物，如何在公務與家庭之間取得平衡。他談到子女的成就時就像他那個時代典型的父親，他疼愛孩子（和孫子），卻也給了他們自由發展的空間，而他對妻子的愛更是堅貞不渝。

——郭秋齡，*28歲*，自雇人士

非常引人入勝。書中穿插了資政的生活逸事，反映了他也有脆弱的一面。我很驚訝資政的回憶錄竟會展現出其人性的一面。

——南尼·伊麗安娜，*32歲*，公關顧問

本書展現出他罕見的一面：讓讀者對他的為人認識多一點，而不僅僅是大家比較熟悉的領袖、政治家、思想家。關於家庭的章節讓我笑中有

淚。李資政在書中說，一個從政者的個人生活與他領導國家的本事並不相干，我倒覺得正好相反，人們其實很想知道他們領袖真正的性格，以便對他們作出較完整的判斷。本書早就應該出版，我很高興現在它終於面世。

——陳素敏，*28歲*，記者

我的家人永遠記得新加坡為國民製造了許多機會，就連最不幸的也能受惠，包括我的父母。他們錯過了受高深教育的機會，也從沒想到有這麼一天竟有能力把我和哥哥送到國外深造。他們對國家的愛，以及對政府的自豪感，令我深深感動。

——陳慧玲，*22歲*，新南威爾斯大學學生

新加坡是我的家園，我永遠以它為榮，雖然我們是個小島國，我們擁有欣欣向榮的工業和青春煥發的精神面貌。新加坡在我的心中永遠佔據著一個很特別的位置，我對新加坡的艱苦出身和獨立建國的奮鬥歷程認識越多，我對國家的感情和認同也隨著歲月而增強。

——陳奕伶，*15歲*，萊佛士女校

謹以此書紀念
柯玉芝

目錄

李光耀
新加坡賴以生存的硬道理

前言

　　讀者看到本書的第一個反應可能是：「怎麼又是一本關於李光耀的書？」畢竟關於新加坡最出名領袖的書籍已多不勝數，包括分別在1998年和2000年出版的《李光耀回憶錄》上下集。仰慕他的人寫書褒揚他的政治遺產，反對他的人則將它們埋葬。總之，市面上好像沒多少空間容得下多一本關於內閣資政的書籍。

　　我們著手寫這本書，主要原因是人們對新加坡的治政雖已達致廣泛共識，有好些課題依然激起不休的爭辯。我們覺得過去關於他的書，無一廣泛討論這許多敏感課題。因此，我們決定選擇性聚焦在比較具爭議的課題，從中深入探討李光耀思想中引起最多疑問和異議的觀點。

　　誠然，李光耀本人也開始意識到，年輕一代的新加坡人不再把他的觀點放在眼裏，不像年長國民在動盪不寧的建國過程中堅定不移地響應他的號召。他要找個方式與年輕一代溝通。於是，2008年8月底的一個晚上，他撥電給《海峽時報》總編輯韓福光，告訴他自己正動筆寫一本書。新書類似自己的回憶錄的第三部。他已寫好了幾個章節的初稿，想聽聽韓福光的意見。儘管李光耀想要在書中表達他的思想和心得，韓福光和他的同事向李光耀建議，以不同於回憶錄的方式來撰寫：通過一系列訪談，讓他表達影響他治理新加坡的主要信念。以直接交鋒的表達方式，讓這些想法更加尖銳化。我們還可以集中探討那些輿論開始轉變的課題。李光耀爽快答應。當韓福光花了一個星期思考建議的細節時，李光耀還迫不及待、發電郵催促：「別等到你的腳下長滿了雜草。」

　　為了這本書，李光耀破例撥出不少時間受訪。他從2008年12月到2009年10月，接受《海峽時報》七名記者的16次深入採訪。每一次的訪談都被完完整整地拍攝下來。我們意識到，這是深入探問關於他的觀點的難得機會。為了琢磨我們的問題，我們不只參考其他作者對他的評價，還和學者舉行一系列的訪問和小組討論會。

　　訪問李光耀的過程充滿挑戰，討論常常陷入僵局，歷時數小時。李光耀斬釘截鐵地堅持他的立場，有時把我們較尖銳的問題看成我們對他的政治遺產存有偏見。在這種情況下，他會武裝起自己準備應戰。探索性的問題則比較好辦。不過，自始至終，他都非常坦白和直率。他時而詞鋒銳利，時而豪爽地回答形形色色的問題，從政治理論到個人瑣事（「你相不相信風水？」便是其中一個例子）。他在給作者們的一則電郵中寫道：「不要怕，尖銳的問題也可以問。我同意接受你們的建議，因為你們說了，這樣（交鋒的方式）才會吸引很多讀者。我希望把我結合了50年經驗的觀點傳承下去，不管人們認同與否。」

　　訪談的內容結集成11個章節，每一章以問答形式原汁原味地呈現訪談的內容，只經過稍微修飾來使行文流暢清晰。我們的目的是要讓李光耀現身說法。

　　我們也嘗試向李光耀傳達年輕一代的觀點，反映出太年輕的一代人，根本對李光耀當總理的年代毫無印象。換言之，他們是前人種樹，後人納涼的受益者。

　　本書不是學術著作，也未必完整表達了他的思想。它的目的在於不偏不倚、用他自己的話，記錄他的觀點。李光耀的回憶錄出版至今已十年，本書也嘗試反映這十年來已發生的環球變化。從這方面而言，這本書是回憶錄的延伸版。我們挑戰李光耀對當今世界熱門課題，如氣候變化、中國崛起和宗教極端化的看法。十年前，這些課題還沒引起公眾的興趣，今時今日卻至關重要。同樣的，某些課題的一般看法也已經轉變，如經濟增長、新加坡的福利架構和外來人口的增加。面對新的情勢，我們有必要重新探討與檢驗李光耀的想法。

　　有時候，他語出驚人。也有些答案則是他以不同方式複述他出了名的堅定信念。李光耀對他的核心思想絕不動搖。

　　對他來說，新加坡作為一個現代民族國家，其脆弱性顯而易見，有必要擁有強大的政府來保障它的存在。他也認為，太過依賴政府會扼殺個人的志氣，削弱人們奮發向上的進取心。因此，政府不應該過度供給，而是

一定要定下政策維持競爭力優勢。這些「硬道理」是新加坡政策的基石，是年輕一代必須接受的事實，這樣新加坡才能繼續生存。

總而言之，讀者會發現他的想法發人深省，甚至具有爭議性。本書也揭示李光耀個人的一面。他在訪談中真誠坦然地談他的家庭生活。我們突出李光耀思想中最具爭議的一面，同時呈現政治強人背後人性的一面，為讀者帶來李光耀生平與思想的獨特寫照。

最後，閱讀本書還有一個更重要的理由：了解李光耀等於了解新加坡的過去和現在，而我們膽敢推測，他也可幫助我們了解新加坡的未來。

鳴謝

　　本書不只是七名作者合作的成果。超過200名新加坡人欣然撥出時間和精力，與我們辯論他們認為今時今日對新加坡重要的課題。他們深思熟慮、積極與直率。他們的奉獻精神是新加坡的希望。我們由衷感謝他們，包括林悅忻與陳子敬所訪問的年輕人，我們從他們那裏收集問題問李光耀。

　　我們也感激新加坡報業控股的支持。當我們把精力集中在完成本書時，《海峽時報》的同事幫助我們肩負起新聞室的工作，對於他們的犧牲，我們特別感激。有些如葉添博、張溫期、白勝暉和賈納達斯‧蒂凡，則閱讀初稿並給予建設性的評語。曾參與《李光耀回憶錄》的前集團總編輯張業成，針對本書如何開拓新天地提出了看法。

　　我們由衷感謝不辭勞苦的幕後團隊——設計師林碧茵、攝影主任姚翠琳、審稿編輯琳達‧柯林斯，以及攝影記者肯布拉祖‧坦加拉詹和古瑪。也謝謝海峽時報出版社的邱佩珍和羅淑華，在超短的時間內完成任務。

　　我們也要感謝李瑋玲把家庭相簿借給我們，並允許我們獨家刊登從未公開過的家庭照片。

　　更重要的，本書還得歸功於李光耀資政給予我們絕大信任，接受我們的建議，通過對談以問答形式呈現本書。

　　合作歸合作，本書若有任何缺點，文責作者自負。

序

　　長期以來，我對新加坡的憂慮是年輕一代，尤其是35歲以下的人沒有經歷過艱險的經濟困境，因此不了解我們所面對的來自鄰國的威脅。比如，1991年8月9日我們慶祝國慶日當天，馬來西亞和印尼的武裝部隊在哥打丁宜舉行聯合軍事演習，還進行空降操練。結果，我們一邊舉行國慶日檢閱禮，一邊動員我們的軍隊。我不認為他們有侵略我們的意圖，而是要嚇唬與提醒我們，乖乖接受我們在區域秩序中位居老么的現實。我們需要一支精悍、強大與能幹的新加坡武裝部隊，不只是保家衛國，必要時還可以還擊。如果沒有如此強大的武裝部隊，我們面對來自馬來西亞和印尼的各種壓力時，將不堪一擊。

　　要維持這樣的武裝部隊，我們的經濟必須紮實，才不至於輕易受到外來危機衝擊。我們的經濟架構和它所吸引的服務業和工業領域必須不斷更新，為教育程度不斷提高的國民提供更高技能的就業機會。我們已成功吸引投資，所以必須從馬來西亞、中國、印度和區域引進移民和外勞。如果沒有這些移民和外勞，經濟機遇將與我們擦肩而過。錯過這些投資機會是愚不可及的。每一項重大投資都在鞏固與開拓我們的經濟層面，萬一任何一個領域蕭條，我們才不至於深受打擊。

　　經濟和國防環環相扣。沒有強勁的經濟增長，我們將無法維持第三代武裝部隊，也無法每幾年就更新導彈、軍艦、戰鬥機和潛水艇的裝備。我們必須確保進出新加坡的海道通行無阻，因此擁有強盛的海軍至關重要。

　　這些課題都很敏感，我們不能暢所欲言，免得激怒我們的鄰居。不過，千萬別忘記，我們越繁榮昌盛，我們所處區域的人將會越加提防我們。我們的城市風景線變化無窮。我們如今擁有世界上最璀璨的市中心之一，足以媲美威尼斯的濱海廣場。這是兩位著名城市規劃師日本的丹下健三與中國（及美國）的貝聿銘建議我們這麼做的成果。我們採納他們獨特的建議，為濱海灣地段填土，把濱海灣縮小好讓兩岸可相對望，成為吸引

人潮的都市廣場，而不是空曠的海灣。

我為我的第三部回憶錄動筆寫了幾個章節，想提醒年輕一代，一旦我們的經濟或軍隊變得脆弱，我們將岌岌可危。我們安全，因為我們紮實強壯。

我把寫好的幾個章節給韓福光閱讀。他回應我說，如果我以這個方式表達我的想法，年輕一代會說：「啊，又是老調重彈。」他和他的同事建議，由他們向年輕一代收集意見，把這一代人的疑惑綜合起來，同我做個不設限的訪談。他們建議讓他們敢問這些尖銳問題，看我如何對答。

我希望這本書達到這個目標。我分幾個月花上許多時間受訪。作者們以問答方式呈現本書，是為了原汁原味地保留我的答案。我要傳達的主要信息是：如果你認為我這只是在老調重彈，那你將來可能後悔莫及。我經歷過區域與世界上許許多多經濟和政治風浪。它們塑造我思想中一些不變的基本道理，如果我們忘記或忽視的話，那將咎由自取。

沒有強大的經濟，哪來強大的國防力量。沒有強大的國防力量，也就沒有新加坡。新加坡會淪為附屬國，受到鄰居恐嚇和欺凌。人口只有400多萬的小島國要維持強大的經濟與國防力量，需要最能幹、最有獻身精神及最經得起考驗的人來領導政府。隨著選民教育程度越來越高、自信心越來越強，並認為新加坡已經打下了結實的基礎而不復從前的脆弱，這項任務就越加複雜艱難。無論如何，只有最好的團隊才能肩負起領導與保障新加坡的責任，這是不變的事實。

李光耀

新加坡 2010 年 8 月

1955年8月17日，李光耀在人民行動黨於花拉公園舉行的群眾大會上，號召民眾支持獨立。

1950年12月11日，新加坡發生瑪莉亞暴動事件，群眾在政府大廈廣場示威抗議。

1955年福利巴士工潮中，員警與示威的學生和罷工工友在亞歷山大路和中峇魯起衝突。

員警在1954年「五一三事件」的華校生反殖民地政府學潮中維持秩序。

李光耀和內閣成員在1959年6
月5日宣誓就職後合影。左起
吳慶瑞，杜進才、楊玉麟、李
光耀、王永元、王邦文。

1962年9月，新加坡舉行公投表決是否
與馬來西亞合併，財政部長吳慶瑞、
副總理杜進才和總理李光耀在新加坡
羽球館計票中心合影。

李光耀參與1959年
11月展開的一星期
全民大掃除運動，
拿起水龍帶清洗正
祝街。

東姑針對馬來西亞課題前往倫敦與英國部長會談前夕，李光耀慷慨激昂號召群眾。

芳林區在1961年4月
29日舉行補選，李光
耀沿家挨戶為人民行
動黨拉票。

李光耀在1962年11月24日
到裕廊下鄉探訪民情。

李光耀於1963年1月12日走訪甘榜景萬岸選區。

李光耀和林金山在1963年觀賞廣東民路組屋區的模型。

李光耀於1963年種下第一棵樹為標誌，啟動了他大力宣導的新加坡植樹運動。

李光耀出席女皇鎮於2007年舉辦的植樹節活動。他每年都特地出席他所屬的丹戎巴葛區的植樹節活動。

李光耀在1963年7月28日走訪實乞納時和小孩及他們的家長握手。

李光耀在1963年走訪甘榜
景萬岸。

1963年9月10日，李光耀發表演說，告誡新加
坡海港局員工不要和共產黨人「共舞」。

1963年9月大選告捷後，李光耀於10月19日宣誓就任新加坡總理。

1963年11月16日芽籠大火，2000名居民無家可歸。李光耀和內政部兼社會事務部部長奧斯曼渥事後巡視火災現場。

李光耀在1964年5月10日探訪即將發展成裕廊工業區的工地，了解新加坡經濟的需求。

李光耀在1964年8月7日走訪南部島嶼五個小時，並發表演講。

李光耀在1965年1月24日走訪榜鵝區時受到甘榜居民的熱烈歡迎。

1965年8月9日，在新加坡最具歷史性的一刻，李光耀在電視轉播的記者會上宣布新馬分家時落淚。

李光耀、李夫人和巴克在1965年10月23日為人民行動黨位於巴慕樂路的東陵支部主持開幕。

李光耀在1965年11月8日在艾佛頓園組屋區開幕時拜訪居民。

義安學院學生在1966年示威中阻礙珠烈街的交通。

李光耀在1963年8月7日走訪
四排埔選區時參觀佛廟。

李光耀出席聖若瑟書院在1967年5月
15日舉行的校慶典禮。

李光耀在1967年
與芽籠士乃的馬
來居民共餐。

李光耀一度熱衷於高爾夫球。這是1966年4月，他與英國前首相哈樂德·威爾遜在其官方鄉間別墅契克斯一起揮桿打高爾夫球。

1968年1月9日，李光耀與（左起）拉惹勒南、杜進才和吳慶瑞，在政府大廈同英國共和聯邦事務部長喬治·湯姆森開會商討英軍撤離區域的事宜。

李光耀於1968年6月18日在裕廊巴西拉巴軍營檢閱新加坡武裝部隊訓練學院的儀仗隊。

英國保守黨領袖愛德華‧希思在1970年1月7日於政府大廈同李光耀會談。他在同年6月出任英國首相。

1972年9月2日，李光耀在午前走訪他的選區的投票站時，來自顏永成學校的拉瑪克里斯南向他索取簽名留念。他欣然答應。

丹戎巴葛區的行動黨候選人李光耀，在1972年8月23日抵達新加坡理工學院提名中心時向支持者揮手示意。

1976年5月12日，李光耀同毛澤東在他位於北京的住所會晤。

李光耀與他最敬佩的政治家之一鄧小平首次會面。鄧小平當時擔任中國副總理，在1978年11月對新加坡進行官方訪問。

（上圖）1976年大選，總理李光耀在12月20日浮爾頓廣場舉行的午間群眾大會演講。

（下圖）外交部長拉惹勒南挖苦反對黨時，臺上的人聽了忍俊不禁。

印尼總統蘇哈托於1982年9月7日在雅加達機場盛情歡迎李光耀。

1984年11月26日，馬來西亞新任最高元首——柔佛蘇丹馬哈茂德·依士干達與元首后帶領著李光耀、李夫人和其他皇室成員步入柔佛大皇宮宴會廳。

1985年10月8日，美國總統雷根、李光耀總理、雷根夫人和李夫人前往出席國宴前，在華盛頓白宮的梯級前合影。

李光耀在美國進行官方訪問時，於1985年10月9日在華盛頓向美國國會兩院聯合議會發表演說。站在他後面的是當時的美國副總統兼參議院議長喬治·布希，以及眾議院議長提普·歐尼爾。

英國首相「鐵娘子」柴契爾夫人，在1988年7月31日與李光耀和副總理吳作棟在
總統府共餐。

超過30名報章與電視攝影記者耐心等著捕捉日本首相中曾根康弘和總理李光耀在東
京首相官邸握手的畫面。那時是1986年10月16日，李光耀到日本進行七天的官方訪
問。

李光耀在1992年10月12日問候好友、前美國國務卿喬治·舒爾茨。

總理吳作棟和資政李光耀在1992年合影。

一切從這裡開始：成立人民行動黨的概念是在李光耀於歐思禮路住家的地下室發起的。包括工運領袖、教師、律師和記者在內的創黨元老，就在這裡討論成立新左派政黨的計畫。

資政李光耀在1996年12月30日於大華銀行大廈舉行的午間群眾大會上發言。坐在他背後的是（左起）陳惠華、陳慶炎和李顯龍。

2004年8月11日，李資政（左四）出席總理吳作棟卸下總理職務前的最後一次內閣會議。左起：內閣成員姚照東、張志賢、陳慶炎、李光耀、楊榮文、馬寶山、賈古瑪、李文獻、黃永宏、李文吉、巴拉吉、林瑞生、雅國、維文、李顯龍、吳作棟、黃根成、林勳強、林文興利許文遠。

人民行動黨慶祝創黨50周年的大會上，總理李顯龍發表了他自2004年11月出任秘書長以來的處女演講。

宣導雙語政策的李光耀在1979年9月7日為講華語運動主持推介儀式。

2004年12月13日，李光耀聚精會神地向當時的新聞、通訊及藝術部高級政務次長雅迪曼發出中文簡訊。在他旁邊的是推廣華語理事會主席黃昭虎。

李光耀在2005年4月27日到首要領導基金會拜訪馬來西亞前首相馬哈迪。那是一個收集有關馬來西亞首相檔案資料的圖書館兼研究中心。

戴上花環的李光耀，攝於1965年。

戴著花環的李光耀在2006年大選期間，在義順舉行的人民行動黨群眾大會上向群眾揮手。

李光耀和丹戎巴葛集選區議員英蘭妮在2006年5月7日投票日隔天答謝選民。

新加坡三名首要領導人在2004年9月10日一起出席汶萊王儲比拉赫和莎拉的婚禮，突顯了新文兩國密切的雙邊關係。左起：總理李顯龍和他的夫人何晶、格洛斯特公爵理查王子、內閣資政李光耀和李夫人、馬來西亞副首相納吉和他的夫人拿汀羅斯瑪，以及國務資政吳作棟和吳夫人。

李光耀和54歲的退休教師納達拉惹（左）和92歲的辛納普（坐輪椅者）的家人聊天。他在2006年11月5日拜訪史波蒂斯兀園第107座組屋的居民。

李光耀在李夫人的陪同下於2007年10月22日參觀新航的嶄新A380霸型客機。

李光耀資政出席丹戎巴葛集選區在2009年2月6日舉行的新春晚宴，他抵達晚宴會場達善中學時向居民拜年。

內閣資政李光耀在總統府於2009年2月7日舉行的遊園會上與公眾交流。

李光耀在2009年11月8日拜訪亨德申嶺的居民時遇見新加坡電車公司的巴士司機阿里阿末。這是他們自上世紀50年代以來首次重逢。當年李光耀還是一名年輕律師時,曾經幫忙調解該公司與雇員的勞資糾紛。

老朋友相見歡:李光耀獲頒美國－亞細安商業理事會終身成就獎,2009年10月27日舉行的頒獎禮上他與美國資深政治家亨利·季辛吉互相問候。

李光耀在2009年8月9日抵達濱海灣舉行的第44屆國慶檢閱禮時受到吳作棟的歡迎。

李光耀於2009年10月26日在美國國務院會見國務卿希拉蕊‧柯林頓。

李光耀在2009年10月29日到白宮會晤美國第44任總統歐巴馬。

李光耀到馬來西亞進行一周訪問，於2009年6月9日在其行政首都布城會晤首相納吉。

俄羅斯總統梅德韋傑夫在2009年11月15日在總統府頒發「俄羅斯之友勳章」給李光耀。這是俄羅斯最高榮譽的平民獎章，以表揚那些為促進兩國之間的友誼、合作與關係而作出傑出貢獻的人。

李光耀在2009年12月13日參觀達士嶺組屋的空中天橋。

李光耀在雲頂集團主席兼總執行長林國泰和聖淘沙名勝世界總裁陳啟德陪同下，於2010年1月13日參觀名勝世界的賭場。

李光耀到中國前國家主席江澤民的故鄉江蘇省揚州探望老友。他是接受江澤民的邀請與他在2010年5月13日會面。江澤民設宴款待李光耀後，還陪他乘遊船賞瘦西湖的風景。（圖：楊雲英）

內閣資政李光耀在達士嶺人民行動黨社區基金教育中心的開幕禮上，寫下他對年輕一代的期許。李資政在2010年8月15日的典禮上，寫了「祝你們前途光明與快樂」。

李光耀點燃聖火，象徵第一屆青年奧運會正式開鑼。開幕儀式是在2010年8月13日
在濱海灣浮動舞臺舉行，站在他旁邊的是社會發展、青年及體育部部長維文（左）
和新加坡青奧運組委會主席黃思綿。

新加坡中華總商會在2010年5月16日在中國舉辦的招待會上，內閣資政李光耀受到與會新加坡人的熱烈歡迎。李光耀自1976年以來，到中國訪問多達32次。他在會上與聽眾分享兩國早期在蘇州工業園區的開發計畫上所面對的問題。

李光耀在2010年6月22日於濱海灣金沙綜合度假勝地開幕前一天，到其頂層的空中花園觀景台欣賞新加坡城市景觀。招待他的是拉斯維加斯金沙集團主席兼行政總裁艾德森和他的妻子米里嫣。

李光耀於2010年2
月15日出席在濱海
灣舉行的春到河畔
迎新春活動，參觀
了展覽、觀賞臺上
演出和品嘗了四川
小吃。

錫克族同胞幫李光耀繫上頭巾。李
光耀是在2010年7月3日應邀出席翻
新後的錫克廟馬哈拉傑星先驅館的
開幕儀式。

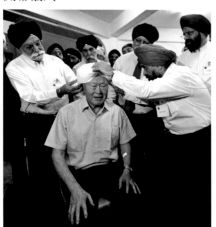

李光耀在2010年7月21日參觀瀕水新組
屋區 The River Vista @ Kallang 及在「活
躍、優美、清潔——全民共用水源計
畫」下被美化的河道。

李光耀在2009年的國慶日群眾大會上向觀眾揮手示意。

2004年，李光耀與夫人笑意盈盈地在總統府大會議廳合影。剛在一年前第一次中風的李夫人，當時已完全康復。

1946年，李光耀留學英國，在劍橋
大學菲茨威廉學院度過寒冬。

1930年，神氣十足的小光
耀。

李光耀在1946年遠渡重洋到英國深造之前，與家人拍下全家
福。前排坐著的是父親李進坤和母親蔡認娘。後排左起是妹妹
李金滿、大弟李金耀、李光耀、二弟李天耀及幼弟李祥耀。

1946年9月孤身離鄉背井赴英
前夕，李光耀請表弟為自己
和女友柯玉芝拍下一系列合
照，好讓他隨身帶著上路。
他說：「特地拍下了這組合
照，為的是可以擺在自己的
房間裡。」

劍橋歎息橋見
證兩人一輩子
的相執相守。
1948年，李
光耀終於等到
柯玉芝負笈劍
橋，二人得以
重逢。

1974年，李光
耀與夫人回到
劍橋，參加長
子李顯龍的畢
業典禮。

2000年，在同
一座橋上，執
子之手、與子
偕老。

1949年夏季，李光耀與柯玉芝及楊邦孝在康河岸邊留影。

1950年9月30日，
一對幸福的新人在
萊佛士酒店舉行了
婚宴。

歐思禮路住家外，一家人溜著狗兒，其樂融融。

李光耀夫婦1970年
9月3日在印度泰姬
陵前留影。

1962年7月22日，李
光耀帶著當時才7歲
的女兒瑋玲。

李光耀與李夫人
分別抱著還是嬰
兒的長子顯龍。

1956年5月22日，李
光耀自英國返新，
夫人及長子顯龍興
奮迎接。

英國保守黨領袖亞歷克‧道格拉斯‧霍姆於1971年1月以外長身分到新加坡出席共和聯邦會議時，給李光耀送上一隻拉布拉多幼犬 Bonnie；李光耀手抱黑色幼犬，讓女兒瑋玲逗樂。

李家三個小孩，左起顯龍、顯揚、瑋玲。

李夫人與可卡犬 Toffee，總理官
邸斯里淡馬錫庭園就是這隻金黃
色獵犬最愛的遊樂場。

在李光耀心目中，黑色拉布拉多犬 Bonnie
是他飼養過的「最聰明的靈犬」。

1988年，李光耀與父親及弟妹們團聚。左起祥耀、金耀、父親李進坤、金滿、李光
耀、天耀。

1973年1月泰晤士河畔，李光耀與家人在冬季微寒中悠閒漫步。

1974年6月，李光耀夫婦重返母校劍橋大學，出席長子李顯龍的畢業典禮。

1968年12月，李光耀與哈佛大學艾略特宿舍舍監艾倫·海默特教授與夫人合影。李光耀曾利用公休假到哈佛進修和研究，期間留宿艾略特宿舍。

1973年9月，李光耀與家人合影。

1971年3月24日，在荷蘭路軍營舉行的基本軍訓結業禮上，正式完成基本軍訓的李顯龍意氣風發地接受父母親的祝賀。

1986年10月18日，李光耀與夫人在訪問日本屋島時試用新發明的二合一抓背兼按摩棒。

1987年7月28日，李光耀與眾部長議員在國會大廈裡高聲排練大合唱。

李光耀抵著嚴冬酷寒，在成都火車站月臺上跑步。那是1980年11月，李光耀到中國進行兩周訪問。

1980年11月21日，李光耀夫婦在杭州游西湖。

1991年，李光耀訪問哈薩克期間，整裝待發要去打獵。

1986年8月10日，
李顯龍與夫人何
晶、女兒修齊、兒
子毅鵬，一起出席
東海岸公園國慶嘉
年華會。

1982年11月，李光耀抱著剛出世的長孫毅鵬，
孫女修齊則坐在奶奶李夫人膝上，祖孫同樂。

實龍崗花園熟食中
心，李顯龍和夫人
何晶點滿一桌子的
本地小吃，與孩子
們共用。

1985年至1989年，李光耀夫婦五年內添了四個內孫，讓總統府庭園充滿了含飴弄孫
的喜悅。（左起）李夫人抱著浩毅、繩武、桓武、李光耀及鴻毅。

2009年5月23日，李顯龍總理
與夫人何晶出席在濱海灣高爾
夫球場舉行的五一勞動節音樂
會。

李顯龍與何晶在2006年見習軍官學校閱兵儀式
上與兒子鴻毅合影。

2005年南洋理工大學創校50
周年慶祝活動上，李顯龍玩
性大起，用人力車載著夫人
何晶繞場一周。

父親、母親、兒子，笑容同出一轍。攝於2006
年7月。

1997年國慶慶典檢閱禮，李光耀見證新加坡建國32年。

2007年國慶慶典上，李光耀以內閣資政的身分出席觀禮，身邊坐著的是已接任總理的李顯龍、國務資政吳作棟及其他內閣部長。

雅樂婦女協會會長蘇英醫生在臺上突如其來地獻吻，讓李光耀不知所措。攝於2007年7月國際婦女論壇新加坡分會10周年晚宴上。

1986年，李光耀在汶萊進行國事訪問時，與當時出任貿工部代部長的兒子李顯龍握手致意（下圖）。18年後，李顯龍於2004年8月宣誓就任新加坡第三任總理，接受父親的祝賀（上圖）。

2003年在李光耀80大壽慶祝會上，孫女修齊給爺爺送上一本集合了
肖像、圖片和語錄的書作為禮物。

2007年，李光耀對俄羅斯展開一星期訪問，間中抽空與孫女修齊同遊聖彼德堡彼得
夏宮。

2000年2月4日，李家三代同堂。前排：李光耀及夫人柯玉芝。後排左起：李顯揚夫
人林學芬、韶武、李顯揚、桓武、李顯龍夫人何晶、鴻毅、浩毅、李顯龍、李瑋
玲、繩武、毅鵬、修齊。

2004年2月4日農曆新年除夕夜，李家家族大團圓圖。

誰說慶祝情人節只是年輕人的專利？2008年的這一天，李光耀緊挽著夫人，在聖淘沙島上心心相印的巨型紅色花飾前，留下愛情的見證。

真真假假？難不倒相偕半生的夫人。李光耀攜夫人於1998年3月6日在倫敦杜莎夫人蠟像館為自己的蠟像揭幕。

2000年9月16日，歡慶77歲生日，與夫人一起吹蠟燭，並在生日會上推介《李光耀回憶錄》下集。

2003年9月16日，歡慶80歲大壽，夫人一如既往，陪伴在側。

李夫人在2003年第一次中風康復後，仍堅持陪著李光耀出國訪問。2006年3月在沙烏地阿拉伯訪問期間，李夫人一時興起騎上駱駝取樂，李光耀在旁細心攙扶。

震耳欲聾的爆竹聲，掀
起了新春的全新氣象，
也激起了李光耀夫婦的
童心，捂住耳朵卻難掩
興奮。攝於2006年1月7
日惹蘭勿剎集選區在牛
車水舉辦的春節亮燈儀
式，議員梁莉莉為兩老
遞上耳塞。

2005年，老夫老妻牽著
手漫步布拉格公園。

悲喜與共。2006年，親密戰友拉惹勒南
的告別式上，李光耀黯然神傷，李夫人
從旁安慰。

2010年10月2日，廝守一生的摯愛妻子柯玉芝與世長辭。四天後的告別式，在靈柩蓋棺前的最後致意，李光耀趨近妻子所在，把手指貼上自己唇邊，接著緩緩伸出手，將手指印在愛妻臉頰上。他為妻子做最後吻別。

奶奶走了，輪到小孫子充當爺爺的心靈慰藉。在焚化場裡，長孫毅鵬安慰悲痛欲絕的爺爺。

2008年5月5日，中國政府專用肖像攝影師張建設為李光耀夫婦拍攝肖像。

第一部
正視硬道理

01
軟泥地上的
80 層大樓

總統府蒼翠的園地內矗立著一棟空宅。建築左右環繞著深深的陽臺與拱廊，雖然不算富麗堂皇，所在的莊園卻足以讓新加坡任何百萬富翁的豪宅相形見絀。斯里淡馬錫是總理的官邸，可是新加坡的三任總理卻沒有一人以它為家。

當李光耀在1959年成為國家第一任總理時，曾想過搬進官邸。他的三個孩子當時的年齡分別為7歲、4歲和2歲。他回憶說：「這個地方到處是管家和清潔工。球一滾下坡，掉進了溝渠，管家就會跑過去撿起來。所以我的妻子說，『不要，他們自己會撿球。我們不要搬進去，免得他們嬌生慣養。』球是你玩，掉了是別人替你撿。那可不行。」

李家於是繼續住在歐思禮路的房子。李光耀的孩子卻也常到總統府園地度過無數個下午。李光耀在那裡的九洞高爾夫球場練球時，孩子們則溫習功課或游泳。他們只有在1965年新加坡被逐出馬來西亞的時候，因為安全理由住進斯里淡馬錫幾個星期，不然都在自家長大。

總統府大樓是在1869年建成，作為英國總督的官邸，如今總統辦公室、總理辦公室和內閣會議室都在裡頭。這裡也是招待國賓的場地，它那修飾整齊的花園，則已成為公共假期總統府開放日新加坡人喜愛拍照的場景。這裡也是我們與李光耀進行一系列訪談的地方。訪談在2009年進行，總共超過32小時，以便對這個新加坡最具影響力的人的思想有更深一層的了解。

　　與李光耀的對話多在黃昏時分進行，往往促膝長談直至夜幕低垂。李光耀侃侃而談，話題很廣泛。這已在我們預料之中，畢竟他領導新加坡50載，把所有的一切，從宏觀經濟競爭力、社會習慣、婚姻大事到生兒育女都視為己任。他還透露自己鮮為人知的一面。當他描述自己的生活時，你可以看到一名疼愛妻子的丈夫，正陪伴她走完她的餘生，嘗試報答妻子一生的鍾情相伴。有時候，他好像舊時代的爺爺，對七個孫子的雄心壯志與青春苦惱百思不解。有時候，他則成了忠心老友，為如今老病侵尋的昔日戰友執筆寫慰問信。我們也見到了實事求是的地緣政治現實主義者，以及對世界歷史與政治格局擁有敏銳嗅覺的老練政治家。還有李光耀作為一名立場堅定的社會分析家，坦率、毫不客氣地表達他對種族與智商的看法。

　　無論所談課題的出發點是什麼，話題總是扯回最令這名86歲元老困擾的問題：如何讓新加坡人了解，優質生活不是他們與生俱來的特權。在小國求存的現實世界裡，可沒有管家幫忙把球撿回來。他說：「不行，你必須自己把球撿回來，不然你將失去它。」雖然他在追述孩子在斯里淡馬錫度過的時光，可是這也很可能語帶雙關表達了他對新加坡的擔憂。

　　我們的問題各種各樣，從他對他的繼承人的看法，到指他是獨裁者的有增無減的指責。他一一回應。而他答應接受這系列前所未有的訪談的主要原因也跟著明朗化。他要加強新加坡人居安思危的意識，因為他害怕新加坡的成功會使人民逐漸喪失這個意識。就如他所說的，新加坡是一個第一世界國家，卻將永遠保持脆弱——「一棟建在軟泥地上的80層大樓」。誠然，他對這個課題操心已久，但是在2009年，他突然覺得更急迫需要讓年輕的新加坡人認清國家的脆弱性。

　　當時新加坡的經濟雖然不景氣，李光耀的焦慮卻不是出自全球金融危機。那一年的世界競爭力年鑑，對57個國家進行調查，發現新加坡具備良好條件，其應付經濟危機的抗壓能力僅次於丹麥。我國政府擁有足夠資源來舒緩金融危機的衝擊，根本不需動用龐大儲備金。長遠來說，新加坡始終是一個經濟奇蹟。它的人均國內生產總值高達3萬6537美元，若以國人的購買力為考量，新加坡是世界十大最富裕的國家之一，幾乎90%的居者

有其屋，而且超過七成住在四房式以上的公共住屋或私人住宅。它的兩個主權財富基金在世界上分別名列第7和第11。它是一個繁榮的都會，吸引來自世界各地的移民，而且他們文化背景多元化，有些學校的學生來自多達30個不同的國家。李光耀對新加坡的脆弱性的執著不像股市一樣反覆無常，也和國家經濟的季度增長率沒有關係。我們為本書開始構思與策劃時，雷曼兄弟還沒垮臺，新加坡政府也還沒感受到其深遠影響。

2008年8月下旬，李光耀和《海峽時報》總編輯韓福光討論本書時說，他要「新加坡人專注於維護高素質政府和高水準施政，因為這是新加坡成長與蛻變的基石」。他說他不知道自己還能多活幾年。當韓福光建議本書的概念時，他毫不猶豫地答應，並迫不及待在一個星期後催促韓福光說：「別等到你的腳下長滿了雜草。」讓新加坡人「專心致志」的任務刻不容緩。

對李光耀而言，頂尖政府背後的基本現實是新加坡的脆弱性。這是獨立後的新加坡始終無法逃避的現實。印尼前總統哈比比把新加坡比喻為「地圖上的小紅點」，而其多元化人口必須共用有限資源，意味著種族和諧與社會安寧不是理所當然的。環顧周遭，它的鄰居對它取得的成就懷有戒心，即使在關係最融洽的時候，也還是把新加坡當成小弟弟看待，不時提醒它長幼有序，必須安守本分。李光耀直言，微小而頑強的新加坡，在區域中被視為「闖入者」。

數十年來，新加坡對馬來西亞食水的依賴是島國脆弱性的最實質徵象，再循環的「新生水」研發成功是一大轉捩點，李光耀在訪談間每提到新生水都顯露出滿足感。在一次媒體訪問中，參與新生水研發的政府工程師佘海利形容這個突破的重大意義：「我們知道有了它，我們獲得自由了。」

李光耀指出，自由也需要以國防與安全方面的巨額投資為後盾。儘管如此，新加坡脆弱性的徵狀還是時不時浮現。建築工程和填土計畫對沙的需求成了鄰居趁火打劫的另一個弱點。領土面積狹小也意味著領空有限，鄰居進而乘機拒絕讓新加坡空軍使用某些飛行區。

　　套用李光耀的話，新加坡不是紐西蘭。他細述紐西蘭因削減開支和重整戰略，把空軍縮減到只剩50多架戰鬥機，主要用在海上巡邏和運輸方面。它如今沒有一支戰鬥空軍部隊。相比之下，新加坡的空軍擁有超過400架戰鬥機來保衛710平方公里的國土。紐西蘭政治領袖向他解釋，任何人若是對紐西蘭有圖謀，必須先跨越塔斯曼海，也就等於得先挑戰澳大利亞。針對紐西蘭以國家的偏僻地理位置作為安全屏障，李光耀形容道：「他們選擇了遺世孤立。」

　　新加坡的地理位置卻不容它有這層保障。其戰略性位置幫助它成為世界最繁忙的海港之一和本區域的商業樞紐。李光耀提醒我們：「我們處在一個非常動盪的區域。假如我們沒有比鄰國更優秀的政府和人民……新加坡將無法生存。」他回述自己在1998年走訪紐西蘭後到澳大利亞，向招待他的澳大利亞東道主說起：「我100年後回來這裡，肯定還會找到這個地方，綠草、牛羊、麥田和果樹依舊……可是我無法肯定100年後新加坡還在。」

　　當我們其中一人感歎他這個想法太悲觀時，李光耀睜大雙眼，頓了一頓，想想或許應給大家一點希望。「對，我們處在一個反覆無常的區域，但我們也處在印度和中國的中間，這裡是世界上增長步伐最快的區域，我們若不跟著增長，將愚不可及。」

　　新加坡的多元種族社會結構是另一個讓人操心的原因。這裡華族佔人口74%，馬來族佔13%，剩餘的人口包括印度族等，維持種族和睦一向是政府的重點任務。隨著近年來自中國、印度及其他地方的新移民浪潮的湧現，這項任務變得越來越複雜。2001年新加坡搗毀一個伊斯蘭（回教）恐怖主義細胞組織，再度警惕我們必須持續不懈維持種族和諧，否則後果不堪設想。總的來說，李光耀對新加坡種族和諧的進展，並沒民意調查的結果那麼樂觀。在一次訪談中，他回述自己剛出席一個選區活動，觀賞了多元種族的表演。他覺得表演太造作，反映的不是現實，而是我們立志要達到的目標。他說，這是「我們可能無法完全實現的一個理想，但是因為我們有這個理想，我們會繼續取得進步。」針對調查反映新加坡人願意接受

一名非華族總理，李光耀表示懷疑。「簡直是胡說！」他指的是拉惹勒南國際研究院在2007年進行的一項有關種族和宗教的調查，調查顯示90％的受訪華人表示他們可以接受印度族或馬來族當總理。「你相信這些調查？他們只給政治正確的答案。」

新加坡的面積和地理位置，以及多元種族和多元宗教的人口結構，需要一套與眾不同的治理方法。他多次表明：「我擔心的是新加坡人會以為新加坡是個正常的國家，認為我們可以和丹麥、紐西蘭，甚至是列支敦士登或盧森堡相提並論。」他解釋說，新加坡不能自滿，也沒有太多犯錯的空間，「如果我們忽視現實環境，我們就會完蛋。」

丹麥、瑞典可以容許一個平庸的政府執政，但如果新加坡政府平庸，國家就會走向失敗和沒落。在李光耀眼裡，最關鍵的是要有出類拔萃的人才領導國家。沒有賢才掌管國家機關和政府，新加坡將走下坡。「如果上面的人不中用，整個制度將慢慢走下坡。這是無可避免的。」

擔憂國家的脆弱性豈不是成了人民行動黨壟斷政治和缺少政治競爭的藉口？李光耀聽了勃然大怒。如果其他人可以提供比人民行動黨更好的替代選擇，他歡迎他們接手領導。他對人民行動黨的前途不感興趣，他關心的是國家的將來，並要竭盡所能鞏固國家前途。他說：「無論是人民行動黨掌權，還是其他政府掌權，我都無所謂。我已經不在乎這些了。」他補充說：「如果有賢能之士出來成立與我們一樣好的替代政府，我會說『好』。這樣我們就有一個好的替代選擇。」

新加坡的安全一向是學者研究的課題。新馬關係的互動不只是鄰國之交那麼簡單。兩國的國民意識都與對方休戚相關，從而影響各自的內政。新加坡與馬來西亞痛苦合併23個月後，在1965年8月9日分家，宣告獨立。那個時候種族關係劍拔弩張。新加坡政治學者比爾維爾星形容新馬關係具有類似「迫害猶太人症候群」或「兵臨城下」的心態。根據英國學者邁克爾·利弗的觀察，兩國開國領袖的情感包袱成了「政治迷思」，只有「那些密切參與1965年事件的人逝世後，才能幫助緩解雙邊關係的情感因素。」

　　對於國家的脆弱性被誇大的說法，李光耀很惱怒。他說：「每個男性青少年必須服兩年國民服役，5％至6％的國內生產總值投資，和一個節儉的政府不斷在積累儲備金。我們這麼做是因為幻想？」他指的是新加坡行之有效的國民服役政策、國防開支和謹慎的財政政策。「所以當你告訴我我們不脆弱，我說：『哦，我的天啊！』」

　　李光耀在這系列訪談中緊捉著新加坡的脆弱性不放，最簡單的解釋是他覺得自己還未說服新加坡人接受這個永恆不變的現實，特別是年輕一代。雖然很多東西可以制度化，某些本能和意識是難以傳承給生活閱歷完全不同的下一代。然而時間逼促。他已86歲，他知道自己時日無多。雖然他現在還硬朗，思路也還清晰，但與他一起建國的最親密同僚和知交已一一往生。2010年之後，他的圈內知交幾乎都消失無蹤，只剩下他。

　　2010年10月2日，與他相伴60多年的愛妻病逝。她的病情是從2003年到倫敦訪問時中風開始。雖然她那次中風復原後，還繼續跟著他在國內外出遊，可是病情卻多次復發。2008年起她臥病在床，溝通也大為困難。在訪談中，李光耀向我們透露他在晚上朗讀新聞和她最喜歡的詩篇給她聽。他也談起她的病情如何改變他的生活規律，包括接過持家的瑣事如支付傭人薪水和獨自一人吃飯。雖然他輕描淡寫地透露夫妻倆私生活的細節，他在漫長、精彩人生最後一段旅程中感受的空虛感，是無庸置疑的。

　　2006年，他談到自己日積月累的知識說：「我認為年輕部長需要一段時候才能趕得上這個資料庫。假設我可以像一台電腦，把知識輸入一個儲存庫讓他們隨時下載，那我就會說，好啦，我可以不幹了。」如果連他的內閣同僚都無法即時下載他的經驗，更何況是政府以外的其他年輕新加坡人？對這些新加坡人來說，過去的奮鬥也不過是歷史課本中的過眼雲煙。

　　參與本書的年輕記者在籌備過程中，訪問了150名年輕人，發現他們許多都把李光耀視為另一個年代的神話人物。冷酷而孤傲、令人又敬又畏，這是李光耀給予年輕人的印象。他們從長輩口中聽到有關他的事蹟，但只聞其名，不見其人，也沒有認識的必要。李光耀承認新加坡人之間存有代溝。和他同個年代的人了解新加坡的獨特處境，但他們的經歷不會重

演。年輕一代對此應該有所認知，才會奮發努力，做好為國效力的準備。認清國家面對的局限，也將激勵他們深思熟慮，不至於貿然支持西方社會的替代模式。

在訪談中，李光耀不禁懷疑：新危機如當前的經濟蕭條，是否有助於營造一種現實感，幫助國人認清新加坡的獨特處境。但他也承認政府必須迅速行動克服危機，而且已相當成功地緩解了危機的衝擊。這就是政府左右為難的地方，首先它必須照顧好新加坡的利益，可是政府做得越成功，國民就越把政府有效運作的特殊情況當作是理所當然。因此，李光耀決定盡一分力，憑著個人威望幫助新加坡人了解國家的選擇將永遠受制於它獨特的處境。

李光耀不是個容易相處的訪問對象。他有時很直率，有時卻顯得不耐煩，對答時充滿火藥味。雖然他答應不設限的訪問方式，可是一旦受不了問題所反映的觀點，他會毫不猶豫地顯露厭煩。眼前的記者好像成了他意識形態對手的替身，被他訓斥一番。有些時候，他則興致昂然，在開始說教前先來個「我告訴你這個故事了嗎？」，或者夾著一堆軼事和那個星期的妙語。

李光耀顯然也面對歲月的摧殘。一天，他穿著涼鞋走進來。他的腳趾頭發炎。他到馬來西亞訪問，在關丹酒店騎腳踏車時跌傷了，便將就地用霓虹色的跳繩把熱敷袋綁在腳上。他改騎固定式腳踏車，背部跟著僵硬，熱敷袋也跟著走。有時，他會用噴霧潤喉。一次，他在亞美尼亞，因為吞嚥困難、食物掉進呼吸道，結果感染了傷寒。

可是，他從來不抱怨自己累了或疲倦。訪問的範圍不限於他的豐富記憶，也涉及亞洲以至世界的最新動態。不論是中國對綠色能源的雄心壯志，或是日本的國內選舉，他都十分了解最新情勢。雖然他不再指揮國內政策的具體細節，卻對它們的大致方向很熟悉。他認真跟進世界局勢，每天閱讀報章。辦公室內，他總是收聽英國廣播公司的全球新聞台。

最後一次的訪問，我們問他最敬佩哪個國家領袖。在過往的演講和回憶錄中，他曾提到鄧小平。這次，他還點名法國第五共和國總統戴高樂，

以及英國戰時首相邱吉爾。他引述了邱吉爾「我們在沙灘戰鬥」的著名演說。他回述戴高樂如何在逆境中，在戰敗邊緣激勵民心英勇抗敵。說得興起時，他目光炯炯、咬緊牙根、緊握拳頭、語氣激昂。那個時刻，他展現了他在上世紀五六十年代年輕時候號召群眾的堅強鬥志，令人想起李光耀這個天生的鬥士。那個時刻，李光耀彷彿又回到以前的戰場。他憂國憂民，見證過不計其數的歷史大事，和領導國家與人民度過多少生死險境與成敗關頭。新加坡目前還沒進入史詩般蛻變的時刻。當這一刻到來時，它是否能展現出和建國元勳一樣的鬥志？這個問題只有年輕一代才能回答。

Q&A

「如果我們不脆弱，為什麼年復一年要把國內生產總值的5%到6%用在國防上？難道我們瘋了？」

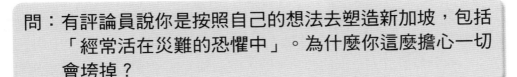

問：有評論員說你是按照自己的想法去塑造新加坡，包括「經常活在災難的恐懼中」。為什麼你這麼擔心一切會垮掉？

答：我擔心的是新加坡人會以為新加坡是個正常的國家，認為我們可以和丹麥、紐西蘭，甚至是列支敦士登或盧森堡相提並論。我們處在一個非常動盪的區域。假如我們沒有比鄰國更優秀的政府和人民來保護自己，新加坡將會滅亡。這不只是我這一代人的想法，而是擔任過國防、外交部門職位的人的看法。不管是原外科醫生黃永宏、當過學者和受過律師訓練的林雙吉，或是原眼科醫生維文，他們現在都了解我們的處境。如果我們忽視我們身處的環境，我們就會完蛋。

我們沒有樂見我們繁榮的鄰居。當我們茁壯成長，他們多年來認為我們是利用他們的資源。直到他們意識到我們依賴的是吸引外資的經濟政策時，才開始跟著這麼做。我們是本區域的富有者，因為我們已經生存了這麼久。我相信我們還可以在現有的國際環境中輕易生存多50到100年，只要我們有一套穩健的制度讓每個人充分發揮潛能。

問：你指的「穩健制度」是什麼意思？是不是讓人民行動黨繼續執政的另一種說法？

答：不管是人民行動黨也好，還是其他政府也好，我都無所謂。我已經不在乎這些了。我不是要為人民行動黨或政府辯解。我要傳達的是領導層與人民之間的微妙關係及他們的道德和哲理性想法。

問：了解我們不是正常國家的人並不多。

答：丹麥、瑞典可以容許一個平庸政府執政，新加坡卻不能。我們的民事服務會走下坡。一旦領導核心素質下降，所有輔助機構的素質也跟著走

下坡。你不再是眾望所歸。沒有人能夠準確評價一個比他出色的人，所以我們從來就不徵求庸者的意見。你什麼時候聽到庸者說：「他比我出色」。軟弱無能的人一旦佔據領導層，整個制度就會慢慢垮掉，這是無可避免的。

> **問：我們真的如此脆弱嗎？一定有人批評你把情況說得這麼可怕，以便把別的國家，包括其他小國都具備的好些條件排除在外，例如政治競爭。**

答：不，我們並沒阻止競爭，而是阻止笨蛋進入國會和政府。任何有素質有才幹的人，我們都歡迎，但我們不要笨蛋。我們不要徐順全或惹耶勒南，他們無法建設國家。但如果有賢人出現要成立與我們一樣好的替代政府，我會說「好」。這樣我們就有一個好的替代選擇，不過請看看他們派出的候選人。

誰說我們不脆弱？如果我們不脆弱，為什麼年復一年要把國內生產總值的5％到6％用在國防上？難道我們瘋了？我們的政府是很節儉的，你們都很清楚。

我們花了36億5000萬元在下水道裡挖掘很深的隧道，就為了把污水循環成新生水，以達到自給自足。

我們不脆弱嗎？他們只要圍堵我們，我們就死定了。我們的海道若被切斷，商業活動就全部停頓。我們是怎麼回應？是聯合國安全理事會，加上自身的國防力量及同美國簽訂的戰略框架協定。

他們停止供沙[1]，為什麼？就為了牽制我們。馬哈迪[2]說過：「他們現在這麼小，就已夠麻煩了，你讓他們更壯大，就有更多麻煩。」我們有友善的鄰居嗎？成熟點吧。

如果不重要，我們為何要把一個強勢的人擺在國防部長的位置上？國防部長是內閣裡總理之下最強、最有能力的部長。我們總是讓強勢的人擔任這個職位。我們有掩飾自己的脆弱性嗎？我們活在現實世界裡。我們為

何享有和平？因為你如果攻擊我們，你將需承擔代價。我們會反擊，而你的損失或許比我們大。

問：但你說新加坡不是一個正常的國家……

答：恕我直言：假設我的智力水準與你們相近，但我已活過85歲，我經歷了這麼多的起起落落，而且從32歲起就一直把全副精力用在思考如何讓這個地方成功。對不對？起初，我相信唯一的出路是加入馬來亞，不然我們將無法生存。我們的食水、原料、進口和大部分出口的商品都來自馬來亞，這是當年的情況。但是我們無法加入馬來亞，因為東姑不想要華人人口。我們想別的辦法繞過去，最後加入馬來西亞。隨後我們發現自己陷入困境，從一個共產主義的新加坡到一個馬來人至上的馬來西亞。馬來西亞有改變嗎？它變了些什麼？

為什麼我在8月9日新馬分家時落淚？[3] 因為我辜負了成千上萬支持我們的人，我知道他們將受到打壓，重新淪為少數，群龍無首。我們當時是他們的領導者。所以當你告訴我，我們不脆弱，我會說：「哦，我的天啊！」

你和新加坡武裝部隊的司令官談談，為什麼他們這麼做——每個年輕人必須服兩年的國民服役[4]，5％至6％的國內生產總值，和一個節儉的政府在不斷積累儲備金。我們這麼做是出於幻想，還是因為這是我們生存與繁榮的唯一方法？

你認為我們為何得費這麼多精力去解決水供問題，直到我們成了水源方面的專家？馬哈迪知道我們需要柔佛州的水。在2011年地不佬和士姑來水供協定快要到期之前，我們知道自己到時一定缺水。[5] 然後我們研發了新生水。他以為我們是在虛張聲勢。你說我們不脆弱嗎？

我們不需掩飾自己的憂慮。這是真實存在的問題。我們到今天還在，是因為我們靠自己。如果我們辦不到那就慘了。聯合國安理會通過決議案又怎樣？誰去拯救科威特？是美國。為什麼？因為有石油。為什麼？因為

下一個目標就是沙烏地阿拉伯。[6] 誰會為了水而來搭救我們？美國？不會的。我們自己救自己。除非媒體成熟起來，特別是年輕記者，不然成長中的新一代會活在夢幻中，以為這個世界很安全，但實際上並非如此。

問：你不認為馬來西亞的內政，將會越來越不受它對新加坡成就的情感因素困擾，不像現在還存在分家後的包袱與嫉妒？

答：你真的這麼認為嗎？你看，他們要取代我們航空樞紐的地位。國際法院把白礁的主權判歸我們，馬來西亞獲得了中岩礁的主權。可是他們遲遲不劃分邊界。[7] 我永遠記得萊佛士學院一名來自吉打州的馬來學生在1941年對我說過的一番話。他說：「你們華人太過分，人數太多了。」華人壟斷了所有的商店。可是他來自吉打，那裡的華人稀少。

我以為只要我們加入馬來西亞，隨著種族比例改變，這種偏見就會被邏輯所克服。我錯了。東姑可沒這麼打算。他是個好好先生，他有華人朋友。但是他和馬來人必須高高在上，那是他維持社會平衡的理念。

問：那你是說這個情況不會改變？有些人說時間久了，別人想滅我們威風的願望會跟著減少，因為有了年輕一代的領導人。

答：任何一代的馬來西亞領導人，會改變他們治國的基本原則嗎？

問：難道就永恆不變嗎？

答：永恆是很長的一段時間。但是你真的認為馬來西亞治國的基本原則會有改變的一天嗎？新加坡的治國原則完全不同。我們實行多元種族政策，任人唯賢，在種族、社會和經濟階級之間，已經找到了平衡點。我們

能改變嗎？

　　我在吉隆坡的親戚全都已移民到澳大利亞。他們放棄了。但我們還在新加坡，並打算長久留在這裡。只要我們夠強大，國際形勢平衡，我們就會安全。

　　我現在不是主張我們之間因為社會和政治結構上的基本分歧而無法共事。我們可以並已經在合作，不只是雙邊合作，在亞細安內也合作。我們同意通過國際法院解決白礁主權糾紛，而沒有大打出手。我和馬哈迪醫生簽署的好幾項協定，至今還生效。為什麼呢？因為它們也符合馬來西亞的利益。

　　這是理性與務實的國家運作的方式。我們不需要相親相愛才能互相合作。互惠互利雖無法澆滅情緒，卻可以調和它們。納吉首相是個理智的領導人。他要和我們合作，因為他看到合作對馬來西亞有利。但與每個地方的政治家一樣，他也得顧及國內人民的情緒。他的馬來選民會否接受與新加坡的合作？針對那些對馬來西亞有利，卻也幫助新加坡繁榮的項目，他們能支持到什麼程度？每一名馬來西亞領導人都會記得這些問題。我們也不要忘記。

問：可是如果新馬之間的差距越來越大，就像現在一樣，而我們相對比他們更加強大，我們不就更容易應付它們？

答：是和不是。是的，他們更加沒有本事欺負我們。不是，因為他們會對我們更加不滿。他們已經說了：「我們不應該放走他們。」你在他們的馬來文報章讀到這類言論。他們時不時就會公開表示後悔東姑放了新加坡一馬。新加坡是他們領土的一部分。

　　我一開始就知道這些嗎？1952年，我的想法很天真，我告訴自己，我要從政，獨立之後，我當律師賺點錢，將來過好日子。然後我欲罷不能，我發現自己被共產黨挾持，所以我們加入馬來西亞好讓共產黨無法得逞。

過後我們被馬來極端主義者挾持。兩年內，我們被逐出馬來西亞。我們必須使獨立後的新加坡生存下去。

如果我知道會這麼亂，我或許根本不會從政。如果時光可以倒流，從1959年至今我們可以重新來過，我會說不，我們不可能重複當初的結果。那是結合了多種因素——我和英國工黨政府的關係，在1971年給了我所需的額外時間，然後我和保守黨政府的關係，在1975年拖延了英軍撤離的時間。[8] 那時候，我們已經和蘇哈托總統穩固雙邊關係。蘇哈托明白如果我們和睦相處，印尼和新加坡可以做到更好。他決定他可以信任我。

然後我決定和拉薩穩固關係。他逝世後有胡先翁，他當首相也不久。[9] 再來就是馬哈迪了。他知道他無法擺平我，因為我們曾經在馬來西亞國會交鋒過而我沒被嚇倒。但是當我交棒給吳作棟時，馬哈迪要修改當年和我一起立下的好幾個協定。我告訴作棟，如果他答應的話，馬哈迪將得寸進尺沒完沒了。協定已定，沒得改。馬哈迪生氣了。所以作棟說：「你要改這改那的，不如我們來個配套協定好了。」你延長水供協定多一百年，因為那時我們還沒有發明新生水。然後馬哈迪把水價抬高，從每1000加侖3分錢漲到3令吉，因為香港向中國買水，每1000加侖付8令吉。[10]

隨著科技的進步和我們水源團隊的努力，我們有了新生水，可以自給自足。那使馬哈迪非常失望。他壓榨我們隨意開價的計畫泡湯了。

問：我遇到的馬來西亞人都告訴我，新加坡雖然惹人厭，而那裡的政治人物與媒體時不時要踩我們幾下，卻沒有和我們打戰的道理。

答：那很好。

問：那我們可以鬆一口氣。

答：因為他們設想：新加坡夠強大，有能力自衛。

問：不，那是因為新加坡與他們的世界觀不相干，他們認為我們只是小麻煩而已。

答：你看馬來西亞勞工部長說了什麼：「在裁員之前，我們先為30萬名在新加坡被裁退的馬來西亞員工準備好了工作。」**11** 但是工作在哪裡？他們這麼說是為了顯示「我是大國，一點都不麻煩，我把我的人帶回來」。他們為何要擺出高高在上的姿態呢？

問：他們認為是你對馬來西亞耿耿於懷，他們對新加坡可沒那麼介懷。

答：不對，我們可沒說什麼來顯示出我們耿耿於懷。我們不到處張揚我們的想法。是他們三天兩頭就出來大吵大鬧，特別是馬來文報，有時英文報也會這麼做。

問：我長大後開始認為我們的經濟奇蹟其實真的很脆弱，政治和我們的鄰居反而沒那麼要緊。

答：它們是同一個問題的正反兩面。除非你有強大的財力，不然你不能擁有強大的國防。除非你有強大、團結一致、受教育又凝聚力越來越強的社會，不然你無法擁有強大的國防和財政。它們環環相扣。

沒有強大的經濟，如何建立起強大的國防力量？怎樣才能擁有強大的經濟？答案是充分利用你的人力資源。訓練、組織和教育你的人民、讓他們為世界各國提供服務。這表示要有基礎設施與聯繫網絡來和世界各個角落接軌，從而為我們的生活增值。第二，我們跨出本區域，因為他們排擠我們，逼使我們引進跨國公司。

我在1968年到美國一趟，看到歐洲公司不進反退，美國公司則在大展拳腳，把他們的工廠移植到國外去。我們就這樣開始生產半導體。隨著中

國鬧文化大革命，臺灣和香港風險大，他們選擇在新加坡設廠。我們成功提供他們適當的投資環境，結果吸引到更多外資，最終使我們成為世界的電腦和硬碟中心，然後我們進軍石油化工業。

這些東西綜合起來，造就了我們今天的經濟成就，但馬哈迪卻想把我們比下去。就拿海港來說吧，他開發丹戎伯勒巴斯港，削價搶我們的生意。[12] 他要終止火車服務。我們在裕廊港與丹戎巴葛之間建鐵路，方便出口丁加奴的鐵苗。1992年後，這條鐵路服務終止，鐵苗去了巴生港，現在則去了丹戎伯勒巴斯。他的雙贏道理是：「我贏，你輸」。印尼人也一樣。當他們要把雅加達附近的丹戎不碌港私營化時，他們拒絕新加坡公司的收購獻議，把它給了香港的和記黃埔集團。[13] 他們想用峇淡島來搶我們集裝箱碼頭的生意，但始終沒減少我們的貨櫃輸送量。

他們有這種要踩扁我們的動機，因為我們是闖入者。這個世界充滿了闖入者。就如南美洲、非洲、澳大利亞、紐西蘭、加拿大的白種人。人類文明史也是人類不斷遷居的故事。

第三個因素是我們的人民。如果我們老是爭論不休，怎麼進步？我們為什麼要選擇英語？當我們獨立的時候，中華總商會（我在我的回憶錄裡有提到）要把華語作為我們的主要溝通語言。他們深信中國會強大，華語將成為重要的語言。我看著他們說，如果你們再鬧事，我可要採取行動對付你們。我不要像斯里蘭卡一樣，一筆廢除了英語，把僧伽羅語捧為官方語言，導致英語流利的泰米爾人（淡米爾人）處於下風，也帶來了無窮的後患。

我的理由相當簡單。首先，內部穩定，人人平等：大家都得學英語，這是外語，沒有人佔便宜。第二，英語是國際商業語言。華語呢？上世紀60年代，中國拿什麼跟人通商？中國出入口的商品和藥材不值錢。英語則盛行起來，美國通過電視將它發揚光大，現在則有互聯網將它傳播至全世界。我們已成為教育中心。全亞細安要學英語，那是我們的一個優勢。我的動機是什麼？國家穩定和平，全民一視同仁，任人唯賢。這裡人人機會均等，我們不因為種族、言語和宗教而歧視我們的人。如果你能幹，你就

有工作做。

我這麼決定是有理由的。兩年前，蓋洛普諮詢公司進行了一項研究，分析促使國家成長的要素，得出的結論是人才。他們指出，上世紀80年代，經濟學家預測日本和德國將超越美國，結果卻不然。為什麼呢？美國吸納了來自世界各地的人才。所以中國是否能成為最強大的國家，取決於它是否能吸引外來人才並留住自己的人才。

我們必須吸引和挽留人才。人才不只是聰明的讀書人，還包括足球明星、網球明星、歌星、搖滾樂手等等。這樣我們才有活力。一個國家的成長，必須從城市一個個建設起來。一個城市的成長，則從領域一個個建立起來。他們分析四種人才：發明家、企業家、導師和超級導師。美國人領先其他國家，因為美國人擁有所有四種人才。他們的文化吸引人才。

我起初不明白這些道理。我受英國教育，英國人的制度不一樣。他們照傳統辦事，不求變化。美國人求創新。我為什麼學習？因為我必須確保新加坡交出漂亮的成績單，這樣我們才會繁榮，才有強大的國防力量，並在世界上佔有一席之地。如果你相信我們像挪威或瑞典或丹麥那樣，那我們將無法生存。新加坡有如一棟80層大樓建在軟泥地上。我們已學習如何加固，讓大樓加蓋20層，或許能超過一百層。但你得了解並確保地基穩固。關鍵在於跨種族、跨宗教的和諧。失去這個，彼此爭吵，我們會完蛋。

問：當你說我們不應該彼此爭吵，是不是你壓制異議的藉口？

答：不，不，我們不能有種族、宗教、文化和言語上的衝突。政治異議是另一碼事。如果我們有種族或宗教衝突，我們就會變成另一個貝魯特。毫無疑問，如果我們沒有給馬來人和教育程度較低的印度人一份社會認同感，讓他們也擁有自己的組屋，有工作，子女在相同的學校讀書，我們將和貝魯特的情況相同[14]，炸彈隨時爆炸。

問：一個脆弱的國家容納得了政治異議嗎？

答：當你說我應該放寬限制容忍反對黨，你應該先看看周圍，看看哪一個東南亞或南亞國家，在更換政府的同時社會保持穩定，生活照常。你找出一個例子給我看。

我不是要往人民行動黨、自己或任何領袖臉上貼金。我的目的是要穩固新加坡的將來，鞏固它的和諧與安全。不，我已經完成我的任務了，我不需要為新加坡創造更多成就。

我能做什麼？把我的經驗總結起來，那些我認為可以幫助新加坡和新加坡人在一個安全的環境中繼續生存的見解。那能持久嗎？我不知道。我們能和東南亞其他國家不一樣嗎？到目前為止，我們辦到了，我們不一樣。我們必須為自己定位，鼓勵列強在區域維持影響力和勢力均衡，好讓我們有最大的活動與自由空間。我們能像紐西蘭一樣安全嗎，以至於可以連空軍都不要了？不能。我希望像紐西蘭一樣嗎？不見得。我不覺得那裡的經濟活力十足。沒錯，那裡長著世界最好的草，適合馬啊，牛啊，羊啊。但是那裡的生活單調。我們處在世界增長最快的區域——印度和中國——的中心。如果我們不跟著增長，我們是傻瓜。

問：當我聆聽你談論新加坡之所以存在的事實時，令我感觸最深的一點，我們很少在社會輿論中聽到相同的論調。還有，你是否已成功把你這個想法灌輸給你的同僚？

答：哦，當然，他們了解這點。

問：那人民呢？

答：你必須斷定你可以多少次和多麼不厭其煩地提醒人民自己是多麼不

紮實和脆弱。這可能不必要地影響士氣。這些是我的顧慮。這些顧慮是否會在十年內成真？我會說：「不，我們還安全。」給我們20年，我還是會說「不」。可是來這裡落地生根的人可不是在這裡只待20年而已。他們要在這裡永久居住，對嗎？他們的子女也要在這裡長住。假設我強調我們必須不斷到國外奮戰，華族和印族移民會這麼想：「我們還是回去算了，或者到美國或澳大利亞去，因為澳大利亞遠離這個反覆無常的地方。去美國更好。」就連新加坡人都可能開始這麼想。

問：你是否擔心自己不在後這個地方會怎麼樣？

答：我死後？

問：我指的是這些深思熟慮……

答：不，所有深思熟慮已經反覆討論過。

問：可是它們出自你的算盤。

答：對，但內閣的每一名成員，以及每一名國防部長和所有主要的部長，都清楚了解我們的立場。

問：可是外在環境會改變。如果出現新的挑戰，就需要重新精打細算，需要創新的見解。

答：但他們都有能力。他們的才能不一定集中在一個人身上。但是我當年也不是單獨行事。我有持不同觀點的隊友，就好像魯比克的魔術方塊。

> 問：他們是否能提出創新的見解，這方面的能力還沒有受到考驗。

答：你怎麼能說他們的能力還沒有受到考驗。他們靈活地使新加坡擺脫經濟困境。他們從容不迫地克服了危機。我只是站在一旁觀察，確保一切沒事。對策是他們想出來的，不是我，我不再詳細閱讀財政部和貿工部和經濟發展局的資料。我當總理的時候需要閱讀它們，但我現在已經不是了。我看的是長遠的問題和機遇。

我說，瞧，我們來和中國建立關係，我們來和印度建立關係，我們來增加和波斯灣的往來。俄羅斯太遠了，但我們盡量靠攏，因為他們有石油。這些會是繼續推動我們向前進的額外馬力。最近，我告訴馬來西亞人我們取得了這些機會，所以不要以為我是沒有選擇才不得不在馬來西亞投資。你要新加坡人去投資，就要說話算話，不可以今天晴朗、明天下雨、後天打雷，然後再放晴。那些是長遠投資。他們明白我的意思。

馬哈迪當然有另一套想法，但是州務大臣和部長明白我的意思。所以馬哈迪說，依士干達區快被新加坡的華人佔領了，他們會把馬來人排除在外。[15] 那對新加坡人來說根本沒道理。

看市區重建局的發展藍圖在接下來十年內如何落實——濱海灣、新加坡河、哥烈碼頭、駁船碼頭、烏節路、F1賽車、兩個綜合度假勝地。投資者對我們有絕對的信心。有信心這裡會穩定，政府穩定，勞動隊伍與勞資關係穩定。在未來十年，甚至可能是未來的20年，我們在各領域將取得大躍進。西方媒體不再把新加坡形容為枯燥無味的地方。這裡是個好玩的地方，是個生氣十足的商貿與經濟中心。有了來自世界各地，包括中國、印度、歐洲、澳大利亞和紐西蘭的人才，我們會更加繁華。這是我們的未來。

注釋

1　馬來西亞在1997年全面禁止向新加坡出口沙，理由是它必須節約資源，保護海床與河床。印尼在2007年以保護環境為理由禁止出口沙到新加坡。新加坡的建築與填土工程需要用沙，印尼的禁令導致沙價連漲三倍，建築工程停擺。新加坡如今向更遠的地方買沙。

2　1981年到2003年的馬來西亞首相。

3　李光耀說的是他宣布新加坡與馬來西亞分家的記者會。新加坡在1965年8月9日獨立。

4　李光耀指的是所有男性公民和第二代永久居民需要服兵役的政策。他們必須在新加坡武裝部隊、新加坡員警部隊或新加坡民防部隊，完成兩年的全職國民服役。

5　1961年的水供協定，在蒲萊山、地不佬河和士姑來河劃出土地，給予新加坡「從這塊土地之內和之下的任何地段」，或是「任何河內、河下或河面上」抽取生水的權利，直到2011年為止。按照協定，新加坡支付每加侖馬幣三分錢的水價。

6　美國在第一次波灣戰爭中率領聯軍，把伊拉克侵略者逐出科威特。伊拉克指控科威特從它的油田盜取石油，並超額生產石油輸出國組織定下的限額，導致油價下滑。

7　新加坡和馬來西亞爭奪白礁和周圍的南礁和中岩礁的主權。經國際法院仲裁後，新加坡在2008年5月獲得白礁的主權，中岩礁主權則歸馬來西亞，南礁主權則歸擁有它所處海域主權的一方。可是，白礁和中岩礁周圍海域的確切領海範圍，卻還有待確定，新馬兩國已經組成聯合技術委員會來商議這個邊界問題。

8　英軍撤離新加坡的日期不明朗，李光耀十分擔憂。1967年，英國原本把撤軍日期訂在1970年代中期，後來卻因經濟問題把它提前到1971年。在和英政府協商後，撤軍日期從1971年3月展延到1976年。大部分英軍早在1971年就撤離，只有小部分象徵性的部隊留下來直到1976年。

9　拉薩和胡先翁分別是馬來西亞的第二任和第三任首相。前者的任期介於1970年至1976年，後者的任期介於1976年至1981年。

10　馬哈迪是在2002年1月首次拿香港和新加坡作比較。那時新馬為包括水價和水供、鐵道公司在新加坡的土地、新加坡空軍飛經馬國領空和新柔大橋等的雙邊課題配套談判僵持不下。

11　馬來西亞人力資源部長蘇巴馬廉在2008年10月發表文告宣稱，他的部門將幫助在新加坡被裁員的馬來西亞人尋找新的就業機會。媒體也引述他說：「我們有大約30萬名馬國人在獅城工作，他們可以聯絡柔佛巴魯的勞工部門，以便在柔佛州找

工作。」

12 丹戎伯勒巴斯港口在2000年啟用，新加坡港務集團流失了兩大客戶——丹麥船務公司馬士基集團和臺灣的長榮海運。

13 丹戎不碌港是雅加達的國際海港，由香港和記黃埔集團經營。

14 基督徒和穆斯林之間的宗教衝突導致黎巴嫩從1975年到1990年內戰不休。

15 馬哈迪針對這個課題的談話在2007年9月被新加坡媒體轉載。他被引述說：「依士干達經濟特區將充斥著有錢的新加坡華人和馬國華人。萬一他們多過馬來人口怎麼辦？我們會再度把馬來人的領土拱手讓給華人，就好像以前的新加坡一樣。」

02 行動黨能否屹立不倒？

內閣會議室的電梯門輕聲響起，示意有人從樓上辦公室下來了。李光耀手裡拿著兩個黑色資料夾踏出電梯，臉上還帶著一絲微笑。他就座前，把資料夾輕輕推向坐在長型柚木桌另一端的我們。資料夾內都是世界各地寄來的表揚信，無不讚美新加坡和它的內閣資政。對李光耀來說，這些粉絲信件——他稱為「呈堂證件」，反映他的法律背景——為他的作風提供了獨立與自發的肯定。他說：「我沒有編造它們。」

這個意想不到的「證物」為我們的第一個訪談掀開了序幕。令我們吃驚的不只這個。李光耀出示這些推薦信，是想為訪談設好範圍。我們即將詳細審查一個有效且備受世人仰慕的體制，正好與西方媒體眼中的既定印象相反，他們形容新加坡是一個被妄想狂管治、住著消極被動國民的消了毒的島國，是一個帶有死刑的狄斯奈樂園。

可是，李光耀夾著這麼一個推薦信檔案有備而來，反映了政府對新加坡的批評者不能置之不理。美國在世界上的霸權意味著自由主義的民主已經成了衡量大多數國家的普遍標準。根據這個標準，新加坡在自由主義民主派眼裡一向來都不合格。一些領導人或許會傾向於迎合國際輿論而主張民主。但是李光耀從來不在思想上揮白旗妥協。在訪談中，他顯露出對西方自由主義的民主思想的不屑，然而，他和他的政黨，卻是一而再地通過選票箱贏得強有力的委託。

其他民主國家的政體是否穩固，就要看它是否經得起兩個政府交替執

政。在新加坡，人民行動黨已經持續不斷執政了51年。新加坡是否穩固，最終的考驗要看我們的體制能否在李光耀逝世後依然存在。如今，雖然李光耀只是扮演著導師的角色，新加坡的政體並沒有因為他不再是政府的主要決策人而受到威脅。

李光耀自1990年交棒以來，依然留守內閣擔任資政。他當總理的31年裡，是新加坡政治體制的總設計師，根據新加坡的獨特處境——人口稠密的小國、鄰居不友善、沒有腹地和天然資源、多元種族和多元宗教背景——推行了一系列改革。李光耀和他的繼承人證實了在自由選舉的情況下，一黨獨大的政體即使缺少民主制度的某些特徵如自由的媒體，依然享有合法性。可是，批評者如美國政治學者撒母耳‧亨廷頓卻警告說，李光耀帶來的成就不是以健全的機制為基礎，而是建立在他的威權上。亨廷頓預測，新加坡的制度將跟隨李光耀進入墳墓。其他人如諾貝爾經濟學獎得主阿馬蒂亞森反駁了李光耀針對不是所有社會都適合民主制度的看法。他認為李光耀只選擇了哪些對自己有利的抗民主文化特徵。

李光耀堅稱他的批評者無法領略新加坡獨特的脆弱地位以及治國的重大挑戰。他在西方對新加坡的謾罵背後，看到一個陰險的理由——一種說不出口的恐懼，害怕新加坡的成功會為發展中國家提供一個可行的替代模式，特別是中國。誠然，深圳大學政治系教授呂元禮著的《新加坡為什麼能》，在中國南部新興城市成了暢銷治國指南。中共領導響應已故最高領導人鄧小平的號召，爭相向新加坡學習。鄧小平在1992年的著名南巡中為中共設下挑戰：借鑑新加坡而且比他們管得更好。

呂元禮的著作列舉新加坡成功的祕訣：政府廉潔、領導能幹誠實、勞動隊伍有紀律、決策者重於長遠利益而非急功近利。呂元禮把行動黨的長壽比喻成一雙穿得越久越合腳的舊鞋：「人們可以把鞋皮擴大、變軟，可以換上新的鞋底，並加以修補，這會比一雙新鞋更好穿。」

有些人則抱著懷疑態度。印裔美國學者法里德‧札卡里亞的批評與呂元禮溢美之詞大相逕庭。他說：「所有開明的獨裁者都相信他們能夠像李光耀一樣，加速現代化發展的同時可以拖延民主化的步伐。但是他們

不能。除了擁有豐富石油資源的中東國家外，新加坡是唯一擁有人均生產總值超過1萬元的非民主國家……它顯然是個孤立的例子，而且不會持久。」

　　不過，仰慕者和批評者都一致認同李光耀對新加坡政治及其他領域留下了不可磨滅的腳印。札卡里亞說：「尼克森一度把他和偉大政治家迪斯雷利、俾斯麥和邱吉爾相提並論。但是尼克森說，他的舞臺小。那個舞臺如今看來已沒那麼小。李光耀領導東南亞一片寸土，歷經痛苦掙扎，在1965年取得獨立，在沒有資源，人口組合夾雜著華族、馬來族和印度族工人的情況下，把它變成世界的經濟中心之一。」

　　澳大利亞學者邁克爾‧巴爾是李光耀最尖銳的批評者之一。他寫道：「除了李光耀，誰能夠從50年代和60年代的暴亂中創建繁榮穩定？沒有人能像李光耀，把智慧、勇氣、冷酷與贏取民心的本事集合於一身。」

　　2009年，算起來李光耀已經卸下總理職務將近20年了。所以，我們以為訪談正好是盤點他對政治制度和眼前挑戰的看法的良機。我們約定兩個訪談日期來討論「政治」，並在一個星期前讓他過目我們擬好的問題。

　　訪談時間到了，李光耀走進來，抽出了另一個「呈堂文件」。他念出內閣年輕同僚對我們問題的集體答覆。原來他把我們的問題轉給他們。年輕部長們認為我們的問題跟批評者沒什麼兩樣。

　　李光耀向我們投下另一個「炸彈」。他強調說，他沒興趣和我們談政治，同時把我們列印出來的問題丟回給我們。他宣稱：「我已經不再作主了。」這些問題的對象應該是年輕部長們，他一邊說一邊揮手示意打發我們的問題。他過後深吸一口氣，撅一撅嘴，無語，再瞇著眼睛瞪了我們一眼。可是，他的臉上閃過了一絲的微笑，好像自己也察覺到這件事有多大的諷刺意味，他這個導師、策略大師兼資政竟然限制自己談政治。

　　我們試著堅持下去：年輕新加坡人有權利知道他對現有制度和領導人的看法。「不，不，我不能削弱年輕部長們。我的職責是支持他們。」他不為所動。

　　因此，李光耀在兩次訪談中，始終對政治領導和自由化的課題三緘其

口。即使他偶而談及，也離不開他以前扮演的角色，以及他認為什麼才是新加坡永恆不變的基礎原則。

過後，李光耀又讓我們措手不及，這次不是他避談的課題，而是他一再強調的觀念。他時不時回到一個不可思議的課題：人民行動黨總有一天會喪失政權。然而，新加坡一黨獨大的制度目前還沒出現裂隙，而自1981年惹耶勒南贏得安順補選後，人民行動黨便不再壟斷國會，但反對黨也從來沒有贏得超過四個議席，今天也只佔有兩個議席。自1984年以來，人民行動黨的得票率在過去五屆大選中介於61％到75.3％。

可是，李光耀拒把人民行動黨的持續成功看成是理所當然。他說，他才不管人民行動黨是否屹立不倒。最重要的是新加坡能夠永久存在。他告訴我們，他不想看到人民行動黨不惜一切取得勝利。如果人民行動黨失去選民的信賴，那就讓另一支更有才幹的團隊接替算了。對李光耀來說，人民行動黨如果不讓最優秀的人才加入領導團隊或無法達到選民的要求，它將自取滅亡。

李光耀也重複政府的立場，即政府沒有義務幫助新加坡走向兩黨制，並在這一天真的到來時，確保政權的交接能夠順利完成。畢竟，他的政黨也曾歷經苦鬥，戰勝殖民地主子和自家的左派分子，才從反對黨變成執政黨。

李光耀相信類似的政治鬥爭如今有可能在新加坡重演。任何反對黨可以挑戰人民行動黨並把它推下臺。與批評者宣稱的正好相反，反對黨的主要問題不是因為新加坡缺乏公民自由。反對黨衰弱是因為行動黨未雨綢繆設想周到。任何旗鼓相當的反對黨是無法提出真正的替代方針，因為如果他們和人民行動黨一樣聰明的話，他們也會得出和人民行動黨相同的結論。

雖然有人質疑新加坡是不是個完完整整的民主國家，以及人民是否享有絕對的公民自由，但李光耀關切的是實際問題：人民的生活是否在每一年、每兩屆大選之間逐步獲得改善？新加坡是否能繼續吸引外資，為它的國民帶來高薪酬的工作？人民是否有機會發揮潛能？

現有的政治體系或許會演變，但是它不會趨向於西方的自由主義民主制度。李光耀對這一點非常肯定：西方奉行的民主不是普世公益。

難道民主沒有任何可取之處嗎？只有一個，他回答說：它允許政府在非暴力情況下被拉下臺。

多年來，分析家常批評李光耀強勢、好鬥、冷酷無情的性格給新加坡政治留下不可磨滅的印跡。他告訴我們，他就是這樣。他或許說過或做過「一些尖刻的事情」，但他每次出手，總是對事不對人，這點他很肯定。

雖然他不願多談對目前領導團隊的看法，他的話卻似乎是對他們和下一代領導有感而發。一名政治家應該具備什麼條件？他不假思索地回答：「你一定要有信念。如果你沒有信念，只為了個人榮耀或名利而從政，那就算了。」

李光耀是過來人。他執政多年，一直以人民的利益為先。但是他的動機也好像出自於要打贏兩場大仗。第一，戰勝西方。他要證明獨立的新加坡能夠掌控自己的命運向前邁進。它不需要忍受任何後殖民主義的傲慢自大，也不需要接受西方媒體或擺出一副救世主姿態的外國政府所宣揚的自由主義方案。

然而，更重要的一場仗是，他要證明新加坡所有的一切包括其政治體系，都比馬來西亞強。

我們研究了李光耀多年來的演講內容，發現他時不時都直接或含蓄地拿馬來西亞作比較，尤其是當他為任人唯賢、多元種族政策和維護少數種族權益的原則辯解的時候。換言之，如果馬來西亞當年能夠摒棄種族政治，使新馬合併成功的話，它或許能取得像新加坡今天的成就。

李光耀後來告訴我們，此時此刻他已不需證明自己是對的。他現在是扮演導師角色。我們頭幾次訪談都在內閣會議室裡進行，據了解那裡是李光耀為年輕部長上政治輔導課的地方。就如他說的，他已經不是決策者了，他的任務是在年輕閣僚作決定時警告他們可能出現的「枝節」。

他不斷重申，15年到20年後，他已不在人間，再也無法引導新加坡前進。他目前最關心的是如何說服年輕一代，未來充滿變數，只有確保新加

坡是由能幹和有獻身精神的人來領導，前途才有保障。「這個地方有如計時器，你掉了它，就會砸碎，就會完蛋。有些國家或許有第二次機會，你可以買零件修補。我不能肯定我們是否有第二次機會。」

確保新加坡唯一的機會不被糟蹋，已成了李光耀的天職。他簡明扼要表示：「我會關心新加坡到死為止。」

這點，沒人會質疑。

「如果自由主義的民主這麼優越，它早就像
市場經濟體制一樣征服了全世界。

問：在我國政治體制的成形過程中，你扮演著主導角色。你當時想要達到什麼目標？

答：我們的發展過程可說是一場歷史意外，當年社陣集體出走，把國會丟給我們。接下來怎麼演變則是我們以新加坡的利益為前提，預測什麼能讓新加坡發揮它最大的潛能而取得的成果。我們以英國制訂的憲法為依據，但我們必須修改某些方面來符合我們的國情。主要的特徵我們保留了下來。第一，官僚機構、國會和政治領導必須分隔。第二，每五年舉行自由選舉。所以不論哪個政黨當選，它將接手一個照常運作的制度。我們建立的制度確保新加坡人如果認為我們不適合執政，他們可以通過投票推翻我們。他們有得選擇。但是我們沒必要設計讓自己倒臺，我們沒理由讓新加坡退步。

我領導期間，根據國情的轉變循序漸進調整我們的制度。我倡議非選區議員制度。官委議員制度則出自吳作棟。最新的修正則是李顯龍和他的年輕部長的構想。（詳情請見「政治體制的演變，第82頁。」）

我們漸進地調整，政府有義務推動改革但必須確保不會破壞我們的制度，進而搞垮國家。

問：你起先走社會主義路線，很快卻成為現實主義派和務實主義派。你的政治理念是受什麼影響？

答：我從來不被理論束縛，理論應該從實踐中演變，必須經得起考驗。我不相信民主是最佳政體，適合每個國家，也不認為它會普及全世界。如果它最好，為什麼西方國家這麼迫不及待要強迫別人接受它？如果自由主義的民主這麼優越，它早就像市場經濟體制一樣，因證實比計劃經濟體制優越而征服了全世界。

我的基本理念是不管你的出身背景，你必須在生活、教育、健康、營養方面享有均等的機會。你或許不會像有錢人一樣大魚大肉，但所攝取的

營養足以確保你不會發育不全和有能力發揮潛能。這是社會成長的唯一途徑。我反對一個社會缺乏栽培精英的意念。我反對封建社會用出身來決定一個人的尊卑貴賤。最經典的例子就是印度的種姓制度。你幾代人的命運已經定下來了。所以如果你是婆羅門人，你將擔任寺廟裡的祭司，你的孩子是婆羅門人，就只能和婆羅門人結婚。這是通過種姓來為職業分工的做法。如果你是賤民出身，將當一輩子的賤民，這是命中注定的。

中國人有另一套做法，比較接近動物世界的情況。我成功，我強壯，我就繁殖。你軟弱，你不強壯，你就不育。你沒有女人，我則妻妾成群。淨結果是下代人的基因多出自聰明、有活力的人。中國皇帝每三年舉行科舉考試後，都會把女兒許配給狀元。狀元過後要納多少名小妾都無所謂，皇帝要的是他皇族子孫都能擁有好的基因。

如果你要有好的榴槤種，你會選最好的榴槤來芽接繁殖，這叫選擇性繁殖。我相信人類也是這樣，當然這想法被西方自由派排斥。他們妄想人類一律平等。

但你不是遺傳學家，也不能改變基因。所以我告訴人們：「我不是上帝，上帝把你造成這個樣，我不能改變你，但我能幫你改進。」每個人應該獲得均等機會，但我們不可能指望每個人都享有均等的結果。

> **問：50年來，你設計和改變了政治制度、選舉和一人一票。要使這一切在新加坡成功，到底有多困難？**

答：如果我不是一個很有說服力的人，就不可能成功。兩樣東西幫了我一把。第一是我們面對嚴重危機。所以我說，要不我們改變，要不我們完蛋。

於是我們修改了勞工法律，即雇傭法令和工會法令，改變了民粹主義勢力可施壓的架構。工會必須先投票表決才可以罷工，而不是任領導內一小撮人為所欲為。這就是共產黨的作風，他們可不管成員願不願意，一旦決定罷工，如果你不支持的話，他們就修理你。危機讓我能夠重新設計、

改變遊戲規則。

第二，有了新的遊戲規則，我能夠說服人們這是我們的出路。如果我們這麼做，他們將有房子、有學校，可以獲得幫助等等。而我們言出必行。

> **問：看來我們不大可能再找到像你一樣有說服力的人。那將來修改制度會更艱難嗎？**

答：當然。但不只是像我一樣有說服力就行了。因為選民如今已更加多元化，有勞動階級、上層勞動階級、中下階級，中產階級、中上階級、企業家和有錢人。他們的利益與需求也跟著多樣化起來。從前，生存才是關鍵，所以我能修改法律。比如，我決定所有沿海的土地可以在無償的情況下被徵用。如果我們得賠償地主，我們的發展計畫將胎死腹中。我改變遊戲規則。我熟悉法律，知道這是重新設計架構的機會，讓我們有更大的餘地重建新加坡，使大家成為國家利益的持有者。我們這麼做是在展開社會與法律工程。而地主們一聲也不吭，因為他們同意這麼做可以使他們的土地增值，要不然國家垮掉他們的地產反而不值錢。他們明白，還預祝我成功。

> **問：那個時候新加坡缺乏有效的反對黨是不是一個主要因素？**

答：這讓我們比較容易辦事，但是即使社陣在，它能怎樣反駁我們呢？說我偏袒地主？還是說我偏袒窮人？當然，他們可能會為了反對而反對，混淆視聽。讓我們爭辯不休、浪費時間。

但隨著國家進步繁榮，我們必須修改土地徵用法令，給予全額賠償。[1] 如今，為了公共用途而徵地的費用越來越昂貴。基礎設施的發展成本和建屋發展局的土地費必須調高，因為我們現在是以市價徵用土地。

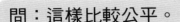
問：這樣比較公平。

答： 是嗎？正因為大家有房子住有歸屬感，我們才能有基本的穩定。如果局勢動盪不寧，你的房產能值多少？我們能吸引到新的投資嗎？但是隨著中產階級的崛起，他們會遊說議員。每一戶中產階級家庭，相等於多少戶非中產階級家庭呢？我想至少有兩戶。如今勞動階級的家庭因為地價抬高而必須以更高的價格買屋。所以我們給予首次購屋者高達8萬元的津貼，降低他們擁有第一間政府組屋的成本。

問：你早期的內閣同僚之中，誰最常向你挑戰？

答： 有吳慶瑞、拉惹勒南和杜進才。杜進才在理念上挑戰我。他會說：「不，我們不要住院費。你看中國，人人平等。」我說，胡說八道。你相信一名農夫和政治局的領導在醫療方面有相同待遇嗎？但是他真的相信。他在理念上一直都這樣，從來沒有改變。他不願意面對現實。

民主的迷思

身為務實派，李光耀對民主的想法受到它複雜的歷史和文化相對性的影響。他辯稱，民主不是普世公益。他認為自由主義民主制度在新加坡的多元文化環境中行不通。

問：你對民主主義有什麼看法？

答： （美國政治學者）撒母耳・亨廷頓說過有些文化不歡迎民主制度。他點出正統派基督徒和穆斯林（回教徒）。他說日本是例外。但我不肯定日本是例外。他們的民主制度很特別，如父子相傳，很像舊武士傳統。政黨派系的領導好像舊武士頭目。我不覺得他們會如亨廷頓說的，會走美國

式的自由主義民主路線。我們已經建立起適合我們的民主制度。在自由主義民主政體中，一個人一旦當選，就完全不受黨紀律約束。在新加坡如果是這樣，你將會有不穩定的政府。所以我們不是說你不能換邊站。你可以，但要投靠另一邊，你必須先辭去議席，面對補選。這樣我們才不會擺來擺去。馬來西亞沒有這個規矩，所以現在他們面對困境，反對黨不讓修改憲法。

問：你說市場經濟獲得普遍接受，而民主制度卻沒有⋯⋯

答：是的，因為它不一定帶來更好的治國效率、穩定和繁榮。你看斯里蘭卡。僧伽羅民族主義分子打敗了泰米爾（淡米爾）之虎，原本準備向泰米爾人做出的讓步如今已被擱置一旁。一人一票制使少數民族的利益處處受制，這種情況可能發生在新加坡少數種族的身上。我們明白這點，所以通過憲法和政策阻止它發生。不然，我們會面對類似泰米爾之虎的情況，同樣的情況已在新疆上演。

問：可是如今世界上通過民主選舉選出的政府盛況空前。難道這不表示民主制度有魅力嗎？

答：不，民主最大的吸引力在於你能在非暴力情況下更換政府。在中國，最糟的情況是你只有起義才能更換政府。起義表示正義的造反，意指統治者已經失去了人民的委託，理應被推翻。所以我們如果不再適合執政，人民可用選票把我們趕下臺。即使我們喪失政權，原有的制度將照常運作，我們有義務確保萬無一失。而民選總統是另一重把關，確保國家有康復的機會。

問：怎麼說呢？

答：新政府不可任意撤換領導層，而以他們的馬屁精取代，或未徵得總統同意就把國家累計的儲備金揮霍掉。他們管理新加坡必須照章辦事。如果他們在多一屆大選贏得三分二議席，他們才可以改變遊戲規則。可是我不認為他們做得到。如果他們沒本事，執政一屆就會敗下陣。

　　如果我們沒有設想可能失勢，就不會設下這些把關機制。我設想總有一天，公眾會對四平八穩的政府感到厭倦，並說，我們試一試反對黨吧。這遲早會發生。我不知道什麼時候，我不認為會在接下來五年或十年內發生，因為我們現在有能幹的政府。但假設在這次經濟危機中，我們的政府無能，又有很多人失業，那你會看到民眾造反。

> **問：亨廷頓還有一套理論說政治制度可以反過來影響文化。你是否相信它們之間相互影響？**

答：影響不大。中國文化經過五千年演變，我不認為中國會有一人一票制。不可能。我們呢，我們是一個移民社會。所以情況稍微不同，人們已經準備做出調適，因為你一旦離開自己的國家，就必須接受新國家的不同條件。

> **問：亨廷頓說過，你建立的制度將隨你進入墳墓，假設你今天遇到他，你會如何回應他的這個說法？**

答：我會說：「你錯了。你看，我1990年就交出大權。如果我們走錯方向，這已經整整20年了，有問題的話早就發生了。至今沒有問題，因為我們非常謹慎地挑選我們的領導班子，不論是在內閣、國會、反貪污局還是總統。我們打算繼續這麼做。

> **問：所以你贊同亨廷頓的看法，有些社會不適合民主制度。**

答：對，他陳述了多元文化為何會拖垮美國。他列舉了民主制度的基本要素。我引述他的話：『文化的衝突或同化一直是美國社會面對的核心課題。我們是單一還是多元文化的國家呢？如果我們是多元文化的國家，那國家的團結力量以什麼為依據？美國歷史上一直是以單一文化為主導的國家，是早期英國移民的產物，不斷進入美國的移民豐富和發展了這種文化，但其核心要素是歐洲文化傳統、英語、基督教、新教價值觀。民族、區域、種族和其他亞文化存在於這種幾乎所有群體共用的主導文化中。現在，核心文化的存在和合法性卻受到多元文化崇拜者和包括總統和副總統在內的政治人物（他撰此文時是柯林頓和高爾）的挑戰。總統柯林頓明確表示我們需要來一場大革命證明我們不需要歐洲主導文化也可以過日子。副總統高爾雖然上過哈佛，卻錯誤把我們的國家格言「合眾為一」，詮釋為由一元到多元。』

這是他的學術評析，他可能對，也可能錯了。但是他有誠意，所以他把想法寫下來。

亨廷頓：『美國顯然是一個多元民族和多元種族的社會——我不知道多元民族和多元種族有什麼區別——如果它也成為一個多元文化的社會，缺乏共同的核心文化，什麼才能把它凝聚起來呢？標準答案是美國人一致信奉《獨立宣言》、憲法和其他文件中的政治原則，這常被指為美國信條、自由、冒險精神。大多數美國人的確信奉這些價值觀。這些價值觀卻是美國最初一元文化的產物，如果這個文化消失，憑這些抽象的政治原則怎能把美國社會凝聚起來？其他靠政治指導原則團結起來的社會如蘇聯和南斯拉夫的經驗並不見得樂觀。美國人必須決定，我們是否該更新和加強歷史上把我們定義為一個民族的文化，還是要讓這個國家被那些決意要削弱和破壞歐洲－基督－新教－英語文化的人所分化，這個文化一直是我國富強，以及包含自由、平等和民主的偉大原則的根基，使這個國家成為全世界人民的希望。這將是我們在21世紀初面對的挑戰。』[2]

他沒有提到拉美裔民族，但他在警告民主黨、高爾和柯林頓：「你們找錯門了。你們必須把這些人同化入你的文化中，而不是允許文化多元

化。多元文化將使你寡不敵眾。」

這給我們什麼啟示呢？我們會有一元文化嗎？我不這麼認為。我們會有單一宗教嗎？不會。我們會有越來越大的共同空間的同時保留屬於我們各自私有的自我？我想這需要很長很長的時間。那什麼能把我們凝聚在一起？我相信那是經濟上的需要——和平、穩定與繁榮。這一點已經烙印在人們的腦海中。如果你開始為不同宗教、文化、種族而爭吵不休，將會帶來分裂。所以我們還是和平共存吧。

你們的問卷提到（拉惹勒南國際研究院）一項調查顯示90％新加坡華人表示願意投票支持非華族擔任總理。是的，這是理想。你相信這些調查嗎？簡直是胡說。他們只給政治正確的答案。我們在每個單選區都派出華族候選人。你問問劉程強（原後港單選區反對黨議員）好了。打從你心底，你的直覺告訴你什麼？你知道如果你不這麼做就會落選。

問：而你相信新加坡永遠都會這樣？

答：我說不出是否會永遠都這樣，因為永遠是很長的時間。但我可以告訴你在我有生之年，也可能是你的有生之年，這不會發生。

問：你說的調查好像顯示年輕一代的新加坡人比較樂觀。

答：你相信嗎？

問：他們給了政治正確的答案，不正說明他們嚮往你致力建設的多元種族理想？

答：你我都清楚，有些時候你講原則，當你必須作決定時卻另當別論。事情不是這麼簡單。

> **問：惹耶勒南在單選區競選中獲勝。人們也可以列舉人民行動黨少數種族候選人在單選區勝出的例子。**

答：我不知道你多大年紀，是否記得當年的情形。可知道我們為什麼掉換候選人？早期他們不管候選人是誰，都會投票支持人民行動黨。過了一陣子，選民開始學精，反正人民行動黨將組織政府，「我何不選擇一個比較像我的候選人」。我可以感覺到我們快有麻煩了。我指的麻煩是我們的一些馬來候選人。我不要指名道姓。我們必須在最後一分鐘把他調到另一個選區，因為他無法應付他的華族選民，我們知道他們不會投票支持他。所以我們把他派到另一個選區，過後把他淘汰了。

今天的制度經過調整後，我們能把高素質的馬來人引進政治體制中。他們會不會加入反對黨，結果進不了國會呢？不，我不這麼認為。只要他們有機會加入人民行動黨他們就不會這麼做，對不對？我們特別費勁物色適當人選，因為我們需要更多高素質的馬來人加入內閣。

> **問：共產主義和蘇聯瓦解後，你捲入有關亞洲價值觀和民主觀念的辯論。**

答：他們抨擊我們不遵守他們認為民主制度應有的規則：美國自由主義的民主。所以我回應了，民主制度有很多種。我們設計了符合我們人民的需求和基本價值觀的憲法架構。我說的是儒家社會。在印度，你誰都可以批評。你閱讀他們的報章，一直爭吵不休。兩個印度人打官司，你可以肯定這場官司會糾纏很久，因為那是他們的文化。你給兩個華人一個星期時間打官司，到了第二天，他們會說：「算了。和解吧。所以在中國，如果你詆毀一名領導人而他忍氣吞聲，表示他不是好東西。

我不是一開始就接受儒家思想的薰陶。我在較低層次上吸收了儒家思想。我知道我必須尊敬長輩、忠於家庭、忠於朋友，不該詆毀政府或權貴。但是如果他們詆毀我，而我如果不為自己辯護，在這個以華人為主的

社會，我將失去威信。但是有誰在投訴我們？西方媒體和諸如徐順全（民主黨祕書長）這種人。他為什麼投訴呢？因為他不撒謊的話，是奈何不了我。可是一旦我們告他，我們會告到底。我說你是騙子和流氓。你告我的話我會證明給你看。他不敢告我因為他得出庭作證，而我們會證明他是騙子和流氓。

「你害怕嗎？」

最清楚新加坡選舉政治具體細節的人，莫過於李光耀。他暢談新加坡制度有哪些方面見效，新加坡憲法和社會的巧妙之處，以及反對黨獲取更多選民支持的可能性。

> **問：既然我們談到反對黨，我想問你為什麼這麼抗拒放寬政治體制？你難道不認為有兩黨制的必要嗎？**

答：你只是在反映受西方教育的知識份子的觀點，認為我們需要有能力組成替代政府的反對黨。反對黨不可能湊足有才幹的人來取代我們。就這麼簡單。我們不停地物色好的候選人，都找不到足夠的人才出來從政。你可以看到劉程強找來的人的素質。他很努力了。我們常被批評，我說：「來吧，有本事就組成反對黨。開車兜一兜，下去拜訪選民看看你是否能贏得民心。」我把你們的問題轉給其他部長回答，因為我現在已經不作主了。這是他們的聯合聲明：

「新加坡報業控股提出來的都是評論家常提的標準課題。他們不一定完全認同所有的指責，但是卻把它們提出來，只是為了探究你的回應。我們不敢斷言我們目前的立場將永恆不變。它會隨著新一代的領袖和選民而逐漸演變。領導人和選民必須按情況調整制度。我們的選舉制度的考驗不是來自獨立選舉委員會，而是選舉過程是否老老實實地執行，以及它是否帶來合法性又能有效治理國家的政府。」

問：沒錯，評論家是有提出設立獨立選舉委員會的訴求。

答：英國沒有獨立的選區劃分委員會。[3] 我們繼承了英國的作法，馬來西亞也一樣。我們在選區劃分上使自己佔優勢的程度，只不過是別人的十分之一。我們只是引進更多集選區議員，主要原因是我們必須有少數種族的代議士。我們一度面臨選民不再投票支持人民行動黨少數種族候選人的局面，因為他們知道人民行動黨將執政。選民是這麼說：「我要一個能了解我的候選人，也就是華人，講方言的。」所以設立選舉委員會不能解決任何東西。你合法嗎？那才重要。

他們想盡辦法來擊垮看似堅不可摧的人民行動黨。開放媒體、解散全國職工總會，不要互惠共生。這樣下去你等於一一瓦解我們建立起來並使新加坡成功的機制。任何接過政權的人應該調控這些機制。我看不出下屆大選中，會出現有足夠能力接手這項任務的反對黨團隊。我看不出來，現任領導班子也看不出來。

問：下一屆大選而已還是下幾屆大選？

答：這是年輕部長的看法：「最近幾屆大選，許多國會議席沒有競爭，人民行動黨贏得絕大多數議席。但我們不能假設這是永久的局面。首先，非選區議員數目的增加將鼓勵更多反對黨出來參選，特別是在集選區碰運氣。如果選民投票支持更多反對黨議員當選，那也罷了。但是我們不相信扶持反對黨，來作為行動黨萬一失敗的一種保障是行得通的。相反的，它會導致政黨更忙於拉票，使我們在處理長遠課題上分心。」

這是他們的立場，和我的相差不遠，但是這些年來他們在慢慢調整。他們現在主持大局，他們探訪民情，他們獲得人民的擁護。你的問題應該由他們回答。

將來呢，我只能斷定我有生之年的將來，而以我的情況來說，也就等於我的政治生涯。你相不相信，我已經不再是決策人了。沒錯，我有影響

力。沒錯，我讓他們停下腳步重新思考一番。但是他們是決策人，因為他們必須順應民情，必須為將來負起責任。我告訴他們我的直覺已經不一樣了。過去，我不只走訪選區，還拜訪新組屋區、職總，和人們交談。蒂凡那及過後的王鼎昌當時還在。[4] 我親身參與所有的一切。我清楚民間的脈動。

問：你現在如何保持聯繫？

答：現在我一年一次在新達城和職總的二千人舉行公開對話。這不一樣。你必須進行小組對話，甚至一對一，讓他們在問題鬧大之前向你反映心聲。不是每個人都可以和職總和基層領袖共事。我們必須物色可以與他們共鳴的議員。林文興與他們建立起共鳴，他們信任他。林瑞生不造作。[5] 他有同理心，他和工人集思廣益，把他們的意見帶到內閣裡，影響我們的決策。

不要以為我們永遠會得到工人的支持。他們必須覺得自己不論經濟好壞都沒受到虧待，才會支持我們。這次的經濟衰退，我們與職總協商。工會了解我們的應對措施。沒有恐慌。這個關係必須細心栽培，並且帶來實際利益。與老百姓的關係也一樣。他們說我們在分糖果。每個政府在大選來臨時都會極力爭取選票。我們不要做得太早，免得人們善忘。如果沒給他們帶來更美好的生活，為他們的子女創造美好的未來，我們是說服不了他們支持我們。就這麼簡單。

把這些問題轉給年輕部長回答吧，因為將來會發生什麼事情，由他們作主。我隨時會死。我已經完成我的任務。我目前的工作是支持現有的團隊，鞏固新加坡累積的碩果，就只有這樣。

問：有哪些地方你要求部長們停下腳步重新思考一番？

答：不，他們作決定。我告訴他們，那裡有哪些可能性，可能出現意想

不到的挫折和枝節。你必須作好應對的準備。

問：有哪些枝節呢？

答：我的任務是支持年輕部長。我不會批評他們。我參與了甄選他們為議員的過程。我卻沒有參與總理吳作棟和李顯龍將他們升任為部長的決定。甚至有些時候，我說：「不，我不認為我們應該升這個人為部長，他不夠資格。但他們還是這麼做。可是這些人不夠敏銳。一個跟魚販握手後去洗手。你在競選拉票，必須到小販中心，跟人家握手。⁶辦完事你可以用肥皂和水洗手。但是如果你在眾目睽睽之下這麼做，你失去了那份同理心。

問：但是身為制度的設計師，有沒有什麼弱點是你想要告誡部長們的？

答：弱點是沒有足夠人才願意從政。如果沒有外來人才的話，我們沒有足夠的人才來經營我們的經濟。每一代中你需要有一千人，分散在行政服務、國防、員警和專業服務之中。他們分得很散。什麼才重要？首先是人品。第二是獻身精神。第三是能力。第四，也是最重要的，是擁有向人民闡述並贏得他們支持的魄力。

我們必須把醫生帶入政壇。有一位叫普杰立的醫生。杜克大學院長說：「我看準這個人會成為本醫學院的院長。他已經在愛爾蘭、英國、澳大利亞行醫15年。他挺出色。他目前在竹腳（婦幼醫院）。我們要把他帶出來嗎？我們選中了巴拉吉。他沒成功。但他說：「我會堅持下去。」我們把黃永宏和維文帶出來。他們很成功。但是有多浪費啊。他們當了這麼多年的癌症外科醫生和眼外科醫生。所以如果他們一開始就修讀經濟和工商管理會更好。

放眼未來15年、20年，我們面對人口老化的問題。問題很嚴重。如果

我們不搞好經濟，在職的新加坡人的負擔會更沉重，將導致許多人才外流。

反對黨，一個懂得思考的反對黨，會發現新加坡的選擇有限。我們在人口對資源的比例方面，不能和美國或澳大利亞相比。

問：所以你看不出任何反對黨有能力提出替代選擇？

答：有替代選擇嗎？不見得。一個方法是讓人民行動黨一分為二。會有幫助嗎？一兩屆大選試試看？然後呢？然後那一批人會說，我要重回人民行動黨懷抱。我不要坐在反對黨的冷板凳上。沒有道理，對不對？我們的人選來自同一個有限的人才庫。

問：你認為我們的政治體制有哪些方面不應該改變？

答：基本的方面：維護多元種族政策、機會均等、在教育、住屋、醫藥等方面機會均等，但獎賞不一定均等。還有任人唯賢。這是我們種族和諧和宗教容忍的依據。

問：你認為哪些價值觀是神聖不可侵犯的呢？

答：一定要有少數種族當選。你可以通過兩種方法達到：比例代表選舉制，可是這樣會助長專挑起馬來選民情緒和維護馬來人權利的政黨。那將引起分裂。或者你允許他們成為關鍵選票，我覺得這是比較明智的作法。這不是馬來西亞朝往的方向，因為他們允許伊斯蘭非法移民湧入，好讓馬來人的人口比例高於華人和印度人，這樣他們只需要吸引馬來選票。很多華人和印度人已經離開，再也不回去了。

我們沒有那麼做。為了確保反對黨當權的時候，任人唯賢的原則維持不變，我們賦予總統權力來否決任何影響這個立場的改變。我們在為自己

的選擇設限。

但我們也在預防萬一，選民可能為了某種理由而說，讓我們試一試其他人。如果反對黨進來執政兩年、三年乃至四年而不把經濟搞垮，那也罷了。但是那會動搖投資者的信心。即使新政府的政策偏離不甚遠，它是無法在諸如危機當前制定相同的解決方案。這需要非常謹慎、非常能幹的人，他們會坐下來商量，好吧，這次危機，我們不知道會持續多久，什麼才是最重要的工作。如果他們有工作做，就會有薪水領，就這麼辦。那我們如何幫助新加坡人保住飯碗？我們有儲備金。所以我們資助他們，幫他們度過難關。若有必要，我們可以這麼做一年、兩年、三年。是公務員提出這些方案的嗎？不，是部長們。他們然後和林瑞生、和工會領袖協商。行得通嗎？能安撫工人嗎？回去好好考慮。先試探一下基層反應。他們說，我們就這麼做吧。好了，你失業了，再訓練，我們支付培訓的費用。到最後，我們得到一支更好的勞動隊伍。你認為任何普通的團隊做得到嗎？妄想。

> **問：所以你相信新加坡不會有替代領導班子，是因為缺乏人才，而不是因為人民行動黨操控制度的結果？**

答：因為他們根本沒有人才。反對黨在國會發問、投反對票等等，只是故作姿態。這算什麼替代選擇？他們能提出替代選擇嗎？胡說。他們知道這點。林瑞蓮（非選區議員）都承認了他們沒有能力成立替代政府。

> **問：你形容馬來西亞政治上的改變為結構上的轉移，而我們知道這個轉移是因為更多年輕人投反對票。世界各地也出現這種年輕人渴望改變的浪潮。你認為這股浪潮會席捲新加坡嗎？**

答：在新加坡，能變什麼？這需要時間。如果有改變，一個可靠的替代

選擇，是的。可是你看到替代選擇行不通。人們從國外回來——我讀到這些報導——他們說：「給部長這麼高的薪水真荒謬。」但是他們很快就冷靜下來。為什麼呢？你在私人領域賺這麼多錢？你指望這些部長們待上20年，犧牲他們的家庭嗎？犧牲他們自己？可能他們願意這麼做。但是犧牲他們的家庭？他們需要養家的。我們必須實事求是。我們生活在不同時代了，我那一代是複製不來的。

問：你說過隨著社會越來越分化，一人一票制在新加坡將越來越行不通。

答：我們一直獲得中間選民的支持，這包括了大部分勞動階級、工會等等，而大部分中產階級，甚至是中上階級明白這麼做符合他們的利益。只要這個狀態不變，一人一票制將持續下去。可是將來有一天，中上層的利益可能有變，他們開始反對津貼低下層。他們可能改而支持提出相同主張的反對黨：「不，我不覺得這個稅務制度是對的。我為何要資助住在兩房、三房、四房組屋的人？」我們社會的分化會加劇。我不知道什麼時候會發生，但這一天總會到來。

問：怎麼說呢？

答：每個社會都會存在成功者和較不成功者之間的對立。成功者已經忘記，如果沒有安定的社會，讓他們受教育、有工作、有商機，他們是不可能成功的。但是他們成功了，就認為是靠自己的本事成功的。有些出自頂尖學校如萊佛士書院或華中的學生，他們到國外發展，自以為很本事。他們沒虧欠政府或社會。他們是聰明人，但他們怎會有今天？因為我們維持社會和諧。安定的社會讓我們不斷改進教育制度，使最優秀的學生攀越巔峰。就連那些沒那麼聰明的學生，我們也給予他們機會發揮最大潛能。

問：你剛才說過，總有一天人們會厭倦人民行動黨政府？

答：總有一天，人民會說讓我們試試換個政府吧，因為人民行動黨的素質在下滑，或者反對黨派出與人民行動黨旗鼓相當的團隊，所以選民會說讓我們試試另一邊吧。那一天遲早會來臨。

你看日本的自民黨從上世紀50年代一直執政到最近。我記得他們是在1955年上臺的。**7**比我們早四年，但他們分裂，部分原因是因為它抱殘守缺。

沒有任何一套制度可以永遠存在，這是肯定的。在下來的10至20年，我不認為這會發生。過後就很難說了。我們是否能不斷物色到最有獻身精神、最能幹和誠實正直的人出來從政？我希望如此，至於是否永遠做得到，就不得而知了。

我可以看到我孫子那一代的改變。這是不同年代的人出現價值觀和態度上的改變。你是知道的，他們是這麼想的：我不會像我的爸爸或叔叔一樣，一輩子待在公共服務部門。我沒理由那麼做。這個地方反正運作正常，就讓別人打理吧。別人是誰呢？我們難道有太多能幹、誠實又有奉獻精神的人才嗎？我們可沒有啊。

所以我不知道30年後會怎麼樣。有可能在分裂之後，也可能在分裂之初，相關的人不是收拾行囊離開了，不然就是接過來做，說，讓我們來打理吧。

問：我們的年輕一代沒有還諸社會的概念，是因為沒有機會，還是和我們栽培他們的方法有關係？

答：整個社會情緒上出現了轉變。生育我兒子女兒那一代的人，清楚知道我們差一點一無所有。

我記得在哈佛的艾略特宿舍寄宿兩個月時與那裡的舍監為友。他說我們每三年產出新一代的人，新一代的想法。那是美國，因為那是一個快速

轉變的社會。我們這裡可能是每十年吧。

人們總是以目前擁有的東西為依據。十年後的今天，他們畢業了、濱海灣的發展完工、綜合度假勝地還在、水道變成了河流，他們會把這一切當作是理所當然的。他們相信它們會一直存在，不需要任何努力。我不認為他們了解，我們能有今天的成就，得花很大工夫規劃，並付出很大的努力來維持它們。

問：我們不是已經有了一些新加坡社會應有的永久價值觀嗎——如清廉政府、多元種族？

答：那根深蒂固了嗎？你問一問自己是否根深蒂固。你看，美國人打了兩場世界大戰。黑人在第一次世界大戰中負責扛炮彈，在第二次世界大戰則和白人並肩作戰。他們回去美國後，黑人回到貧民窟，白人回到郊區。如今，他們是否取得很大的進步？

問：難道你不認為，製造有利條件，讓制度逐漸演變，對制度將來的可持續性和穩定性會更好嗎？

答：我從來不相信只要我們能有一支兩三人的小團隊，它就會成長，試問他們怎麼成長？詹時中找到了徐順全，結果失敗了。惹耶勒南找到了蕭添壽。還有誰？劉程強找到了誰？林瑞蓮。

問：有些人說參選的門檻太高了。

答：你只需付按櫃金和出一大把汗。

問：當你看一看今天的政治體制，你對目前的競爭程度滿意嗎？

答：只要我們有一小支實力相當的競爭對手，我們就會相當高興。我的意思是，你看官委議員，他們講起話來比反對黨頭頭是道。他們會參選嗎？不。那又怎樣？他們有智慧，他們有見識，但是他們不準備投身怒。

問：很多人說，他們害怕人民行動黨。這裡有讓人恐懼的氛圍，對異議的鎮壓等等。

答：不對，不對。你害怕嗎？

問：既然我在問你這個問題，顯然我不害怕。但是害怕的氛圍確實存在，當我們訪問公眾時，他們這麼說。就連專業人士也普遍存在這個觀念。

答：如果你對自己有信心，你有什麼好怕？那個為同性戀權利請願的傢伙，蕭錦鴻，他並不害怕。就算他加入工人黨，我們也無所謂。他挑戰我們，我們就迎戰。這是政治。你說那是恐嚇嗎？小布希歷經威脅和挑戰。他戰勝了高爾。第二次他戰勝了克里。克里和高爾都比他聰明，但他有很好的導師卡爾·洛夫。[8] 所以他過關斬將。

問：當人們表示他們厭倦了人民行動黨政府時，你有多少把握你建立起來的制度可以倖存？

答：這要看是什麼時候發生，以及它是突然發生的，還是慢慢發生的。如果素質的下降是慢慢發生的，而有素質的反對黨出現，公眾是不會走眼的。如果是突然發生，那你就進入緊急狀態，除非找到一支可靠的團隊出來接替，否則國家就會開始走下坡。

問：怎麼可能突然發生？

答：我也不知道。或許領導層鬧分裂。他們因原則或個性不合，意見嚴重分歧而突然分裂。1961年，社陣和親共份子造成人民行動黨分裂。我不曉得20年、30年還是40年後會是什麼情況，這很難說。也許我們對新加坡如何生存與成長，意見嚴重分歧。我們可能會起衝突。你看，我活到這把年紀，很清楚任何人想在身後繼續操控國家前途，頂多不過10年。史達林吞併了整個東歐，吞併了西伯利亞以南和以東的所有亞洲共和國，也吞併了屬於中國的蒙古。那是1945年。他逝世後，制度後來產生了戈巴契夫，從來沒有經歷過革命，不知道自己正坐在一個沸鼎上。鄧小平經歷過革命，他知道中國一旦分裂，就會完蛋。所以他說，把他們趕出去，不然我就（在天安門）開槍。他為什麼要為了幾百名夾雜在學生群中受到外界鼓動的肇事者，而犧牲掉他畢生的心血呢？如果學生勝利的話，你認為我們會有今天的中國嗎？

我要說的是，我認為新加坡在未來10年將安安穩穩。不會有麻煩，因為目前的團隊將有效地治國。至於這是否能持續多15年、20年或30年，則要看他們能不能在10年內找到一支能幹的團隊繼承他們。這個團隊已經有一部分就位了，但你需要一名領袖。這個人必須善於溝通，能夠號召、動員人民。有好的政策還是不夠。你還得說服人民。這是我現在比較少演講的原因之一。我要他們填補這個空間。

問：民選總統是萬一突然變天的保障或者斷路機制？

答：當然。我希望我推行的機制，即使在人民行動黨失利的情況下，也不會導致新加坡一無所有。如果你撤換所有的常任祕書、三軍司令、員警總監、法定機構主管，你將摧毀這個制度。總統有五年的時間阻止這個情況發生。還有我們過去累積的儲備金不可被掏空。但如果你夠聰明，有本事在第二個任期贏得三分之二議席，你就能修改憲法，解開這個兩把鑰匙的保險機制。這就要看選民夠不夠理智，阻止災難的發生。

有了這些保障，萬一一兩屆大選出了差錯，我們還是能亡羊補牢。如

果我們沒有保護網，只要出現一次反常的選舉結果，國家就會一蹶不振。這是新加坡承擔不起的風險。

> **問：這聽起來好像是很脆弱的機制。它不可能變得更堅強嗎？**

答： 你告訴我該怎麼做。你問一問憲政律師如何阻止當選政府廢除憲法。如果他們獲得三分之二多數議席，他們可以這麼做。某些東西是需要通過公投來表決，但是如果他們能言善道，通過了公投，他們就可以改變規則。如果我們不允許修憲，就會鬧革命。我在倫敦學到的第一課就是是聽哈洛德·拉斯基（英國政治理論家兼工黨領袖）演說，他說革命有兩種方式，一種是得到選民授意，一種是暴力革命。那時候工黨剛開始上臺，開始著手改變社會。

你拿中國和印度比較好了。它們是兩個極端。我想中共再怎麼進行內部改革，都不會搞到自己下臺，除非一代非比尋常的領導上位。這是因為中國從來沒有經歷過漸進式的改革。鄧小平嘗試使黨內領導層更替系統化。傳統上，中國就好像俄羅斯，繼承權鬥爭充滿欺詐與暴力。在目前的條件下，我不認為他們會通過公投或選舉把權力下放。印度是另一個極端，允許每一個持異議的州各自為政。英殖民地時代遺留下來的州界經常被重新劃分，以便把講同一個語言的人納入州的管轄。不那麼做，印度就會分裂。

這是兩個極端。我們處於中間。我看我們不是在選舉中改變，就是在公投中改變。如果你可以用口才來改變機制，又何必使用暴力呢？如果你相信你的主張是對的，我們不會阻止你。我們不會阻止你出版黨報，我們不會阻止你在室內集會。

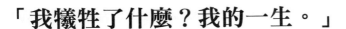

「我犧牲了什麼？我的一生。」

　　李光耀相信，危機最能考驗和展現領袖的素質。他坦率分享他的政治經驗、指導原則和政治遺產。

問：你對新加坡最大的恐懼是什麼？

答：我想是當領導和人民忘記，或失去他們的方向，不了解我們面對的局限。基盤小、組織力強、人民很能幹、在國際上有絕對的自信，有能力與大國共事。我們失去這些，就完了。而且很快就完。

問：以你在政壇57年的經驗，你會給予有志從政的人哪些重要忠告？

答：你一定要有信念。如果你沒有信念，只是為了個人榮耀或名利，那就算了。去做別的事吧。你一旦從政，就必須像我早期的班底那樣看待這份工作：「這是一輩子的事業。」我們豁出性命，對抗共產黨。如果輸了，他們會剝你的指甲和抓你去洗腦。我們很清楚，他們也不掩飾。這是其一，你一定要有貫徹到底的信念，不為個人榮耀，而是因為你覺得自己必須這麼做。

　　我踏入政壇時，沒有想到自己會從政一輩子。但是經歷了那段時期，把新加坡帶入馬來西亞，看到我們被圍攻，東姑還提出讓我當他駐聯合國的大使，我怎能接受呢？我接受等於在推卸責任。所以我堅持下去，他把我踢出去。我們是一個沒有資源的島國。我怎能告訴人民：「我累了，找別人頂替我好不好？」我必須為這一切負責。我必須貫徹始終。我做到了。

　　我是否預見我們會這麼成功？不，因為我無法預測世界趨勢，可是我知道只要我們捉緊每一個機會，我們將跟著世界一起進步。如果不是天外

有天，我們只依賴本區域，我們將會落後幾級。可是我們先和英國接軌，再與歐洲、美國和日本交往，取得了大躍進。

到了上世紀80年代，我們看準中國。我深知他們一定會強大。1982年至1983年左右，我可以很有把握地那麼說。所以我們開始和中國建立與培養關係。我們的努力沒有白費。印度也是。它是一個大國，我們最好有一個平衡。我們培養與印度的關係，把他們引進亞細安區域論壇和東亞峰會。雖然他們許多部長反對，我們還是成了首個和印度簽訂自由貿易協定的國家。所以我們獲得了兩個額外的後援。然後我們與中東石油國聯繫，並開始與俄羅斯交往。如果我們沒有這些對外聯繫，我不認為我們會有今天的成就。

> **問：可是目前這一代領袖的信念沒那麼強，對不對？這是不可能的。**

答：不能這樣說。你看，我不知道我的孫子們將來會怎樣。當顯龍還小的時候，我帶他到處競選。我沒時間和他培養親子關係，所以我說，你跟著我。他很感興趣，跟在我身邊，聽了所有的演講。

我想兩次種族暴亂一定讓他留下深刻印象。1964年9月我出國訪問，那是那年的第二次暴亂，就在7月回教先知穆罕默德誕辰紀念日暴亂之後。這也是我撤掉杜進才的原因。他慌了，馬上宣布戒嚴。結果整個城市跟著恐慌。所有學校突然停課，交通亂成一團。我的妻子派司機駕我父親的車子去找顯龍，但他已經走在街上。他們找不到他。他一路從公教中學，也就是聖若瑟書院後面走回家。他12歲，年紀不小，已經懂事。

他在劍橋留學，因為數學出色，校方要挽留他。他寫信告訴導師：「不了，謝謝你，我一定要回家。這裡是我的國家，我的職責所在。我不願留在一個我的貢獻無法起作用的地方。他回來新加坡武裝部隊服務。我從來沒吩咐他加入武裝部隊。他自願加入。我覺得他的獻身精神幾乎和我一樣強烈。我指的是，他沒有經歷過相同的考驗，但他目睹我經歷了它

們，他自己也感受到我們所經歷的混亂與災難、暴亂等等。也因為他從政，我另一個兒子決定，一個從政就夠了。我們不要建立王朝。所以我的女兒和小兒子沒有從政。

> **問：當你的信念真正受到考驗的時候，可曾想過我已經受夠了？**

答： 我們越受到考驗，我越覺得有必要留下來確保我們度過難關。不，不，這是終身的承諾。我一生中有什麼東西對我很重要？我的家庭和我的國家。我的家庭有我的妻子照顧。她把孩子帶大。我撥出時間陪他們，嘗試灌輸他們一些價值觀。每年兩次，當我可以休假的時候，我們會上金馬侖高原。我想他們是抱著正確的價值觀長大成人。但是新加坡一直讓我放心不下。新加坡是我至死都關心的地方。我怎會不要新加坡繼續成功呢？

一名西方記者問過英國前首相梅傑──他來過這裡好幾次──「柴契爾夫人下臺後讓你的日子難過，所以你可以說你是因為她才失敗。但是你看李光耀。他人還在政府，新總理卻成功。」你應該看他怎麼答：「他在確保新總理成功。」

這正是我的用意。如果新總理失敗，等於我失敗了。馬哈迪從來沒那麼想過。他削弱他的繼承人的地位。

我無怨無悔。我把自己的一生用來建設這個國家。我需要做的事已經做完了。我不需要為第四代領導操心，除了催促現任部長們，盡快組織一支新團隊，因為他們需要時間來栽培新領袖。他們不可能只上六個月的領袖課程就夠了。他們必須共事，了解這是新加坡成功之道。這樣領導交接的時候才會一帆風順。但是我坦白告訴他們，他們的決定必須以國際局勢、國內民意和年輕一代為考量，而這些都已經改變或不同了。

> **問：那些或許是你的信念，但別人可不是這麼看你。**

答：不，我對別人看到什麼，沒有看到什麼沒有興趣。那與我不相干。

> **問：別人對你的評價中有哪些是最不公平的？**

答：我沒興趣理會。如果我允許自己被他們影響，這會影響我的工作。我就不理他們。他們懂什麼呀？他們熟悉新加坡嗎？他們了解我嗎？所以當我和他們面對面時，我會問，你在新加坡待了多久，你對新加坡了解多少？我生於斯長於斯，這是我的家。你比我更有資格決定什麼東西在這個國家行得通？你一天花多少時間牽掛著新加坡？我說過一次，過後就沒人敢來挑戰我。不，我沒對他無禮，我只是很不客氣地駁斥他。他下意識想在訪談中讓我栽跟頭。但這關乎我的生命，也是把這個責任託付予我的人民的生命。

　　信不信由你，也不管倫敦《泰晤士報》、《紐約時報》或是威廉‧薩菲爾[9]信不信，我都不在乎。但是我知道所有和我見面的領袖都敬仰我，因為我直話直說。他們問我東西，我坦率回應。我不會轉彎抹角顧左右言他。不然他們為什麼要見我，尤其是當我已經不再擔任總理了。

> **問：可是你希望歷史如何評價你？**

答：到時我都死了。會有不同的聲音，不同的看法，但是我堅持我的立場。我作出了一些強硬的決定好把事情辦妥。可能有些人不認同。認為我太苛刻，但是存亡關頭，我一定要確保新加坡成功，就是這樣。到頭來，我得到了什麼？一個成功的新加坡。我犧牲了什麼？我的一生。

　　不過我很幸運。我的妻子是一名很能幹的律師。我對金錢沒興趣，反正她有的是。她把孩子照顧得很好，陪伴他們成長，如今他們都自立了。

　　我為什麼出這本書？我要你的讀者認識硬道理。如果你相信這個強大的結構和我們同等級的其他國家相同，那你錯了。大錯特錯。我們能有今天是因為我們有誠實能幹的政府，有能力應付不樂見我們成功的鄰居，有

本事贏得大國的尊敬，能和他們平起平坐對話。我們非常謹慎甄選我們的領導。張志賢出席慕尼克安全會議，我遇到許多國防部長和記者，都說他是一個人才。他們聽他說話。他話不多，但是當他說話的時候，他們聆聽。而且他們說，這個人知道他在說什麼，因為他對安全課題擁有一流的洞察力。楊榮文也不亂說話。所以外國領袖和部長見到他，都很認真。

問：你是否會參加下屆大選？你對自己在下屆選舉及之後在政壇的角色有什麼計畫？

答：會的，只要我還健康而總理認為我還行。先應付這次大選再說。至於再下一屆大選呢，我到時將93歲了，不大可能有體力去競選拉票了。

問：你曾經說過自己不會退休。這是不是表示你會繼續活躍於政壇？你如果能像曼德拉一樣扮演長老的角色，行使道德權威而置身於政治之上，對你不會更好嗎？

答：當長老必須實至名歸。我是行動黨創辦人，也不打算假裝自己可以無黨無派。

街頭鬥爭：「不是你敗，就是我輸。」

「他為國家作出重大貢獻」。一名政治人物在1990年李光耀卸下總理職務前的送別會上這麼形容他。另一名國會議員說：「在國會辯論裡，沒有比李先生更出色的老師了——我認為他是世界上最優秀的演說家之一。」

這些讚語不是來自李光耀的仰慕者，而是他的對手。在送別會上說話的人是1961年率領左派分子脫離行動黨，組成反對黨社會主義陣線的死對頭李紹祖。因為李光耀而口才進步的人是資深反對黨議員詹時中。他在

1984年發表國會處女演講時，被李光耀訓斥不懂地價，給他上了第一堂課。李光耀幾十年來跟數不清的對手周旋，他們兩位算不上是最難纏的敵手，而他總是一心一意地試圖擊垮所有敵手。許多人對於李光耀徹徹底底、毫不留情地打垮對手的作風不寒而慄。

> **問**：這些年來，你對付了各式各樣的政治對手。你對付他們的基本方式有沒有改變，有沒有變得溫和些？

答：你看劉程強好了。他沒有喧鬧，沒有大吵，他很有技巧，懂得抓住民心，守住了後港。出席每一宗喪禮、每一場婚禮，也處理每一個投訴。他一直在觀察我們的政策然後旁敲側擊，但從來不硬碰硬，可是他提出替代宣言時，我們就把它撕爛。那個替代宣言說取消職總、取消這個、取消那個、取消組屋的種族分配額、取消集選區。[10] 好了，選民怎麼看它。到了大選的時候，他有說這些東西嗎？不，那不好賣。他說什麼呢？他用潮州話說：「政府有錢，我們沒錢。」所以你知道，他玩情緒。我們只要反駁他就行了。

> **問**：你是說你的方式其實已根據反對黨的各別情況而稍微轉移了？

答：當然啦。我說過如果我們有第一世界水準的反對黨，我們就會以第一世界的文明對待他們。就這麼簡單。但那不表示我們不會把你擊倒。我的意思是，你看布萊爾和麥隆，雖然鬥個你死我活，卻還是客客氣氣。再看布朗，他每次和麥隆交鋒都被修理一番，但彼此還是禮尚往來。

> **問**：一些人說行動黨之所以能長期執政，靠的是有效、有系統的摧毀反對黨。

答：請問天底下有哪個政黨會扶持反對黨上臺？我們為什麼不趁他們羽翼未豐，就先剷除他們？否則，等他們站穩腳步，就很難除掉他們。

你敬我，我也敬你。但是，我們會駁倒你的政策。每個政府都會這麼做，才能繼續執政。你們看看日本自民黨現在的下場，他們現在沒有辦法剷除反對黨了，因為他們已經失去威信，不再像他們的祖父或父親那代人那麼優秀了。

問：可是過去有好幾次，你覺得有必要徹底消滅個別的反對黨人，例如惹耶勒南。

答：確實是這樣，先是惹耶勒南，然後是徐順全。我覺得他們罪有應得，沒什麼好後悔的。惹耶勒南後來神經兮兮的，跑到街頭賣東西，這幫得了他什麼？他還關掉事務所。[11] 我是說，他這麼認為，你知道的，西式想法，他是在為國犧牲。其實不然，他一心一意要把我擊倒。我一笑置之，不把他放在眼裡，令他非常氣惱。不，我不後悔。徐順全，也不後悔。

問：你知不知道這樣對付反對黨人很冷酷，會嚇跑那些對政治有興趣的人？

答：以其人之道還治其人之身。所以你要講文明，要有政治技巧，像劉程強，或詹時中。我從來不對詹時中凶狠，因為詹時中溫文有禮，我就對他溫文有禮。他是老實人，我敬重他這點，他健康走下坡，但仍受選民擁戴。

問：年輕部長是否擁有你痛宰敵手的殺手本能？

答：我不知道他們有沒有。他們還沒遇到這種情況。

> **問：如果有一名反對黨人冒起，哪個部長能像你那樣對付他們？**

答：沒有，他們或許無法像我那樣，但是他們自然有辦法。每個人都有自己的作風，這一半屬於天生，一半則來自你的人生經驗。我之所以強悍和堅韌，是因為我曾和共產黨人交手。我碰過手段毒辣的敵手。我說過，這是街頭鬥爭，不是你敗，就是我輸，就那樣。

讓媒體批評者知難而退

李光耀一手塑造了新加坡現有的媒體模式。按這模式，新聞媒體受政府管制，並清楚它不是監督政府的「第四權」，而是如實報導政府新聞，並在建國道路中扮演建設性角色。

李光耀上臺不久就為媒體應扮演的角色定位。1971年，在世界報業學會於赫爾辛基舉行的年會上，他說媒體的自由「必須服從於新加坡整體和民選政府的首要職責」。大會前的幾個星期，他剛關掉兩家報社，並逮捕第三家報社的幾名主管。

1977年，他修改報章法令，禁止任何個人或機構擁有一份報章超過3％的普通股。這個頂限後來在2002年調高到5％。1974年，他設立了管理股並把股權分派給本地銀行。本地銀行被視為政治立場中立，與新加坡的穩定與發展利害相關。報章因此不再受報業巨頭主宰。

今天，本地媒體所處的環境，與他出版回憶錄的時候相比，更具競爭力，互聯網的普及是其中一個因素。互聯網將如何影響主流傳媒呢？李光耀塑造了本地媒體的環境，他對新媒體環境又有什麼看法呢？

> **問：新媒體將如何改變新加坡的政治和政府運作的方式？政府是不是需要更加透明？**

答：這正是中國目前的處境。四川大地震後，信息馬上傳開來，新疆暴動時，信息也馬上傳開來。[12] 手機的畫面，錄影或照片，統統馬上傳遍互聯網。他們得學會應付。但這不表示他們將從根本上改變他們的體制。

> **問：你說新聞自由必須服從民選政府的首要職責，可是你從來沒把報章國有化，或像馬來西亞那樣控制媒體公司的擁有權。你從來沒有考慮這麼做過？**

答：沒有。我不認為有必要擁有報章。首先，它會變得像電臺和電視臺一樣。所有媒體受到國家的控制，我不認為這是個好主意。事實上我想過把媒體，甚至於電視臺，有些電視頻道交給新加坡報業控股經營，有些則由新傳媒經營，而新傳媒最終可以私營化。我相信讓報章擁有獨立觀點有好處，但它必須有分寸，明白我們不會允許它削弱政府政策。

我們一開始就採取和西方媒體不一樣的基本模式。首先，西方媒體從沒面對同樣的情況。他們的老闆可以隨意聘請與開除員工來順應他的觀點。即使今天，如果你和默多克唱反調，你就會被開除。[13] 所以你發現《華爾街日報》正慢慢改變它的立場。他們所標榜的自由獨立的媒體是言過其實。默多克決定支持布萊爾，因為他偏袒企業，反對國家插手企業的管理。所以默多克旗下所有報章轉而支持布萊爾，多少影響了選情。布朗比較傾向於國家主義和社會主義。所以我推斷默多克集團，也就是新聞集團，將採取比較中立的立場，不再吹捧工黨政府。當選舉來臨時，我相信他們會吹捧保守黨，因為他們會支持默多克想要提倡的政策。

我們不希望這種情況在新加坡發生。我們只要媒體照實報導新聞。如果你要宣揚立場，可以通過評論和言論版，這些顯然和新聞報導不一樣。我認為它們有一定的價值。

可是如今我們在互聯網上看到很多垃圾新聞和假消息。我不曉得人們需要多少時間才會成熟，懂得分辨什麼是垃圾，什麼是事實。我們不能不承擔這個風險。它已經是新加坡人所接觸的媒體的一部分。

問：新媒體已給政府帶來威脅，就如鄰國馬來西亞。

答：我不認為我們會面對類似馬來西亞的問題，因為他們的媒體已失去威信。他們的電視和平面媒體的立場脫離現實，人們只好尋求替代信息管道。所以博客、《當今大馬》、《哈拉卡》、反對黨報章填補了這個空間

問：所以你對新加坡目前取得的平衡狀態感到滿意？

答：是的，有了競爭，不論是新傳媒的《今日報》還是新加坡報業控股的報章，都必須知道分寸。他們可以搶新聞，但他們必須把政治宣傳拒於報章和電視門外。

問：展望未來，你是否預見你將面對更多壓力來使媒體更開放自由？

答：什麼才算更加開放？你上互聯網看看吧，你可以宣揚黨的觀點、出版黨報、還有黨訊。沒人阻止你這麼做。可是如果你犯了誹謗罪，我們會控告你。任何不正確及具誹謗性的東西，我們都會採取行動。

問：你對誹謗的立場永遠不變？

答：那個立場永遠不會改變，因為你一旦說謊而逍遙法外，你將會散播更多謊言，而很多人會重複它，變成戈培爾[14] 所說的，謊言成了真理。

問：可是互聯網上充斥著形形色色的言論？我的意思是今天和20年前的情況完全不一樣。

答：不。主流媒體的內容必須保持誠信。我們不會改變這立場。所以人們閱讀報章，收看電視新聞或官方網站時知道這是官方立場。這些是我們

陳述的事實。久而久之，我們會贏得公信，因為我們只說真話。我們不會把不真實的東西放上主流媒體或官方網站。一旦我們這麼做，我們就失去公信。

問：你說你珍惜有公信力的媒體，可是本地媒體卻被看作親政府，被認為缺乏公信力。

答：西方媒體總愛彈這老調，因為他們認為他們的模式十全十美，任何與他們相左而成功的模式必須被推翻。如果我們失敗了，他們何需擔心？但是我們成功。我們的人民並不缺乏新聞來源，你看報攤上有這麼多雜誌。可是他們在這裡發行，如果他們的報導不屬實，我們有答覆的權利，如果他們詆毀我們，我們就告他們，這我們已經做到了。起初他們以為我們在嚇唬他們而已，所以《經濟學人》、《國際先驅論壇報》，他們以為自己財雄勢大可以不了了之。我們告他們。他們請律師，結果輸了。我們有答覆的權利，一旦你有答覆的權利，記者就顯得沒那麼聰明。如果他們亂寫東西，另一邊無法回應，他們顯得很聰明。但是當他們寫的被直接了當地駁回，那他們就顯得非常渺小。

我們面對現實吧。不管是《海峽時報》的評論還是什麼，只要我們覺得它歪曲事實，我們就會反駁。反駁的目的是通過文明手段還原真相，讓記者原形畢露，知難而退。這樣他下次下筆時會更加謹慎。當然有些經常寫信到報章的作者只是想讓自己的名字見報。這些人我們不在乎。

問：你認為人們覺得新加坡缺少媒體自由，會是它成為國際都會的絆腳石嗎？

答：簡直胡說八道。外國媒體從前說我們單調、枯燥無味、不好玩、沒有生氣，如今他們已經不用那些形容字眼了。可是我們並沒有改變我們的基本立場。我們不會屈服於他們持續不斷的攻擊。你一旦畏縮，你就軟

弱，就是個笨蛋。

> 問：剛才你說你珍惜媒體的獨立，也就是它不應該跟政府唱反調。可是如果媒體為政府宣傳，那算不算缺乏獨立性？

答：我們不需要媒體為我們宣傳，我們會自己做宣傳。我們何需媒體替我們宣傳？1959年我打贏第一場選戰前，全部的媒體都和我作對。而我告訴《海峽時報》，我勝利後會和他們算帳。結果他們逃到吉隆坡。然後他們發現在吉隆坡更加站不住腳，所以就回到這裡。你看，我們不算太壞。

你看《新海峽時報》和《海峽時報》現在怎麼了。一個失去誠信，另一個沒有。不管別人怎麼說《海峽時報》，為什麼全世界的人都讀它？為什麼？因為它可靠。我們報導的區域、新加坡、馬來西亞新聞都是事實。我們不散播謊言。所以他們把《海峽時報》當作可靠的新聞來源。而《聯合早報》網在中國被廣泛閱讀，600萬點擊率，不是因為我們迎合他們，而是因為我們如實報導，中國報章卻沒這麼做。

> 問：我認為你對付外國媒體絕不手軟。有些人說只有你才能做到，因為你敢挑戰他們並有能力挑戰他們。

答：不，下一代正這麼做。我已經不再替他們辯駁了，他們自己反駁。規則沒有變。如果你認為我走了之後，所有的一切將瓦解，那你錯了。我認為他們了解規則，知道什麼行得通，什麼行不通，什麼需要改變。這是他們的選擇，因為他們必須承擔後果。

> 問：你較早前說過，如果主流媒體繼續刊登謊言，如果具誹謗性，你會對付他們。

答：是的，這當然。

問：可是同一個時候，互聯網上誹謗性的言論多的是，殺傷力更大。

答：大家都知道互聯網上的言論簡直粗俗卑鄙，根本無法採取任何行動，因為那很困難。

問：有些人的身分很公開。

答：但是他們一文不值，他們沒錢。你起訴他們，你浪費錢，然後你得到什麼賠償？什麼都沒有。

問：可是他們說的不會逐漸破壞政府的誠信和威望嗎？

答：不會，我不認為會。假以時日，人們明白這只是互聯網上的胡言亂語。

問：既然大家都知道人民行動黨政府的政績，你又何必為了維護名譽，不惜一切代價去拆穿每一個謊言？

答：這個問題還是問新領導吧。我可是全力拼搏來維護我的立場。我成功了。我挑戰本地和國際媒體。我勝利因為我有說服力。我擅長和人民溝通，不像媒體般瞎扯。我有點像本地版的雷根。而我說到做到。當我說我要做某件事情，他們知道我會做到。所以當我說我要去對付那個人，那個人就會受到對付。我們不需要加以掩飾。我會自備武器。如果你佔我便宜，我會對付你。我知道怎麼自衛，因為當你和共產黨進入死胡同，只有一個人能活著出來，而我已經活著出來。所以我不害怕和任何人進入死胡同，更何況是外國媒體。他們能拿我怎樣？他們能影響我的選票嗎？他們不能。

政治體制的演變

從上世紀80年代起，政府對政治體制做了一系列修改。

李光耀和他的同僚在1954年成立人民行動黨，並在1959年5月上臺執政。那一年新加坡取得自治，李光耀成為第一任總理。

人民行動黨與黨內左派分子的鬥爭導致它在1961年分裂，昔日戰友成立了反對黨社會主義陣線。1966年，社陣議員集體退出國會，轉向街頭鬥爭。這個戰略性失策為人民行動黨全面控制國會鋪路，人民行動黨在1968年大選中囊括所有議席。人民行動黨政府在國會獲得全民委託，也擺平了左派工運，為新加坡帶來工業和平，跟著順利展開吸引外資的策略，帶動國家經濟增長，也為百姓製造就業機會。在1968年、1972年、1976年和1980年大選中，人民行動黨得票率介於70.4％至86.7％。13年來，它在國會無對手的情況下安邦治國。

人民行動黨壟斷國會的局面，隨著工人黨候選人惹耶勒南在安順補選中獲勝，於1981年正式告終。1984年的大選，詹時中在波東巴西報捷，為反對黨增添第二個議席。安順補選粉碎了人民行動黨牢不可破的神話，1984年的選舉結果則證實那次補選的結果不是僥倖。人民行動黨的整體支持率也下滑了12.9個百分點。

從上世紀80年代起，政府對政治體制做了一系列修改。改革以兩個原則為前提。首先，它認同教育程度較高的選民希望有更多協商與替代聲音。第二，反對票的增加讓執政黨認識到選舉包含著不理智的元素，使國家面臨難以承受的風險。所以李光耀展開一系列前所未有的修憲，其中以選舉制度的改革影響最深遠。

1984年，國會通過非選區議員制。落選但得票率最高的反對黨候選人將進入國會。李光耀堅持這能提高國會辯論的素質，增加透明度，並說服

年輕選民勿投反對票。批評者嘲諷這是「二等議員」計畫，並認為這是人民行動黨鞏固一黨獨大的伎倆，讓反對黨候選人無須中選也能進入國會來使國會多元化。

1990年，政府推出官委議員法案，進一步擴大國會中的「替代看法」。官委議員選自代表性不足的專業和團體。批評者又把它看成是一種虛假的反對聲音，既造作又可操控，違反了選舉制度所代表的民主原則和問責制。

最具爭議性的改革是把單選區合併成集選區，並規定每支競選團隊派出至少一名少數種族。這是為了確保任何有志領導新加坡的政黨必須派出多元種族的團隊參選。李光耀是在1982年7月首次倡議「議員團隊」。當時他指出，年輕選民似乎無法領略國會裡擁有種族平衡的重要性。他害怕以種族為基礎的政黨會玩弄種族情緒來爭取選票。

國會在1988年通過集選區法案。3個月後，新加坡舉行大選，39個單選區整合成13個新集選區。後來，各集選區面積不斷擴大，到了1997年，出現了6人集選區。批評者指稱，集選區的真正目的是為了提高參選的門檻。

選區劃分不公平的指責層出不窮，特別是當一些邊緣議席在下屆大選中被劃入集選區裡。例如，1984年大選中10個競選熱區，有8個在1988年大選被併入人民行動黨的「安全議席」集選區。

2009年，總理李顯龍宣布將集選區從平均5.4名議員縮小到5名。他說集選區越來越大，選民難以認同整個集選區或議員團隊。他還把非選區議員人數增至最多9名。國會在2010年4月通過這個改變。

政治體制還經歷了其他改革。1984年，李光耀提出民選總統概念，確保萬一反對黨上臺執政也不會造成無可挽救的破壞。1991年的憲法改革賦予總統否決權，可反對政府動用過去累積的儲備金和撤換重要的公共部門領導層。為了增加總統的公信力，它成為一個直選的職位。批評者認為這是顛覆民選國會，阻撓合法反對黨崛起的計謀。更何況總統候選人必須先通過當局委任的委員會的審查。

　　第一屆總統選舉於1993年舉行，人民行動黨的候選人是前副總理王鼎昌。這個人選看起來不像會造成與政府之間的磨擦，但王鼎昌後來高調指責官僚機構阻礙他行使職責。李光耀說王鼎昌誤解了民選總統的角色。過後的總統選舉都沒有競爭。

新加坡承諾

世界上哪個國家為你翻新房地產，增加你的淨資產額？但我們做到了。為什麼？因為這是我們的政治羅盤。讓每一名男女擁有一份資產。

　　李光耀喜歡拿別人的生活例子來印證他的政治論點。當我們討論政治的時候，他把焦點轉向攝影隊，充分發揮他的說服力本領中最常用的一招。

　　他問他們：「你有房子嗎？」

　　有，其中一名攝影記者答道。他有五年的房貸。這個答案不足以證明居者有其屋的民主制度的成功，所以李光耀轉移目標。

　　「你呢？」

　　那是攝影記者姚翠琳。

　　他這次找對人了。她還剩下20年的房貸，可用她的公積金償還每個月的分期付款，所以她無須操心。更妙的是，她住了九年的組屋位於盛港，一個設施不斷增加的新鎮。

　　她的組屋增值了嗎？有，增值6萬元了。李光耀說，他的一名保安在盛港的組屋已增值了20萬元。他證明了他的論點：「世界上哪個國家為你翻新房地產，增加你的淨資產額？但我們做到了。為什麼？因為這是我們的政治羅盤。讓每一名男女擁有一份資產。

　　人民行動黨造就了一個居者有其屋的國家，買主通過支付能力調查後可獲得津貼購買公共住屋，並動用公積金存款償還房貸。2003年，93％的新加坡組屋住戶擁有所住的組屋。

　　這個政策背後的道理很簡單：國民擁有自己的房子，使他們分享國家財富，讓他們積累資產而又不必依賴國家。組屋區翻新計畫——如我們攝影記者居住的盛港鎮——則為國民資產錦上添花。

　　李光耀與我們分享另一個住屋政策背後的成功故事。他有一名保安是四個孩子的媽媽，早期住在裕廊西的三房式組屋，搬了兩次家如今住在楊厝港的五房式組屋，三次都獲得政府津貼。那份優待如今已經廢除了，買主只能享有兩次的津貼甜頭。妙的是，她只花7000元購買裕廊西的組屋，最後賣了10萬元。

　　在李光耀的眼裡，這就是人民行動黨成功的原因。「你可知道我們憑什麼能長期執政？公信力。每個人都分享國家財富。」政府承諾為國民提供負擔得起的住屋，造就了一個居者有其屋的國家。

注釋

1 政府在2007年修改土地徵用法令，開始按照市價賠償土地被徵用的地主。

2 李光耀引述亨廷頓（Samuel Huntington）1999年在科羅拉多學院建校125周年專題研討會上的主題演說：「21世紀的文化：衝突與聚合」。

3 英國在1986年成立非政府選區界限委員會。

4 李光耀指的是前總統蒂凡那和王鼎昌。兩人都是全國職工總會前領袖。

5 林文興在1993年到2006年間擔任全國職工總會祕書長。林瑞生從2007年起接替他的職務。

6 李光耀指的是薛愛美博士。她在1991年大選中落敗，失去武吉甘柏區議席後，有報導指她在巴剎拜票時和魚販握手後洗手，引起爭議。可是薛愛美博士在2009年接受黨報《行動報》訪問時說，她是在和數名豬肉販握手後洗手，而不是魚販。她洗手是因為她擔心會冒犯與她握手的穆斯林。

7 日本自民黨從1955年開始掌權，直到2009年下臺，其政權在1993年到1994年之間曾中斷11個月。

8 政治戰略幕僚，也是布希總統的前首席助理。

9 威廉·薩菲爾（William Safire）是《紐約時報》政治專欄作家，他多次批評李光耀和他的「新加坡模式」。

10 工人黨2006年大選政治宣言，主張廢除集選區制度、組屋的種族配額制，以及讓工會與政府脫鉤。

11 惹耶勒南（J. B. Jeyaretnam）兩次被取消律師資格。第一次是在1986年，因虛報工人黨帳目罪名成立，1988年倫敦樞密院以判決有誤為由，允許他復職。第二次是在2001年，因拖欠包括當時的總理吳作棟在內的誹謗官司賠償的分期付款而宣告破產。他在2007年復職。

12 四川大地震發生於2008年，新疆暴動發生於2009年。

13 默多克新聞集團旗下的一些報章雜誌包括《泰晤士報》、《華爾街日報》、《遠東經濟評論》、《道瓊》和《紐約郵報》。

14 該引言相傳出自納粹宣傳部長戈培爾和列寧。

03
精英中的精英

2008年12月，李光耀植入心臟起搏器僅48小時後就飛到香港出席一個國際課題對話會。主持大會的美國前總統柯林頓向在場的政商界領袖，推崇李資政為「這50年來全球最睿智、最有學識、最有效率的領袖之一」。不過李資政此行可不是為了享受盛譽，他認為新加坡與美國前總統柯林頓夫婦保持友好關係至關重要，因此應邀出席。當時柯林頓的夫人希拉蕊即將出任國務卿，成為美國內閣成員中的頭號人物。

李資政為國勞心勞力，他曾說過「即使我躺在病床上，即使你們要把我送進棺材，只要我發覺有東西不對，我就會跳起來」，或許對他而言，出席對話會是例常工作之一。自從李資政於1990年卸下總理職務之後，新加坡人民已習慣於他時不時在公共事務方面發揮其非一般影響力。政府繼續受惠於李資政豐富的治國經驗，讓人民和外國友邦覺得安心，但也使一向置疑新加坡是否已徹底完成領導交接的人，繼續抱著懷疑態度。

如果簡單地把李光耀過問政事認定為新加坡領導層的特點，那未免以偏概全。不可忽視的事實是，過去30年來，李資政致力於發掘人才，同時也為人才難求而深受困擾。這份憂心在我們前一章關於政治的訪談中顯露無遺，他一再重申人民行動黨無可避免地終將有失勢的一天。如果真有那麼一天，相信主要原因是人民行動黨自身素質下滑或是出現了一個旗鼓相當的反對黨。

政治體制確實依賴廣受推崇的領導層更新過程來確保領導棒子交給正

值壯年的頂尖人才。自我更新以因應領袖年齡老化以及選民不斷轉變的需求，是人民行動黨屹立不衰的公開祕訣。那什麼會導致這套策略失效，以致人民行動黨失勢呢？事前是否會有預兆警示？要具備什麼樣的條件才算得上是優秀的治國人才？

李資政努力不懈地招攬賢能之士從政，只因他堅信新加坡處境特殊、脆弱，需要高素質人才來掌舵並化險為夷。正如李資政於1982年所說的，當時要求第一代領袖加快退下，確實使他的同僚們感覺不好受，「但若是把新加坡託付予平庸之輩……那簡直是罪過」。如今逾25年之後，李資政又在我們的訪談中提及這點：「如果我們的政府與人民無法在本區域脫穎而出，無法保衛新加坡及捍衛其權益，那新加坡將走向滅亡。」

李資政首先列舉了一些關於人才的實在性假設：人才與人口比例。若按「每十人中有一人才來計算，300萬人口中的人才數量肯定不及十億人口中的同等比例來得多。李資政指出，中國每一個公務員職位，都有數十個才智俱全的青年在爭奪，他們都擁有優異的學業成績和技術專長。反觀新加坡，達標的僅有一兩個。人才不足，連要湊成兩個部長團隊也辦不到。李資政認為新加坡缺乏可靠的反對黨，人才短缺是主要原因。曾有人提議在人民行動黨內設立「內部反對黨」，或是把黨一分為二形成競爭局面，但就因為人才難求，這些建議後來都不了了之。

李資政指出，人才不足的另一個原因是新加坡年輕人一般不願意投身公共服務。他認為年輕一代對政治不感興趣，連他自己的孫子也如此。成功的專業人士自然傾向於往私人企業界謀取優薪高職。誰會要冒險登上政治舞臺，讓自己的一舉一動成為公眾的焦點，甚至還可能受到批評。另外，誰願意減薪加入政府部門服務？李資政甚至說換作是他，如果他現在是一名年輕律師，他也不見得有什麼理由要從政。當年他與其他老一輩部長們一樣，是在後殖民時期的鬥爭與變革歲月中做出從政的決定，這也因此改變了他的一生。時過境遷，新加坡人民現在生活安逸、收入也不錯，自然覺得沒什麼必要去接過領導棒子。

不過關鍵問題是：新加坡領袖須具備哪項不可或缺的「才能」？李資

政立即指出，遴選對象不僅僅是美國常春藤大學的一等榮譽學位畢業生，或是頂尖外科醫生和律師。即使能言善辯或廣受選民歡迎，也還不足夠。政府採用蜆殼石油公司的行政人員選才方式，注重對方的人品、進取心、「直升機素質」，即通過分析、了解實況、想像力來評估情境的能力。因此所謂的「才能」不僅是指學業上或職業上的實質成就，而是也包含了具備「正確」的品格和人生觀。正直與誠實缺一不可。

確定了必備條件，就可開始選拔了。雖然政府的選才過程是祕密進行，但連向來批評政府者都同意整個過程是嚴格與系統化的。從公共服務部門和私人企業界選中的頂尖專業人才會「受邀出席茶會」，這其實是第一輪的接觸，接下來還有一連串令人吃不消的面談，讓人民行動黨刺探他們的「內心本質」。來自公共服務部門的候選人——一般為領取公共服務部門獎學金，事業有成的佼佼者——如果曾與人民行動黨高層領袖共事過，那就可以縮短所經歷的篩選過程。他們會被帶到內閣部長與包括李光耀在內的人民行動黨中央執委跟前，接受嚴格測試。每位候選人的檔案完整詳盡，他們當中有些經歷長達六小時的心理測試，被問及非常私人的問題，例如關於個人信仰與婚姻生活。他們也會被逼問，如果陷入道德兩難的處境，個人堅守的價值觀受到挑戰時，他們會如何抉擇。有位落選者透露，這場令人心情激蕩的盤問「非常犀利直接」，事後他感覺自己彷彿「被剝得赤裸裸的」。

如此嚴格的篩選過程是為了阻遏抱有僥倖心理的投機客。不過淘汰率之高可能使有領導潛能者卻步。向來直言批評新加坡政治的公共政策專家羅斯・沃辛頓說，這個篩選過程使得落選的精英「猶如政治敗將屍鴻遍野，加深了島國精英對參政的潛在抗拒心理。」

經歷多重磨難，成功過關斬將者就是新加坡人所期望的領導者嗎？一些中選者並沒經歷向選民證明自己的一個重要步驟，那就是選戰的洗禮。李光耀和他的繼任者對於能在把民粹政治、意識形態爭執、中傷誹謗減到最低的情況下，有條不紊地完成權力交接，感到自豪。求變的動力來自內部，例如隨著現任領袖逐年老去。目前人民行動黨議員的政治壽命一般是

三個任期，每屆大選有三分之一的議員退下。在這個平穩過渡的制度下，已有兩位仍具備領軍參選實力的總理退位讓賢，但他們未完全脫離政壇，而是從旁輔佐繼任者。第一代內閣成員中，除了少數幾位之外，大多靜悄悄地下臺，讓年輕同僚接棒；包括後來出任總理的吳作棟在內的首批「第二代」領袖，是在1976年被引進政壇的。政治學者戴安娜‧莫齊作了以下評語：「新加坡苦心策劃、系統化的政權交接與第三世界國家的政權交替形成強烈對比。後者由於沒落實政治制度化，缺乏政治決心與規劃，以致政權更替經常落得突兀、紊亂、多變，結果難以預測。」

　　不過有人卻提出政權交替不應該如同「流水作業」。批評者以美國總統初選、英國的政黨大會和其他選舉機制為例，指新加坡在挑選未來領導人方面有欠民主。2008年的20位內閣部長中，有兩位從未經歷過選戰。黃永宏和維文在2001年和2006年的兩屆大選中都不戰而勝，這意味著他們無須爭取選票，就從當醫生轉為人民行動黨的前座議員。

　　一個存在多時的批評是，選賢過程偏重行事一板一眼的技術官僚，而忽略了真誠體恤民情的基層領導，這個尖銳批判出現在作家林寶音於1994年發表的具有爭議性文章《情感之分界線》。她認為政府和人民在感情上變得疏遠了。事隔15年後，她受訪時卻承認新加坡領導人現在「很明顯」友善多了，對老百姓更加親切：「我寫那篇文章時，他們確實顯得傲慢。現在不會了。出於政治考量，如果再那樣是不恰當的。」

　　另一個批評指選才對象專挑優秀的專業人才和政府獎學金得主，因而造就了精英型領袖。這些屬於中上階層和上流階層的公務員擁有出色的學歷，可是卻與他們要服務的平民大眾缺少接觸。即使有更多基層活躍份子成了議員，他們都沒當上人民行動黨的前座議員。我們進行訪談期間，20位內閣部長當中，有12位是政府獎學金得主。在2008年，超過半數的獎學金得主住在私人住宅，相比之下，全國只有20％的人口住私宅。政治學者陳思賢警告，精英階層可能產生「一種自我膨脹的『小圈子』優越感，對於排除在此小圈子之外的人，精英份子則輕視他們的能力。」

　　人民行動黨領導層更新機制中令人擔憂的另一點是，其選才過程是否

會導致選人者選出與自己同類型的人，即富裕的專業人士相中與他們看法相同、好惡相近的專業人士。一些向來直言不諱的知名人士如維文和林雙吉，被指在加入人民行動黨之後受到黨的同化，羽翼被剪了。美國哈佛大學甘迺迪政府學院的約瑟夫‧奈教授自認「非常賞識」曾到他的學院進修的新加坡領導人，不過他認為人民行動黨的選才機制存有不足之處，「沒人提出異議和截然不同的看法，而這在民主制度中往往很重要。前官委議員倪敏曾於2006年大選前說過，人民行動黨招攬的新人，即使觀點再多元化，還是不免「受到同化，成為單元的行動黨信徒。」

李光耀的首屆內閣成員當中，確實有幾位基於以上原因而不贊同領導層的更新方式和速度。他們主張選人應選那些在基層有實際服務經驗的黨內活躍份子，而不是選出一些陌生的臉孔。持這種看法的多為老一輩擅長搞基層活動的黨領袖如王邦文、易潤堂和鄺攝治，他們有豐富的基層活動經驗，尤其是在華族選民之中。人民行動黨於1991年大選出乎意料地失去了四個議席，前高級政務部長李炯才當時說了這番話：「我們1959年第一次參加大選時，黨候選人當中有理髮師、賣豬腸粉的、還有小販等等，他們都來自基層。後來，我們逐漸走精英路線……全國80％人口講方言和華語。可是，我們推出的精英型候選人全都受英文教育，連華語都不會講。其中一些會講華語但卻不會寫中文字。這樣的候選人能與一般民眾溝通嗎？」

帶頭發出反對聲音的是人民行動黨的創黨元老杜進才，他在1980年12月大選後，被排除在新內閣名單之外。李光耀在其回憶錄中提到，迫使杜進才退下是為了「預防領導層出現分化」。杜進才後來成為一個直言不諱的後座議員，對於未來領袖難找的問題，他在1997年受訪時提出了獨特見解：「現在年輕一輩沒文化，不敢承擔政治風險……不過我不能怪他們，因為他們看到了政府如何以高壓手段對付反對聲音。」

李光耀清楚知道最優秀的政治領袖人才不會像奶油那樣自動浮到頂部，而是需要從一個比政黨內部還要大的容器中過濾篩選出來。你必須有系統地從各專業中篩選，去蕪存菁。這一來，也能防止反對黨有機會吸納

頂尖人才。領導層的交替可不能靠運氣，必須有一套全盤計畫。李光耀將鄰國的民主災難引以為戒，這些國家因為貪污盛行、奉行愚昧的民粹主義、國內嚴重分化，以致政府無能、政策朝令夕改，有些甚至落得分崩離析。李光耀指出，相比之下，新加坡領袖在國際上享有盛譽，而這份由衷讚賞似乎廣受認同。作家林寶音就曾講述她向西方觀眾批評新加坡領導人時所引起的回應：「在一個座談會上，一名英國商人站了起來，他說『請給我們你的李光耀，我們回送你托尼・布萊爾，另外再附送切莉・布萊爾。』」

李光耀也無法容忍外界的連番批評，有一項指責尤其令他不悅：「外界普遍認為我們是精英至上的一群，這簡直是愚蠢！」他辯說，人民行動黨的領導層遴選模式可不是一個在口頭上主張人人平等的虛偽制度。真實情況是，隨著社會發展進步，國家領導人往往來自同一個社交圈子，有著同樣的教育背景，甚至有親屬關係。李光耀指出，有些國家遴選領導人時，實則走精英路線，可是卻以平等主義作為掩飾。在英國內閣中，牛津和劍橋畢業生比比皆是；美國政府有許多常春藤大學畢業生；法國政府則有來自一組名校的畢業生；世界其他地方也不乏寡頭統治集團。即使在中國，許多第二代領袖其實是開國元老的親人或老相識，平等主義只是掛在嘴上。李光耀斬釘截鐵地說，這世界上並沒有真正奉行平等主義的國家領導層。

李資政也堅持認為擁有亮眼學歷或良好家世背景，還不足夠；即使是新加坡領導層中「屬於精英中的精英」的成員也必須接受實戰考驗。歸根究底，身為領導者必須有實質作為，改善民生，並且在選舉中贏得選民的委託。成功的定義不只一個，視領導人被賦予的使命而定：基層領袖須與老百姓搞好關係，總理須善於與人溝通。如果他們治理無方、溝通無效或沒把基層工作做好，那他們就會被請下臺。澳大利亞學者邁克爾・巴爾形容李光耀式的精英主義為「旨在由上而下創造一個平等社會，精英型領袖以仁心治國，設身處地為貧民與弱勢者謀取利益。」

不過李光耀也承認，激發辯論是磨練新加坡領袖的重要一環。他們提

出的主張必須經得起考驗，而最好是由持反對意見者來嚴格審查。李資政說，由於國會缺少強大的反對黨，內閣因此成了辯論場地。例如就新加坡要不要建賭場一事，內閣部長們意見嚴重分歧。李資政最初反對建賭場，不過後來他被說服了。另一個例子是私營化課題，李資政最終也是被說服了，在這方面，交通部長林雙吉扮演了重要的角色。

難道李資政不認為新加坡的領袖遴選過程可能會導致領導層趨向集體思維嗎？他的答覆是：問問部長們吧。部長們都不同意這個說法。外交部長楊榮文也談及建賭場一事：「儘管資政向來堅決反對建賭場，我與幾位部長還是提出了建賭場的建議，當時我還在貿工部任職。資政聽了我們的論點，最後被說服了。還有其他部長持反對意見，包括總理在內。最終，我們達成了共識。」楊榮文說，部長們與不同群體接觸，又經常出國得以增廣見聞，這都有助於內閣取得共識。

衛生部長許文遠也強調，政策的制定過程勞心費神，不是隨隨便便由政府中幾個唯唯諾諾的人蓋個橡皮圖章就通過了。個別政策需要經過公務員長時間的內部討論，許多時候還得進行跨部門商議。許文遠說：「新點子俯拾皆是，不過要把點子轉化為可以實現的有效政策，需要經過多個月的仔細分析、考量、審慎評價以及多輪調整改進。」

有批評者把矛頭指向一個比較針對個人的目標。李資政是否還在幕後操控，把現任領導推向他比較看好的政策？為什麼說了那麼多關於領導層更新和換血的話，加上第一代領導人全都鞠躬下臺了，可李光耀卻還留在內閣呢？他的答覆直截了當：因為他還有價值，他什麼也不做，只做回自己，即發表意見，激發辯論。

儘管這樣，連在體制內也開始有人說，擔心如此成功的體制可能因為缺乏競爭而退化萎縮。退休超級公務員嚴崇濤曾呼籲設立一個「替代領導層」，以確保現任領袖不會鬆懈怠慢、不知不覺地走下坡路。他指責公務員當中潛在「某種特有的新加坡式精英傲慢」，並且「相信自己的文宣」。他說，除非李光耀「容許外面的替代精英形成強有力的政治挑戰，否則現有的精英領導層將可以繼續很輕鬆地執政。一旦基層反抗，他們很

可能就此倒下。」

　　不過李光耀堅信他和他的繼任者制定了至今最佳的方式以物色合適的人來治理新加坡，雖然這不是唯一的方式。人民行動黨領袖指出，11屆大選的不敗紀錄以及國家取得的輝煌經濟表現與社會成就都實實在在證明了他們的方法是對的。

　　李資政在一次演講中說：「對於一個彈丸島國而言，除了我們過去30年來憑經驗摸索出的方法之外，根本沒有其他可行的替代方案。」、「這也是為什麼沒有任何能幹之士挺身而出，組織一個可靠的替代團隊來挑戰人民行動黨。」

　　歸根究底，蜆殼石油公司和人民行動黨在面試未來領袖人才時，都希望從他們身上找到一種難以名狀的特質：「現實感」——對現實狀況有深切的認識。被選中的新加坡領導層接班人的現實感與現任領袖往往大同小異。正因如此，人民行動黨的選才機制被批側重集體思維。對李光耀而言，這卻不是問題。新加坡領袖萬萬不能就如何處理國家當前的現實狀況存有歧見，這包括了種族差異、地緣政治脆弱性、開放式經濟體。

　　由此或許能理解李資政為什麼會說出「從棺材裡跳出來」那一番話。李光耀及其繼任者發掘新的領導人才，所要造就的新一代領袖，其領導能力須不遜於李光耀與他的第一代同僚，核心價值觀也須與他們相近。不認同李光耀選才機制的人，可能得提出不僅僅是一個替代步驟，他們也許需要呈現一個新的「現實感」，而由此衍生一個新的人才與領導層模式。

「外界普遍認為我們是精英至上的一群，
這簡直是愚蠢。」

問：新加坡領導層面對什麼挑戰？

答：我們人口稍微超過300萬。每年我們發掘大約100個具備領袖潛能的人才，最終選中其中二、三十個。我們尋遍各行各業，不過要在政壇幹出成績，你必須在30多歲或40歲出頭時就踏入政壇，在那個年齡你還不至於故步自封或無法貼近民眾——上街拉票、握手、親親小寶寶等等。

在2001年，人才非常難找，我們只好引進三位醫生；他們每位都是各自專科領域中的佼佼者：黃永宏、維文、巴拉吉。巴拉吉是頂尖腦外科醫生，不過他達不到當政治領袖的條件。[1]

問：有批評指你採取的是由上至下的方式，正如你所說的，你尋遍全國，挑選未來的領袖。

答：不，誰成為頂尖醫生、頂尖外科醫生或頂尖會計師，都不是由我們來選的。是制度把他們推上去。我們必須到那裡，瞧一瞧頂尖的那幾個。

問：這樣的情況經常發生在企業界和軍中，不過你是否認為政治領域應該有所不同，如讓選民多參與遴選領袖的過程？

答：不，總得有人來領導政府，而如果你幸運的話，總理不單有能力領導政府、挑選部長，他還具備說服民眾的能力。

不過在一個政黨裡面，你需要各種各樣的人。泡在咖啡店的人是好的基層領袖，你需要他們。王雅興[2]以前是我的支部祕書，但他草根性強，屬於實幹派，因此我們把他調到全國交通工友聯合會，並由他出戰義順中選區。另一位是洪茂誠。[3]

你需要各種各樣的人來組成一個政黨，不過他能管理一個政府部門嗎？人民行動黨創黨人杜進才說：「不，別擔心，他可以倚賴常任祕

書。」那是一派胡言。你不能那麼做。

問：雖然你說一個政黨需要各種各樣的人，但不知為什麼，人們總認為你過於注重學術成就。

答：如果認為政府只看重學歷，那就錯了，大錯特錯。對，我們注重學歷，只因那是篩選的第一條件。這些年來，我們發現無論哪個領域，不管是通用電氣、國際商業機器或微軟，他們的領導人都具備幾項基本特質：高智商，對，那是必要的，但不是唯一的要素。情商、領導魄力、意志力、機智等一系列特質，會隨著個人在事業或商場上取得成功而逐漸顯現出來。

新航總裁周俊成雖然在新大獲得一等榮譽學位，又考取帝國理工學院的碩士學位，可他不是獎學金得主。儘管如此，精明能幹的他知人善用，熟知業務，在他領導下，新航業績良好。

問：即使到了今天，一些新加坡人還是傾向於認同杜進才博士的看法。他們希望看到領袖憑個人努力獲得擢升，而不是被欽點空降至領導職位。

答：全世界沒一個領導層是完全從下至上的。你舉一個例子給我看看。美國總統候選人是如何產生的？從下至上嗎？不，是民主黨和共和黨從各自的內部精英中推選出來的。

巴拉克‧歐巴馬登場。他仔細盤算自己的機會。他制定了初選闖關策略，專攻舉行黨團會議而不是票選的州。他在黨團會議中取得勝利。希拉蕊‧柯林頓錯在對歐巴馬掉以輕心。他節節勝利，贏得黨的提名。最終，美國人說，好吧，就試試這黑人，這或許能改善我們是個白人當家的國家的形象。他是個非常聰明的黑人。

再看共和黨：無名之輩能參選嗎？不能，約翰‧麥凱恩是戰爭英雄，

其父是四星上將。他當選參議員，曾與喬治‧布希爭黨提名但落敗，到了2008年終於成為總統候選人。

你看看英國保守黨黨魁大衛‧麥隆。他念伊頓和牛津。他是由黨內議員推選的，這些議員多來自中上階層。這是從上而下還是從下而上？

在中國共產黨，是從下而上嗎？第一代革命領袖是從下而上，但是當毛澤東進入中共第七次全國代表大會，打倒其他人成為唯一領袖之後，大小決策都由他一手拍板，直到他去世為止。

讓我們把事實搞清楚。非洲國民大會是從下而上嗎？非洲百姓有決定權嗎？不。坐了20多年牢的鬥士曼德拉成為獨立象徵。當他退休後，他身邊一群人接管政權。這是從下而上嗎？

問：有一種看法認為，當你談到人才難求時，其實是出於人民行動黨自身的考量，因為那為一黨專政的合理性提供辯護。

答：那麼把人才找來，派他們參選。這是我下的挑戰。除了人民行動黨議員，唯一算得上人才的就是官委議員。我們甚至還考慮要把其中幾位列為我們的候選人，因為他們表現出色。不過後來沒那麼做，因為我們不肯定他們是否有能力與民眾打成一片。

問：為什麼其他人口少的國家如丹麥與挪威，足以支撐具有競爭性的多黨制？

答：如果你認為我們如同挪威、瑞典或丹麥，那我想我們難以生存下去。我們跟它們不一樣。丹麥和瑞典即使有個平庸的政府也能撐下去，新加坡可不行。它會沉下去，公共服務制度也會走下坡。

一旦核心領導層素質下滑，所有的附屬機構也會素質下降。如果一個人的能力低於另一個人，那前者是無法正確評估後者的。

> **問：最高領導職位出現較為激烈競爭的政治體制，不都比新加坡政治體制來得強嗎？**

答：我們人口300萬。你告訴我上哪兒去找足以勝任者填補這些重要職位呢？淡馬錫控股總裁何晶說，是時候讓她離開了。誰來接任呢？目前機構內部沒人有能力接管這個複雜的企業組合。因此淡馬錫得向外物色接任者。

再看看新電信。我兒子（前總裁李顯揚）說：「我要走了。」幸好，接任他的蔡淑君表現還不錯。我們缺乏具備領導才華的人。

我們找不到人去北京接替駐華大使陳燮榮。他說：「我已經做得夠多了。上哪兒找一個受華文教育，通曉中英文，又善於與人打交道的人？找黃思綿去？可是奧會⁴會因此失去他。

在中國，當他們要擢升一人為外交部長時，他們有三四個能力同等出色的人選供選擇。但那可是13億人口的國家。不獲北大錄取的學生如果到本地大學就讀，相信可考到一等榮譽學位。

> **問：那下一個問題是，你會不會發覺在新加坡缺乏政治競爭的體制下所產生的領導團隊，若與在競爭中步步高升的中國領袖相比，是截然不同的？**

答：不，我不認為那是不同之處。其實與我們的體制相比，中國體制的淘汰率更高，更趨向選賢與能，因為他們沒有選舉。因此他們並沒把情商列為必備條件。我們則必須物色能打選戰並贏得大選的人。就算你具備領袖所需的種種才能，可是如果你贏不了選舉、無法貼近選民，無法成功競選連任，那你就沒什麼價值可言。

你必須早點踏入政壇，學習如何與民眾打成一片。我們的做法是，把他們丟到泳池的深處，如果他們不行，就把他們拉上來。在私人企業界，你不需要經歷選舉。只要你讓上級滿意，就可以了。中國的情況也是這樣。在取得成功的蘇州工業園區，與我們合作過的那些官員，如今全都在

北京或其他省政府擔任要職。表現好壞才是重要的。

> 問：許多新加坡人，即使是那些敬仰和讚賞人民行動黨成就的，也不免覺得你們的選才制度走精英路線，似乎偏愛出身背景良好、出自名校、獲得獎學金到名牌大學深造的人。

答：外界普遍認為我們是精英至上的一群，這簡直是愚蠢。他們都不了解。經驗讓我們逐漸意識到，領導才能綜合了各類品格素質，而無論是將軍、政治家、總裁或總編輯，幾乎每個領域對領袖的素質要求都是一樣的。

現實情況是，無論你如何起步，無論體制多開放或注重選賢與能，隨著社會發展進步，人口會進行分類，形成不同階層。教育變得普及，才智出眾者平步青雲，其結婚對象也同樣受良好教育，他們的子女大多數會比園丁的子女聰明。這並不是說園丁或勞工的子女就無法成才，偶爾兩隻灰馬會生下白馬，但這少之又少。如果是兩隻白馬，就極有可能生下白馬。

這番話很少有人公開地講，因為非白馬者會說：「你們在侮辱我。」但這可是無可爭辯的事實。如果你有一匹優良雌馬，你不會讓它和一匹普普通通的雄馬交配，生下劣種馬。

你的智商、情商、還有其餘的你，70％至80％是由基因決定。要變得穩健成熟則需要時間，僅此而已。20％至30％是後天栽培。人生就是如此。

> 問：暫時撇開有關精英主義和基因學的問題，難道你不擔心目前栽培、遴選以及確認領袖的機制，經你調成現在的模式之後，從中選出的人可能來自非常相似的社會經濟背景？

答：只要對象局限在新加坡人，他們全都在同一個教育制度下受教育，唯一的區別在於他們是出國留學還是在本地大學念書，以及他們因職業不

同而接觸的環境、累積的經歷也會有所差異。

　　法國的精英全都上同樣的學校。每個人都參加全國會考。成績優異的考生進入名牌高等專科學院。[5]

　　德國總參謀部上上下下都學習同一套軍事理論。德國人認為他們的總參謀部之所以那麼成功，原因之一在於無論派哪位將軍到前線，他都能與其他將軍配合無間。

　　在日本，東京大學是最頂尖的大學。在北京，全國最優秀的學子都擠破了頭要考進北大或清華，如果考不進，下一個目標是復旦。

　　唯一的區別在美國。因為他們有西岸、中西部、南部、北部、東岸。以往，他們全都去東岸。現在他們把史丹佛大學、德州大學和西北大學等發揚光大。他們有不同的學派。芝加哥的密爾頓‧弗里德曼是一個經濟學派，哈佛大學是另一學派。這是因為他們國家幅員遼闊，而且我認為他們特意形成多樣性的學派。

> **問：有沒有一些才智出眾的人，原本可能是當部長的料，可是他們卻說：「我不要和政治扯上任何關係，因為一旦加入人民行動黨，我很可能得和他們有同樣的想法，而如果不百分之百地同意，我將無法在體制內生存。」**

答：不，這是完全不確實的。林雙吉可沒有受到任何限制。你現在可找他談談，問他是否因為我們施壓而改變觀點。或者問問維文。或者問他，當事實呈現在他面前，而任務交給他時，他是否會調整自己的思想來應對那個問題？

> **問：當你初次邀人從政時，有沒有人提出這方面的顧慮？**

答：不，他們的顧慮是：「我對自己的現狀很滿意。也許四年後再說，

等孩子都長大上了大學。」這是他們的顧慮。我們曾在15、20年前設法招攬當時還在吳德南集團的許文輝[6]從政,我曾和他共進午餐,吳作棟也一樣。他很坦誠地告訴我們:「我要成為一位出色的企業領袖。」他後來成功了。那是他的選擇。他會是一位優秀的部長,不過如今太遲了。現在不可能叫他去走訪選區、見選民,與選民聊天等等。要這麼做得在30歲或40歲出頭的時候就開始。到了40多歲快50歲時,你沒法改變了。

問:你確定已經找遍了所有具備政治領導潛能的人?那些與你政見相左的人呢?

答:他們是否與我們看法一致,並不是考慮因素。你具備所需的條件嗎?如果有,我們要見你,我們要遊說你。你不同意我們的觀點,沒關係。你可以改變我們。我們是理智的人。如果我們錯了,你勸說我們,然後我們改。

問:有沒有很多很好的例子顯示年輕部長改變了你對重要基本課題的看法,不僅僅是一些無關緊要的事務?

答:我自1990年就不當總理了,因此我跟他們並不常有互動。我們只在國會和內閣裡有社交上的接觸。部長的工作是提呈給總理,不是我。評估他們的人不是我。

問:從你們的交流中,你能列舉一些關於他們改變你想法的例子嗎?

答:林雙吉說服我應該盡量實行企業私營化。不過問題是,去哪裡找人來接管業務。他說讓新航私營化、讓港務局私營化。當你私營化之後,你必須把企業交給一個大股東,由他負責委任執行總裁、營運總監、財務總

監。你會把企業交給誰？華僑銀行、星展銀行、大華銀行或淡馬錫控股？問題出在這裡。人手不足啊。

> **問：內閣中是否存在集體思維？你能告訴我們內閣辯論有多激烈？**

答：我們有獨立思考的能力。我們不向彼此推銷自己的主張。許多困難的問題，我們多次開會慎重討論，暫時不作任何決策。你問問年輕部長們，問我沒用。

其他部長在我沒列席的情況下開會討論。為了不讓我影響他們，他們先開會決定要怎麼做，然後再跟我商量。內閣開會前，他們也趁午餐聚會自由討論。他們在吳作棟執政時期就開始這麼做，李顯龍接任後依舊保持不變。請記住，打從1990年吳作棟出任總理之後，我就不再任命部長了。

最初幾年，我會說：「嗯，我認為這個人比那個更好。」不過幾年後，他自己決定需要什麼人、自己決定可以放心讓誰加入他的團隊。我未必贊同他的作法。其實有幾次我說換作是我，我會三思，可是他卻直接就去做了。

> **問：「有人認為內閣會前聚會證明了你的影響力還是很大，而你是如此的強勢，他們需要另開個你沒出席的會議，才能無拘無束地自由討論。」**

答：我能不當自己而當別人嗎？當我發表一個看法時，我不是沒經思考亂說的。那是我經過深思熟慮，從以往的經驗中得出的看法。

誰敢說我的時間到了。我現在是摩根大通、（法國石油業巨頭）道達爾以及另外幾家企業的董事局成員。當他們要我續任時，我告訴他們：「聽著，什麼時候我不行了，請馬上告訴我。我已經80多歲了。」

柯林頓為什麼要我出席他的香港對話會？那是因為他要給亞洲慈善家

留下好印象，好讓他們慷慨解囊捐助他的慈善團體。他邀請我去，因為我隨時會反駁他的論點。他聰明，但我也不笨，而且我經驗豐富。我已準備好隨時說：「我不贊同，這是我的理由。」那才會激起熱烈辯論。

雖然我在對話會的前一天動手術植入心臟起搏器，但我還是赴約了。我答應過他，會在他夫人出任國務卿之前去一趟。對話會結束後，他說：「我欠你一個人情。」我回答：「我提出的回報要求一定會是合法的。」

只要這個鐘（指一指頭部）持續走動，我就沒事。這個鐘（指一指心臟）可能先停止。怎麼辦？這就是人生。我們無法預測什麼時候會離開人世，不過只要我還有價值，我的價值就是設法鞏固新加坡至今所取得的成就。我沒興趣強化任何一位領袖或任何體制。我看著這個地方強盛起來，我不希望看到它倒下，就這麼簡單。

> **問：有些人會說你是新加坡歷史上最了不起的創新者，你是在政治競爭激烈的時代嶄露頭角。在目前的體制下，不太可能再出現如此具有革新精神的人。**

答： 壓力可能不一樣，現在不再攸關生死，沒那麼迫在眉睫。不過持續的轉變也帶來巨大的壓力。就說當前的局勢（國際信貸危機）：如果我是總理，我會深入探究問題，查看資料，然後問：「我們有能力承擔這個嗎？」或是「如果這持續三四年，會怎麼樣？」我必須研究細節。當前的壓力和以前不相同了。

我長期背負著水源的壓力，從第一天開始直到新生水[7]面世為止。我一直專注於保障我們的水供，直到有了新生水。即使我不再是總理之後，我仍要求每個月獲得一份全面的報告，以了解進展如何了。沒人比我更了解水源狀況。

不過我不認為現有團隊的核心成員，智力不及我當年的團隊。他們可能缺乏應付突發事件的經驗，因為他們從沒經歷過我們當時所承受的嚴峻壓力。

> **問：那不就是個問題嗎？**

答：不，我不能這麼說。他們全都上過商學院或念過公共行政學。他們沒研讀的體制少之又少。而我卻是在街上吸取經驗的。他們是不同的一代，僅此而已。戈登·布朗不可能成為另一個克萊門特·艾德禮或休·茲克爾。[8]他屬於另一類型，出身背景不同、身處的環境也不同。溫斯頓·邱吉爾的兒子與孫子都比不上他。

> **問：不過在他們的歷史上，出現過反傳統的領袖，例如瑪格麗特·柴契爾。你的選才機制容得下持不同政見的人嗎？**

答：當你確認方向是錯的時候，你必須做好準備轉身掉頭往回走。你必須準備好隨時說：「不，這是錯的。我們必須倒轉回頭。」

我不認為我們正走向基本上錯誤的方向，要不然我會告訴他們：「看，我想你正走向錯誤的方向。」我沒發現有這樣的現象。我們擁有的選項都精心部署好了，涵蓋範圍從內部延伸至區域和國際。國際與區域局勢可能會改變，那到時就得重新思考問題了。

比一架F15戰鬥機還便宜

「這是為了讓你們對我的市場價值有個概念。」李資政邊說，邊分發一些文件給我們。文件列明了李資政自1990年卸任總理之後，從回憶錄、演講活動、擔任多個顧問委員會成員所賺取的酬勞。他把收入全捐給慈善，受益的主要為三個教育信託基金，而捐款全都沒索取稅務減免。自1991年，他捐贈了將近1,300萬新元（1,220萬為新元，餘款為其他各種貨幣）。李資政說：「我不需要到李與李律師事務所創造財富。」他指的是自己於1955年創辦的律師事務所。李資政公開收入資料，相信也是為了消

除任何人可能以為他重視錢財的誤解。我們即將談及具有爭議性的部長薪金政策，這個政策是李資政開始推行的。

李資政於1993年提出一個將部長薪金與私人企業界掛鈎的方程式，意即部長薪金將跟隨市場標準而調整。這個獻議在1994年獲得國會通過。政府根據六個專業來制定薪金標準，它們是：律師、銀行家、工程師、會計師、跨國公司和本地製造廠的首席執行員。有關方程式是從這六個行業中各選出最高薪的八人，然後以他們的中值收入的三分之二作為薪金標準。在2009年，部長的年收入最高達150萬元，總理的年收入超過300萬元。

這個政策的用意已經重複解釋了好多次，不過有關課題還是偶爾被挑出來熱烈議論，尤其是當有高官失責的時候。許多人能接受部長領高薪，但卻對於薪金多高以及是否每位部長都應領高薪而意見分歧。反對黨利用民粹情緒來攻擊這個政策。2006年大選，工人黨提出了自己的方程式：將部長薪金與20%最低收入者的薪金掛鈎，然後再乘以100。

由始至終李光耀堅決捍衛部長薪金政策，認為其能制止貪污並補償部長們所做的犧牲。至於有人說擔任公職是種榮耀，與錢無關，李資政以二字回應：虛偽。英美政治家總是先鋪好路，待卸任後以出書、演講、提供諮詢服務，賺取豐厚的收入。正因為如此，領導人往往在任內就忙於部署「轉型策略」。資政問：「你們要這樣的制度嗎？」

問：為什麼部長薪金還是引起激烈辯論？

答：談到薪金問題，我是挺輕鬆自在的。現任領袖必須確定他們未來要怎麼做。不過如果我是他們，我會沿用現有的方程式，或許加以改進。大家清楚我們的體制。如果你幹得好，我們會叫你留任。如果你留任，就會做上三四五任。到那個時候，你會是一位非常出色的部長，因為你已累積了豐富的經驗和精準的判斷力。

你會在第一次當部長的時候就成為好部長嗎？不。你得做上兩任，才會成為好部長。到時，你了解了新加坡、了解了人民、了解了政府的運

作，了解了什麼是可能的。我們為什麼要給他們高薪？因為如果不給，任期做一半他們就說：「我走了。」

在這個環境下，他們會踏入政壇嗎？維文會嗎？黃永宏進來了，他是癌症外科醫生，年收入300萬元。尚穆根在好的年頭賺500萬元。你給他30萬元？你給他100多萬，他就滿意了，因為他從政不是為了錢，而是要把工作做好。他認為自己已經賺夠了。我們要的是使他們留下來，在工作中學習和成長，完成二、三、四個任期，到那時經驗就非常豐富了。

你會注意到我作了一項法律修改，允許總理把個別部長的薪金調整至私人企業界薪金的90％。不過他到目前為止還沒行使這個權力，因為那將使部長之間出現某種差距，他們從政前來自不同領域，薪金也有別。因此他設法在他們之間維持一定的平衡。他們的薪金都不一樣，因為他們的貢獻不一。我是這樣看的：總理是一個團隊的執行總裁，而他必須使團隊有效運作。維持這個團隊的成本佔國內生產總值不到0.02％，或少於國防部購買一架F15戰鬥機的費用。

> **問：難道你不擔心你的部長薪金政策會一直非常不受歡迎嗎？**

答：人們以為擔任公職是出於榮耀。事實上不是。做一任是榮耀。例如鮑勃‧魯賓（美國前財政部長）做了一任半就辭職了。他加入花旗集團，薪酬總計一億美元。又或者艾倫‧葛林斯潘（聯邦儲備局前主席）——他在當財務分析師時已致富。他做了三、四任，聲譽卓著。由於具備多方面專長，加上在擔任聯儲局主席時所建立的人脈，他卸任後賺得盆滿缽滿。

漢克‧鮑爾森（美國前財政部長）只完成一半的任期。他原是高盛公司執行總裁，他得賣掉股份或暫交第三者保管。他的身價起落，根據他當財長的表現而定。拉里‧薩默斯和提姆‧蓋特納[9]也一樣。

保羅‧沃爾克（聯儲局前主席，1979–1987、歐巴馬的經濟復甦顧問理事會主席）是個非比尋常的人。他非常能幹。他領的薪水很低。有一次

我問他：「你為什麼這麼做？」他說：「普林斯頓大學教導我們要成為對社會有用的人。」而即使他退休後，也沒到處賺錢。他免費擔任李光耀公共政策學院董事會成員。他也免費擔任印尼諮詢理事會主席，我也是成員之一。現在他為歐巴馬做的這份工作，相信也只拿一小筆酬金。他是一個非凡人物，不過他認為自己擁有的已經足夠了。唯一可以讓他賺點錢的機會是，當他在詹姆斯・沃爾芬森[10]的邀請下，加入一家提供專門投資服務的小型公司。這就是沃爾克，你不可能在美國找到很多像沃爾克的人。他們都很清楚自己的發揮空間，如發表演講、開拓人脈等等。

問：如果這個薪金政策如你所說的，對新加坡的成功極為重要，那為什麼還有那麼多新加坡人反對呢？

答： 你必須身處別的國家，才會體會到這有多不尋常。我們所處的是一個存在著「金錢政治」的區域，我們不處於歐洲、大洋洲或其他在政治文化、生活水準、人口對資源比例與我們有別的區域。我們能維持這個體制嗎？看看我們鄰國的政治人物，他們的太太珠光寶氣。你的呢？你沒法比。我太太沒戴首飾，也許只有一隻金錶和一條珍珠項鍊。所有的部長，情況也一樣。我們可以維持這樣的體制嗎？可以的，如果我們擁有胸懷大志、品德高尚的人才。

如果每幾年就換政府，我們能維持這個體制嗎？不能，你會無可避免地走上同樣的道路：如果我幫你個忙，給你一張新加坡的營業執照，你就給我你國家的營業執照或森林開採權。怎麼證明有人受賄？你幫我個忙，我幫你個忙，就這樣簡單。我們就處於這樣的區域環境中，但我們必須出污泥而不染，這好比在一個充斥病毒的地方，就得多講究衛生。要辦得到並不容易。你需要能對貪污說不的人才。一旦我們失去高素質領袖，我們的地位就不保，人民行動黨也就此出局。

> **問：自14年前政府修改體制，把部長薪金與私人企業薪金掛鉤，你對效果滿意嗎？**

答： 從那時候到現在，已經舉行了三次大選。每次大選，部長領高薪的課題總是被挑出來。如果這問題真的那麼大，而我們又沒有把工作做好，那大選結果會正好相反，人民行動黨早就出局了。不過我們把工作做好。這個體制發揮了效用。它會繼續有效嗎？但願如此。它需要進行調整嗎？需要，但我不知道經濟和私人企業界未來的走向會如何。某些行業可能發展得比較快，到時我們再調整方程式。

你可以採用共產黨的方式，你值這麼多，我把你列為一級、二級、三級或四級幹部。作為一級幹部，你可以去高檔商店、頂級醫院等等。當商店充斥著貨品而你缺錢購買時，整個體制就會崩潰。你是否能擁有你想要的東西，決定因素在於有沒有錢。當官的馬上說：「我給你這張執照，賺了幾百萬，分一點給我。」貪污由此產生。俄羅斯官員就是這樣腐化的，中國和越南的官員也一樣。

我們並沒腐化。一旦貪腐，我們就完了。無論經濟是否陷入衰退，外來投資者照舊前來我國，遇到經濟衰退，他們會說：「好，趁現在成本低，我先來新加坡，等到工廠建好，經濟也復甦了，我又可以再度在本區域做生意了。」他們為什麼選擇這樣做？因為我們效率高、誠實可靠。我們不會突然取消或改變政策。

> **問：令人關注的一點是，部長薪金如此之高，他們可能覺得欠總理一個情，因此不敢違背總理的意願，以免損失慘重。**

答： 尚穆根，他不敢回到法律界嗎？他隨時都可以回去。他已經建立了良好聲譽。黃永宏可能疏於使用手術刀，不過他還是一流的腫瘤外科醫生。他們並沒欠誰人情。那是荒謬可笑的。如果你無法勝任，你就會被淘

汰。如果你稱職，那就很難找人頂替你。就是這麼簡單。如果總理需要向部長施予恩惠來使對方順從他，那將會是個昏庸無能的內閣。

> **問：**你的意思是內閣裡沒有唯命是從的人，因為他們有其他出路，隨時可以走。你提到了尚穆根、黃永宏等人。大多數人會同意，像尚穆根這樣的人才一定有其他出路。不過其他內閣成員就未必，尤其是那些例如從武裝部隊和民事服務跨入政壇的前獎學金得主。

答：如果他們是一流人才，出路絕對沒問題。如果你能勝任部長的工作，出路也沒問題。這個圈子很小。如果你手上有份羅列了各企業總裁、營運總監、財務總監的名單，算一算，這些處於社會最頂層的人才，不會超過3000人。你只需拿起電話一問：「你認識這個人嗎？他人怎麼樣？」獵人頭公司掌握了每個傑出人才的資料。

　　部長領高薪的爭議永遠都不會圓滿解決。一些新加坡人認為部長接受任命應是出於榮耀。不過有多少人會為此而做一任以上呢？我那一代領袖就真的辦到了，因為我們做了破釜沉舟的準備。為了落實信念，我們把命都賭上了。

　　新一代領袖會那麼做嗎？不會。他們現在的選擇可多了。如果我現在30歲，我會選擇踏入政壇嗎？不會。我何必這麼做？我會失去個人隱私。我能從中得到什麼？遭人侮辱攻擊。我大可選擇一項專業。我弟弟當律師，賺超過一億；後來他從法律界轉到房地產業和船運業。我為什麼要從政？根本沒榮耀可言。這是份苦差。你得背負重擔，擔心水供、擔心明年的經濟表現、擔心鄰國建造鋼鐵廠等污染環境的工業，然後季候風把煙霧吹到我們這裡。你必須為這一系列潛在的問題擔心發愁。

　　年輕一代心想：「如果我不涉足政治，一旦形勢惡化，我可以收拾包袱就走。我有美國綠卡。」這些都是受良好教育的新加坡人現在所擁有的選擇。

你需要另一場革命來複製我那一代的領袖。當我踏入政壇時，我不只賭上身家，連性命也押上。如果我輸了，共產黨員會修理我，拿我洗腦。我那一代領袖是無法複製的。

> **問：你曾在1994年兩次演講中指出，內閣缺乏曾在私人企業界工作的部長，而敲定部長薪金政策將有助於解決這個問題，即「林金山短缺」現象。對於目前內閣中的部長組合，你感到滿意嗎？**

答： 換作是今天，林金山可能不會踏入政壇。當年他是因為知道我陷入困境，而決定擔任公職。他與吳慶瑞是朋友，因此他也認識我。他意識到如果能幹的人都像他一樣不擔任公職，那新加坡可能滅亡。到時他的生意怎麼辦？不過在目前的環境下，林金山會說：「不，不，別把我扯進去。我不擅於演講，我不喜歡到處去親吻小寶寶。」就這麼一回事。現在情況不同了。我們的社會改變了，激發人們挺身為國的政治格局已經轉變了。他們認為沒理由作出這樣的犧牲。

巴克在我的勸說下，放棄律師工作，我對他說：「艾迪，如果我倒下，你認為你還能當律師嗎？如果共產黨接管政權，會有什麼樣的法律？」

他思前想後，認為我說得對，所以決定從政。不過當新加坡上了軌道，情況穩定下來後，他說：「看，我還沒還清房屋貸款呢。」就在那時，我開始著手調整薪金制度。巴克留任好幾屆才退休，那時他已失去重返法律界的幹勁。

我們不能假設未來的情況會與現在相同。以《海峽時報》為例，你們發出新加坡報業控股獎學金，最終有多少個獎學金得主留下來呢？你們也面對同樣的問題，對吧？如果我可以在私人企業擔任公關主管，又何必當一名工作時間不固定的記者呢？

連我的次子也不願意待在武裝部隊，以軍人作為長期職業。軍方告訴

他，如果他留下來，就會成為三軍總長，因為他具備所需的才能。他說：
「不，我要加入新電信。」他後來離開新電信，加入星獅集團，同時管理
自己的投資事項。**11**

　　他屬於不同的年代。對於1964年的暴亂和突然實施的宵禁，當時他尚
年幼，沒捲入其中，也不了解事件的來龍去脈。

　　我的長子李顯龍就有親身的體驗。當時他挺懂事了，隨我四處拉票、
訪問選區、參與競選活動。他很清楚我所面對的戰鬥。他因此作了決定：
「我要加入。」現在情況已經改變了，你不可能在下一代人身上複製同樣
的背景條件。每一代人的情況都不一樣。

論表現，不問出身

　　人民行動黨挑選部長時，學術方面的才智並不是唯一的遴選標準。非
獎學金得主如黃根成、尚達曼、副總理賈古瑪在內閣的崛起，證明了表現
才是最重要的。我們曾有過獎學金得主出身的政壇明日之星，因為表現不
達標而提早被踢出局。

　　李資政說，人民行動黨經過不斷摸索才意識到，一個人能否勝任部長
職務取決於他是否具備一組特定的才能，而不是學歷。這個結論與多位著
名學者最近提出有關人的智慧和領導才能的理論不謀而合。

　　其中一個理論出自約瑟夫·奈教授2008年的著作《領導的能力》。他
主張領袖們須具備舉一反三的智慧——這包含智商、情商以及多年工作中
累積的隱形知識。

　　李資政多次引用此書，他透露他手上這本是奈教授私人贈送的，奈教
授在書中留言「謹以友誼與敬仰贈予一位偉大領袖」，資政也表示願意把
這本書借給我們。資政與奈教授都是法國石油業巨頭道達爾的董事局成
員。

> **問：有評論指只有獎學金得主可以擔任政府要職，你有何回應？**

答：我們在1968年開始領導層自我更新，當時我們有張泰澄、黃麟根等，他們都是博士。但都行不通。還有羅德獎學金得主陳英梁。[12] 之後我們更深入探究：成功領袖須具備什麼條件？部長應具備什麼條件？然後這些年來我們不斷改進體制，並向其他機構學習如何遴選領袖。參考範圍並不局限於政治領袖，而是包含了各領域，有學術界、企業界等等。

如果看看歷年來的部長，有幾位是總統獎學金得主？而他們當中又有幾個成功呢？武裝部隊獎學金得主有幾位？本地優秀獎學金和海外優秀獎學金得主又有幾位？

我不是獎學金得主。賈古瑪也不是。黃根成領取本地優秀獎學金。尚達曼沒獲獎學金。我們為什麼選中他呢？他在倫敦經濟學院沒考獲一等榮譽學位，僅得了二等一級榮譽學位。不過我們看到他在金融管理局的表現，所以即使他洩漏機密，我們決定不開除他，而是給予警告。[13]

後來我們見他表現出色，決定把他引入政壇，他是一位做事非常縝密的財政部長和教育部長。不過他不是獎學金得主。

那我們是如何得出這個結論的？通過不斷探索和經驗的積累。我們一開始只看學歷，結果淘汰率很高。他們並沒具備其他才能。久而久之，我們有了決定：該如何降低淘汰率呢？

這些年來，我們發現無論哪個行業，無論是通用電氣、國際商業機器公司還是微軟，他們的領導人都具備了一些基本素質。

高智商，是必要的，但不是唯一的要素。情商、領導才能、耐力、毅力、足智多謀、還有一系列其他素質都將於你在事業或商場上取得成功時，自然顯現出來。

內閣成立之初，擁有大約五位明星成員，其餘的能力一般。我把重擔都交給了那五位明星成員。你們可以看看：吳慶瑞、韓瑞生、林金山、拉惹勒南以及另外一兩位。其他的能力一般。杜進才擁有博士學位，他對研

究很在行。不過他具備「直升機思維」能力嗎？由於他欠缺平穩，並在遇到危機時，往往倉促行事，因此即使他是黨的創始人，我不得不把他從副總理職位上撤換下來。1964年9月第二次發生暴亂時，我人在國外。[14] 巴克對我說：「如果由他來領導，我就離開政府。」因此我不動聲色，在不使杜進才難堪的情況下，把吳慶瑞調過去，因為吳慶瑞具備冷靜處理危機的能力。這件事我可有張揚出去？沒有。但往後我是否特別記住他所欠缺的能力？是的，要不我們可就麻煩了。你可以看出我交給他的都是職責有限的職務。我不是有意貶低他的貢獻，不過他確實有能力不足之處。

黃根成不是獎學金得主。賈古瑪不是獎學金得主。不過他們具備良好的判斷，懂得如何應付人。我們為什麼選中黃根成？當年越南船民湧到我國，在國防部的吳慶瑞說：「把他們全送走。」黃根成因此埋頭苦幹，修補他們的引擎，給他們水和食物，趕他們上路，否則他們會淹沒新加坡。[15] 他是個行動者。他具備那種能力。他大學成績如何？我不知道，二等一級榮譽學位還是二等二級榮譽學位？這都無關緊要。他夠聰明、有敏銳的現實感和足智多謀，能把事情辦妥。

> **問：一般年輕新加坡人想知道你是怎麼知道我們已經找遍全國和網羅了所有政治領導人才，你要如何讓年輕新加坡人信服呢？**

答： 我並不是說我們已經找到所有有能力領導新加坡的人才。我的意思是，我們正在尋找有領袖潛能的人才，我們還須試用他們。張泰澄是個優秀的歷史學家。他無法達標。最終我們得讓他出任大使。黃麟根，我們委任他為部長但他無法勝任。陳英樑，我們得換下他。最終決定因素是個人表現。這方面賈古瑪、黃根成、尚達曼都勝任。個人學歷完全無關重要。你是否具備所需的條件？其實在半數以上的例子，有望勝任者往往在他們的事業中一向是表現最佳的前5％。這是因為表現佳不僅有賴於高智商，更重要的是具備專心致志的能力。

申請獎學金
審查評選嚴格

每位申請者必須接受一系列評估測試，最終目的是鑒定他是否具備潛質，將來成為公共部門領袖。

公共服務委員會獎學金申請者可說是全世界經歷最嚴格審查的18歲青年。優異的學業成績僅能讓申請者站上起跑點，爭取全國最負盛名的獎學金。每位申請者必須接受一系列評估測試，最終目的是鑒定他是否具備潛質，將來成為公共部門領袖。

嚴格的遴選過程關係到新加坡政治領導層的素質，因為國會前座往往多為獎學金得主佔據，2010年20位內閣部長當中，就有12位是獎學金得主。

遴選工作始於初級學院，初院院長和導師對頂尖學生進行觀察，撰寫報告提交公共服務委員會。這些早在『Ａ』水準會考成績放榜前就呈上去的報告，列出了一系列評分從0至12的品格特質：誠信、情緒成熟度、領導才能、人際交往能力、創意、樂於助人的精神。院長也對學生進行排名。導師則撰寫兩份評估報告，一份關於學生的課外活動、個人品行和弱點；另一份列出學生在課外活動和社區服務方面的傑出表現。接下來申請者須參與一系列全是選擇題的筆試，以鑒定他表達思維、精準思考、充分掌握空間條件的能力。他也須書寫一篇關於個人核心信仰和價值觀的文章：有位學生撰文談「責任」，以及他如何竭盡所能保住體育團隊；另一位學生則敘述了他為難民與殘障人士服務的經歷。申請者還須參加一項人品測試，當中近200道選擇題將探測其性格特點，如熱心程度、情緒穩定性、敏感性、對完美的追求、主導能力等等。第二個測試則要求他回想生命中一起令他倍感壓力的事件。接下來是與公共服務委員會的心理學家面談，談個人理想、家庭、人際關係與處世態度。心理學家會呈上一份詳盡

報告，連眼神接觸等方面的觀察都包括在內。男申請者會有多一份關於國民服役表現的報告。

　　等到申請者出現在公共服務委員會評選團面前時，考方已整理出厚厚一疊關於他的個人檔案。在最後一輪面試中，申請者依舊得面對一連串的提問。獎學金得主學成歸來，進入政府部門服務之後，評估仍將持續。正如李資政所說的：「你不可能在這個人18或19歲時，就能斷定他到了25歲、30歲時會是什麼樣子。」

注釋

1 巴拉吉醫生是腦神經外科醫生，他在2001年棄醫從政，2001年大選當選為宏茂橋集選區議員，後來出任衛生部兼環境發展部政務部長。他決定繼續留在政壇服務。一直到2010年9月27日，與結腸癌搏鬥了兩年的巴拉吉醫生病逝，他當時任外交部高級政務部長，比部長低一級。

2 王雅興是義順中單選區議員。

3 洪茂誠是豐加集選區議員。

4 黃思綿是2010年新加坡舉辦的首屆青奧會籌委會主席。他也是國際奧會副主席。

5 法國一組頂尖教育機構，一直以來為法國培育了許多高級公務員和科學家。

6 許文輝是星展銀行前主席。在這之前，從1986年至2001年，他是新電信及其前身機構的主席。2001年至2005年，他擔任新航主席。他於2010年4月離開星展銀行，目前是飲料公司楊協成的董事局主席。

7 經過處理與淨化的廢水。第一座新生水廠於2002年落成。

8 克萊門特‧艾德禮（Clement Attlee）於1945年至1951年擔任英國首相。休‧茲克爾（Hugh Gaitskell）於1950年至1951年擔任英國財長，1955年至1963年擔任反對黨領袖。

9 美國經濟學家拉里‧薩默斯（Larry Summers）於1999年至2001年擔任美國財政部長，目前是國家經濟理事會主席。提姆‧蓋特納（Tim Geithner）於2003年至2009年出任紐約聯邦儲備銀行主席，目前是美國財政部長。

10 詹姆斯‧沃爾芬森（James Wolfensohn）於1995年至2005年擔任世界銀行行長。

11 李光耀次子李顯揚是總統獎學金以及新加坡武裝部隊海外優秀獎學金得主。他在軍中升至准將軍階後從商，1995年至2007年擔任新電信執行總裁，2007年出任星獅集團主席。他也是新加坡民航管理局主席。

12 張泰澄博士1970年從政，當選國會議員。他是位職業外交官，於1984年卸任國會議員。退出政壇後的十多年裡，他前後被派駐十多個國家擔任新加坡大使。

　　黃麟根博士於1968年當選國會議員，1970年至1972年間出任內政部長。他也是位職業外交官，於1983年逝世。

　　陳英梁博士於1972年至1980年擔任國會議員，1975年至1978年間出任國家發展部高級政務部長。他於1979年辭任財政部高級政務部長。他也曾擔任新加坡體育理事會主席長達16年直到1991年，他後來成為新加坡全國奧理會副主席。

　　之後還有一位「隕落的明日之星」林得恩，他於2003年辭任新聞、通訊及藝術部代部長，結束僅六年的政治事業。

13 尚達曼曾於1994年觸犯官方機密法令。當時任金融管理局經濟處處長的尚達曼，
　　無意中洩露了經濟增長預測資料。他被判罪名成立，罰款1500元。

14 新加坡馬來族與華族於1964年7月發生第一輪種族衝突，造成23人喪命454人受
　　傷。同年9月再爆發衝突，造成12死109傷。第二輪種族衝突發生時，李光耀人在
　　國外，當時由杜進才任代總理。

15 黃根成於1970年加入行政服務部門，曾在勞工部和國防部任職。

　　黃根成於1975年擔任海軍人事部門主管時，必須處置因越戰而逃亡來新加坡
的越南船民；當時吳慶瑞是國防部長。

　　黃根成於1981年轉入私人企業界服務，1984年參政當選國會議員。他於1985
年出任內政部、社會發展部兼交通與新聞部政務部長，1987年至1991年任社會發
展部長，1988年任外交部長，1994年任內政部長。他於2005年成為副總理。

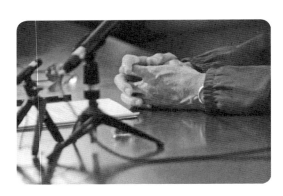

04
經濟奇蹟延續

華法林是一種抗凝血藥物，用於心臟病患。李光耀為了改善心跳不規律，於2008年12月植入心臟起搏器之後，開始服用華法林。當被問及新加坡於全球經濟秩序中所扮演的角色時，李資政提起了此藥。他追述：「我的心臟科醫生和美國醫生討論我的心臟起搏器時，我聽到他們起了爭論。他們說，給他華法林，最高劑量。我的心臟科醫生團隊頓時惶恐地舉手說：『這會使他出血至死。』這樣的劑量你給印度人或白種人還可以。給華人，絕對不行！」[1]

醫生為病人開華法林藥方之前，會先確定抗凝治療所需的強度。這就取決於國際標準化比率，即病人所需的血凝時間對比一般不服用華法林者的血凝時間。如果你按印族病人的所需劑量給華族病人開藥，這華族病人將出血至死，因為他的去氧核糖核酸和國際標準化比率與印族並不相同。

不出50年，新加坡從麻六甲海峽樞紐港口發展成為國際商業金融中心以及頂尖的製造業重地。新加坡能培育出一個足以研發華法林的製藥業巨頭嗎？李資政說這不太可能，但新加坡可以改進藥物，使之適用於亞洲這個全球增長最快的藥品市場之一。李資政認為這些是新加坡可以發揮所長的領域，它必須清楚因自身經濟體規模小、資源有限而面對的局限。

的確，李光耀主張實事求是，他在評論新一代經濟學者和分析師針對新加坡邁入國際化新紀元而提出的重要事項時，就頻頻強調了實事求是的態度。經濟學者問：新加坡是否應該制定一個較為平衡的經濟發展模式，

減少對西方經濟體和跨國公司的依賴？面對日益擴大的收入差距，新加坡還該不該繼續全速推動經濟發展？還有，為什麼新加坡政聯公司如新加坡航空公司不全面私營化呢？

　　李光耀的簡短答覆是：認清現實。他說：「說那番話的經濟學者沒像我們那樣，過去40年我們坐下來列出各種可變因素，我們的市場規模、科技水準、現有的創業技能以及其他選項。」連問題都沒問完，他就打斷你的話了。

　　也許最初來到訪談時，你以為會因小島國的經濟奇蹟而感到鼓舞，可是幾個小時後，你卻是帶著失落的心情離開。

　　規模小是個大問題，至少對李光耀而言確實如此。新加坡和其他小國能取得的成就受到了限制，他們必須清楚自己在世界經濟秩序中的地位。新加坡人口少，不太可能孕育出國際製造業巨頭或足夠的私人企業總裁。

　　別妄想新加坡國內可以創建一個微軟或新力，因為像新加坡這樣的地方，要成功就必須依靠外面的世界。你告訴李光耀這聽起來令人心灰意冷，但他卻直言：「我沒因此而心灰意冷。我很務實。依我說，我們擁有這樣的能力，面對這樣的競爭，以我們所具備的條件，只要我們採取務實的態度，我們還是可以過上好日子。」

　　這些都不是新課題，它們被拿出來熱烈討論是因為新加坡在上一輪經濟衰退中，所受的衝擊比其他亞洲國家來得嚴重。歐美等發達經濟體在新加坡取得經濟成功方面扮演著舉足輕重的角色，而這經常被指為新加坡的一大弱點。

　　批評者質問，新加坡以及亞洲大部分地區是否應繼續依賴西方超級強國為它們的商品與服務創造市場需求。最新政府資料顯示，新加坡出口對外來需求的依賴這十年裡從70％增至76％，其中超過半數的出口銷往歐美。如果這兩大區域在2008年金融危機之後陷入更深更長的經濟衰退，那新加坡與其他較開放的亞洲經濟體如臺灣、韓國將受到沉重的打擊。幸好這場經濟衰退是短暫的，不過它再次凸顯了這些經濟體的脆弱性，留下持久的教訓。

　　新加坡是不是可以更早就發展一個較為蓬勃的國內市場？它現在是否應隨其他亞洲國家著手開拓亞洲內部，尤其是與中國、印度等新型經濟強國的貿易，以作為出口增長的新動力。

　　另一個長期未能解決的棘手問題是：為什麼新加坡經濟不能減少對西方跨國企業如飛利浦和摩托羅拉的依賴呢？在國家獨立初期，對於一個沒有天然資源，突然失去馬來西亞這個遼闊腹地的小島國而言，跨國企業是經濟救世主。跨國企業創造數以千計的就業機會，新加坡的經濟增長主要依靠它們來推動。時至今日，依然佔有重要地位的製造業貢獻國內生產總值四分之一，聘用全國超過五分之一的員工。

　　不過製造業中的龍頭老大西方跨國企業已不再像往年那樣根植新加坡，它們頻頻把生產線轉移到成本效率更高的地方。在經濟不景氣的大環境下，跨國企業也迅速縮減營運規模。新加坡因此面對跨國企業撤出生產線、工作流失的風險，這些都是跨國企業的歐美或日本總公司下達的命令，完全不在新加坡的掌控之中。

　　新加坡備受推崇的經濟學家與學者林崇椰教授於1980年指出，新加坡的問題在於它只經歷了「部分工業化」，依靠服侍跨國企業主子來推動經濟建設。到了今天，一些經濟學者還在重提這一點，他們說新加坡經濟脆弱，可能「今天還在，明天就不見了」。

　　經濟學者認為追根究底，這是個關於平衡的問題。一些學者列舉了韓國這個相對成功的例子，在上個世紀70年代，韓國從一批剛冒起的本土企業當中，培育出三星、LG等國際跨國企業。同樣的，臺灣政府的資助協助建立起半導體巨頭台積電、聯電以及頂尖電腦品牌宏碁。

　　新加坡是否可以投注更多資金和資源在國內製造業，以打造一個比較可能根植新加坡的本土精英企業？就算當初新加坡是出於需要而依賴跨國企業，那為什麼至今這份依賴還保持不變呢？

　　2010年初，正當新加坡從全球經濟衰退中顯現微弱復甦時，新加坡位高權重的經濟戰略委員會推出大膽的新策略，要把新加坡經濟帶到增長更持久的道路。其中一項被政府採納的核心建議是，在未來十年培育1000家

年營業額在一億元以上的中小型企業。這類公司在2007年達到530家。雖然跨國企業會繼續作為新加坡經濟不可或缺的支柱，但至少現在政府有意把中小型企業界壯大為新加坡經濟的部分基礎。

同年較遲時候，李資政對此發表看法，他在一封電郵答覆中說，他的評論並沒排除發展中小企業行業。「最終，它們當中有一些必須足以在全球競爭，成為新加坡跨國企業。」不過他進而指出，「跨國企業會持續充當新加坡的經濟推動力，因為1000家中小型企業不太可能成為1000家跨國企業。」

規模大小確實很重要

新加坡常被稱為「亞洲四小龍」之一，對於新加坡被拿來與另三個亞洲經濟體作不利比較，記者問李資政有何看法時，資政出示了《華爾街日報》的一篇社論。該社論對臺灣狀況提出批評，臺灣政府當時須出手拯救島內的晶片廠。資政以斬釘截鐵的態度把那篇社論遞了過來，當初他也是以同樣的自信，預言一些公司如馬來西亞汽車製造商普騰將無可避免地走向滅亡。

李資政提出了近乎達爾文主義的看法，他認為在全球化的衝擊下，強大的跨國企業會逐漸把弱小的對手淘汰掉。這些超級巨獸的成功要訣在於力求創新、人才鼎盛，兩者都與國家人口多寡息息相關。

李資政說，這就是為什麼像新加坡這樣的國家缺少所需的臨界規模，無法孕育出製造業巨頭，甚至連要嘗試這麼做都可免了。李資政跟著查看了一覽表，上面羅列了哪些中小型國家的本土企業在財富500強榜上有名。資政邊看，邊喃喃細數各國的人口，隨後他嘗試解釋為什麼這些中小型國家卻例外地培育出強大的企業。

你指出挪威（人口500萬）、瑞典（900萬）、芬蘭（500萬）全都有企業列在榜上。李資政回答說：可是，這些北歐國家其實是一個較大的綜

合性區域。

另一方面，在資政看來，全球一些大型經濟體的潛能似乎無可限量。日本（人口1億2700萬）和韓國（4900萬）憑其人口實力，足以與其他大型經濟體競爭。資政相信美國（3億1000萬）將從當前的經濟困境中逐漸復甦，因為縱觀歷史，美國證明了它擁有所需的社會文化與人才去創造突破，重新站穩陣腳。同樣的，中國（13億）已對歐美和日本的跨國企業打開門戶，距離自行生產類似凌志（LEXUS）、賓士（Mercedes-Benz）等豪華轎車只差僅僅「20年」。

李資政說，事實是新加坡製造業將始終受到外國跨國企業的主導。新加坡應設法挑出未來將在它們各自領域中崛起為勝利者的跨國企業，盡可能吸引它們留在新加坡。資政說，新加坡向來是，並也將永遠作為跨國企業的中間人。「我們提供優越的環境和優越的服務。沒了這些，我們就完了。」

基於這個原因，新加坡選擇積極投資於扮演支援角色的服務業，例如建設國際金融中心，以及確保擁有一流的海空交通網和通訊設施。

正是這一套關於新加坡受限於國小人少的邏輯，使得李資政認為政府仍需要通過其投資機構淡馬錫控股，來監控新加坡的一些超大型企業。

李資政對於反對論據瞭若指掌。他只是充滿睿智地點點頭，聽你把反對論點一一列出——由私人擁有和經營的企業一般上效率比較高並更具創意；有政府為後盾的企業以其市場力量把已經疲弱的私人企業擠出去；受新加坡政府指派來管理其公司的那一小組人可能逐漸形成集體思維。

李資政問是不是真的有其他辦法。「我們要私營化，可是現在這個時候，可以交由誰來私營？」資政指出，答案又再次回到新加坡國小人少的問題上。他說，新加坡能培育的人才不多，他們不是進入需要頂尖專才的公共部門，就是投身高薪行業，例如當醫生、投資銀行家或律師。這導致新加坡中小型企業錄取的多數是「二三級」的人才。

李資政舉例說明。「你看看小的國家和地區，他們有什麼長處？最靠近我們的是香港，他們的人口比我們多一倍，而且還擁有來自大陸的精明企業家，這是我們沒有的。可是這些企業家的孩子從事什麼行業？」資政

問。「是房地產業，而且他們現在都已經回中國大陸了。」

李資政說，雖然本地人才少，但在發掘私人企業人才的過程中，偶爾會無意中發現「寶」，那個時候你就會把他緊緊抓牢，並善加利用。資政跟著列舉了許文輝（曾任新電信、新航、星展集團主席）與李慶言（曾掌管新加坡港務集團與新航）為此類被視為「寶」的人才。

新的增長模式

我們最終轉向一個逐漸浮現的新課題：新加坡經濟增長的「不平衡性」。令人擔憂的是追求高增長將無可避免地導致收入差距擴大。

新加坡的基尼係數（國際公認的收入差距指標）目前是全世界最高之一。2008年的係數為0.425。基尼係數測量收入差距，係數0表示收入分配完全平等，係數1表示收入分配絕對不平等。相比之下，丹麥、瑞典、芬蘭、挪威這幾個北歐國家於2009年的基尼係數介於0.247至0.269之間。在2006年，花旗集團經濟分析師蔡學敏指出，出現如此的差別可能是因為新加坡已成為一個「雙速」的經濟體，高收入者享受雙位數收入增長，而較低收入階層的實際工資卻停滯不前。

這個看法廣受認同，新加坡在經濟衰退前的四年裡，每年增長6％至8％，可是一般百姓並沒「實際感受到增長」。

政府是否應該關注日漸擴大的貧富差距，並採取遏制措施呢？

其他發達國家採取的策略之一是犧牲部分經濟增長以換取社會平衡。例如在北歐和日本，與其直接從國外引進廉價勞工，當地社會似乎接受了雇用和培訓較貴的本地勞工所須承擔的「國內生產總值成本」。儘管如此，一些北歐國家依舊保持其經濟競爭力，例如2008年丹麥在世界經濟論壇具有影響力的競爭力排行榜上排名第三，超越排第五的新加坡。瑞典第四、芬蘭第六、挪威第十五。新加坡常說，在這個瞬息萬變的全球化世界裡，像新加坡這樣的經濟開放型小國，必須爭取快速增長，「能多快就多

快」。在這方面，廉價外勞對製造業、建築業等行業的增長而言是不可或缺的，我們尤其需要他們來擔當新加坡人不願意從事的工作。

政府採取的策略是「抓緊時機」，因為只要國家取得經濟增長，政府就有足夠的資源來應對潛在的社會問題。這個策略使缺乏天然資源和龐大國內市場的新加坡得以創造多年的輝煌經濟增長。

政治經濟學家說，這在某種程度上反映了新加坡政府與人民之間的不明文社會契約。只要政府確保經濟增長，人民就會容忍隨之而來的社會問題，並相信政府會通過重新分配部分的經濟增長成果來「抵消」這些副作用。可是有批評者告誡，政府與人民之間的這個社會契約可能正在瓦解，因為隨著新加坡進入一個比較成熟的經濟發展階段，增長必然緩慢下來。

另一方面，新加坡的年輕一代出生於相對富裕的環境裡。他們的教育水準較高，更具有社會意識，因此可能比較願意放棄個人收入的一小部分增長來換取社會上較平等的財富分配。

經濟學家林願清作了恰當的概括，她說經濟增長應該是「增長為人服務」，而不是「人為增長服務」。她表示「長期而言，一個能為新加坡人帶來更高比例福利，但較慢的增長率，可能比更快速但卻不穩定、不平等的增長率更加受歡迎」。

李資政在回應這些提問時，再度強調經濟理論有別於現實情況。他指出新加坡的富人，當中不少是靠自己的本事和努力而致富的，他們是否真的願意接受較慢的經濟增長率或較高的稅率，以便政府可以為窮人提供更多援助。

李資政說，新加坡人對於爭取快速增長的真正不滿，其實並不在於收入差距的擴大，而是在於引進外勞以協助推動經濟增長的公司填補勞工需求。新加坡人對於這些外國人所引起的社會結構改變感到不舒服。

儘管如此，向來務實的李資政為這個分兩次冗長訪談進行的討論作總結時說：「聽著，我們是注重實際的人。經濟學家提出的建議，沒幾個是我們沒探討過的。我們的任務是確保我們負責照顧的人民都安居樂業，生活素質獲得提升。如果還有辦法使我們做得更好，我們一定會嘗試。」

「我決定了我們必須與眾不同⋯⋯
否則我們就完了。」

問：新加坡是否應嘗試打造一個信譽良好的本地製造業品牌？

答：在這個全球化的世界裡，除非你大得足以在特定行業佔據龍頭老大的位置，否則你將只是扮演次要的角色。我在1992年加入戴姆勒－賓士（Daimler-Benz）的董事局，當時的主席兼總裁于爾根‧施倫普對我說，遍布全球的眾多品牌將減少並合併為大約10或12個，而他決心要讓賓士成為其中之一。他因此認為應該走向全球化。他收購（美國汽車製造商）克萊斯勒，不過那以失敗收場，因為兩家公司的文化無法融合。他也去了日本和韓國，不過都失敗而歸。

除非你夠大，否則在任何一個特定行業裡，只有該領域最好的才能坐上第一把交椅。以臺灣為例，它以為2000萬人口就規模足夠，因此阻擋進口，嘗試實行進口替代發展模式。在初步階段，臺灣在筆記型電腦、半導體、電腦晶片方面取得成功。

不過最近《華爾街日報》的一篇文章說，臺灣已經被他國超越了。他們無法與日本和韓國競爭，因為這些國家的人口基數較大，人才更多。我想臺灣（總統）馬英九正通過注資以設法保住臺灣大企業。不過那只是權宜之計。問題是，你具備所需的研究與開發來追上競爭者嗎？

香港人口700萬，同樣不足以參與競爭。香港有些什麼？房地產發展商和市場玩家。李嘉誠是不是在製造一種銷往全世界的產品？不，他只是收購房地產、港口、零售店、電信公司。他在操作市場。香港最成功的公司是哪家？是利豐。兩位非常聰明的兄弟，他們出現在每一家公司的物流與供應鏈，不過他們沒涉足製造業，因為他們沒法競爭。中國大陸大力發展製造業。香港最初擁有許多來自大陸的企業家。我們連那個都沒有。我們最初有的只是農民的後代，他們當中有些成了貿易商，經過了一段時間，才有不少人成為專業人士和企業家。

> 問：難道新加坡公司如創新科技（數碼娛樂產品製造商）就無法在國際上佔有一席競爭地位嗎？它曾經以聲霸卡在國際市場上獨佔鰲頭。

答：是的，在新加坡，創新科技是少數幾個稱得上是開路先鋒的公司之一。不過看看它們所經歷的波折和磨難。由於新加坡缺乏人才，它們得從矽谷招募專才以應付競爭。而最終創新科技現在只有MP3播放機。它們的聲霸卡等產品都被其他公司迎頭趕上了。

在餐飲業方面，第一家經營得不錯。不過一旦它在美國取得成功，它將被企業集團如百事公司收購。我怎麼知道？因為我出席了百事公司的會議。他們從世界各地收集食品，然後送到拉丁美洲的分銷店以及遍布全世界的電影院售賣。他們將買下第一家，而第一家因為沒有分銷店，無法與他們競爭。

我因此認為那些想法一成不變的經濟學家並沒坐下來好好想一想。在一個市場開放的全球化世界裡——無論你喜歡與否，世界將變成這樣——我們的未來會怎樣？嘗試跟人競爭？哪裡？生產什麼？小部件？什麼小部件？無論我們生產什麼，最終中國人、印度人、越南人也都會跟著出產同樣的東西。

> 問：可是我們仍在努力要成為製造業中心，而且我們還不斷進軍新領域例如生命科學……

答：是的，我們投入生命科學這個增長領域，但我們會成為生命科學新發現的領頭羊嗎？不會的，我們是為企業的新發現和版權提供產權保護、為它們的研究人員和科學家提供良好的居住環境、提供研究設施、以及讓它們在我們的人口當中測試新產品，因為我們的醫院有完善的檔案，而且我們有不同的種族和遺傳基因庫。

不過即使是在這方面，我們也不是盲目地一頭栽進去。我們曾經爭論

過，是，中國人最終會把醫院辦好。如果要在華族病人身上試用新藥，製藥廠會到中國去，因為那裡有較大的華人社群。不過中國沒有智慧財產權保護，而且又沒印度人、馬來人、白種人以及其他我們所擁有的族群，因此我們還能在這個領域待上20年、30年或甚至更長。我認為在這個時間範圍內，印度不可能把它的醫院提升到世界水準，也不可能為智慧財產權提供保護。

你必須面對的是處於科技全球化世界的開放市場。每個國家都必須面對它。臺灣辦不到，香港也辦不到。不過深圳卻辦到了，那不是因為深圳擁有700萬人口，而是因為這700萬人出自13億人口。我們從何處找人？從320萬新加坡人。

如果不是持工作准證的外國人帶來專門技術，我們是沒本事做到這點的。因此長期而言，我們必須繼續吸引人才。如果我們不善待人才，我們就無法保持競爭力。這就是現實生活。

問：所以你的意思是，一個人口少、資源有限的小國必然缺少所需的臨界規模，無法孕育出製造業巨頭，所以連要嘗試這麼做都可免了？

答：是的，如果你成功了，你就會被收購。一旦達到世界級水準，就會有公司對你虎視眈眈要展開收購。

問：不過芬蘭創造了諾基亞，而瑞典擁有像宜家那樣的企業。這些企業的發展似乎超越了自身國家規模的局限。

答：好吧……瑞典，宜家。我們要照著他們的模式嗎？我們有木材原料和設計師嗎？瑞典人是優秀設計師，對吧？若追溯歷史，諾基亞源自於一個在前蘇聯陰影下受控制的社會。芬蘭人口500萬至600萬。長期而言，他

們能跟得上競爭對手韓國和日本嗎？他們擁有多少具有發明才能、創意頭腦的聰明傢伙？

　　再看看日本和美國。任何產品只要落到日本人手中，總是會被改良一番。我用的電動剃鬚刀，日本每半年出新型號。有時候，新型號並不比舊的好多少，所謂的改良只是宣傳技倆，所以我說不，我們不買。不過日本人無時無刻不在進行改良。就拿算盤來說——中國算盤是二五珠（上端每根木有兩個珠子，下端有五個珠子），日本算盤卻是一四珠，珠子呈菱型，因此撥動時不會發出聲音。從筷子到汽車，日本人什麼都能改良。

　　另一方面，美國文化則宣導「我們從零開始，最終超越你」。正因如此，我看好美國經濟會復甦。美國曾在製造業落後於日本和德國，不過他們後來出了互聯網、微軟、比爾·蓋茲、戴爾等等。突然之間，美國產品充斥市場，並把成本壓低，結果輪到歐洲人和日本人要加油了。

　　日本人率先採用即時庫存管理，節省了成本，不過美國人卻以全新的事物取得突破。要做到這點，須具備什麼樣的思想意識？這得從美國人的歷史開始說起。他們的先人來到一個荒蕪的大陸，然後物盡其用——先殺了印第安人，再搶過土地和野牛。這就是他們如何發展起來的——你在這兒建個小鎮，你當警長，我當法官，而你是員警，你是銀行家，我們開始吧。這樣的文化一直持續到今天。他們相信事在人為。

> **問：財富500強排行榜上有不少歐洲小國的企業。芬蘭有2家、瑞典4家、瑞士14家，而新加坡卻一個也沒有。**

答：首先讓我告訴你他們的優勢所在。他們有歐洲市場，對吧？身為歐盟的一員，他們有權利用這個市場，因此享有更大的顧客群。歐盟公民可自由跨越國界，無須護照或其他證件。所以如果你說起瑞典企業，並不表示有關企業的創辦人是瑞典人。任何人都能進去。北歐國家可相互替換，北歐人可直接進入瑞典，以瑞典為基地，在那兒開始建立基業。丹麥人、

瑞典人、挪威人……他們都是同樣的人種。愛爾蘭以其移民人口，比新加坡更像個大都會。愛爾蘭還有一大群的愛爾蘭裔海外移民，因此可從更廣闊的人力資源基礎吸引人才，這是一大優勢。新加坡商家去到印尼、馬來西亞、泰國、菲律賓都會面對限制。你的市場在哪裡呢？

身處新加坡而又面對這些問題，我們必須回去好好思考。經濟學家和其他觀察家一來就以其他地方的經驗來評論我們，說我們沒栽培企業家。問題是：我們能培育足夠的企業家來支撐國家經濟嗎？香港和臺灣就做不到。我們沒有大型經濟體所具備的臨界規模，我們能和他們在研究與開發領域一較高低嗎？

如果我們全是猶太人，那或許我們還能辦得到。平均每1000個猶太人的腦力總和比世界上任何一個民族都來得高。我在《經濟學人》讀到一篇文章，裡面提到當俄羅斯猶太人去到以色列時，當地人把目光鎖定在抵境的飛機，要尋找猶太人。如果有人提著大件行李，裡頭裝的一定是低音提琴；如果是小件行李，那一定是小提琴；如果行李更小，那就是小號。如果兩手空空，那人一定是鋼琴家或科學家，因為他攜帶的是文件。俄羅斯把這樣高素質的人趕走，真是愚蠢。他們原本可為俄羅斯服務。

幸好我們的策略奏效。我們打開門戶，把最好的引進來。中國在啟動工業化時，可以選擇走日本或韓國路線。中國並不笨。中國知道自己擁有所需的臨界規模和腦力。他們展開人員培訓，從底層到最頂端——頂尖學校、頂尖大學、研究與開發到處都有。他們要做什麼？自行生產頂級轎車？不，他們叫跨國企業全進來。對，帶上舊型號也沒關係，因為你們會聘用我們的工程師、設計師，還有我們各層面的員工。中國單憑自己，無法追上韓國現代汽車或日本豐田汽車。不過有了眾多高層人員和頂尖人才在跨國企業工作，中國只需把這些人才網羅起來，就能生產出自己的凌志轎車。現在中國已經有了小奇瑞。再給他們20年，他們定能出產凌志和賓士。總有一天，他們連巨無霸飛機也能生產。

問：那新加坡的製造業是否永遠都要依賴跨國企業？

答：這當然。

問：而我們將永遠作為服務大型跨國製造商的經濟體？

答：看看我們周圍，你就會得出結論。你在歐洲嗎？還是在太平洋？如果你身處太平洋，你完蛋了。假設我們是在斐濟……誰會飛到那裡？以前人們飛到斐濟是為了續程到澳大利亞。現在有了長程客機，只有廉價旅遊，你才會飛到斐濟。如果你是在斐濟，你要怎麼取得成功？斐濟為此成了美國人的度假勝地。白色沙灘、親切友善的人民、椰影婆娑、美國連鎖酒店集團建造的舒適酒店，旅客來到這裡享受周到的服務。

　　我們是在新加坡，飛行6小時內就能到達擁有20多億人口的市場。我們是在一代人的時間內闖出一片天地。我們是怎麼做到的？我們看了看外面的世界，然後說，這是我們該走的路，我們把優勢發揮到極限，最終達到目標。該怎樣更上一層樓？我們知道中國和印度會大舉進軍哪個領域，我們就不去和他們競爭。我們的成功之道在於專攻自己的強項，掌握對手欠缺的條件，例如信譽、可靠性、智慧財產權、法治。他們在很長的時間內都沒法趕得上我們。

　　如果深圳是在柔佛新山，我想我們會坐下來，然後說我們加入他們好嗎？這不是開玩笑。雖然不是所有的最佳都去了深圳，不過至少許多最好的都在那裡。而且深圳的溝通用語是華語，不是廣東話。自從鄧小平在1980年開放深圳以來，深圳在短時間內經歷了大改變。（深圳於1980年5月1日成為經濟特區）。從20多年前的小村落，蛻變成今日擁有700萬人口的繁華大都會。香港人到深圳理髮、修指甲、訂製旗袍，香港裁縫師傅都沒法比。如果新山猶如深圳，那我們真的可要坐下來想想該往哪裡走？

> **問：你認為新加坡本土製造業面對局限……是不是因為這個原因而導致人們指新加坡政府給予本土工業的援助不及跨國企業？**

答：不，不，不。美國的中小型企業並沒向政府尋求援助。在矽谷，他們走進車房，改這兒改那兒，建立起自己的財富。如果落得尋求政府支援、必須學習管理之道、接受貸款援助，那他們是不會有任何作為的。

切記：別誤以為那些在最高層的傢伙僅僅是企業家。他們都聰明絕頂。比爾·蓋茲、邁克爾·戴爾、思科總裁約翰·錢伯斯……我見過他們，他們都非常能幹。我們的人才呢？在中小型企業？不，中小型企業網羅的僅是二三等級的人才。一級人才是不會為它們工作的。我們就是這樣倒楣，對吧？

馬來西亞怎麼做呢？他們阻擋進口，然後說，好吧，你管理國家石油集團，你管理普騰。不過當他們推出普騰時，我記得於爾根·施倫普對我說：「它注定失敗收場。」是的，它注定失敗，行不通的。全球正颳起合併風，你卻要在貿易往來日益頻繁的當兒，開設一個小小的製造廠？泰國以其汽車零件產量和汽車組裝量，堪稱東南亞的底特律。你怎麼競爭？所以為了保護普騰，馬來西亞決定阻擋進口，自由貿易協定談判也展延了。這關係了國家尊嚴，不過普騰真救得了嗎？福士偉根要收購普騰，可是馬來西亞說不，堅持由馬來西亞人繼續掌舵。現在普騰還在虧損。換作是我們，我們會說：「把這個去除掉，因為它已陷入汽車工業的最底端，注定要失敗。」

問：與中小型企業站同一陣線的批評者總是說這只是平衡的問題。政府長期以來似乎偏愛跨國企業，他們說如果你把部分關注轉到我們身上，讓我們找出自己足以和競爭對手抗衡的領域，那我們或許可以茁壯成長。雖然我們無法與可口可樂或三星等大企業競爭，但我們可以以較小的規模在亞洲幹出點成就。

答： 中小型企業基本上是依靠為跨國企業供貨而興旺起來。所以如果跨國企業移師海外，中小型企業也會跟著去。它們生產的是跨國企業不要生產的半成品。它們也因此從中學習，由此成長。跨國企業激發了我們中小型企業的製造能力。

我們一開始完全沒有製造業。沒有商家願意從事製造業。正因為這樣我們才有星展銀行。其他銀行都不願貸款給這裡的商家，因為這些商家對製造業懂些什麼？它成功嗎？好吧，所以我們創立了大眾鋼鐵。我們能做什麼？採購原料，把生意做起來。不過為了什麼？除了建築業還有什麼？你能與韓國或中國的鋼鐵業相比嗎？中國目前是最大的鋼鐵生產國。日本則有高科技鋼鐵廠。不管怎樣，污染會很嚴重。我到柏斯去，那裡有個大鐵礦，所以我去看看。有個澳大利亞開發商，他是個礦主，想在烏敏島或德光島開設儲藏站，以儲存礦產，節省運輸成本。我看了一眼礦場就說整個樟宜會被這煙塵籠罩。所以我說：「不，別進來。」

我們什麼都探索了。你要進軍汽車業？我們就裝配汽車。我們也裝配冰箱和冷氣機。你要生產冷氣機，像日本人那樣推出新發明嗎？就拿這個遙控器⋯⋯控制速度，卡嗒，卡嗒，卡嗒，風速上下調控。你辦得到嗎？不可能。看看創新科技經歷的磨難。（新加坡飲料製造商）楊協成進軍中國困難重重，因為他們遇到競爭對手。他們說：「噢，你的菊花茶就是這樣？我會加以改良。」因此當楊協成生產菊花茶運到那裡時，價格比較貴。他們有能力競爭嗎？他們的研究與開發在哪裡？這是行不通的，我們必須面對現實。

> **問：你使我們全都感到沮喪。**

答：不，我可沒沮喪。我是認清現實。依我說，這些是我們的能力所在，而這是我們所面對的競爭。以我們所擁有的資產和能力，只要我們實事求是，我們還是可以過上好日子的。

> **問：好吧，我們不具備所需的臨界規模，無法成為全球最佳產品的製造商或頂尖創新者。那我們的競爭優勢是什麼？看來似乎是我們集合適當基礎設施、法治、政府管理制度的能力。不過這些特點足以讓我們繼續前進嗎？**

答：假設我們沒有那些特點，我們會怎麼樣？

> **問：是的，不過現在我們有了這些特點，是否就足以為我們前進護航？**

答：這些都是使我們有別於他國的基本要素。當我開始執政時，困擾新加坡的問題是，面對擁有更多天然資源、人力資源以及土地更遼闊的鄰國，我們要如何求存？由於當時我們從事轉口貿易，因此還須依賴鄰國作為交易夥伴。經過深思熟慮並與同僚商議之後，我認為我們必須變得與眾不同。我們得有別於他國，否則我們就完了。

我們要怎樣使自己與他國不同？他們的制度不廉潔，我們實施廉潔制度。他們的法律搖擺不定，我們按照法律辦事。一旦我們達致協議或作了決定，我們會嚴格遵守。我們也因此在投資者心中建立起誠信可靠的形象。世界級基礎設施、受英文教育的世界級輔助員工。良好的通訊網路，涵蓋海空、電纜、衛星，現在還有了互聯網。我們與區域鄰國截然不同。你想到曼谷工作？你能肯定機場會開放嗎？你要去吉隆坡？雅加達？馬尼

拉？你有個貴重的器材，你會想寄放在哪裡？

看看（石油化工業中心）裕廊島。由於土地稀缺，我們在裕廊島進行填土工程。我們剛填平土地，現在要在地底下掘洞（儲存原油）。為什麼？因為我們是個可靠的投資地點。這裡是法治社會，我們從不食言。我們確保國家穩定、工業和平，我們絕對值得信賴。如果你想到中國投資，可以，不過得由中國人出資一半，而公司歸你管。不過在這裡，由他們全額投資和管理。埃克森美孚將額外投資40億美元設廠生產下游產品。[2] 其總裁雷克斯・蒂勒森要把整個董事局帶到這裡考察。他將邀請我會見董事局。為了什麼？好讓董事局知道他的判斷是正確的。要複製新加坡並不容易，一旦新加坡被摧毀了，恐怕永遠都無法重建起來。

問：你曾說創新、研究與開發對一個國家的發展方向起著相當關鍵的作用。

答：是的，確實如此。

問：而你似乎已排除它作為新加坡的可行選項……

答：在製造業方面。

問：不過這又似乎與政府正設法推動創新、研究與開發的情況不相符。在最近幾份調查中，新加坡的創新水準名列前茅。我以為如果我們要推動創新、研究與開發，方法之一是壯大中小型企業，我們的本土公司……

答：不過研究人才在哪裡？我曾經和（荷蘭電子業巨頭）飛利浦的研究與開發主管聊過。他在15或20年前曾來我國，我永遠都不會忘記他對我說

的話。他非常坦白地說，如果你要從事研究工作，你必須非常專注，下定決心取得突破，一直堅持到看到隧道盡頭的曙光。你埋頭鑽研，埋頭鑽研，永不放棄。

你見過一個如此專注於科研的新加坡人嗎？他的父母、兄弟姐妹、叔叔伯伯都在金融界工作，跟他們相比，他能賺很多錢嗎？他們有的是醫生，有的是律師。他們會問：「你從事研究與開發……那是什麼？」你要研發新藥與輝瑞、默克、葛蘭素史克競爭？這些製藥廠在世界各地有數以萬計的研究人員，你能打敗它們嗎？

我見過（藥劑公司）諾華[3]的主管，他是瑞士人，對新加坡信心十足。我對他說：「你知道，我們正嘗試進軍研究與開發。」他說：「這非常困難。你需要一個龐大的人才庫。我們從瑞士把研究與開發帶到波士頓。在任何時候，那兒有七、八所大學與我們合作。」他們的人才庫不僅限於諾華，也存在於波士頓周圍社區，眾多才智橫溢的人才聚集在那裡進行教學和研究工作。

所以當進軍生命科學的建議提出來時，我感到非常疑惑。那是楊烈國的計畫。[4] 我說：「你看看，科學家在哪裡？無論我們做什麼，中國和印度都會跟著做，越南也一樣。我們怎麼競爭？」

楊烈國因此說我們可以從海外吸引這些聰明傢伙到我國，然後頒發獎學金給他們。他們會留下來嗎？好吧，就試一試。去留難以確定的不是那些「鯨魚」或傑出科學家，因為他們只要研究工作獲得我們資助，就會繼續留下。去留難料的反而是領取我們獎學金的博士生，他們來自世界各地，以亞洲佔多數，如果他們收拾包袱回國，我們可就麻煩了。

我們因此希望他們會覺得這裡比中國、越南和印度來得好，而在這裡落地生根，與本地人或同一種族的人結婚開枝散葉。我們需要他們。他們應該會留下，因為他們還有其他選擇嗎？不過，新加坡人可就有選擇了。他可以當律師、醫生、會計師、銀行家、股票經紀或到房地產業工作。他會說：「你要我去為這種疾病尋找治療方法？我可能花上一輩子也一無所獲！」

> **問：除了希望這一群人會留下，在這裡落地生根之外，是否可以給予本地公司更多支援，好讓因這些人留下而引發的附帶效果，如知識轉移等等，也可以惠及企業界，而不單單只是解決人力需求？**

答： 即使有附帶效果，你得有聰明的人來承接效果才行！楊烈國被派到（促進企業發展的）標新局去振興中小型企業。而他得做的第一件事卻是傳授基本的管理概念以及如何正確地經營生意。新加坡人做生意，到底是做些什麼？他們先開間店，因為他們認為做生意就是開店。開間店或餐館，買東西賣東西。他們還做了什麼？你看看我們的歷史，我們做了什麼？

臺灣人嘗試了，可是最終放棄，因為沒法競爭。不過韓國人正在嘗試，韓國人口5000多萬，而且他們並不笨。他們聘請被裁退的或是他們在大學遇到的日本專才，現在他們取得了一些突破。他們嘗試製造汽車、平面電視、手機。我遇到韓國財閥領導人時，曾問他們是如何做到的，他們解釋給我聽。他們到日本的大學去，他們的同輩在那裡工作。他們出更高的薪金把這些日本人帶到韓國去傳授知識。

我們能那樣做嗎？我們的中小型企業行嗎？當你說轉移，我的意思是你看看，能轉移給誰？你必須轉移給另一個能幹的團隊，對吧？（交通部長）林雙吉說：「讓新航私營化。」我說：「我同意」。但賣給誰呢？有哪個機構可以確保新航永遠保持良好的領導層，而且不會虧錢？遠東控股？沒經驗。旅店置業的王明星？不行。銀行？不行。那還可以交給誰呢？

我們試一試，不過除非我們有足夠的人才來管理這些公司，要不然是行不通的。看看所有的成功企業，其中的要素是什麼？是智囊團。思考者、良好的管理層、出色的創新者。

> **問：針對我們今天所討論的依賴跨國企業模式，最後一個提問……我們談到了持續採用這個模式的有效性，但它是否存有讓您擔憂的弱點？**

答：弱點是頂尖跨國企業可能不會來，我們吸引到的只是二等跨國企業。這些企業將被落戶越南等較廉價和聰明國家的頂尖跨國企業擊垮，越南的產品將擊敗新加坡的產品。

我們能提供什麼？不是更廉價的勞工或土地，而是更高素質的基礎設施，以證明我們這裡成本較高是合理的。越南人非常聰明。這點從獲得我們獎學金的越南學生身上就能看得出來。他們後起直追，他們的薪金僅我們的三分之一，土地價格僅我們的四分之一。所以我們必須提供他們無法提供的條件：穩定、安全、完善的聯繫網、良好的保健服務、供孩子就讀的學校，這些企業高層總是攜帶家眷，因此需要好的學校。我們在這幾方面都取得了進展，新加坡美國人學校是本區域最佳的美國人學校。

> **問：我們該如何糾正那個弱點？**

答：我們只能設法保持領先地位，以吸引最佳的跨國企業。目前有大約4000家印度企業和4500家中國企業落戶新加坡，從這裡向本區域伸展觸角。他們以新加坡作為基地，由於對本區域的了解不及我們，因此他們進軍本區域時也帶著我們的人一起去。我們的人熟悉本區域，也會說區域用語，可以協助他們克服障礙。這是我們扮演的角色。我們充當中間人。

更長遠而言，我們的處境比香港較好，因為論素質，我們鄰國的教育制度、勞工隊伍、基礎設施都不太可能超越我們。上海的基礎設施已經趕上香港。他們欠缺的是英語會話能力和輔助員工。再給他們15至20年，他們就一定具備這樣的條件。同樣的情況也發生在深圳。曾有位香港勞工及福利局局長與我會面時這樣問道：「你為什麼保留製造業？」我告訴他，那是因為製造業能提供就業機會。我說，至於香港，你們的鄰近地區不斷

改進製造業，甚至超越你們。我們的鄰國則很難追上我們勞動隊伍的技術和教育水準。

> 問：亞洲增長模式──不僅是新加坡增長模式──所面對的另一個批評是，我們的產品太依賴西方消費市場。鑒於當前的經濟危機使得美國不再是世界大客戶，新加坡經濟模式的穩定性會受什麼影響呢？

答：讓我回到基本面。這個世界是否會變成一個醜陋、消極的地方，到處是保護主義和蕭條經濟體？若真是這樣，我們全完蛋了。美國人會那樣嗎？不會的，因為他們的大公司超過五成的營收來自海外市場。

我一點都不悲觀。我不知道這場經濟衰退會持續多久。也許如果美國聯儲局主席伯南克的判斷是對的，加上他們整頓銀行業，那到了2010年美國經濟應該可以復甦並取得低增長。如果伯南克錯了，那衰退期可能延長到2012年或2013年，不過美國終究會復甦的。他們大談保護就業機會。你保護你的工作，美國人保護他們的工作，日本等國家也一樣。美國人真的要投入另一個不同的模式，只依賴當地供應商和國內市場嗎？不會的。相關技術已經被發掘並推廣開來，你不善加利用該技術和自由貿易的好處，你的競爭者會這麼做，到時你就吃虧了。

> 問：隨著歐美將在未來幾年沉寂下來，很多人正在談論亞洲內部貿易，即亞洲製造的產品在亞洲銷售的發展潛力。你對亞洲內部貿易的潛能有何評價？你認為這是值得我們追求的發展方向嗎？

答：嗯，這會是另一個發展途徑，不過別忘了，一般亞洲消費者並不富裕，也不隨意揮霍金錢。中國人比我們更愛儲蓄。我們幾十年來把近半數的收入儲蓄起來，這才有今天的資源。中國人儲蓄更多，因為他們得依靠

自己的資源來應對水災、意外、地震、破壞、戰亂。

我給你講一件事，你就會明白他們的心態。我因為打高爾夫球導致左肩僵硬，有一回，我在中國與中國航空航天部部長四處參觀時，我說：「我不打高爾夫球了。」他說：「我給你派個人，他能治好你的肩膀。」我說：「不，不，沒關係。我的矯形外科醫生說治不好的。」不過他還是繼續跟進，派了一個人來（他已過世了）。結果大約六個星期我每天得花45分鐘坐在辦公室的沙發上接受治療，最終他把我治好了。那我做什麼？我跟他聊了起來。

當時上海附近正發生水災。我說：「哦，麻煩可大了。你們向外求助。」他說：「向外求助？援助什麼時候會到？即使到了上海，怎麼送到上游的鄉村？」他說在中國每個鎮、每個鄉村都有個小山丘儲存了所有的必需品：鹽、米、毯子什麼的，以備災難時可以度過難關。他說：「當我們遇到這些災難，政府到不了我們那兒的時候，我們得自救。我們已學會在面對災難時，自己照顧自己。」

中國人有了錢會做什麼？他們會把錢存起來。如果他們已經富裕兩三代，那他們的新一代可能會比較願意花錢。不過我不認為接下來30或40年，他們會像美國人那樣消費。他們會儲蓄、建房子、購買會隨著時間而增值的物品。是的，他們會消費，但買的主要是必需品。所以中國和印度能為我們做的很有限。在亞細安，非華人的消費會比較高。不過你看看馬來西亞和印尼的華裔——他們向來節儉愛儲蓄，因為當地以往發生突如其來的災難時，政府都沒有給予救助。

附言

我們的訪談結束之後，新加坡從全球衰退中強力回彈，於2010年創下驚人的15%經濟增長率，可能是全球之冠。經濟復甦有賴於亞洲和其他發展中市場的強勁增長，國內因素則包括兩個綜合度假勝地的開幕。不過，

西方國家的增長則持續低迷。美國把矛頭指向中國，認為中國長期操控匯率，不讓人民幣升值，為的是加強出口競爭力。在這同時，中國與其他新興經濟體則指責美國為了刺激增長，讓大量低息貸款充斥市場、削弱美元以及引發可能導致亞洲和其他發展中市場不穩定的大筆資金流動。在這個前提下，我們向李資政提問了更多問題。

> 問：現在人們正在談論「多速」經濟體所構成的危險與不平衡，即西方的增長放緩至近乎零，而新興經濟體以空前的速度回彈。你對此有何看法？這會產生經濟後果嗎？這個多速世界經濟是否會對地緣政治世界秩序構成嚴重威脅？

答： 我不確定西方的經濟增長正放緩至將近零。德國正以3％至4％的穩健速度增長。2010年9月30日，法國國家統計及經濟研究局估計，法國經濟將在2010年增長1.6％。新興經濟體以空前速度增長，那是因為他們的基點較低，人口龐大，國內市場需求飢渴。「多速」世界即使沒存在上百年，也至少有數十年了。它怎麼會對地緣政治世界秩序構成嚴重威脅？

> 問：對於目前相關國家「競相低估幣值」而爆發的匯率戰，你有何看法？

答： 「匯率戰」被美國媒體誇大了。問題的癥結在於人民幣仍保持舊匯率，而美元正逐漸失去其價值。除非人民幣進一步升值，否則中美政府之間將出現嚴重問題。

> 問：你認為中美會如何解決這個問題以及兩國關係中其他經濟失衡的問題？

答：中國與美國的關係將一直不平順。美國視中國為一個在20年後可能於國內生產總值超越它的強國，到時中國將在國際論壇上擁有更大的話語權，尤其是在中美課題上。

> **問**：2008年全球經濟陷入衰退，繼而掀起新一波的貿易保護浪潮，一些貿易關稅往上調，某些國家則實施資本管制，以抵禦他們視為「熱錢」的西方資金。與以往也曾引發保護主義反應的危機相比，你對當前狀況有何評估？

答：當國與國之間貿易失衡，保護主義往往隨之抬頭，這回輪到中美之間。我不認為2008年掀起新一波貿易保護浪潮的說法是正確的。

> **問**：新加坡經濟的復甦速度是否讓你驚訝？你認為新加坡哪裡做對了？多少可歸功於這裡的決策者，又有多少是多虧了看似撐起亞洲所有船隻的全球復甦浪潮？

答：新加坡經濟的復甦速度只是稍微比我預料的好。新加坡銀行和經濟基礎都很健全。至於說全球復甦浪潮撐起了亞洲所有船隻，我就不太確定了。中國和印度確實撐起了一些鄰國，不過不是所有的鄰國。

> **問**：經濟戰略委員會提出了一些廣泛的建議。其中之一是在未來十年內培育1000家年營業額一億元以上的中小型企業。既然你認定推動新加坡經濟的是跨國企業，那這個建議您認為值得去落實嗎？

答：我們還是應該設法協助本地中小型企業成長。最終，當中一些企業必須能在國際市場上競爭，成為新加坡跨國企業。推動新加坡經濟的將永遠是跨國企業，因為1000家中小型企業不太可能會變成1000家跨國企業。

問：人們常說，當經濟從危機中復甦時，從中吸取的教訓很快就會被遺忘。新加坡須從這場剛過去的危機吸取的一大教訓是什麼？而從這教訓中，你認為有哪些地方是非改變不可的？

答：新加坡無須從這次危機中吸取任何教訓。每個危機都有不同的起源。下一個危機不太可能會完全一模一樣。

問：綜合度假勝地所帶來的衝擊是否比你預期的還要大？你不擔心它們的不良作用嗎？新加坡經濟是否有下一個發展大計？

答：我原本就預期綜合度假勝地會促進旅遊業，增加賭場的營收。我們已盡最大的努力預先防範不良作用，我們規定新加坡公民和永久居民須繳付100元的入場稅，如有人沉迷賭場，其家人可申請賭場禁門令。儘管如此，免不了還是會有受害者。

我們永遠都會有下一個經濟發展大計。這只是時間問題。

新加坡是否增長太快了？

問：我想我十年前並沒聽到有人批評新加坡增長得太快，不過漸漸的，有評論指出為求增長須付出代價，我們引進大量外勞和外來人才，這些都附帶了社會成本。爭取增長「有多快就多快」似乎是政府的政策，這能維持下去嗎？

答：我們應該爭取能增長多快就多快，只要那樣的增長速度能保持下

去。如果我們有能力達到那樣的增長，可是卻選擇不去做，那就是我們愚蠢。一些新加坡人不了解慢速增長意味著什麼。如果我們增長緩慢，就業機會就會比較少，薪金也較低，這也少，那也少，什麼都少了。你會故意削減自己的薪金嗎？那很愚蠢，是吧？如果你有能力達到那樣的增長，可是卻沒辦到，那你有點不對勁。

> **問：不過有些人卻非常不滿他們認為與高增長相關的社會問題，可想而知，他們或許不介意較慢的薪金增長。**

答： 好吧，那為什麼還這樣抱怨呢？因為地鐵、巴士越來越擁擠，我們的人民覺得外國人正和他們推擠搶空間。當他們去到商店和咖啡店，如果服務員不會講英語，他們又不高興。假設沒有這些外勞準備食物、抹桌子，咖啡店還能繼續營業嗎？

現實情況是，新加坡人觀察了新移民，然後說：「哇，他們的孩子會跟我的孩子搶學額、搶獎學金、搶工作」。新移民的孩子用功努力，學業表現好。他們剛到新加坡時，英文懂得不多，四五年後，不少卻成了班上英文成績最好的。另外，大多數的外籍員工是持工作准證、幹粗活的，他們不具備成為永久居民或公民的所需條件。對於持工作准證的外勞，新加坡人是擔心他們影響安全，引起社會不安定。新加坡人知道這些外勞只是暫時在本地打工。他們不能把家屬帶來。令新加坡人不滿的外來競爭是指新公民與他們的孩子。

> **問：暫且不談對外國人搶走飯碗和學校名額的擔憂，問題是廉價勞工的湧入壓低了低收入員工的工資，進一步擴大了新加坡的貧富懸殊。**

答： 這是個遍及全球的現象。在全球化的首個階段，你將能進入一個擁有數以億計廉價工人的勞工市場。不過這會永遠存在嗎？再過30年，發展

中國家的人民將具備更高的教育水準，賺取的工資也提高了。中國教育制度正逐年降低全國的文盲率。他們正在提升水準，最終將找到同它發展相適應的水準。我的意思是，拿今天的中國和20年前的中國相比。看看工程師和科學家們的成果。看看升上大學的人數。可見收入差距不會永遠無止境地擴大。

我們已盡量把較低收入者與較高收入者之間的差距，維持在可接受的範圍。如果從高收入者那裡抽走太多，他們就會收拾包袱離開。他們為什麼要留下來？外國人肯定會走。你調高所得稅，他們就移居到香港或其他地方，甘願忍受那裡的污染。一些新加坡人也可能會說要移民到所得稅沒那麼高的地方。因此你得平衡這一切，而最終為了使人們仍保有力爭上游的動力，你必須讓他們有機會累積或保留大部分的收入。

接著你就設法通過財政預算案來發放援助，重新分配——在水電費、雜費、教育、住房、醫療保健等方面給予津貼，以及更重要的，確保下一代有機會站在較公平的起跑點。無論你的家庭健全與否，沒有一個新加坡人或孩子會失去公平競爭的機會。我們會有一些團體負責確保你有機會接受正統教育。如果你選擇輟學，那是你的決定。現在較少人輟學，因為家長們看到鄰居家裡書念得好的孩子都出人頭地，搬到更好的組屋了。

你也給他們一筆可觀的金額購買房子，而我們知道房子是會增值的。那將是他們退休時最有價值的資產。他們買的時候可能值20萬元，到他們退休時，房子價值高了許多。房地產必然升值，因為我們的經濟持續增長，而且政府定期改善基礎設施和居住環境。我們有越來越多在地底下和地面上的地鐵列車、美麗的公園和水道，我們特意讓每個人都能分享國家的成長果實。

> 問：不過根據基尼係數，新加坡的貧富差距比其他國家來得嚴重。例如我們的情況就比日本嚴重，而日本並沒有打開門戶引進大量外勞。

答：不，不，不。日本不是我們的參考模式。日本正在經歷一個非常艱難的時期，人口正縮減並迅速老化。他們不要外來移民，他們有一種恐外的心理。我認為他們深陷困境了。不，你得拿香港、吉隆坡、曼谷、馬尼拉、雅加達來和新加坡相比。那才是我們的環境。你怎麼拿日本和自己相比？日本是個截然不同的國家，社會與文化都非常不一樣。

> **問：我的意思是我們或許能塑造一個更平等的社會，比較類似他們的模式。**

答：如果你要一個給予平等報償的平等社會，那你應該回去鐵飯碗時代。不行，我們已經創造了一個論功行賞的公平制度。而你的表現取決於你的教育水準、技術與能力。就這樣。如果我們裝作每個人都是平等的，但事實上卻不是如此，那我們的制度將失靈。那是無可爭辯的事實。

　　早年我的主要目標是確保能順利落實個人公積金戶頭和保健儲蓄戶頭的計畫。你賺多少都全歸你所有。一旦有了個人戶頭，若有人建議你把錢放進一個共用資源庫，而每個人都能從中取款使用（如同其他福利制度），那這個人將失去選票。在以上個人戶頭存款不多時，這個主意或許還會被接受。如果現在劉程強說，讓我們設立一個共用資源庫，我想他會在下屆大選中失去選票。你願意把辛勤積攢的養老金存入共用資源庫嗎？那是你的錢。如果你用不上，可以留給子女、親人或隨你喜歡的任何人。你為什麼要把錢放進共用資源庫讓每個人都可以提取使用，就像在一些西方國家那樣？這個制度已經崩潰了。布萊爾曾來我國考察，他嘗試在英國設立個人戶頭，不過人民強力反對，結果無法落實下去。

> **問：你的意思是我們不能為了縮小收入差距而改變外勞政策？**

答：引進外勞把工作做好，然後從旁給予低收入者一些援助以縮小他們

與高收入者之間的差距，這樣的作法比較經濟有效。現在有機會以低得多的工資聘請急需工作的員工，難道你放著不用嗎？你看看英國人。他們怎麼推動經濟持續增長？他們引進外勞。結果他們形成了一個多語言社會。東歐人、南亞人、北非人、撒哈拉以南的非洲人、加勒比海人……都到英國去，因為英國人不願從事這些人願意做的工作。

我們有源源不絕的人才供應。這對經濟有利，協助我們推動增長。我們並非無知，也並非愚蠢。我們這麼做完全是以新加坡人民的利益為出發點。如果有另一個更好的方法，我們會笨得棄之不用嗎？如果我們不引進這些持有工作准證的外勞，我們會有今天的成就嗎？在建築業，建屋發展局嘗試使用預製材料。我們可以探索其他途徑來減低對外勞的依賴，不過能做的畢竟有限。[5]

> 問：改變作法的好處之一是，本地員工的生產力必須提高，無論是在建築業或其他行業。我了解你所說的日本有別於新加坡。我們顯然不是日本，但是他們的社會組織方式所產生的效果之一是低收入階層的工資獲得提升。

答：不過整體經濟發生了什麼變化？我的意思是看看最終結果。日本的經濟狀況好轉了嗎？日本人的生活較富裕了嗎？從選舉方面來講，政客們會說，我這樣做能贏得選票。不過這是日本要的未來嗎？相當暗淡不樂觀吧？他們必須改變。

你剛剛想像了如果我們採納日本的模式，拒絕開門引進移民和外勞，新加坡會是怎麼樣的。我們會有今天的新加坡嗎？讓我分享一些個人經歷，讓你了解新加坡人對人生的看法。我有個皮鞋匠，他是客家人，現年40多歲，他子承父業，其父以前是我的皮鞋匠。這是個沒落的行業，但他也不是賺不到錢。我每雙鞋付300元。他得取我的腳印，測量尺寸，讓我試穿鞋子。我經常說不，給我軟皮革等等。所以他索價350元或400元，沒

辦法。他的兒子要繼承父業嗎？不，他的兒子想上大學，畢業後在冷氣辦公室裡工作。

傳統行業正走向沒落。誰會爬上工地裡的鷹架？誰會到造船廠拿起噴燈工作？新加坡人願意做這些工作嗎？就算你付雙倍的工資，他們仍然說不。

你注意高樓的建造過程。樓建起來之後，新加坡人才進去安裝電線和其他東西，工作全在有蓋的地方進行。如果是在日曬雨淋的地方，你只會看見印度人、孟加拉人、中國人等等。我們可以付更高的工資給新加坡人，但他們願意幹嗎？不會的，因為在他們看來還有其他更具吸引力的工作機會。這是心態問題，涉及了他們認為自己應有的人生地位。

澳大利亞建築業則堅持用當地人，因為他們不要引進亞洲客工。他們說，好吧，我們付更高的建築費。不過現在隨著亞洲客工進入澳大利亞，他們的制度將瓦解。連中國也發生同樣的情況。我們以前習慣請來自中國的媽姐（工作時身穿白衫黑褲的家庭幫傭）。現在中國人受過教育，他們才不會來這裡當媽姐。他們要到工廠或酒店工作。

全世界正在經歷社會變化。如果你是印尼人、菲律賓人、印度人或孟加拉人，那你就別無選擇。所以你得慶幸你的姐妹、表姐妹等不需要當女傭。不過如果你不妥善管理這個地方，聰明的人將離開。沒那麼聰明、沒受過什麼教育的則走不了，他們將落得與菲律賓人、印尼人、孟加拉人相同的處境，就是這樣。

> **問：不過那無法改變需要付出政治代價的事實。處於社會底層的人覺得整個制度在某種程度上對他們不公平。經濟增長的絕大部分成果只惠及處於社會頂層的人。這導致社會底層的人變得更為憤世嫉俗。你認可這個制度是有代價的事實嗎？**

答：妒嫉形成的壓力在所難免。但試想想走另一條路，即緩慢增長。由於全球化的緣故，頂層與底層之間的差距仍將存在，而我們還變得更窮

了，對嗎？我們全都更窮了，因為如果去掉外來人才和客工，我們的國內生產總值將下降至少2％至2.5％。你可以根據員工人數與他們投入的勞力來計算。

一家新加坡公司成功了，它進軍卡達。被公司派駐那裡的員工將獲得更高的薪金，因為他須忍受炎熱天氣和生疏的環境。他將領的薪金至少是目前的150％──房子、生活費，如有必要還包括孩子的教育費。如果是去中國、越南或印度，情況也一樣。

假設我是個工人，看見管工被派到國外，因為公司需要人管理那裡的工人。我沒被選上，因為他們那邊已經有非熟練與半熟練工人。我有點心煩，我說這不公平。可是世界本來就是不公平的。

妒嫉心理始終會存在，所以我認為停止增長完全沒有好處。相反的，我們提取部分的增長成果，重新分配給社會底層的人。你給予他們援助，但必須確保他們不至於失去進取心。

問：隨著收入差距擴大，新加坡政府是否會感受到更大的政治壓力，需要分配更多給低收入階層？

答： 你是說底層的人會變得反政府。我們就因此而改變，還是說：「好，我們每次都很可能失去那麼多選票，因此我們必須爭取中位數以上的選民」？我的意思是，這就是政治。如果中位數以上少於中位數以下，那我們就把中位數調低。我們正密切留意。多少人住私宅、公寓式組屋、五房式組屋、四房式組屋？四房式組屋住戶原本處於中位數以上，可是人們以為更大的組屋，增值就更大，因此即便他們只能負擔三房式組屋，卻買了四房式組屋。

不過我認為我們重新分配的方式不應該導致扼殺人們的進取心。我們最大的分配計畫是通過公共住房。每個新加坡人都獲得住房。你是以高額津貼的價格購買組屋。換言之，你桌上一開始就有了籌碼。當你30年後退休時，你的組屋價值必然翻了幾番。

下一個是公積金計畫。政府一再填補人民的公積金戶頭，但可不是要人們把錢花掉，而是存起來待日後退休、看病、供孩子念書之用。我們也在有盈餘時，發放新加坡股票和經濟重組股票給新加坡人。

> 問：聽你這麼說，有沒有可能兩全其美──既引進外來人才，讓社會頂層賺取高薪，同時也設法為社會底層的人爭取更高的工資。住房資產和公積金是很好，但我們還能做得更多嗎？

答：我們因此推出了就業獎勵計畫（為低收入員工設立的一種入息補助計畫）。就業獎勵計畫剛落實，仍須進一步改進。不過其原則是，你得工作才能受惠。我們可不會給你錢，讓你遊手好閒。就業獎勵必須往上調，它肯定會膨脹，希望不會太快。

> 問：其實有人認為就業獎勵會使人開始有一種「這是我應得」的心理，而這正是你告誡要防範的。

答：不完全是這樣。人們必須先工作，才能獲得就業獎勵。

> 問：是的，不過按他們現在所制定的規則，如果你年過35，只要一周工作兩三天就符合收入條件。

答：不，新加坡目前處於衰退期，因此我們得幫他們一把。但重點是，他們得工作才能獲得就業獎勵。

> 問：可是就業獎勵計畫是在經濟大好時期設立的。它在2007年推出，有人因此認為新加坡其實已開始滑落至社會福利主義。

答：嗯，每次我們做點那樣的事，就好像踏出一小步進入未知的世界。不過只要人們知道他們必須工作，那就可以了。

問：它會不會鼓勵人們少工作？

答：不，我不認為會這樣。如果我們給太多，那就會鼓勵人們不工作。不過我們給的正好足以讓他度過難關，他知道如果掌握了新技能，就能賺得更多。

這也是為何我們投入那麼多心血到技能提升與應變計畫以及其他工作訓練和提升計畫。我們鼓勵工友重新受訓，以便經濟復甦時，他們可升上更高級別，工資也會隨之增加。在現今世界，個人價值取決於你的技能和知識水準。即便你是個天才，但如果你不具備市場所需的技能，你的價值是多少？

問：鑒於人們對日益擴大的收入差距感到不安，從政治角度而言，假如把控制基尼係數或收入差距列為明確的政策目標，你認為這對政府是否有好處？目前公務員的花紅是與國內生產總值掛鉤，有人建議公務員花紅應該在一定程度上與測量收入不平等的指數或最低收入水準掛鉤。

答：我們的公務員薪金必須具有競爭力，因為我們是與私人企業界爭奪人才。如果現在計算有多少位總統獎學金得主、海外優秀獎學金得主、武裝部隊和員警部隊獎學金得主，得出的總數與初院畢業的優秀青少年人數不相符。為什麼呢？因為他們若不是自費念大學，就是領取私人獎學金。這些私人獎學金不只是來自新加坡企業，而是來自世界各地的外國企業。你必須面對這個現實。

> **問：我猜想如果某個公務員能成功縮小收入差距，他就會獲得花紅。**

答：（放聲笑）要縮小收入差距，你需要整個政府機制的配合，而且還未必會成功。看，日本是發達國家當中最講求人人平等的國家之一，對嗎？在日本企業中，領導收入不高，而員工們享有終身受雇。在全球化的國際壓力下，他們正在改變。新力和日產都引進西方主管，對吧？他們在爭搶頂尖人才。為了在國際市場競爭，他們必須跳脫自己的系統。正因為這樣，越來越多外國人進入他們的企業系統，並對系統加以改造。

日本的情況不是一成不變。現在你可以看到冬天有人睡在橋底下的照片。以往沒有這樣的現象。日本曾經經歷一場戰爭，最貧困的農民心有積怨，因為他們失去了兒子，也失去了家園。正因為這樣，日本人普遍對這些人感到虧欠。

英國人也同樣如此。這源自於一種內疚感。失去生命和家園的不是出身牛津或劍橋大學的軍官，而是普通士兵和應徵入伍者。有錢人因此提出了一個獲得工黨支持、保守黨採納的福利制度。從生至死，上流社會都虧欠他們。

他們並沒有想到實施福利制度的後果以及對進取心的衝擊，直到制度失靈。到了那時，柴契爾夫人開始扭轉整個過程。布萊爾繼續推動這個過程。現在布朗有意回到福利制度，以便贏得低收入階層的選票。

你必須明白目前我們收入不均等的情況不會永遠持續下去。這會持續多久？10年、20年或30年。然後怎麼樣？到那時新科技、新競爭者、新的工作與生活方式將開始影響我們。

為什麼要對經濟進行這麼多操控？

問：有觀點認為政府對經濟進行太多操控，你有什麼回應？我想這個批評應該不是針對早年時期，人們明白當時政府需要掌握操控權。不過至今政府的控制仍相當普遍和廣泛。你認為這將來會成為一個爭議或問題嗎？

答：隨著越來越多人才放棄政府部門，加入私人企業界——如果他們沒流失到國外，如果他們回來，最終私人企業界將擁有足夠的聰明才俊，可從我們手中接管大型企業。我說過，我們要轉向私營化，可是目前我們可以交由誰來私營？

你看看星展銀行和華僑銀行。他們得招攬外來人才。大華銀行靠的是（主席）黃祖耀，不過誰來接任他？大華銀行內部可從中挑選一位強悍總裁的人才庫在哪裡？原本等著接班的黃源榮知道自己不會當上總裁，因此選擇離開。黃祖耀正栽培他的兒子接班。

如果現在這些出國留學但沒領獎學金的優秀生沒永久留在國外，那我預見在10或15年後，私人企業界人才將比得上公共部門人才。我們已經看到公共部門所招募的人才比起10或15年前來得少。我的意思是，有幾位部長的兒子拿了獎學金？林勳強的兩個兒子沒拿獎學金。張志賢的兒子領了獎學金。

問：不過目前這個時候，解決辦法是什麼？私人企業界注定弱勢嗎？

答：不，正如我所說的，人才會到那裡去嗎？瞧，我們得管理（船運公司）海皇輪船，結果找了誰？鄭維強。至於新航，我們找了誰？李慶言。星

展銀行則是許文輝。[6] 還有誰？你告訴我。我們還能把大型企業交託給誰？

> **問：較早前你提到新航。你是怎麼斷定相較於李慶言，王明星無法打理好新航？**

答：因為我了解王明星，而且我知道他的行事作風。他不是一個搞團隊的人。他是個創業家和石油貿易商。他出面談成生意之後，就交給別人接手打理。

> **問：王明星可以雇用一個專才來負責組織運作這部分嗎？**

答：是的，他可以。不過他要管理一個組織嗎？我曾帶他一起出國。他善於與人打交道談生意。看準目標，他就自己行動。那是他的專長。他早年加入岳父的公司從事石油貿易。後來，他的生意做得比岳父還有聲有色。他經營酒店，妻子開服裝店。他在倫敦與日本料理店Nobu合資開餐館。他擁有金絲雀碼頭一家酒店的部分股權。他投資許多小生意，然後脫售獲利。

另一方面，李慶言接手經營父親的布料公司，推動業務發展，並進軍其他行業。李慶言會講華語，而王明星卻不會。因此李慶言可以在中國活動，與中國的企業領導和政府領袖溝通。在與工會打交道方面。他也經驗豐富。

這些是難能可貴的人才，可是我們上哪兒找來更多的？我們任用他們，過度使用他們，給他們太多工作量，因為像他們這樣的人才太少了。在中國，人才多的是，可是在最高領導層，也只有幾位被委以重任。

> **問：那麼這些都是你信賴的人？你信任李慶言嗎？**

答：我信任他們和他們的判斷。經過多次會面，我覺得他是一個正直的人。幾位與他共事過的部長也這麼認為。

> 問：你會不會有過度使用他們的危險？政府對經濟握有如此之大的掌控權，會不會因此出現形成「集體思維」的危險？也就是對於經濟如何運作，以及該做些什麼，有一套特定的想法。如果經濟徹底私營化，各行業由不同的總裁和企業家掌管，那將形成前所未有的多樣化。

答：你告訴我，新加坡經濟有哪些不同領域？製造業以跨國企業為主。在物流方面，我們面對公開競爭——新加坡港務集團在丹戎伯勒巴斯等地對壘馬士基。新航與其他大型航空公司競爭。樟宜機場與吉隆坡、曼谷、仁川、香港競爭。到處都有競爭者，現在多了杜拜。把你認為存有「集體思維」的行業列出來。每個行業面對的是截然不同的環境。

> 問：新加坡為政聯公司引進頂尖海外人才，是否都以失敗收場？

答：他們說奧爾茲是個敗筆，還有誰？彭奕偉、雅各斯？他們都是敗筆嗎？[7] 不，我不這麼認為。奧爾茲曾發給我有關星展銀行的弱點分析報告，見解精闢深刻。我指示星展銀行探討有關報告，並作出改革。他為什麼離開？我們沒趕他走。他離開是因為他認為星展銀行不是一個大型的區域銀行。他因為不願意管理一個中型的新加坡銀行，而回返三藩市。

至於雅各斯，海皇輪船不管怎樣都陷入了困境。看看丹麥的馬士基。它的總裁接管鐵行渣華，但卻導致虧損，他因此被裁退了。海皇輪船與美國總統輪船公司（APL）合併之後，我們委任APL原有的美籍總裁接管海皇輪船。結果我們面對兩家合併公司文化差異的問題。我們無法使APL新加坡化，因為整個系統是由美國人管理。我們因此說：「好吧，讓美國人研究一下海皇輪船，即非APL的那部分，看看他們能有什麼作為。」這是鄭維強給我們的建議。他是位精明的私人企業執行人員。

成功的總裁如同你在沙灘上找到的寶石。那裡有很多碎石，有不少色彩繽紛的，不過它們全都只是石頭。有時候你會找到一顆真正珍貴的寶石，一顆真的綠寶石，把它撿起來擦亮。他必須具備職位所需的條件——充滿活力和幹勁、善於與人溝通、有能力使別人與他在一個團隊裡合作。

> **問：既然我們有淡馬錫控股和新加坡政府投資公司這些大型的投資機構，為什麼不叫它們投資在比如新加坡十大最有前途的私人企業，協助這些企業在國際市場上茁壯成長，足以與競爭者一較高低？**

答：那得取決於這些投資是否能提供良好的回報率。你說說看是哪十家企業。

> **問：也許我們找得不夠仔細。之前已有一些大有作為的公司獲得這方面的投資。如淡馬錫控股注資凱發，協助它成長。**

答：首先，政府投資公司完全不在新加坡投資。這是為了保障我們的儲備金而作的特別決定。如果我們有海外資產，一旦新加坡經濟走下坡，我們的資產不至於全部縮水。

淡馬錫控股可不同，他們對企業進行收購和管理，然後再脫售獲利。他們在印尼收購印尼衛星公司。俄羅斯人介入，要我們把股份賣給他們。我們拒絕，他們就收買印尼官員向我們施壓。我們把股份賣給卡達，由卡達出面與他們解決糾紛。卡達仍擁有印尼衛星公司，而我們也沒虧錢。

一個有能力走向國際並成功成為跨國企業的新加坡公司，若要向銀行和金融市場集資是不會有問題的。它不需要等待淡馬錫控股來注入資金。

問：最後一道問題，你認為在你百年之後，新加坡經濟會如何發展下去？

答： 未來十年內，我想我們會繼續取得進展。你看看市區重建局快要落實的計畫：濱海灣、新加坡河、哥烈碼頭、駁船碼頭、烏節路、一級方程式賽車、兩個綜合度假勝地，以及投資者對我們強有力的信心。埃克森美孚帶了整個董事局來見總理和我。在當前衰退時期，他們決定繼續在新加坡建造價值超過40億美元的蒸汽裂化綜合廠。為什麼呢？因為新加坡平穩可靠。新加坡政府穩定，勞資關係良好。我們與全球各大城市都有聯繫。我們要吸引的不是低端工廠和低技術工業。我們無法在這些領域競爭。

我們的當前挑戰是重新訓練並提升那些年過40、因當年沒有工藝教育學院和理工學院而失去教育機會的年長工友。這是個大挑戰。年輕工友的教育水準較高：25％至30％大學畢業、40％理工學院畢業、逾20％工藝教育學院畢業。年長工友的教育水準則比較低。這就是為什麼人力部和職總如此重視技術再訓練和工作提升。

未來十年，也許甚至未來20年，新加坡經濟將可取得大躍進式的發展。

注釋

1 李資政已不用華法林（Warfarin），改服另一種抗凝血藥保栓通（Plavix）。見第十一章。

2 埃克森美孚耗資50億美元，正在裕廊島建造第二座石油化工廠，預計2011年投入運作。

3 丹尼爾・魏思樂博士（Dr Daniel Vasella），諾華公司主席兼執行總裁。

4 楊烈國目前是標新局主席兼總理公署經濟發展特別顧問。在擔任新加坡科技研究局主席期間，楊烈國對發展新加坡生物醫藥業扮演了先驅的角色。

5 經濟戰略委員會注意到，如果繼續像以往那樣大量引進外勞，將面對實際空間與社會方面的限制。與此同時，資方會覺得沒必要投資於提升生產力，這將進而導致低收入員工的工資無法提高。為此，政府開始改變想法，外勞將繼續在新加坡勞動隊伍中佔有舉足輕重的地位，但政府將漸進地調高客工稅以控制外勞的進口流量。

6 有關外來人才與本地人才的爭論沒有緩和的跡象。佘林發於2010年接替許文輝出任星展集團主席。在上任後第一次訪談中（2010年6月），佘林發重新點燃這場爭論。他說如果總裁人選有兩個，一個新加坡人和一個外國人，而兩人都有同樣的資歷，那總裁之位應該交給本地人。他解釋這與國籍無關，而是基於「新加坡人在與商界、人民、政府維持關係方面佔有自然優勢」。自1998年以來，星展銀行的歷任總裁沒有一位是在新加坡土生土長。現任總裁高博多（Piyush Gupta）雖為新加坡公民，但卻出生於印度。

7 美國籍的奧爾茲（John Olds）1998年至2001年擔任星展銀行總裁。法國籍的彭奕偉（Philippe Paillart）接任他，擔任總裁直至2002年。丹麥籍的雅各斯（Flemming Jacobs）擔任海皇輪船總裁僅三年多，於2003年卸任。

05 愛之深

在總統府幽靜的西宴客廳裡，餐櫃上擺放了一張張相框照，都是來自全球各地的達官顯要與他們美麗傑出的夫人禮貌拜會後留下的紀念照。他們正好見證了李光耀資政在2009年4月的兩次訪談中談到的課題如社會政策、社會福利主義以及李資政特別感興趣的智商可以遺傳的問題。

　　聽著李資政把智力當成一種彷彿可以傳承的外貌特徵——如卷髮或棕色眼睛——來談論，記者們覺得困惑與不自在，不知李資政是否注意到了，不過即使有，他並沒顯露出來。他也沒為自己極為不正確的政治主張而辯解。他甚至從點滴往事中舉例說明，以支持他認為智力與基因相關的堅定看法。

　　簡括地說，他的看法如下：人生下來就是不平等的，再多的社會工程學或政府干預，也無法改變個人的人生命運。政府政策頂多讓大家在起跑點獲得平等的機會，不過卻無法確保公平的結果。社會上一定會出現不公平的結果，能力較強者比能力較低者享有更高的經濟和社會地位。李資政認為不能因為這樣就不讓聰明能幹的人出人頭地。相反的，解決辦法是創造有利條件讓最能幹者可以大展拳腳，從而為大眾製造工作機會，然後再

重新分配盈餘，讓能力較低者受惠。對任何一位國家領袖而言，社會財富的分配，以及該給予貧困者多少援助，是富有爭議性的議題。

基於李資政所持的強烈看法，這些課題更具有爭議性。

為了證明論點，李資政追述他開始執政邊做邊學的的年代。那是1960年代初。新加坡南部島嶼的情況令他擔憂。這些島嶼是巫統的據點，巫統是個馬來人政黨，在馬來西亞半島佔有主導地位，他們試圖把觸角伸到新加坡。人民行動黨以政務次長耶谷莫哈末為代表，設法在南部島嶼發揮影響力。耶谷莫哈末1963年當選南部島嶼議員，直至1968年。

島上生活貧苦。島民連營養都成問題。人民行動黨政府要在島上發展養羊業，讓島民有更穩當的謀生之路。政府派出建國隊志工和官員協助開墾荒地，並精心種植適合羊吃的草。政府在1961年從吉蘭丹買進200頭羊，分發給76戶人家。[1]可是羊很快就不見了，相信是被宰了吃掉。

當李資政向他的醫生敘述這件事時，這位矯形外科醫生說，島民其實面對更大的問題。島內流行通婚，縮小了島民的基因源，他們出現各種骨骼問題，醫生懷疑他們的腦部結構也受影響。

李資政後來反覆思考醫生的話。如果在一個封閉的社區內通婚會導致骨骼和脊椎結構出現問題，那是否也會影響腦部發育？李資政仔細想想，若真是這樣，把這個社群融入面積更大的本島，讓他們同來自更廣泛基因源的男女通婚，會不會比較好？從醫生發現封閉社會內通婚會引起骨骼問題，李資政得出兩個結論。一：多元化能使基因源豐富起來。二：智力、骨骼構造等特徵在很大程度上受到遺傳基因的影響。

李資政認為人的智力水準是由基因決定，他抱有這樣的看法廣為人知，而且也引起諸多議論。令人折服的是，已年屆86的他仍沒有軟化這個立場的跡象。

李光耀可並不是一開始就有這樣的直覺。相反的，與其他生長於1930年代和1940年代充滿理想的青年一樣，他信奉當時盛行的社會主義理論，認為人天生是平等的，只是後來機會不均等才使人的生活際遇好壞不一。

到了英國，李光耀聽了著名政治理論家兼工黨領袖哈樂德·拉斯基的

幾次演講，被對方的思想所吸引。他在回憶錄《新加坡故事》中寫道：
「我那時覺得世上的每一個人都應該獲得均等的人生機會，很明顯的這才
公平。在一個公正、秩序良好的社會，人與人之間不應該因為本身或父母
的處境或地位有別而存在巨大的貧富差距。」

　　建設一個平等、公正、公平的社會，這個理想引起李光耀的興趣。他
不認同列寧主義的革命性手段，即推翻資產階級，創造一個無階級的社
會。他比較傾向於改革派的費邊式社會主義思想，他們主張按部就班、循
序漸進地創造一個公正的社會，例如為全民提供國有化的醫療保健和教
育。李資政多年來一直訂閱宣揚費邊主義的雜誌和手冊。

　　李資政為《李光耀其人及其思想》一書接受訪問時說：「從1940年代
開始，我們大夥兒全都相信人與人之間的差別、個人表現和個人成績的差
異主要是基於機會不均等。如果大家在營養、衣食、培訓、住房、保健方
面獲得更好的機會，差異就會縮小。過了相當久之後，當我們在60年代、
70年代推行這些政策時，我們才對現實恍然大悟。」

　　因認清現實情況而不得不放棄一個在情感上吸引人的理想，這當中不
免帶有些許遺憾。「一直到執政若干年後，我才意識到新加坡各族群之間
的表現差距相當大，即使是同一族群中的不同群體，也存在不小的差距。
在試用了一些方法但卻沒能減少不平等現象後，我漸漸被迫得出的結論
是，決定因素在於人民，他們的天賦才能以及他們所受的教育和培訓。」
李資政在《新加坡故事》一書中寫道。

　　在2009年4月的訪談中聽李資政說起，可以理解他是因多起事件和多
方面接觸而得出人一生下來就不平等的結論，他也因此放棄建設一個人人
報酬平等的社會。

　　首先是他於1959年出任總理，開始真正管理一個國家之後承受巨大的
壓力。面對急需創造就業機會、興建住房和學校等問題，李光耀很快就發
現，除非有收入可分配，否則說什麼平等社會和公平分配收入，也只不過
是空談而已。他意識到先創造財富至為重要，稍後才來愁怎麼分配。

　　了解了新加坡各社群所面對的問題，也使李光耀意識到各社會團體之

間能力高低不一，是取決於各種族或社會經濟團體的基因遺傳。在他的記憶中，有兩起事件讓他留下深刻印象。其中之一是他在自己的選區丹戎巴葛與一位居民的對話。這位居民在巴西班讓學校教英文，他的學生包括了泰米爾（淡米爾）兒童，他們是被英國人帶到本地發電廠工作的泰米爾清潔工的子女。

「有一天開會之後，我說：『你的學校好嗎？』他說：『嗯，還不錯。』不過他接著說：『那些印度孩子，來自巴西班讓發電廠的泰米爾孩子，他們不會加法，也不會乘法。』我說：『為什麼會這樣？』他說：『我也不知道。』我因此去問了一位神經科專科醫生：『為什麼會這樣？』他說『嗯，有些人是數學盲。』如果你無法計算數字，可以用一個術語來形容：計算障礙。」

李光耀為自己對人類社會的理論興致勃勃引以為豪，他還常以實際觀察來測試理論。

「我開始觀察印度人。他們有種姓階級制度，如果你與種姓階級較低的人結婚，你的子女就屬於那個較低的階級，正因為如此，他們從不下娶或下嫁。」

他想起自己有位屬於婆羅門種姓的書記，他是登路印度廟主祭司的兒子。「他的才智不輸任何一位行政服務部門官員，可是那時候沒獎學金，他沒上大學，因此當了私人助理，不過他很能幹。當然他娶了一位同屬婆羅門種姓的女子。」

「我因此去打聽。我說：『為什麼婆羅門種姓的人這麼聰明？』我問了印度人。他們說：『嗯，那是因為祭司必須來自婆羅門種姓，他們須通曉所居地的用語，也要懂梵文，以便閱讀經文。』因此他們的文學造詣很高，數學能力也很強。婆羅門種姓的富人都要孩子與祭司的子女結婚，因為這能確保下一代有好的基因。」

當他了解了為什麼婆羅門種姓的印度人傾向於內部通婚，形成了封閉式的基因源，不讓其他種姓的人跨越界限，李光耀心想：「怪不得那些處於社會底層的小夥子永遠都沒享受到優良基因的好處。」

　　中國就不同。中國歷代科舉考試選出的傑出文官往往被皇帝招為駙馬，還擁有三妻四妾。「他們告老離職時，都去了蘇州……妻妾成群，子孫滿堂，基因傳承下去……這並不是偶然的。」

　　據李資政所見，提升智力的最佳方法是經過多代選擇性的雜交繁育，盡可能獲取最好的基因來製造聰明寶寶。不過李資政承認這在當今社會是不可能的。但這可沒阻止他早些時候試圖在政府政策中注入一些優生學元素。

　　李光耀認為智商可以遺傳，這個看法具有爭議性，對此科學家也意見分歧。心理學家理查‧賀恩斯坦與政治學家查理斯‧默里在他們的著作《鐘形曲線》中提倡，各種族之間的智商差距可以歸因於基因。這本書於1994年初版時，李光耀給予高度評價。賀恩斯坦與默里指出，智商因種族而異，一些族群擁有較高的認知能力。心理學家理查‧林恩的進一步研究發現東亞人的平均智商最高，達到105。東非、西非、澳大利亞土著和布須曼部落民族的智商最低。進化生物學家斯蒂芬‧古爾德對賀恩斯坦與默里的研究結果提出強烈反駁，古爾德寫了一本書《人的錯誤量度》批評以標準的心理測試來測量智力水準。

　　其他經濟學家、生物學家、統計學家質疑賀恩斯坦與默里的研究方法和研究成果。批評者認為即使有強烈跡象顯示智商可以遺傳，但就此斷定聰明的父母會生下聰明的孩子，未免過於簡單化。人的智商不是一輩子固定不變的。擁有高智商也不見得往後一定事業成功。有些特徵如智力的高低，在很大程度上取決於個人學習和接觸的環境。例如貧困的環境會使原本聰明的人受到壓抑。進化基因學家理查‧路翁亭、神經生物學家史蒂文‧羅斯、心理學家利昂‧卡明發現，教育水準和社會階層越高，智力的遺傳可能性也就越大。法國一項研究發現，出身貧寒的孩子如果被農民或勞工領養，九年之後他們的智力增長不及那些同樣出身背景但卻是被中產階級家庭領養的孩子。

　　李光耀對於基因的堅定看法近乎固執己見，甚至令一些人感到反感。但他並不在乎，他是如此堅信自己是對的。

　　觀察了動物和印度學生，李光耀接著觀察美國教授。1968年，即他擔任總理的第九個年頭，李光耀請公假到位於麻省劍橋的哈佛大學充電，尋找新點子。他注意到妻子同為教授的哈佛教授，他們的孩子非常聰明，上的是常春藤名牌大學。娶研究生為妻的教授，他們的孩子有的聰明伶俐，有的則智力平平。李光耀因此推論聰明的男人娶聰明的女人，生下聰明孩子的概率比較高。

　　李光耀的人民行動黨同僚杜進才不認同這些有關智力可以遺傳的理論，他常說：「五個洗衣婦會生出一個天才。」可是對李光耀而言，這是「垃圾」，因為這種事發生的概率微乎其微。（不過至少有一位部長馬寶山是洗衣婦的兒子。對此，李光耀可能反駁說，隨著教育水準的提升，社會內部會進行分類。）

　　李光耀在孩子成長期間，常常給他們講述相傳是出自哲學家喬治·蕭伯納的名言。相傳有一位美女表示要為他生育孩子，蕭伯納的回答是：「如果你以為娶了一個女子，將來女兒會像媽媽一樣漂亮，兒子會像你一樣聰明，那你可大錯特錯了。當你娶了她，如果將來兒子像媽媽一樣聰明，那你應該感到慶幸了。」

　　李家兄弟都把父親的話聽進去了，讓父親引以為豪。李資政說他的兩個兒子都娶了成功女性，七個孫全都擁有高智商。

　　李資政的長孫，也就是李顯龍的兒子毅鵬患有亞斯伯格綜合症，那是輕微的自閉症，會影響他的社交溝通能力。他也患有白化病，視力較弱。「不過他的智商高，畢業自新加坡國立大學。他學習較慢是因為他得用望遠鏡才看清黑板上的字和巴士車號。其他六個孫子念書都沒問題。」李光耀說。

　　「所以當大學畢業的男子不願意娶大學畢業的女子時，我說他是個笨蛋，真愚蠢。你如果娶你的書記或祕書，你將會有問題，一些孩子聰明，一些孩子不聰明。你會氣得發瘋。」

　　李資政也仔細研究了自己的基因族譜。他拿自己與中國前副總理李嵐清比較，他與後者有數面之緣。李資政起先以為李嵐清就像新加坡的部

長──有智慧、口才好、有說服力。直到2006年李嵐清在新加坡推出一系列關於音樂、教育、藝術的著作，並展示了他的篆刻作品，李資政才知道這位中國領導人也是位傑出的鋼琴家和書畫家。

李嵐清來自靠近蘇州的鎮江，蘇州人傑地靈，以前朝廷官員退休後總喜歡到蘇州安享晚年。

「你想比得上他？我能嗎？我會數學，我也會辯論。你問我會彈鋼琴嗎？我不會，他會。他熟悉莫札特、貝多芬，還寫了關於他們的書。我看了他的書。我驚呆了。我見他時，還以為他也就是個和我們一樣的部長。但他其實多才多藝。」

「是什麼原因？代代相傳的才華。中國文化氣息濃厚，孩童自小學習書法。李嵐清會書法、會刻印章、會彈鋼琴，而且他很有頭腦。想想看。那是幾百年來的選擇性繁衍。」

李光耀說他出身比較低微。中國學者為他追宗溯源。「他們給了我一份大埔的家譜。唯一傑出的先輩在六代以前。他是廣西軍區首長。他們在他名字下面劃線，就只有一個。」

這不就反駁了他認為智力可以遺傳的理論嗎？

「是的，可是中國人的族譜只載入男丁。也許在某個環節，是一位女先輩把良好基因傳給了我。是我母親嗎？我不知道。中國人過度注重父系是錯的，完全錯的。這已持續多年，好幾千年了，他們改不了。那是一種觀念，不過在現實中，他們知道不應如此。看看他們的領導與領導的子女與誰結婚。他們正形成一個新的精英階層。」

李光耀認為環境與後天栽培對塑造個人的最終能力，作用比預期小得多。「我小時候，家裡一本書也沒有。父親不愛看書。他是富家子弟，在然利直和羅敏申² 都有帳戶，他的父親替他付帳。他沒有書，也沒有字典。」

「我母親只上了小學二三年級。不過她很能幹，她鼓勵我求上進，也鼓勵我的弟妹。她那個年代重男輕女，女兒只要找個好婆家就行了。當時就是那樣。」

「如果我家中充滿書香和古典音樂氣息，我就會成為一個更了不起、更有學識的人嗎？相信作用不大。我已經達到頂限了。幼年所錯失的，我後來都補上了。人生就是如此。」

「政府面對的問題是：
當社會底層民眾永遠都追不上時，
你要如何確保社會保持團結？」

> **問：對於適用於新加坡的社會政策，你的看法是如何形成的？多年來，這些看法經歷了什麼樣的改變，抑或是保持不變？**

答：我不知道自己什麼時候開始產生這些看法。我從書本、老師及朋友那裡汲取了一些基本信念，主要認為每個人都是平等的，而且在一個公正的世界裡，人人都應獲得同樣的報償。這也就是為什麼社會主義獲得全世界那麼多人的支持。你要知道那是1950年代，當時蘇聯剛成功發射世界第一顆人造衛星。正因如此，社會主義在劍橋（大學）大行其道。雖然當時的主流傾向是反對這些信念，但許多學生相信這是剛獨立的國家快速發展的途徑之一。

社會主義行不通。鄧小平最終發現鐵飯碗制度無法發揮功效。人的進取心和天性就是這樣，首先是求生存，然後是為妻兒、父母、宗族這樣的順序而奉獻性命。我得出那個結論是因為我看到英國從生到死都提供社會保障的社會主義政策如何失效。

> **問：你曾提到不是所有的內閣成員都同意這個看法——人生下來就是不平等的。你是怎麼說服他們的？**

答：邏輯。強力支持我的是吳慶瑞、拉惹勒南、韓瑞生、林金山，他們全是須掌管財政、實事求是的人。社會主義派，你知道，他們嚮往理想中的平等社會，因而想要建立一個人人平等的社會。我不認為這有可能實現。

我先看到蘇聯，接著是中國，現在是越南，他們的第一代領袖來自不同階層。他們是自由戰士。他們信奉馬克思主義和一個平等的社會。第二、第三代則出現階級化。你與門當戶對的人結婚，你是大學畢業生，不會與只有小學學歷的人結婚。如果你像我一樣地觀察，會發現我最近見到的江澤民、李鵬、朱鎔基等人的兒子，全都是頂尖人物。[3]

　　所以最終在每個社會自然而然會產生這個過程。隨著社會日趨穩定，加上教育水準根據你的能力和表現而定，人們開始往相似的社會階層尋找配偶。你觀察現在的醫生，以往醫生總是娶護士，他們的孩子有的成為醫生，有的並沒有。

　　現在醫生嫁娶醫生，他們的孩子如果要的話，都可以成為醫生——有些因為進不了新加坡國立大學須自費出國念書而非常惱怒。為什麼？因為父母雙方都屬於高能力和高智商水準。

　　英國人曾送我們幾頭漂亮的狗。這些拉布拉多獵犬原是獵狗和捕魚犬。[4] 不過他們送我或國防部的卻屬於觀賞狗。國防部長吳慶瑞覺得派不上用場，把它們送到員警訓練學院。這些都是可在狗展中贏獎的觀賞狗。它們很漂亮，會是很好的寵物。不過我從書中得知這些來自蘇格蘭的黑拉布拉多犬會幫漁人捉鱒魚等，也會撿回飛禽，例如你獵殺鳥兒野雞，它們會把獵物叼回來，而且還輕輕地咬，不損獵物的皮肉。

　　1970年亞歷克‧道格拉斯－霍姆來訪，當時他是（英國）反對黨人。他擔任部長時，我就認識他。他從澳大利亞回國途中，在新加坡停留，住在我家。我說：「書上說你們的狗會捉鮭魚、鱒魚，還會把鳥兒叼回來。」他說：「哦不，它們受過專門訓練，而且每隻都屬於純種血統——它們的父母都是冠軍犬。」我說：「我的狗只能觀賞，所以我把它送走了。」

　　他說：「哦，你對狗有興趣？」到了1971年，他再當部長，我們在這裡開共和聯邦會議。他給我女兒帶來一隻拉布拉多幼犬，那是我見過最聰明的小狗。我們把它送到員警訓練學院，一會兒功夫它就學會各種雜耍。你叫它做這做那，過了一陣子，它感覺無聊，乾脆為你表演所有的雜耍——坐下、躺下、爬行等等。而直覺告訴它：要水，就跳進去。所以它跳進總統府的池塘，我們得清洗它。

　　我想如果狗是那樣子，那人類——我相信達爾文進化論，我不是信奉正統基督教的美國人，我不相信上帝造物說和聖經——我想這些動物和我們之間一定有密切關係，尤其是猿猴和黑猩猩。

問：考慮到社會的發展以及你認為無可避免的階級化過程，政府在其中扮演了什麼角色？

答：政府面對的問題是：當社會底層民眾永遠都追不上時，你要如何確保社會保持團結？我們因此呼籲處於底層的人：如果你生了兩胎之後絕育，我們免費送你一個組屋單位。

結果沒人回應。為什麼？因為一旦做妻子的絕育之後，遭丈夫拋棄，她們得另找夫婿，可是如果不能為新夫婿生兒育女，她們恐怕地位不保。因此她們生育更多孩子。如果這持續下去，我們會有越來越多平庸的人，整個社會需要承擔養育他們的重擔。沒人願意談論這些令人難以接受的事實。

問：這聽起來很像宿命論，令人非常沮喪。處於社會最底層的20%人口，當中一部分會不會是因為所獲的機會不及出身背景好的人，而無法擺脫困境？

答：林子安[5]的父親當過計程車司機。他自己沒機會。可是他兒子卻有機會上大學，出人頭地。

問：撇開社會的階級化過程，如今處於社會底層的人若能獲得額外的援助，當中是否有一部分可以往上提升？

答：我坦白告訴大家，是上帝把你塑造成這樣的。我不是上帝，我沒法重新塑造你。我可以給你額外的補習、更好的環境，不過增值效益不大。與此同時，跟你同輩但卻有更大馬力的人也在進步，因此差距永遠都不會彌合。

儘管如此，我們還是會嘗試。我們一直在嘗試：給他們額外補習、更多關懷、鼓勵他們。所以當我獲得演講酬金時，我把錢都捐出來，為社會

底層的學生設立獎學金以及發放獎勵金，鼓勵他們爭取好成績，從工藝教育學院升上理工學院等等。偶爾會有一些成功的例子。

因此我們會繼續提供額外資源和支援，協助他們成功。不過由誰來確認沙灘上哪些石頭若經過打磨會比普通石頭來得光亮？家長們不會接受別人說他們的孩子比不上鄰居的孩子。

我觀察了丹戎巴葛和牛車水兩個老社區。我區內民眾聯絡所的一些活躍分子，他們子女成才，有一位在伊莉莎白醫院當眼科專科醫生，也有一些是住在私人公寓或有地住宅的專業人士。

其他人看到自己子女平庸，住在四房或五房式政府組屋，就會抱怨說：「為什麼鄰居的孩子有更好的作為？」因為他們的孩子不行。就這麼簡單。沒人阻撓他們的孩子。

問：如果現在——不是以前而是現在——有位計程車司機的孩子很聰明，他能夠獲得與林子安一樣的機會出人頭地嗎？

答：如果那孩子聰明，他上學念書一定有好表現。他不會沒有機會發展潛能。我們投入鄰里學校的資源不亞於名校。

你可以看到學校設施是一樣的，電腦、所有的東西、校長、老師。

問：不過家庭背景扮演的角色呢？計程車司機的兒子未必有機會上補習班還有其他額外的培訓班。與醫生的兒子相比，他所獲得的機會是否因此受影響？

答：很多醫生的兒子娶醫生為妻。那些妻子沒那麼聰明的，現在可發愁了，因為他們的孩子表現不佳。這樣的情況我在生活中見多了。

讓我告訴你，在我孩子成長期間，我是怎麼對他們說的。我說：「擇偶時記得蕭伯納說過的話：『如果你娶了一個女子，以為將來女兒會如媽

媽般漂亮，兒子會如你般聰明，那你可大錯特錯了。你娶了她，如果將來兒子如媽媽般聰明，你得為此感到慶幸。』好好想想吧。」

他們都把這番話放在心上。

我第二年幼的孫子——李顯龍幼子——現在是全職服役人員。他可以輕易獲得獎學金，可是卻選擇不要獎學金。他決定念資訊科技，打算考取第一個學士學位之後，留在國外開拓視野或吸取經驗，他想在那裡工作，然後才回國或是攻讀第二個學位。

我說：「你領了獎學金也可以這麼做。」他說：「不，不，我要自己闖。」

他的父親可有督促他？沒有，他父母任由他們去，他們忙著工作。他手不釋卷，對爬行動物、恐龍非常感興趣，他有一大堆的書籍。最終他決定自己喜歡資訊科技。就是這樣。

我女兒是神經科專科醫生，她測試了他們每一個。他們的智商都在140或以上。所以他們的父母親無須擔心。這就是生活現實。

所以當一個大學畢業男子不願意娶大學畢業女子，我會說他是個笨蛋。你去娶一個非大學畢業女子，你以後會有問題，一些孩子聰明，一些孩子不聰明。你會氣瘋。準沒錯的。這就好比投擲兩個骰子。一個是傑克、王后、國王、么點，另一個也是傑克、王后、國王、么點。如果你擲的骰子，一個是傑克、王后、國王、么點，另一個是二、三、四、五、六，你會得什麼？兩個加起來肯定不會是好牌，更別說同花順了。

問：我想知道我們對此能做些什麼？政府在這當中扮演了什麼樣的角色？

答：政府的角色是確保社會保持團結，不會如美國那樣出現對現實不滿、滿腹怨言和叛逆的低下層。英國和歐洲採取的應對方法是實施社會福利制度……我們不能走那條路，因為我們會失去上進心。

所以我們現在做的不是發放福利，而是提供良好的教育和資本增值。

由你來決定要花掉它還是以它為基礎累積財富。如果你選擇花掉它，那是你的事。如果你錢生錢，最終會有一筆儲蓄金。我們給你什麼？一套房子。你的錢不夠？給你一筆高達8萬元的津貼讓你買房子。還有填補你的公積金戶頭。在有盈餘的時候，給你發紅利股。你要免費搭乘巴士？不行。你有困難？我給你現金或資產。由你決定要如何處置。你可以工作或把錢花掉。較不理智的會把獲得的股票賣了，然後把錢花光。大多數人會把錢存起來，他們成了小資本家。我們因此建立了人民擁有房產的民主制度。你擁有多少取決於你個人的本事。

我們創造了人民擁有房產的民主制度，因此新加坡才能享有穩定。你要人民捍衛國家，就要使國家興衰與他們利害相關。他們不會為了遠東機構、豐隆或其他房地產商捍衛國家。這個家你也有份，你才會為了自己和家人而保衛它。

這個策略奏效。為什麼？因為我們按照人的天性來辦事。你能把所有新加坡人都變成耶穌會傳教士嗎？這些傳教士有獻身精神。確實有這樣的人，但是現實中有幾個呢？今天還剩下多少個耶穌會傳教士？我們接受人的天性就是如此，然後以此作為我們的制度基礎。你的制度必須接受人性就是如此。通過賞罰措施，可以激發社會大眾爭取最佳表現。如果從社會最高層取走太多他們應得的報酬，他們就會移民他國。

> **問：未來幾年，隨著落後者和老年人需要並要求更多社會援助，政府將面對更大的財政壓力。在這同時，稅率正往下調，政府該如何應付？**

答：我無法預測我們的財政收支會增加多少。隨著人口老化，醫療保健會是一個很大的預算項目。（衛生部長）許文遠花了很多時間思考對策。他設法減輕老年人的醫療費重擔，為慢性病、糖尿病、高膽固醇，尋找更好的治療方法等等。醫療新發現可以延長生命，但也帶來更昂貴的專利藥品、更多醫療和手術程序。新加坡人總是要求最好的。因為我們的醫療服

務是亞洲最佳。

為什麼我們不開設私人醫院，在那裡只要你付錢就能得到最好的醫療服務。沒人願意花錢建醫院因為那可是龐大的投資。我會用國家經費建醫院，配置設施器材，然後說：「好吧，我們提供工作人員，你來管理，我們向你收租。久而久之，護理人員的薪金還有其他的開銷也都由你來承擔。你可以接收任何病人，外國病人、本地病人，收費你自行決定。我們可以有肝臟移植，或人們想要的任何移植手術。」

如果你在新加坡中央醫院開始實施這些，有人會說：「他們在那裡獲得這個服務……而我卻沒有」。那可麻煩了。

問：為什麼年輕一輩的部長沒那麼做？

答： 因為那將引起軒然大波。在英國，保守黨曾試圖開設幾家私人醫院。公眾馬上聯想到這會形成一個雙軌制。現在為了贏得大選，保守黨承諾：「若重奪執政權，我們會保留國民醫療保健制度。」他們進退兩難。

問：你在這次訪談中曾提及若你還執政，有幾件事是年輕一輩部長沒做而你想做的。那對你很重要嗎？

答： 如果是以當年的情況來執政，是的，我會去做這些事。我不肯定現在的情況是否允許我這麼做。

問：我察覺你似乎認為年輕部長不夠強悍或是不願意陷入兩難的困境。

答： 不、不，我沒那麼認為。他們必須考慮到當前人民的態度和期望。你不能突然降低那些期望。看看薩科齊（法國總統）。法國人有一種特定的生活方式：我要工作獲得保障。我不管什麼全球化還是銀行倒閉。那不

關我的事。薩科齊，你必須把這搞定。如果你搞不定，我們就發動大示威，阻礙交通，使火車一天不能川行，讓你見識工人的力量。

薩科齊必須把這些都考慮在內。他知道自己可以怎麼做來改變現狀，不過他也知道那會引起民眾造反。這就是法國的情況。如果我們的情況也如同法國，我能怎麼辦？

沒有一個社會是一成不變的。世界也不會停滯不前。你必須跟上世界局勢的變化。新加坡是全球變化的縮影。

問：政府能開創其他通往成功的道路嗎？

答：我們嘗試了，我們拼命地嘗試：音樂學校、藝術學校、體育學校。可以讓你謀生兼爭取傑出表現的領域多的是，對吧？不僅僅局限於學術方面。

有一回我到南洋理工學院參觀一整天。有個馬來女孩，她的製圖最絢麗多彩。她比那裡的其他學生都出色，因為她有這方面的才藝：顏色、搭配、形狀、造型。你去馬來人的家，會看到他們的家布置得很漂亮。你去華人的家，布置簡樸。他們不會把錢花在購置窗簾、地毯等等。

看，我有三個孩子。他們從小學到大學擅長的科目完全相同，只有些許差異。數學、科學、寫作、語文是他們的強項。至於繪畫、音樂，他們則是班上最差的。

是的，我兩個兒子學會吹次中音號、豎笛、單簧管，他們聰明，會看樂譜吹奏音符，但卻是機械化地吹。然而一個天生的樂師如菲律賓人，他可以不看樂譜，只憑耳朵聽就能奏出同一支曲子。他具有用心感受音樂和吹奏樂曲的能力。

我不知道那是腦部的哪一部位。不過我曾在書中讀到，即使一個人得了老年癡呆症，腦子完全空白，如果他原是鋼琴家，一聽你彈奏勃拉姆斯或貝多芬的曲子，他會自動走到鋼琴那兒彈奏同一曲子。這真的很神奇。大腦中主管音樂能力的部位與主管語言和計算能力的部位並不相同——前

者比較像是原始的爬蟲類腦。我和我太太都缺少那部位，所以我們的子女都沒音樂天分。我接受了這個事實。可我兒子顯龍娶了一位有音樂天賦的女子，因此他的女兒和兒子都有音樂天分。她會彈鋼琴和演奏古箏。[6]

我再舉個例子，那對我而言是非常難忘的經驗。我想仿效日本人的花園，在交通圈栽種好看的花草灌木。我們從日本請來兩位園藝師。我想他們能夠來一部分是透過日本一項援助計畫。他們在這裡待了大約九個月，向我們的人傳授園藝，並把交通圈和路口打造得非常漂亮。之後他們就回國了。

可是過了一陣子，花園又回覆原狀。我說：「天啊，我以為我們的人可以勝任。」我們得說服日本政府再派那兩位園藝師過來。他們對我說：「在日本，打從你年幼時期，他們就鑒定你是否具備藝術才華——形狀、造型、美感、比例。如果非常出色，你就成為畫家或雕塑家。如果沒那麼出色，就成為櫥窗設計師或服裝設計師，其中有部分成為園藝師。不過你必須有那方面的天分。」

他們說：「你請人是以他們的『A』水準會考成績作為錄取標準。」

我說：「哇，我真笨。」

於是我們馬上改，你看現在的總統府，樹木和造型都更好看了，因為我們如今選人是根據他們能否想像把這些灌木組合在一起之後所呈現的景象，這樣的工作，『A』水準數學或科學及格的人可做不來。所以你看看舊式組屋，設計都千篇一律。這是我們吸取的另一個教訓。

> **問：除了遺傳基因很大程度上的影響之外，相信教育也能在促進社會平等方面扮演一定的角色吧？**

答： 這你不需要告訴我。有關這方面的論說我都看過了。

問：當我們為這次訪談進行資料收集時，我們相當驚訝地發現在某些指標方面，新加坡的教育開支看來比韓國、臺灣等地方來得低。

答： 他們的表現是否比我們好？臺灣的表現比我們好嗎？

問：我們是否可以投入更多在下一代身上？

答： 這些年來，教育部的預算一直在增加，我們也盡力從中爭取最高的回報。在當前經濟衰退期，我們添置了所有的硬體設備、實驗室，全都有了。還缺什麼？高素質教師。因此我們希望聘請更多高素質教師，不單是在小學或以上，也包括幼稚園。

我們正重新訓練所有的幼稚園教師。不過那也只是一般打磨。一塊石頭要值得磨光，你才好動手去磨。（笑了笑）以前我太太喜歡到海邊撿石子。看見漂亮的石子，她就會撿起來。她把圓圓滑滑的小石子放進一個小木盒或小木盤，然後慢慢欣賞。這種欣賞大自然的方式既無害又非常經濟實惠。不過不是所有的石子都是那樣的。這就是人生。

問：對於目前用於撿起可被磨光的石子的制度，你有多大的信心？

答： 我們盡力而為。如果你有更好的主意，請告訴教育部或社會發展、青年及體育部。他們會展開討論。如果確認實際可行，他們就會落實它。我們盡力而為。不是我們不想做，而是我們能做的有限，你必須接受這點。

問：不過即使只有漸進式的改進，可能也值得一試？

答：我們正在嘗試。看，伊斯蘭教社會發展理事會（回教社會發展理事會）和新加坡伊斯蘭教理事會（新加坡回教理事會）投入了很多心血，馬來學生的數理成績有了逐步提升。

不過我告訴馬來領袖，他們不可能縮小與印族和華族之間的差距，因為在他們提升的同時，其他族群也在提升，因此差距依然存在。他們正在提升，不過差距並沒縮小。事實就是這樣。施迪最終也接受了這個事實。[7]他原本是不相信的。他從政前是馬來教師工會會長。我們把他帶進來。我說我把你放在教育部，你自己觀察。我們對照英國殖民時期的考試成績。有不公平待遇嗎？計算障礙自殖民時期就存在了。

你認為你能創造一個平等的社會？共產主義者也相信自己辦得到，但是過了一陣子，他們也停止這麼認為了。他們假裝有個平等的社會，不過整個社會運轉失常。因此鄧小平說：有些人會先富起來。其他人或許晚點致富。於是他開放門戶。他不顧那些堅持建立平等社會的保守派同僚。

問：你對遺傳基因、傳統以及社會不平等的看法，獲得現任內閣多大程度的認同？

答：那是他們正慢慢接受的事實。我不需要說服他們。這是我的立場。你們自己觀察吧。他們見多識廣。現實充滿虛偽。拉里·薩默斯（美國經濟學家、哈佛大學校長2001年至2006年）因為說女性難以成為優秀的數學家和科學家而被哈佛開除。他說的可是事實。除了少數女性以外，一般上傑出數學家或科學家多為男性。

如果你用磁共振成像掃描細看人腦，你會發現女性大多數時候同時使用左腦和右腦。在女性大腦中，偏向直覺思考的部位佔主導地位，因此她們善於看穿人們的真正意圖。男性習慣用左腦，偏向分析性思考。信不信由你。可是女性當中為什麼鮮少出現另一個達爾文、約翰·梅納德·凱恩斯[8]或諾貝爾數學獎和科學獎得主？

問：因為數百年來的不平等教育

答：男女生理有別。

你看看去氧核糖核酸。兩個X染色體結合生出來的是女孩。X染色體比Y染色體大，X和Y結合生出來的是男孩。Y染色體比較小。憑經驗而論，女兒會比兒子更像父親。兒子比較像媽媽。我看看我兒子，他們倆像母親多過像我。不是我說的，是別人說的。我女兒像我一樣好鬥。

我讀了很多理論。我對理論相當有興趣，因為我自己喜歡建立理論。不過我喜歡看到理論在現實生活中獲得印證。我還沒找到一個主張現實生活中人人都平等的理論。

問：你認為一個社會可容許多大程度的不平等？你是否會
　　擔心出現階級戰爭？

答：你試著把自己放在治國者的位置。50年來我很努力想實現這目標。但沒成功。你是無法說服我的。至於我是否說服你，並不重要，因為我知道這些都是鐵一般的事實。你是無法動搖我的。而如果部長們如你一般，相信人一生下來都是平等的，那他們將浪費很多時間和金錢。久而久之，他們會轉而認同我的看法。

養育需要特殊照顧的孩子

對李光耀而言，養育需要特殊照顧的孩子和特殊教育的課題，是其家人所深切感受到的。他的長孫李毅鵬是李顯龍總理與第一任妻子所生的兒子。毅鵬年幼喪母，李顯龍後來娶了何晶。毅鵬患有亞斯伯格綜合症和白化病。

> **問：你提及社會的期望正在改變。育有特殊需要孩子的家長說國家固然投入資源，但供不應求，有些父母必須轉向私人業界尋求所需的服務。這是一個你關心的領域嗎？**

答：我們為有閱讀障礙的兒童、自閉兒童和視障兒童開設了特別學校。我們先把基礎搞好。基礎沒搞定，我們無法兼顧其他。

> **問：有人認為我們已經把基礎搞定了，因此現在是時候探討一些相對次要的領域。**

答：這不是錢的問題，而是學校需要訓練有素的人員。這些工作人員須接受特別訓練。你不可能建了一所自閉症之類的特別學校，然後它就自行運作，不。這需要經過多年的訓練，不只是一個人，而是整組人。你可以向誰學習？美國、英國、澳大利亞。

議員潘麗萍一直催促我和部長們。我們需要多少年來培訓人員以及使設施投入運作？我告訴她，就算是接管了學校之後，我們還要有像她如此積極的人來參與管理這些為弱勢兒童而設的學校。他們須負責管理那些純粹把這當成一份工作而不需注入私人感情的教職員。

潘麗萍感受深切。她兒子患有自閉症，所以她不斷推動。我告訴內閣同僚，這些為弱勢兒童所設的學校應該找學生家長加入董事會以監督和推動教職員。家長有切身利益，他們關愛自己的孩子。

我有一個孫子患有亞斯伯格綜合症和白化病。他要回歸主流學校很困難。

> **問：如果不是你家裡有額外資源，你認為他能大學畢業嗎？**

答：不，不能。

問：不能？

答：是不能。他被送進英國人開辦的杜佛閣學校。早年只有他們具備所需的專才來幫助他克服害羞心理和半失明的障礙。他們安排他坐前排，讓他覺得受歡迎，建立起自信心。他因此取得了好成績。到了升中學的時候，他的母親何晶特地找了一位會關懷他、接受他是班上特殊男生的校長。很多學校直接說不，我們沒有資源。

他去了中華中學，不是一所名校。校長富同情心，願意收他。毅鵬茁壯成長，最終『Ａ』水準會考及格。他用了比別人更多的時間、多了幾年，因為他眼力差，學習進度緩慢。他的音樂感很敏銳。他能一口氣說出所有指揮家和作曲家的名字。他可以當一名古典音樂播音員。我對他說，不如你去試試？他說，不，不，我不要。

問：所以他很幸運得益於家庭資源？

答：不只是資源，還有關懷。親切的關懷。

這不僅是資源，還有何晶和毅鵬父親付出的親切關懷。何晶四處物色一所願意關照他、接受他的缺陷的中學。很多學校拒絕收他。他們說不，我們沒有老師可以關照他。

一位校長說願意試一試。後來成功了。

好吧，即使我們有這樣一所學校。能解決問題嗎？不，行不通的。要解決問題，我們必須由家長來指引孩子的發展方向以及帶動學校教職員全心投入。要不這些教職員只當這是份工作：朝九晚五，時間到了就下班。英國的制度就是如此，無法真正培育弱勢兒童。

> **問：**所以換句話說，如果一個孩子在這樣的情況下無法盡力發揮潛能，你認為是家庭的失敗而不是國家的失敗？

答：兩者都失敗。國家在於沒提供設施，家庭則在於沒發揮推動作用。推動力必須來自家庭。

> **問：**所以你承認國家也曾失敗過？

答：在開辦學校和提供合格員工方面。我不認為現在是失敗的。要緊的事情我們先做。

單是把四種語文源流匯為全國統一源流就是一個大問題。最終再把南大（以華文為教學用語的南洋大學）改為英文教學，然後把所有中小學改為全國統一學校，英文和母語第二語文等，那得等到1980年代。

我知道那是我們必走之路，可是該如何著手去做呢？

籌備工作很花時間，不可能一夜之間完成。你可以建一所學校，那又如何？那只不過是建築物。重要的不是校舍，而是管理學校的人、專才、對這些孩子的關懷以及援助孩子的熱忱，這份熱忱須來自家長。你是專家但你的孩子不在班上。你只把這當成一份工作。如果你孩子是班上的一份子，那就有很大差別。

爭取增長
而非均等化

你要一個低增長的平等社會？或是一個高增長的不平等社會，然後利用部分的增長來援助下層民眾？

　　過去幾年新加坡開始對「不計成本的增長」模式的好處進行反思。經濟學家和社會評論家對於為刺激國內生產總值增長而採取的開放資本市場和勞工市場政策提出質疑。這個政策被指推高房價和交通費，導致佔總人口20%的社會最底層民眾的收入停滯不前。

　　新加坡是否該採納比較持平的增長步伐？

　　李光耀反駁：「你要一個低增長的平等社會？或是一個高增長的不平等社會，然後利用部分的增長來援助下層民眾？如果沒有增長，一切就會出錯……我們的奮鬥目標是爭取平等機會。不是爭取平等的結果，而是平等的人生機會。」

　　新加坡是否可向其他社會學習如何在追求增長和平等之間取得平衡？例如北歐國家既具備經濟競爭力，也擁有高度的社會凝聚力。可是李資政認為新加坡是不可能仿效他們的。這些北歐社會有著悠久的共同歷史和近似的血緣。他們願意為彼此作出犧牲，願意承擔高稅率以便每個家庭可以維持高水準的生活。

　　「這些北歐人屬於同一種族，他們曾入侵東歐，向南挺進遠至高加索山脈。他們佔領俄羅斯，可是後來被俄羅斯人擊退。最終他們落敗了。如今他們分裂成三個國家：挪威、瑞典、丹麥。不過他們仍屬於同一民族、同一文化，使用同一語言，彼此稍微不同，不過感覺上很親密。」

　　「如果你閱讀愛德華·威爾遜的著作，他曾在哈佛大學執教。他教詞源學，可是卻涉足這個領域。他說，人的最大推動力是與你有相同去氧核

糖核酸的人取得認同。當紐西蘭兩個毛利部落打了起來，第三個部落出現後會先盤算哪支部落與他們比較親近，然後就站在那一邊。」

李資政引用愛德華・威爾遜的作品來論證社會團結以遺傳基因為依據。威爾遜後來成為社會生物學的主要宣導者。社會生物學主張一切社會行為的背後均以生物學為基礎。目前這個領域已演變成進化生物學，其中心思想為動物和人類當中，無論是個體或群體的行為都受到遺傳基因的影響。

比如人或動物會選擇較可能繁殖健強後代的對象為配偶，以延續自己的基因。在群體的層面，人或動物會比較願意為與自己有最密切基因關係者作出犧牲，此理論名為親屬選擇。偶爾，人或動物甚至願意放棄傳宗接代的機會，選擇獨身並投身於為群體服務──神父如此，工蟻亦然。

李資政因此認為，人口由多元化種族組成的社會如美國和新加坡，要把有著不同基因遺傳、來自不同族群的人聚在一起建立一個國家是非常艱難的事。

「他（威爾遜）說美國如此多元化，該如何融為一體？不過他說他們已經使種族意識得到昇華，並提出「我們全是美國人」的概念。我們也應該爭取達到這個理想目標，因為我們同樣沒有相同的基因源。」

「美國成功嗎？到目前為止它是成功的。身為美國人，最重要的莫過於擁有共同語言和文化。」

李資政認為要把屬於不同種族的人融為一體，建立一個國家極為不易，不過總得一試。他相信人們願意為了自己與家人而奮鬥，而不是為了隔壁好吃懶做的鄰居。因此國家的責任是激發工人內在固有的幹勁和原動力，使他們積極奮發，為自己與家人力爭上游。那些在競爭中落後的人將獲得援助。不過政府發放的社會福利金應適可而止，以免讓人覺得不工作反而更好。

在社會學家哥斯塔・埃斯平─安德森的著作《福利資本主義的三個世界》中，類似新加坡的社會被形容為一個「自由主義福利國家」，政府通過經濟狀況調查來確定誰有資格領取社會福利金，另外社會保險和收入的

重新分配都是適度的。這類國家最終出現高度的收入不均等，因為政府只保障勉強糊口的生活水準，若要更好的生活須靠個人努力爭取。

奧地利、義大利、法國有別於新加坡。他們有一套保守的福利制度，階級和社會地位因社會福利的發放而得以維持。北歐國家如挪威、瑞典、丹麥擁有高成本的社會民主福利制度，爭取讓全民都平等享有高水準生活。

由於新加坡實行開放經濟和最低限度福利政策，因此免不了形成收入不平等現象。政府將面對壓力，要求增加社會開支以及動用國家資源來津貼長期失業、低收入、貧困的一群。

隨著社會老化以及人民有更高的期望，維持社會安全網的成本將激增。新加坡會不會因為必須動用儲備金來資助社會開支計畫而陷入赤字財政？李資政回答：「我不想預測不會在我有生之年出現的問題。」

可是，他會為須解決這問題的年輕部長提出什麼忠告？

「他們必須判斷到時我們的經濟會是什麼樣子、我們的前景如何、長期而言我們能負擔和維持到什麼程度。這些我都無法預測。我在1960年，也沒法預測我們到了2009年會有這樣一個新加坡。」

「我們把握每個機會，才有今天的成就。如果變化稍快，稍急促，便迷失方向。人人都以為，哦，這很簡單，我們會一直往上升，猶如踏上電動扶梯，會自動到達目的地。事實不是這樣的。我們的處境非比尋常；面對全球急速擴張；我們把握時機，超越其他國家，取得領先優勢。」

考慮到當前的挑戰，社會政策中有哪些基本價值是不應改變的？

李資政迅速回答：「基本上，我們不可以使人們失去進取心。一旦他們失去進取心，又認為坐享其成是理所當然的──『社會會照顧我。我來到世上，你是政府，你必須照顧我』──我們就會有麻煩。」

「你來到世上，政府必須為你提供良好的醫療保健、住屋、教育等條件。但你得發憤圖強。成敗就看你如何努力。我們無法使每個人的成果均等。」

注釋

1　《海峽時報》，1961年10月27日，第5頁「闢農場改善島民生活」。

2　新加坡歷史悠久的百貨公司，自19世紀營業至今。

3　前中國國家主席江澤民的兒子江綿恒曾任中國網通主席，也是中芯國際積體電路製造有限公司的聯合創辦人。前總理李鵬的子女掌控中國能源業：女兒李小琳是壟斷中國電力市場的中國電力國際發展有限公司主席，兒子李小鵬曾任中國華能集團董事長。另一位前總理朱鎔基的兒子朱雲來是中國國際金融有限公司總裁。

4　拉布拉多獵犬分兩大類：一類用於勞作如捕魚打獵，另一類養作觀賞狗，講究美感。數百年前，它們是捕魚犬，被訓練來拉網打魚。它們身上有一層防水的絨毛，天生愛水。人們也利用它們狩獵，因為它們嗅覺敏銳，而且生性馴良，可以把蛋或受傷獵物毫無破損地叼在嘴裡。

5　林子安考獲格拉斯哥大學造船學系一等榮譽學位。他於1977年從政。他是工運領導人，並在內閣中擔任不管部長。李光耀曾評價林子安的才幹，足以擔任總理。林子安於1992年離開政壇之後加入吉寶企業。在他領導下，吉寶企業從一家船廠發展為全球最大的岸外鑽油台製造商。林子安目前是淡馬錫控股旗下子公司星橋國際主席。

6　李顯龍第一任妻子是黃名揚醫生，他們育有兩個孩子，女兒修齊、兒子毅鵬。黃名揚1982年去世。李顯龍於1985年娶工程師何晶為妻，他們育有兩個兒子鴻毅和浩毅。

7　施迪曾在教育部任職，他於1988年加入教育部，前後服務近10年，先是任高級政務次長，後來升任政務部長。

8　具有影響力的英國經濟學家。

06
語言.種族.宗教

李光耀小時候，每逢清明節，總會隨著父親上咖啡山，到武吉布朗墳場拜祭祖父。在家裡，兩位廣東籍貫的家庭幫傭也總會在祖父的忌日擺好祭壇，供父親祭拜。不過父親從沒要求幾個兒子也照著做。小男孩長大成人以後，摒棄了拜祭祖先的信仰習俗。他的三個子女從小到大也都不曾信奉任何宗教。「要我或者孩子們相信到祖父墳前拜一拜就會有所啟發、世界就會更加善待你。我可是完全不信這一套。」那個傍晚，他在談起拜祭祖父時這麼說。

即使到了今天，神明或靈性世界對李光耀來說仍然沒有太大的吸引力。但畢竟已屆86歲高齡，他難免要對自己與身邊摯愛親人的最終離世有過一番預想與省思。他說，自己與妻子都不信有來生。「我現在必須面對怎麼處理妻子身後事的問題，她畢竟不是基督教徒。我得親自為她念悼文，兩個兒子也會這麼做，還有孫子孫女。」他說著，不知不覺地透露了自己看著妻子日漸衰弱的身子而深藏於心的感觸。與李光耀廝守了62年之久的妻子柯玉芝，幾次中風之後元氣大傷、臥病在床。她於2010年10月2日與世長辭。[1]

李光耀並未流露太多傷感，但那一刻靜默的哀傷，在他就事論事的平淡語氣中愈發突顯。「我不太可能會在天堂與父親或妻子重逢。我的意思是，當然，情感上我們還是會希望骨灰擺放在一起。但也只能這樣而已。」

　　但他並不否定宗教信仰的力量，繼而回憶起1983年老部長韓瑞生臨終前，自己怎麼見證了這個好朋友及他的家人從天主教信仰中汲取無窮勇氣。「他是無畏無懼的，我當時在他床邊陪伴著。神父為他進行了臨終聖事。他自小就是天主教徒，對信仰堅定不渝。也正因為有了信仰，他才能在精神上心靈上如此淡定平和。」

　　那什麼才是他的精神慰藉？他沉思片刻後作出回應。他說自己早已建立起其他形式的「自衛機制」，來應付生命中的種種悲歡離合與世事變化。「各種各樣的艱難時刻我都熬過來了，我自然具備某種內在力量能讓自己迅速恢復狀態。並不需要藉助神靈信仰讓自己回彈。」

　　像李光耀這樣的情況，在新加坡算是極少數了。新加坡人口當中，有宗教信仰的多達八成五。對李光耀而言，與其說宗教是一個人的精神道德根基，它更像是一種極其脆弱的社會政治現實，具有潛在的殺傷力，不得不謹慎處理，甚至於為了維護國家利益而必須盡可能地加以管束。但他本身不信奉任何宗教其實反而是好事，讓他得以從一開始就免去了民間可能存有的疑慮，大家也不至於懷疑他偏袒任何一種宗教。事實上，對於宗教信仰與習俗，李光耀總是透過一面務實鏡片來檢視；就像他也用同一面務實鏡片來檢視所有其他在治理新加坡多元性社會時所碰到的方方面面一樣。

　　而這樣一種處理方式，總是格外講究巧妙的平衡。畢竟這個小島國的人口種族分布是華族74％，馬來族13％、印度族9％。此一比例40餘年來在很大程度上維持不變，唯一例外的是印族人口比例稍微上升。宗教信仰倒是流動性較大，道教相對於佛教與基督教出現此消彼長的態勢。2000年，佛教徒佔全人口42.5％，較之1980年的27％為高。同一時期，基督徒人口比率也從原來的10％升至14.6％。而道教徒所佔比率則從30％降至8.5％。穆斯林（回教徒）維持不變，佔15％，當中又以馬來人居多。印度教徒則是4％。這組資料取自2000年度全國人口普查報告。雖說一些蛛絲馬跡標示著宗教狂熱正在上揚，但至今仍未有官方資料足以證實這一點。不過分析家預料，宗教狂熱膨脹的趨勢，在2010年全國人口普查報告

出爐之後會更加明朗化。

打從一開始，李光耀為新加坡確立的願景就是，建立一個任人唯賢的多元種族社會；「不是馬來族國家，不是華族國家，亦非印度族國家」，而是一個「人人都能有一席之地，各個語言、文化、宗教，公正平等」的地方。這也是他在1965年8月9日新加坡正式獨立的日子向新加坡公民許下的承諾。但與此同時，他又把種族、語言、宗教視為深刻的鴻溝，歷經數十載也難以彌合。他的做法是，由政府盡所能地去處理這些分化；但是在強加執行強硬政策以遏制種種分歧的同時，他也面對了強烈反彈。

獨立建國初期，各種族之間的交流有限，因為大家都選擇居住在各自族群的聚居地，上各自的語言學校，甚至獨攬某些職業。人民行動黨政府於是選定英語為學校教學媒介語、商用及行政用語，目的是為了推動經濟發展，也同時確保「無一種族佔有優勢」。之後，政府實施了組屋種族比例政策，對逾八成人民居住的政府組屋實行種族配額，為的是避免族群聚居地形成。政府繼而更進一步修改了選舉制度，以保障國會裡的多元種族代表性。這一系列政策正一天天地重新形塑新加坡人的生活方式，多年下來，大家都習慣了跟不同種族的人比鄰而居，印度人、馬來人、歐亞裔人士，一起共事，這些人的子女也上同一所學校。隨著英語越來越普遍，各種族之間也能用英語溝通自如。

各種族日漸融洽共處，一方面確實讓李光耀深感滿足；但另一方面，他始終堅持，要觀察人們的種族意識是否已經完全淡化，真正的考驗還得等到瀕於險境、個人與家人面對生死存亡的時刻。

實際上，在2009年的一次期刊專訪中，他曾經說過新加坡還不算是個真正的國家，只能算是一個轉型中的社會。他當時重複了自己曾在1996年發表的言論，說自己老在想，假設有一天爆發大饑荒，馬來人會把僅剩的幾顆米與隔壁鄰居分享，或是寧可留給自己的家人與其他穆斯林。這個說法在當時掀起軒然大波，卻也突顯了民間的參與意願加強了，更希望對種族與國家建設課題進行公開討論。

在我們這一回的一系列訪談中，李光耀也談到宗教復興的現象。這股

趨勢自1970年代起席捲全球社會，原因是人們對未來異族間的關係越來越沒有把握。

「我無法確定這麼一股宗教復興的趨勢，會在多大程度上把國內的馬來人帶向另一條分道。」李光耀在2001年配合馬來文版回憶錄發行而接受國內馬來文報《每日新聞》專訪時這麼說。

他在2009年4月間與本書作者進行的兩次訪談，措辭就更為直白了。他感歎一些穆斯林越來越嚴格恪守伊斯蘭教義，進而警告，這個趨勢不利於穆斯林與非穆斯林之間在社會上的交流融合，穆斯林會因此而愈發自我孤立，與新加坡的其他非穆斯林社群漸行漸遠。[2]

一縷紗，隔開了穆斯林與非穆斯林

李光耀回憶起上世紀20年代的新加坡，自己小時候身邊的玩伴也包括了馬來小朋友，全是祖父位於直落古樓洋房附近一個甘榜裡的鄰居小孩。學生時代，他在課堂裡、球場上與馬來同學一起讀書玩樂。到了五六十年代踏入政壇，他為人民行動黨引進多位與他同樣主張任人唯賢與多元種族社會的馬來族政治同僚：阿末依布拉欣、拉欣依薩、奧斯曼渥。[3]一夥人為了競選，曾經共處了好幾個星期，還無數次同桌吃飯。

正因為如此，讓李光耀所熟悉而感到自在的伊斯蘭教（回教），是孩提玩伴及政壇老戰友們所體現的一種較為輕鬆自在的伊斯蘭教習俗，不嚴格規定教徒該吃什麼喝什麼，或者在公共場合應該怎麼穿著。那時候的穆斯林，對伊斯蘭教復興之前的傳統習俗較為包容，例如：「把辣椒豎直著擺，就能請出巫醫來祭晴，雨就不再下了」，李光耀說著，透露了他對這些如今已讓人遺忘的馬來族傳統習俗有著親密的認識。

對他來說，這一模式的伊斯蘭教，才最能融入東南亞的多元種族環境中。這是好幾百年前由商人乘著商船從阿拉伯國家、伊朗和印度帶到這個區域來的伊斯蘭教，再經由在地馬來原住民繼承下來，並適應在地人的需

求而發展。

　　然而，那個形式的伊斯蘭教卻在20世紀的最後30年裡經歷了翻天覆地的變化。轉型的根源是多方面的，包括伊朗1979年的一場革命，讓年輕的穆斯林社群活躍起來，以及因油價暴漲而掀起的一波由沙烏地阿拉伯資助的傳教活動。伊斯蘭傳教熱潮是有目共睹的，全球穆斯林社群紛紛興建伊斯蘭教堂和學校，伊斯蘭教士被派往世界各地敦促穆斯林嚴格地恪守宗教守則。

　　更深的隱憂是，這股伊斯蘭宗教意識覺醒的浪潮，會不會最終導致國家或民族認同必須讓道，由更廣義的宗教認同取而代之？李顯龍總理就曾經指出，當穆斯林「更關注以巴衝突這等會對全球穆斯林造成影響的課題」，就顯示這種趨勢已經形成。

　　對新加坡穆斯林而言，身處的這座小島夾在穆斯林為主的兩大鄰國之間、卻以華人居多的人口基礎宣布獨立；打從那一刻起，宗教認同與國家認同的衝撞，就注定是新加坡穆斯林迫不得已必須面對的矛盾。

　　政府唯恐哪一天新加坡不得不與這兩大鄰國之一交戰，會使國內穆斯林陷入兩難困境，因此建國初期把馬來族穆斯林的後代排除在武裝部隊之外。其他種族的同齡男性青年須在武裝部隊裡服役，而馬來青年則一般被分配到員警部隊服役。這項政策後來逐步改變，漸漸有越來越多馬來人受委擔當武裝部隊裡敏感單位的要職。然而，即使遲至1999年，在一場探討國家未來發展的新加坡21願景對話會上，李光耀仍然闡明，要做到這一點，必須經過高度嚴格而謹慎的遴選程序。他當時是在回應一名理工學院學生的提問時，在那場公開討論會上談起了這個極其敏感的課題：「假設你委任一位馬來軍官掌管機關槍單位，而他熱衷於宗教，在馬來西亞又有親人，那就麻煩了。我們必須很清楚這個人的背景。我這麼說，是因為這些情況確實存在。如果我當年沒想到這一層，甚至今天的總理如果對此掉以輕心，我們很可能面對災難性結果。」

　　這一政策，始終是馬來族穆斯林社群心頭的一根刺。截至這部書（英文原版）付印時，新加坡武裝部隊軍銜最高的馬來族穆斯林軍官是准將，

在國家防衛部隊裡還得聽命於高他一級的少將。

21世紀轉折期，又正逢伊斯蘭教狂熱分子掀起的恐怖主義浪潮首次波及新加坡。2001年，執法單位偵破並逮捕了區域恐怖組織「伊斯蘭祈禱團」（回教祈禱團）的好幾名新加坡成員，政府不久後還揭露，祈禱團在新加坡的細胞組織成員曾鎖定新加坡境內的幾個目標策謀炸彈襲擊，這些目標包括美國人學校、美國海軍戰艦及美國公司。事件曝光後，政府煞費苦心地把這一小撮信奉暴力的極端份子與新加坡國內溫和並忠誠愛國的廣大穆斯林社群區分開來。然而恐怖主義的突然崛起，毫不留情地將穆斯林社群曝曬在殘酷的聚光燈下，使新加坡穆斯林社群面對巨大壓力，不得不公開展示自己堅決認同溫和的穆斯林作風，與極端派穆斯林劃清界線。

穆斯林也同時發現，他們的一舉一動，在美國九一一恐怖襲擊事件後，受到更嚴格的檢視。穆斯林的衣著打扮、飲食習慣、與異性握手等戒律，都浮上檯面引起公開而廣泛的討論。在這一大背景下，兩名博客作者因誣衊穆斯林而被定以煽動罪名，判處監刑與罰款。而這段期間，馬來族穆斯林社群並未迴避，繼續挺身而出捍衛自己的信仰。新加坡伊斯蘭教學者和宗教教師協會於2003年發表系列文告，探討了新加坡穆斯林社群身處國內的特殊環境，應該如何對伊斯蘭教義進行調整。

協會強調，新加坡穆斯林大多並不希望回覆到好幾十年前伊斯蘭復興之前的禮教習俗，並說明舊有的某些習俗其實與伊斯蘭教義相抵觸，之所以一度存在，完全是出於無知。協會進而說明，唯有穆斯林本身最有資格判斷哪些行為作風更符合伊斯蘭教義，並籲請非穆斯林接受穆斯林為宗教所做的選擇。

「外界認為穆斯林所奉行的某些教規教條阻礙了穆斯林與非穆斯林之間的融合。然而，如果說光是因為戴頭巾、不與異性握手、或不參與某些節慶活動，就讓穆斯林顯得墨守成規、激進狹隘、自我孤立，這樣的說法我們無法接受。某些差異也許會讓人感到不自在，但這也恰恰是多元化世界裡必須面對的現實狀況。」協會如此說道。

這樣的說法，李光耀顯然無法苟同。因為對他來說，對宗教的虔誠度

與對其他社群的排他性根本就是同一回事。在他看來，越來越多新加坡穆斯林希望更嚴格地恪守飲食、衣著等種種禁令教規，就足以證明伊斯蘭教義本質上具有排他性。這種想法，內閣中哪怕有其他成員認同，多半也不會有人願意公開表態。或許也只有李光耀，足以在這個議題上公然說出內心隱憂而不至於引起太大反彈。這一方面是因為他德高望重的地位，另一方面，也因為在過去整十年裡，他在同個議題上的說法縱有些許細微差別，但立場始終如一、毫不動搖。儘管如此，內閣中卻有一人不認同李光耀對伊斯蘭教的看法。此人就是主管伊斯蘭事務的部長雅國。李光耀對此毫不隱瞞，但卻是如此說明的：「他不認同我的看法。他必須如此。」

　　當然，雅國是穆斯林，李光耀不是。然而兩人也分屬兩個截然不同的年代。李光耀成長的年代，接觸到的同輩穆斯林對待伊斯蘭的態度不那麼嚴謹。但雅國與其他年輕部長成年的時期，正是宗教熱潮升溫的年代，不獨穆斯林如此，基督教甚至佛教也如此。背後有著兩大因素推動著：全球大勢所趨，以及新加坡人的教育水準普遍提高，促使一些人熱衷於更深入地鑽研宗教教義、更嚴格地恪守宗教教規。這個趨勢在整體上改變了社會的進程。各宗教的虔誠信徒在各自的聖殿裡活動的時間更長了，宗教聖殿遂成了眾信徒生活的重心。

　　傳教風氣也日益盛行，除了一誕生就跟著父母親信教的情況之外，越來越多人反倒是成年以後才接受他人傳教而成了信徒。與宗教有關的評論開始出現在公共政策的辯論中，而當中，基督教徒發出的聲音尤其愈發響亮。

基督徒聲勢高漲？

　　基督教徒在新加坡仍屬少數，2000年人口普查報告顯示，基督徒只佔全人口不過14.6％；但基督徒對於社會所能發揮的影響力卻似乎遠超出實際人口比例。這也許是與基督徒社群相對較高的教育水準有關，畢竟每三

個大學畢業生當中，就有一人信奉基督教。

　　1990年代，反對黨政治人物鄧亮洪就曾經企圖針對這個趨勢進行炒作，指政府與內閣裡擔當要職的基督徒人數有上升的趨勢。政府對他的說法嗤之以鼻，視之為華文沙文主義言論，並駁斥說，政府從不容許宗教因素介入決策過程。[4]

　　到了近幾年，基督徒開始在有關公共政策的辯論時發聲，從賭場至同性戀課題都積極參與討論。對於新加坡該不該建賭場，基督教組織發動網上連署；討論禁止同性戀的法令是否應該保留，基督教組織大聲闡明反對解除禁令的立場。本書幾位作者同李光耀就種族宗教課題進行兩次訪問期間，正逢「婦女行動及研究協會」（簡稱「婦協」）「奪權」風波爆發，這個廣受認可的非宗教非政府組織被一群基督教女信徒奪權接管，引起公眾高度關注。引發爭議的這群基督教女信徒否認預謀奪權，進而表明她們之所以介入，是因為婦協在學校裡推動的性教育計畫納入了同性戀課題，叫人擔心婦協有宣導同性戀之嫌。

　　這群基督教女信徒好多都隸屬於同一所基督教堂，教堂牧師曾在星期日佈道會上指同性戀課題是「上帝為世人劃定的一道界線，而我們都不希望自己的國家逾越這道界線。」事件曝光後，舉國上下隱憂漸深，唯恐宗教領袖將宗教與政治混為一談。同個時候，全國各大宗教組織領袖出面聲明，絕不容許屬下的宗教團體通過佈道傳教介入公民社會紛爭。政府向來對可能引起社會不安的任何發展狀況嚴加防範，宗教領袖這回齊聲闡明立場，確也是政府樂於見到的。副總理黃根成隨後代表政府重申了新加坡政治領域的世俗化本質。

　　「新加坡的法律與政策並不以宗教為依據，而是反映了一個世俗而非宗教的政府與國會，為爭取國家利益與人民集體利益所作出的判斷與決定。在這些法律及公共政策之前，無論種族、宗教或社會地位，人人平等。這才能讓人民有足夠信心，無論自己屬於哪一個社群或團體，體制都能給予每一個人平等的待遇及保護。」

　　但問及李光耀，是否也和其他非基督徒一樣，擔心基督徒有意在社會

甚至政府內部擴大影響力，他顯得樂觀得多了。他說，只要政府的世俗化本質不變，而新加坡繼續維持多元宗教社會，不容許任何一個宗教獨大，哪怕任何宗教勢力別有居心要左右公共政策，所能做的也會非常有限，基督徒也不例外。

　　話雖如此，然而在這股宗教風潮湧現的大背景下，仍有不少拒絕隨波逐流的人擔心，宗教團體有朝一日會企圖影響政府，或更糟的是，向政府施加壓力，促使政府決策時有所偏頗。屆時會不會出現某種勢力企圖藉助宗教情緒躋身國會？政府是不是能夠繼續充當不偏不倚、公正冷靜的仲裁者？這些問題，有待信奉各種宗教的內閣成員與其他人等深思熟慮。

「我只是覺得世界變了，我的朋友也變了。
身為穆斯林，他現在卻感受到壓力，
必須公開表現得像個穆斯林。」

> **問：你對多元文化的論述，可說是新加坡這45年發展的一個重要基石。1965年8月9日，新加坡宣布獨立那一天，你在電視鏡頭前作出承諾，說新加坡絕不會成為一個馬來族國家、華族國家或印度族國家。如今，回首來時路，你會如何評估新加坡在這個多元種族道路上所取得的進展？**

答： 要我說出個道理，就得容我講得直白一點，但我並不想傷害穆斯林社群。我認為我們的進展可以說是十分順利，直至伊斯蘭教突然復興。如果要我說出自己的觀察，其他社群之間的相互融合——交朋友、異族通婚等等，印度人娶華人，華人娶印度人——要比穆斯林社群容易得多。而這個現象跟阿拉伯國家崛起是息息相關的。

你要與穆斯林結為夫婦，就得改信伊斯蘭教。這對任何非穆斯林來說都是一個很大的決定。我的意思是，生活方式得從此改變。你得上伊斯蘭教堂，學習阿拉伯文，甚至禱告方式、飲食習慣，所有的一切。而這在我看來會是一道非常難以跨越的障礙。

當年決定採納拉惹勒南草擬的理想主義信約的時候，我心裡就已經很明白，信約所勾勒的理想境界要好幾十年後才可能實現。而正當這個理想境界漸漸形成氣候之際，這股復興浪潮卻突然席捲而來。所以今天，我會說，我們成功地促成了所有種族相互融合，唯一例外的是穆斯林。

> **問：你是說，穆斯林是阻礙新加坡種族和諧的一大絆腳石？**

答： 不，我並沒那麼說。我認為穆斯林社群並不會給社會帶來什麼麻煩，只不過他們始終是獨特而隔離的一群人。

曾經與我共事過的那一代人——奧斯曼渥、拉欣依薩——早在這股浪潮湧現之前，早在穆斯林被捲入之前，那一代穆斯林跟大夥兒相處得很融

洽。我們一起喝啤酒、一起競選拉票、也經常同桌吃飯。

現在他們說：「這些碟子乾淨嗎？」我說：「你是知道的，都是用同一部洗碟機洗的。」清真的，非清真的，等等等。我的意思是，他們一直在進行區分，區分我和你：「我是信徒，你不是。」就是這樣。他們介意的不是不衛生，這與是不是衛生無關；關鍵在於宗教信仰，伊斯蘭教義告訴他們，這不是他們該做的事。

問：所以穆斯林需要怎麼做才能更好地融入社會？

答：別那麼嚴格地恪守伊斯蘭教規，說：「好啊，我跟你一起吃飯。」

問：可是除了一起吃飯以外，肯定還有其他的融合方法？

答：告訴你們一個非馬來人非穆斯林的反應。

總理之前設宴歡送即將退位的國會議員。而奧斯曼渥，一位退休多年的老議員，也受邀出席。他與我同桌。我發現宴會廳為他另外準備了菜肴。我問他：「奧斯曼，你要求他們給你另備菜肴了嗎？」他回說：「沒有啊。」於是，我把領班叫來，說：「你怎麼給他另一套菜肴？他怎麼就不能跟大家吃同一套菜？這裡頭並沒有豬肉啊。」領班說：「先生，飯店現在規定得為所有穆斯林準備清真食物，要不然怕會引起大家的不快。」

問：他不與你吃同一套菜肴，可會讓你覺得受冒犯？

答：也不至於。我只是覺得世界變了，我的朋友也變了。當然，他還是幾十年的老朋友，但那個在五○年代、六七○年代，跟我一起到處奔波競選的奧斯曼渥，現在變得不一樣了。這就是事實。不是說這個改變是對是錯，我只是想說，身為穆斯林，他現在感受到壓力，必須公開表現得像個穆斯林。

　　我在直落古樓小學讀書，有不少馬來朋友，在萊佛士書院也一樣。小學裡的幾個馬來同學也一起升上萊佛士，所以我們整段求學生涯裡都是好朋友。一起吃椰漿飯或馬來炒麵，做這些食物的婦女就站在學校大門外把飯或麵賣給我們。

　　那個時候學校裡沒有餐廳，就這麼買了兩分錢一包的椰漿飯吃。還有炒粿條的小販，等等。但是現在到有馬來學生與華人學生的學校裡去，總有個清真角落與非清真角落；大學裡也是如此。而學生總是分兩邊坐，避免受污染。這些都會形成一種社會分化。我現在並不是在說這是對或錯，只想指出，這就是這個宗教對信徒的要求，結果就是拉起了一縷紗隔開了兩邊，而這正是這個宗教的本質。伊斯蘭教就是排他的。

問：可是難道這就必定成為國家建設的絆腳石？

答：新加坡武裝部隊必須準備兩套不同的食譜。上戰場打戰，在槍林彈雨間衝鋒陷陣，還得顧著在用餐時候隔成兩批。不過這些我們都應付過來了。看吧，你們現在向我拋出問題，都是些理論性問題。我曾經管理過這個體制，現在還在看著年輕一代怎麼處理更多更大的差異。兩套伙食、兩套這個、兩套那個。這就是現實。

　　看看移民情況吧。我們很難吸引到馬來人或印尼人移民到新加坡，或者最多也只能吸引到少部分人，原因是他們把新加坡視為非常「非伊斯蘭化」的國家。還有，他們在這裡也不會享有什麼特別待遇。所以我們只好試著引進阿拉伯人，但阿拉伯人太富有了，有一些娶了在這裡長大的馬來婦女為妻，然後移民前來。但這樣的例子很少。

　　結果是，印度族人口比率正慢慢地趕上了馬來人水準，從原本的7％上升到9％。馬來族人口是14％至15％。

問：就算是國內馬來人生育率有所提升，也於事無補嗎？

答：移民浪潮仍是會抵消國內生育率提升的效應，因為我們引進的都是高素質的印度人。現在的印度新移民全是頂尖大學與研究院培養出來的精英，不再是過去從印度南部下來的勞工。這個趨勢會很敏感，我們得密切關注並謹慎處理。至今我們應付得還不錯。

我們還從來沒有干預過穆斯林的宗教發展，或者他們的飲食習慣、教堂活動等等。他們在伊斯蘭教堂裡的活動是越來越豐富了，甚至開辦補習班。

問：新加坡四面受穆斯林鄰國包圍，是不是另一個因素？

答：區域內的穆斯林與新加坡國內穆斯林關係密切，這是個不爭的事實。他們相約見面，也一起看電視。戴頭巾在我們的學校裡會形成問題，也正因為我們的穆斯林看到馬來西亞連員警也戴頭巾、還有印尼人漸漸地也把頭和臉蛋遮上。當然，不是人人如此。我想還是有些領袖不願意這麼做。

在這種時候，我們必須站穩立場。我說：「不行，這可不是學校制服。你想在前臺服務的話，就別戴頭巾，好好地穿上制服。要戴上頭巾，那你就得到後勤單位去工作。」我們盡可能包容，為大家提供方便，但在對外面向群眾，特別是得為全球各地的旅客服務的時候，形象一定要工整規範。

我們說，不行，你要做這份工作，就得穿得跟大家一樣。你堅持要那麼穿嗎？那就請到後面房間去，在電腦前工作。不，這的確會造成很大的問題，過去從來沒發生過。為什麼會這樣？他們說，噢，這是因為我們現在有了更深的了解。不像過去幾百年來的情況，伊斯蘭教由阿拉伯商人乘著船帶到這裡來，也許在海上航行了三、四個月，來到這裡後就慢慢地把舊有習俗遺忘了，然後入鄉隨俗了。

> 問：至於政府現行的一些行政措施，例如政府組屋的種族
> 配額、集選區制度等等，你可曾預見到將來有可能被
> 廢除？

答：石油時代結束以後吧。我沒法告訴你十幾二十年後會發生什麼事，但我並不認為會有這麼一天。

> 問：外來人才近年來大量湧入，以中國人與印度人居多，
> 造成我們的人口種族結構出現變化，你可想過這股趨
> 勢會對整個社會造成什麼衝擊？

答：是，我相當關注這股趨勢。華人方面我並不擔心，因為國內華族人口正急速下降，所以新移民充其量只是填補了不足。倒是從印度來了大量的高端人才，我們無從抗拒，要把他們拒於門外就太笨了——全是資訊科技專家、金融界專才，他們的下一代也會是絕頂聰明的。

印度族人口比率可能達到了9％，原來只有7％。這個趨勢會持續多久我說不準，但感覺上是這股人流還會持續很多年，因為印度城市在很長的一段時間都不會趕上新加坡的發展步伐。

中國城市則會很快追上來。二、三十年內，沿海城市會和新加坡一樣好。到了那個時候，就會看到移民人數顯著下降；因為假如我在當地也能享有同樣機會、同等的生活素質，為什麼要離鄉背井到新加坡來？這種情況不會馬上發生，但我們已經開始看到跡象。現在越來越多中國新移民來自四川、湖南、湖北、遼寧與其他較貧困省市，從沿海城市南來的反而很少，因為凡是沿海城市市民，父母一定都很有錢，這些人一般到這裡來考取了大專文憑或國際認可的學士學位，之後便飛到美國去了。

所以我的顧慮是，隨著中國崛起，中國移民潮也許不會持久。印度移民潮看來還會持續，因為雖說印度城市同樣不乏機會，但這些印度移民會寧可以新加坡為基地，在新加坡安家，再到印度去尋找機會。所以，我們

也許要面對印度族人口比率上升到12％的局面，這就會使馬來社群覺得不自在。不過，我們也正努力地從波斯灣引進穆斯林；能吸引到一些人，但為數不多，因為阿拉伯人都很富裕。由馬來西亞或印尼移民而來的只佔很少數，雖說也有好些新加坡人與馬印兩國人民通婚的例子，但整體來說，所佔的比率是微不足道的。

問：從地域角度來看的話，應該任由馬來族人口比例縮小，還是寧可維持現狀？

答：不，從地域角度來看的話，我認為我們仍得維持一定比例的馬來族人口，才能不斷提醒自己這就是我們生活中的重要組成部分，也同時是這個區域的重要組成部分。假設馬來族人口比例降到5％，國人大概會說，好，這5％的小部分人要什麼，我們大可給他，然後就不再理會他們了。這就大錯特錯了。

現在的問題是，如果我們要的只是低層次的勞工，隨時都可以補足，然後我們就得永遠帶著他們。但我們要的是專業人士、經理、執行人員和技師，教育水準較高的一組人。只不過在馬來西亞，優秀人才甚至只達中上水準的人才，都會獲頒各種獎學金，得到各種好處。除非他們與新加坡馬來人結婚，否則他們不會想過來。我們也許可以吸引到更多印尼人才，畢竟印尼的專業人士發展前景不算太好，國家更大，但增長卻較慢，沒太多機會讓專業人士發揮潛能。而且除了雅加達之外，其他城市都不起眼，但是即使是雅加達，問題也很多，水患、交通十分擁擠。我們歡迎這個區域任何可以為新加坡作出貢獻的新移民，但是那些會給新加坡添麻煩的人，我們不會要。

問：你對伊斯蘭教和穆斯林有著非常強烈的看法，而且還說過，你認為所有宗教種族都可以融洽共處，唯獨穆斯林例外？

答：因為伊斯蘭的種種嚴格教規，讓信徒必得先自我克制，才能與其他社群交際往來。你不能向隔壁鄰居要食物，情況已經變成這樣。而通婚也肯定越來越罕見，因為其中一方必須捨棄原有的信仰而改信伊斯蘭教，諸如此類的事。

> **問：你是否因為任何轉捩點而對伊斯蘭教有了不同看法？是不是因為美國九一一恐怖襲擊？**

答：不，不是，不是的。自從產油國崛起，開始輸出他們所信仰的伊斯蘭教模式以來，我就預見到會朝這個方向發展；尤其是沙烏地阿拉伯派伊斯蘭教、瓦哈比派伊斯蘭教[5]興起，因為他們財力雄厚，可在世界各地大事興建伊斯蘭教堂。

模里西斯總理到新加坡來訪問，見了當時任總理的吳作棟。他問：「你們可曾發現國內穆斯林變得不一樣了？」作棟反問：「您為什麼這麼問？」他回覆說，因為我們模里西斯的穆斯林現在變得不容易融合。全上自己的教堂，有自己的另一套社會文化活動，與模里西斯的其他本族人、華人、法國人、克里奧爾人、非洲人，越來越不同。

然後作棟向他透露，我們其實也面對同樣問題。當時正好發生學校裡戴頭巾的相關爭議，我們說，不行，每個人都得穿政府或學校規定的制服。所有前臺人員必須穿制服。你要戴頭巾的話，請到後面房間工作。當時我們就預見到了會有這麼一股全球性現象。與九一一無關。關鍵是瓦哈比派的興起，以及在背後資助這股勢力的雄厚財力。

沙烏地阿拉伯興建的伊斯蘭教堂遍及穆斯林世界各角落，同時向各地派出傳教士。可是我們在新加坡建立自己的伊斯蘭教堂，也不需要他們的傳教士，所以情況還不算太糟。一旦由他們派傳教士過來，所傳的就會是瓦哈比派教義，排他性要更強烈，而且往古源頭去鑽研，回到七世紀時代的教義。

我們敦促新加坡伊斯蘭理事會（新加坡回教理事會）同意不接受外國

傳教士來新傳教。其實這一直是我們所擔心的。但這裡的穆斯林還是可以到附近的峇淡島或柔佛巴魯去聽毛拉（伊斯蘭神學家）激情狂熱的演說，有些還到麥迪那鑽研伊斯蘭教。去約旦還好，畢竟比較接近現代世界，約旦要求國內的穆斯林盡可能融入當今的現代化社會。**6**

沙烏地阿拉伯要求穆斯林回歸到伊斯蘭教之本，這麼一來，皇室成員就能長踞社會頂端位置。原因是，沙烏地阿拉伯國王與瓦哈比派穆斯林達成協議，國王支持瓦哈比派和他們的宗教活動，這些教士反過來會給予皇室支持。這樣一個權力分配的安排，至今仍然有效。財富全掌握在沙烏地阿拉伯家族手中。現在我們聽說的民主自由、婦女開車、現代化進程、金錢、出國旅遊等等；這些，終會漸漸在穆斯林世界裡流傳開來。長遠來說是會發生的，因為他們也急於教育自己的子民。

也因此，沙烏地阿拉伯有了阿卜杜拉國王科技大學，而且在大學校園範圍內，一切教條教規皆可暫時擱置不守。這是在追求長遠發展與保留舊有狀態之間不得不做出的妥協。不過假以時日，這些出國留學甚至是到新加坡來深造的沙烏地阿拉伯學生，在學成回國後，當然必須跟大家一樣遵從某些教義，要不就找不到工作，可是他們也會知道其他社會可以怎樣在不「去伊斯蘭化」情況下依然追求現代化發展。這可能要一兩代人時間，或等到石油資產有朝一日耗盡。但是在這之前，這些伊斯蘭教堂的龐大基金和傳教浪潮還是會一波接一波源源不斷而來。

1973年或稍微更早一點，在石油危機導致油價飆升之後，利比亞就不斷派人到菲律賓企圖化解菲律賓本族人與摩洛族穆斯林之間的紛爭。利比亞仗著石油帶來的雄厚資本，介入其他國家的內政，宣揚他們信奉的那一套伊斯蘭教義。幸好在沙烏地阿拉伯大力往全球輸出瓦哈比派伊斯蘭教期間，我們建起了自己的伊斯蘭教堂、不要他們的資金或傳教士，才力阻了這股來勢洶洶的浪潮。這也正是為什麼新加坡教徒今天信奉的伊斯蘭教在本質上主張的並不是回歸歷史傳統；這就與馬來西亞不一樣。

問：你會不會為馬來西亞與印尼發生的情況而擔憂？

答： 當然，因為這必定會影響到我們。人來人往不說，新加坡人看得到他們的電視節目，他們一樣也看得到我們的電視節目。在長堤對岸有親友，兩邊相互往來之外，我們的退休人士也常在柔佛新山一帶建房子買房子，然後在需要醫療服務或住院時就回到新加坡來。所以接觸是一直不間斷的。又因為我們的馬來人為數很少，馬來西亞帶來的影響當然相對更大。我們必須接受現實，直到這股勢頭開始逆轉；而我深信一定會有這麼一天的。因為你如果試圖阻止現代化進程，你就注定永遠是個落後的社群。這是無可避免的現實。

在伊朗，人們就是努力做到既維持穆斯林身分又不失現代化，為的就是掌握好科學與科技。但是現在出問題的反而是他們的政治體制，因為人民崇尚更大的自由、更開放的空間、要求女權等等。我沒到過伊朗，作棟去過，聽他說，伊朗婦女總是披上一條薄紗似的圍巾，但更多時候是把它當作時尚裝飾物來披戴。對於伊斯蘭教的衣著規定，她們不過是口頭上遵照而已；在外披著黑色長袍，一到家就把長袍脫了去，秀出一身漂亮的巴黎時尚洋裝與搭配的鞋子。雙重生活方式，一個對外，一個留給私有空間。這顯示了要讓婦女受教育，就無從阻止她們要求國家走向現代化。反觀沙烏地阿拉伯，不讓婦女受教育。你可以做到既維持伊斯蘭本質又不失現代化，但不可能要現代化卻還同時回過頭去死守著七世紀的伊斯蘭教義。什葉派伊斯蘭教領袖正在這麼做。但這樣能持續多久呢？

問：我們回來談新加坡。

答： 你們想知道我為什麼會有這種想法。跟九一一無關。還是得追溯到石油危機，以及越來越多由產油國花大筆錢資助主辦的大型國際研討會。我們國內的宗教領袖去過沙烏地阿拉伯和伊朗參加這類研討會，完全免費。對方說，你們信奉的伊斯蘭教已經是淡化了的教義，我們信奉的，才

是正統的伊斯蘭教。東南亞版本的伊斯蘭教是乘著商船傳來的，因為季風的關係，在海上航行了好幾個月，所以伊斯蘭教傳到這裡來時，已經演變成另一套完全不同的模式。

> **問：新加坡穆斯林也許的確不太願意與其他宗教的新加坡人通婚；但你認為他們也無法與其他種族同胞和諧共處，或者像其他種族一樣以新加坡人自居嗎？**

答：不，我並不是這麼說的。我並不是說他們就不可能成為愛好和平的好公民。我說的是，他們會是新加坡社會裡獨特而隔離的一個群體。

我們也許也會有一些無法完全融入社會的印度或中國新移民，可是他們的下一代肯定會成為新加坡社會的一份子。你不會覺得我們的游泳健將陶李[7]與其他土生土長的新加坡人有什麼兩樣。她四、五歲就到這裡來了，說的是新加坡式華語、新加坡式英語，早已成了新加坡的一份子。

我覺得一個最為顯著的例子是，有個新加坡穆斯林是巴基斯坦後裔，在九一一事件發生後，去了卡拉奇，加入塔利班，與美國人對抗。他最後遭到北方聯盟逮捕，美國人盤問他是不是新加坡公民。[8]在同一個時候，也有另一名與他同齡的巴基斯坦後裔，雖在伯明罕出生長大，卻也一樣獻身為塔利班打仗。

那也正是為什麼印度一直飽受巴基斯坦恐怖份子困擾。穆沙拉夫總統希望解決喀什米爾問題，但因為極端派穆斯林的存在，他始終沒能成功。巴基斯坦有5萬所伊斯蘭學校，培訓出一批接一批的自殺式聖戰份子，足以源源不絕地潛入喀什米爾準備送死。這些人與只想活著回到家人身邊的印度特種部隊交火，這怎麼會是一場勢均力敵的戰役。

印度特種部隊一樣接受過嚴格訓練，具備高度作戰能力，但他們家中都還有妻小得靠這個爸爸過活。所以，失去一名軍官，整家人受難。但巴基斯坦不一樣，敢死隊聖戰份子相信命喪戰場就是通往天堂之路，那裡有72處女在等著他。

> **問：但那也只不過是一小撮人而已。**

答： 單就地鐵站裡的一顆炸彈，就足以製造大規模動亂了；不光是釀成死傷，而是引發穆斯林與非穆斯林社群之間的相互疑慮與猜忌。倫敦就是如此。如今倫敦市民一見到穆斯林，即使是在巴士上，也會離得遠遠地，擔心這個人身上藏著一顆炸彈，一引爆就會與你同歸於盡。這就是人類很自然的反應。

> **問：你所說的這個穆斯林與非穆斯林之間隔著的一縷紗……我的感覺是，絕大多數我所認識的穆斯林，多年來堅信自己可以成為完完全全的新加坡人，而又同時完完全全地保留穆斯林身分；而他們多少也一樣對你為子民所幻想的新加坡有著同樣的憧憬。所以現在再聽你說，穆斯林與非穆斯林之間始終隔著這麼一縷紗，我想問你的是，穆斯林自以為會被社會所接受，是否只是在自欺欺人？**

答： 不。穆斯林當中，也分成好幾類。當穆斯林專業人士協會（回教徒專業人士協會）剛成立時，不認同新加坡伊斯蘭理事會（新加坡回教理事會）也不認同人民行動黨的馬來族領導人，他們自認可以更好地為馬來人爭取權益。於是我們為他們提供經濟支援。而後他們發現自己所做的始終無法超越伊斯蘭社會發展理事會（回教社會發展理事會）或新加坡伊斯蘭理事會。正因為這兩個組織所提供的服務很完善，穆斯林專業人士協會漸漸地轉為支持它們。

我們可不是在說目前的局勢是絕望的。但是總會有一小部分人受到阿拉伯聖戰份子的影響，單是一個兩個，就足以將所有社會關係全盤摧毀。一場大規模爆炸案，後續反應會是一發不可收拾的。我的意思是，爆炸發生當天，就說是在穆斯林較少的宏茂橋或者丹戎巴葛，即便是在也可能有

穆斯林往來的地方，例如萊佛士城，穆斯林與非穆斯林之間的關係也會在那一瞬間就徹底改變。英國就是這樣。

在英國，有專屬的理事會協助重建互信。可是英國情報機關宣布，仍有2000名潛在的伊斯蘭聖戰份子，正受到有關當局的嚴密監視。2000人啊。他們哪來那麼多安全局人員對這2000人步步追蹤？他們靠的是互聯網及監控科技系統。

我們還不至於到那個地步。但隨時還是可能有聖戰份子隻身從峇淡島過來，腰間捆著炸彈。我們非得當心不可。我們沒法保證不會有人潛入地下層地鐵站引爆身上的炸彈，或者更糟的是，走進隧道裡引爆炸彈。真發生的時候，大火會在隧道內燃燒起來，而不是在有消防栓的地鐵站內，拯救行動將因此而變得異常艱巨。所以我們的內政部拯救隊伍必須學習如何處理這些情況，也只能做好應急準備；萬一真的發生了，一列擠滿了上千名乘客的地鐵列車突然爆炸，不可能任由他們活活燒死，即使只來得及救出少數人，也還是要盡力搶救。

這可不是開玩笑的。我們正面對一個真實的狀況，人類文明史上前所未有的狀況。就是有這麼一組人願意自毀來傷人。在他們之前，也曾有過泰米爾（淡米爾）之虎。但泰米爾之虎還有個實質的戰鬥目標，為了斯里蘭卡泰米爾人的國土而奮戰。這一回，是為了伊斯蘭教義而戰，是由宗教狂熱所激起的截然不同的戰鬥目的。

在他們偏狹的觀念裡，任何好教徒一旦與非宗教的政府合作，就不再是個好教徒。就是這樣。這個觀念沒法釐清的話，我們的政府、公共服務及防衛安全體系，就找不到馬來人效力了。但是新加坡畢竟是由多個不同社群組成，這個觀念含糊不得。只是單就其中一個社群散播毒素，就足以摧毀種族間宗教間的和諧。

我們派了一組人到倫敦去，研究他們怎麼做。倫敦的穆斯林分成好幾派，相互間並不團結。可是因為英國的言論自由受法令保護，政府無法阻止形形色色的狂熱的伊斯蘭傳教士進入英國伊斯蘭教堂，召開佈道會傳播極具煽動性的言論。現在英國政府開始禁止狂熱派傳教士前來。但是這些

傳教士找來了穆斯林律師，入稟高庭，就人權與言論自由受到侵犯而提出上訴。結果法官判處政府有權把這些傳教士拒於門外。如果新加坡一開始就接受沙烏地阿拉伯資助興建伊斯蘭教堂，他們一樣會派沙烏地阿拉伯傳教士前來。幸好我們預見到了這一點，於是決定成立自己的伊斯蘭教堂建設基金，我們不需要他們的資助。

> **問：可是，你所經歷的一切，年輕一代的領導人未必經歷過，會不會擔心他們會因此而無法正確解讀你的說法？你對穆斯林和馬來人社群再熟悉不過了，也懂得如何應付或處理，可是年輕領袖會不會出於內心的恐懼而可能對馬來人穆斯林反應過敏？**

答：不，我不這麼認為。我是說，他們畢竟也跟我共事那麼久了。吳作棟在接任總理之前跟了我15年，參與了每一場我跟馬來族領袖的會議等等。顯龍學馬來文，也有好些馬來族朋友，他了解他們。他自小跟著我四處訪問選區，了解馬來社群的敏感性。無論他的接班人是誰，通過國會辯論、走訪選區與人民接觸，他總會了解的，也總得自我調適。

我並不預見到會有互不相容的情況出現。每一個新加坡人都知道，要成功維持一個多元種族的國際社會，第一要素就是高度包容。這就是我們生活的方式——猶太人、基督教徒、穆斯林、祆教徒、佛教徒、道教徒，等等等等。看看武裝部隊的禱告詞吧，概括每一種宗教；在戰場上衝鋒陷陣的那一刻，就是靠著宗教信仰尋求慰藉，即使戰死，也是壯烈的。

> **問：你會怎麼形容自己對新加坡穆斯林的信任程度？**

答：我會說，那些習慣說英語的……我是憑經驗這麼說，越傾向於使用英語的穆斯林，通常也越不會如此。他們的第一語文是英文，上網看的也是英文。我們對小一新生做過調查，越來越多馬來家庭的孩子在家中說英

語。這麼小就開始說英語，可見他們的父母都有一定的教育水準，希望孩子在社會上取得成就。這就是現在的發展趨勢。我們改用英語，為馬來族社群打開了更廣闊的世界。

> 問：所以，如今看到穆斯林社群在新加坡取得的發展，穆斯林使用英語的情況也越來越普遍，馬來社群也更為力爭上游，這些現象，肯定會讓你有某種滿足感，不是嗎？

答：這組人當然會越來越多。但是那些少數的狂熱聖戰份子，我們始終沒法讓他們消失。無論人數再小，也足以對社會裡的種族和諧造成傷害。

> 問：可以請你談談其他宗教嗎？有些人說，新加坡現有的宗教復興趨勢也在原教旨基督教組織裡彰顯。你怎麼看基督教徒在課題輿論中話語權日益高漲的現象？

答：基督教傳教活動在1970年代開始活躍起來，還是從校園裡開始的。我的孫女信教了。男孫們倒沒有。不知道他們是怎麼向她傳教的。她中學讀萊佛士女中，然後升上華中初級學院，現在可是一名虔誠的教徒，胸前戴著十字架，每個星期天上教堂，熟讀聖經。

> 問：基督教徒社群開始很有組織地，針對一些課題表達反對意見，例如興建賭場。

答：可是他們不至於在身上捆著炸彈然後走到人群中引爆啊。如果他們也這樣，問題就真的大了，我們必須阻止，也得停止一切傳教活動。但是他們始終奉公守法。

> 問：有些非教徒還擔心內閣成員中基督徒越來越多，而這似乎也與教育程度有關；有越來越多受過高深教育的新加坡人信奉基督教。

答：針對基督徒人數增加的這股趨勢，一個更廣義的說法是，因為佛教、道教、祭祖等信仰，對受西方教育的人來說較不具說服力。類似現象也在韓國發生。教育程度較高的人因為各種原因而捨棄了佛教、道教與祭祖等信仰，說這是迷信。他們反而相信有個超自然的神靈創造了這個世界、整個宇宙。

在臺灣，人們因為社會發展而需要宗教信仰。他們稱之為快速經濟發展與社會變化而產生的社會反常狀態。所以我們派了一組人到快速發展的社會，包括韓國、臺灣、香港，去了解這些地方的宗教活動。臺灣現在就冒出了許多新廟宇。

基督教堂為人生的誕生、婚姻、臨終這三大聖事進行宗教儀式。佛教徒沒有皈依儀式。結婚，根據華人傳統習俗，有敬茶儀式。在西方社會裡，結婚得到婚姻註冊局註冊，是個法律程序：你是否接受這個女子或這個男子為終身伴侶等等。而教堂問的則是：任何人若有異議，現在就可以提出。然後一對新人許下婚姻誓言，承諾守護彼此，無論健康或疾病纏身，無論貧窮或富有，相愛相惜、至死不渝。這些都是很令人感動的話，在精神上會很有感染力。

面臨死亡的時候，神父或牧師來了，為你進行臨終聖事。韓瑞生（前財政部長）是個非常虔誠的天主教徒，他妻子也是。她真的相信她死後會與丈夫重逢，並為此而深感安慰。

我不相信這個。所以須得有其他的自衛機制。我會跟自己說，這就是人生。*C'est la vie*，像法國人說的。

我母親去世的時候，她並不是基督徒，但我們也不想為她辦佛教葬禮，所以一切從簡。我為她念悼文，幾個兄弟也一樣，但並不如教堂裡的吟唱與風笛聲那麼地安撫人心。

這些音樂可是經過好幾個世紀才編寫而成的，很適合這種場合的氣氛。我出席了當年韓瑞生在耶穌善牧主大教堂的葬禮。神父為韓瑞生的家屬送聖體，大家都領了聖餅。我不是教徒所以沒領，只靜靜坐在一旁。其他人全領了。韓瑞生的家屬從中得到莫大的安慰。他們回家後，心是平靜的。

我現在必須面對怎麼處理妻子身後事的問題，她畢竟不是基督教徒。我得親自為她念悼文，兩個兒子也會這麼做，還有孫子孫女。

我不太可能會在天堂或其他地方與妻子重逢了。當然，情感上我們還是會希望骨灰擺放在一起。但也只能這樣而已了。

問：什麼才是你的精神慰藉？或者你並不需要？

答：我也不知道。各種各樣的艱難時刻我都熬過來了，自然具備某種內在力量能讓自己迅速恢復狀態。並不需要藉助神靈信仰讓自己回彈。

問：有關內閣中信奉基督教的部長越來越多。

答：他們都不是激進的基督徒，也懂得適可而止，與其他人和平共存。你要對著聖經宣誓，由得你，舊約新約都無所謂。他們依據各自的宗教信仰方式宣誓效忠。如果我們的內閣裡盡是基督徒，行不通的，那就會是一個容不下異己的內閣，我們絕不容許這種情況發生。

問：我想有些人擔心的是，其他宗教團體也會有所反應。

答：佛教徒已經有所反應了。他們一定得回應，避免佛教社群日漸式微。不過最終會平息下來的。

我們研究了韓國和日本。日本每一次遭遇危機，總會有新的教派冒起，未必是基督徒，也許是神道教的分派或其他教派。韓國人選擇了基督

教。臺灣則是廟宇湧現。在香港，基督徒人數也在不斷上升，但沒新馬那麼多。

> **問：在你看來，要繼續維持一個世俗、多元宗教的核心團隊來領導國家，是不是變得越來越困難？**

答：不會的。我並未在任何議員身上看出這種跡象。我們在解除黨督約束的情況下對人體器官移植法案[9]修訂進行表決，迪舒沙投了反對票。他是天主教徒。我並沒見他針對這事對任何其他人進行勸導，只是自己的態度強烈，因為教宗反對人體器官移植法案，他也不該同意。不過我認為教宗的看法是錯的。

> **問：1980年代，天主教會曾經試圖干預，迫使政府迅速作出反應？[10]**

答：是的，他們企圖介入政治。如果不及時阻止，其他宗教團體也會跟著介入，漸漸地就會出現以宗教為主導思想的不同政黨。所以我們及時制止。那個時候，國內的天主教徒社群是受了拉丁美洲天主教運動所影響，要通過社會行為提升窮人的生活條件，而天主教會任由這股趨勢發展而不加制止。

所以我必須有所行動。教宗到這裡來，我向他說明：「這在拉丁美洲也許行得通，但我們這裡是多元種族社會，天主教這麼做的話，其他宗教也會跟著這麼做，這麼一來宗教之間就有麻煩了。任何宗教都不得參與政治。唯有如此，我們才能和諧共處。」

看看馬來西亞。問題永遠解決不了。以前我經常隨東姑阿都拉曼到處去，他把我當成侍臣，得陪著他出席各種婚宴及社交活動。無論到什麼地方，看到的盡是新建的伊斯蘭教堂。於是我問他：「東姑，你怎麼不建醫療診所？」

「不，不，」他回說，「光耀，你不懂這些事。這裡是個馬來人社會，人人都需要禱告。只要給他們一座禱告的聖殿，讓他們日子過得好一些，他們就會開心了，就會願意跟你合作。」

那是早期的事了，很早的年代。以伊斯蘭教作為政治力量籠絡穆斯林的支持，就是從那個時代開始的，讓非穆斯林在這個穆斯林社會裡無從爭取一席之地，自然也就贏不了選票。當人民行動黨成功爭取到一些馬來人選票，促使新加坡加入馬來西亞，東姑是這麼說的：「你最好守本分。人民行動黨可以來，但乖乖固守華人社群就好。」我告訴他：「那我們就得面對一個分裂的社會。」他說：「不。歐亞裔社群、印度人社群，你要碰儘管去試試；就是別碰穆斯林。」到了現在，更是根深蒂固了。馬來西亞伊斯蘭教黨（回教黨）即將與巫統領袖就組織聯合政府展開談判，馬來西亞報章都報導了這個消息。注定會有這麼一天。馬來穆斯林為什麼要放棄自己所擁有的特權？就因為安華搭起了政治新平臺？我不認為伊斯蘭教黨吃這一套。

> **問：你剛才提到幾個信奉基督教的核心部長都屬於較為溫和、名義大於實質的基督徒。你如何確保他們維持這個狀態，或者一些負責制定決策的人，如常任祕書等，不會過於傾向哪一種宗教？**

答：不會的，我們的選民不會把票投給這種人。你不出席中元節活動的話，就必定要失去一些選票。這是再簡單不過的一關，考驗你這個人有多靈活。華人的某些傳統民間習俗是永遠不會改變的，而教育水準較低的市井小民依然供奉眾神，拜觀音、媽祖等等。假如你是個嚴格恪守教規的虔誠基督教徒，對寺廟、中元節都避之不及，選民的直接反應就是這不是一位好議員，他沒法融入我們的生活。你就會失去選票。

問：可那也是每隔五年才有的機會啊，不是嗎？

答：是，當然。

問：可是在這個期間，假設你暗中觀察一名同僚，發現他開始顯露這個傾向呢？

答：如果他這麼走下去，必定要輸了選舉。最終的考驗是，你能否帶動人民鼓舞人民。如果你真有能耐影響全體人民，我們就大難臨頭了。但我不認為這種事會發生。我到陳惠興[11]的選區訪問，看到一棵靈樹，燭光圍繞、掛滿了許願卡，人們紛紛向靈樹朝拜，祈求真字買彩票。我告訴陳惠興：「這看起來像是在助長迷信風氣。」他是個基督教徒，卻對我說：「不，不是的。這棵樹是人們的精神慰藉。我們必須讓它繼續留著。」

　　要是你自作主張拆除一座神廟或類似的什麼聖物，而這個東西又是一些人深信不疑的神聖力量，「我在這裡拜一拜，果然求得一子」，你卻不顧人們反對而擅自把它拆除了，肯定會引起整個社群的不滿。

　　中國共產黨是反對宗教信仰的，還一度強行抑制宗教發展。但一旦稍微放鬆，祭祖的風氣又盛行起來了，不是嗎？所以每逢清明，大家舉家出動到祖先墳前掃墓，清除雜草與其他橫生的植物。這些已經是流傳了千百年、早已根深蒂固的傳統習俗。基督教傳教士去過印度。在一些較新的文明社會裡，如斐濟，基督教傳教士成功影響了許多原本無宗教信仰的人。可是在印度呢？能有多少基督徒？印度教深植的觀念、信奉的神殿、象神等等，是不可能被連根拔起的。

問：我國內閣在討論各種議題時，尤其是牽涉道德價值觀的課題，包括賭場、同性戀等等，部長們各自的宗教信仰在多大程度上會影響他們所持的立場？諸如此類的情況曾經出現過嗎？

答：內閣成員都是思想進步的一群人。我們決定怎麼做最能符合大家的利益，評估人民可能有的反應，這就是社會運作的現實。同性戀假以時日會被社會所接受的，中國已經如此了。在新加坡，不過是遲早的問題罷了。

　　我並不認為我們的基層組織也會受影響改信基督教。如果基層人員也如此，而且範圍是方方面面的話，我們將會變成一個截然不同的社會。

學語言　不流淚

　　李光耀曾經處理過新加坡幾個最為棘手的種族語言相關議題，包括關閉南洋大學，以及強制所有學生在學校裡學習第二語文。如果不是他傳奇般的政治意志，把自己的遊說能力推到最極限，這些吃力不討好的政策根本不可能推行。他在接受幾位作者訪問時，對自己當年執行這些高度敏感政策的手段並不感到抱歉，而且自始至終堅持當年的決定沒有錯，理由是，這些政策長遠來說是對新加坡是有利的。

> **問：**好些人覺察到你最近對語言課題非常投入，尤其針對華文學習及雙語政策。想請問的是，你對這個課題最關心的是什麼？又為什麼這麼投入？

答：我關心的首先是，個人的身分認同感。之所以堅持提倡母語教育，因為我當年清楚看到了華校生與英校生兩組人之間的差異。英校生猶如無根的浮萍。1956年，在局勢最為動盪的時刻，華校生在華僑中學校園裡醞釀大規模暴亂，而萊佛士學院的學生卻還自顧地在鄰近街頭嬉鬧著。我覺得這顯示了一種對政治全然漠不關心的態度，或者簡直是愚昧無知，對社會所發生的事全然無動於衷或置身事外。

問：可是你本身是一名英校生，你的政治同僚也一樣啊。

答：我們都清楚，要贏得新加坡，必得先贏得受華文教育社群的支持。受英文教育者在人口只佔少數。所以我們主動接觸左派分子，要通過他們去爭取華社支持。我知道一旦失去華人的身分，失去身為華人而非西方人的自我意識，某些精神也會跟著失去了。所以，這就形成了第一股推動力。

當然，新加坡人就是這樣的，沒法看出其中的價值：文化算什麼？我可以用英文讀得懂中華文化的相關譯作，但那畢竟是不一樣的，你始終無法從中建立起自我身分意識。倒是兩個兒子的成長過程，才讓我最終領悟出個中的道理。兩個兒子都讀華校，剪了小平頭。後來到劍橋留學，同學們全披著一頭長髮，唯獨他們還是保留了小平頭。他們並未趨之若鶩地盲目追隨西方的那一套。我是我，你是你，我可以像你一樣談數學，跟你在同個平臺競爭，但我還是我。我的意思是，他倆展現了絕對的自信。

問：而假設他們當初念的是英校呢？

答：噢！那可就完全不一樣了。當年的英校生都蓄著長髮，自我感覺是屬於那一個世界的一份子。我的兩個兒子不一樣，他們覺得自己是屬於另一個不同的世界，屬於那個轟轟烈烈的中國革命年代；不是今日的中國，而是五、六十年代風起雲湧的中國。

只不過近年來，家長覺得學習華文是在浪費時間，毫無價值可言，等等。然後突然之間，中國崛起了。除非我們能培養更多精通這個語言的人，否則就要白白喪失機會。中國人會到這裡來，他們的英語說得不很好，馬來語也只懂皮毛，他們會需要找新加坡夥伴一起合作，會說英語、馬來語，把他們帶到區域各地。

所有在中國做生意的新加坡人都知道，不會說華語、就肯定要出局。你還能怎麼運作？我接到不少在學校裡修讀華文第二語文的英校生發來的

電郵，並不是特選中學（特別重視華文教學的少數選定學校）的畢業生，這些英校生在電郵中感謝我逼著他們考華文第二語文這一科。他們說，謝謝你，因為有了這個基礎，我們在中國才可以跟得上。

我要說的是，全球最大的經濟體可以在利用我們的同時也促進我們的增長，但我們得用對方的語言與他們建立聯繫。我們藉英語與歐美和英語世界建立聯繫，也因而取得進展；為什麼現在我們就不能也精通華語，與中國建立聯繫，進而一起增長？中國在未來20、30年、甚至40年裡，都會是全球增長最快的經濟體。看看他們現在的經濟增長水準。再過60、70、80年，就可與美國的人均水準並駕齊驅。

問：如今回顧過去，你對雙語政策這些年來的發展可有任何遺憾？

答：沒有，完全沒有。只是我應該早點發現，要以第一語文水準教導講英語家庭的小孩說華語，會有多麼困難。過去很多年我們一直採用這套教法，學校裡的華文老師在完全不懂英文或拒絕使用英文的情況下教華文，一廂情願地以為學生既然是華人，理應聽得懂。老師們以為，我像以前在華校教書一樣，對著你說華語，你就自然能學會。但是孩子們感到混淆，他們沒法聽懂。我漸漸發現有好些家長為了避開學習華文第二語文而把孩子送到國外讀書。於是我決定作出改變。

然後，我見了吳英成，現在的國立教育學院中文部主任。他在倫敦大學亞非學院完成語言學博士研究，必須學習英語，結果順利地考取了博士學位。他說他學英文的方式與我學中文的方式相似——以中文學習英文。翻查字典，了解這個英文字是什麼意思。如果他查的是純英文字典，可能要花上好幾年，也許一輩子都學不會。但他一查英中對照詞典，馬上就明白了生字的意思。

我也一樣，也是通過中英對照詞典學中文。所以決定也在學校裡推行這個方法，讓來自講英語家庭的孩子用英語學好華文。我們在四所學校試

驗推行，挺成功的，學生和家長都反應積極。就這樣，我們克服了來自華社的阻力，把這個做法推廣到更多學校。

如今的情況不同往日了。現在的老師們全都兼通雙語。年輕教師取代老一輩教師，與大家一樣都以英語為第一語言，又在華文華語方面受過特別訓練，具備華文教學能力。所以現在不成問題了。我們也推行了單元制，讓不同家庭背景的學生以各自最合適的進度學習華文。如果你能在小學一年內完成兩三個單元，儘管去學。要是只能完成一個單元，那也沒關係，明年再學下一個單元。所以問題解決了。但因為之前的無知，讓我們耗了整整40年時間才走到這裡。

還能怎麼樣呢？如果我早知道這套道理，就可以免去多少痛楚，多少揪心之憾。可是這就是人生。在歷練之後不斷學習、不斷成熟。

問：其實英文教育背景的家長提出了很多抱怨與意見，但感覺上他們的意見並沒獲得應有的重視，總被當成是對學習華文毫無興趣，也因此找不到動力讓自己學華文或鼓勵子女學華文。

答：情況在一定程度上也的確是如此的。如果只要求華文必須及格才能升上大學，那自然沒有太大的學習動力；過關了，也就拋掉了。現在中國正在崛起，已經不由得你不把華文學好。無論你是律師、會計、或任何一類專業人士，會說華語的話，跨國公司就願意聘請你，給你外派人員的待遇，高薪、住宿、子女教育津貼，等等。你賺了錢回國，不只更富裕，也給自己的履歷積累了漂亮的紀錄。於是，家長們開始認真看待，學習華文的動力已經不再是個問題了。

問：你提到英文教育背景和華文教育背景兩大社群就語言政策以及這些年來的改革調整反應不一。到了今時今日，這兩組人之間還存在著多大分化？

答：我會說，對年輕一代來說，這個分化已經越來越小了，因為大家都說英語，並以華語為第二語文。我到河內訪問，《海峽時報》派了駐北京的特派員來採訪。我看過她的履歷，她在大學裡不是修中文系的，而是畢業自倫敦經濟學院。倒是在校時期曾經修讀華文第二語文。我們的駐華大使告訴我，她剛到北京工作時，應對方面覺得吃力，可是因為有了華文第二語文背景，她在六個月內趕上來了。我問她，你是怎麼在六個月內做到的？

她說，因為自己在家中說華語。所以哪怕在中文讀寫能力上無法達到很高的水準，她仍能夠流利地表達，在這個基礎上再發展。如今，兩年過去了，她已經完全融入了北京這個說華語的環境。

現在是，從經濟層面上看也有迫切性。看看吧，我們的增長引擎曾經從哪裡來？美國、日本、歐洲、英國、澳大利亞、紐西蘭，說的是英語。接下來的增長動力又會是源自哪裡？

我們並沒有放棄舊有的合作夥伴；要與這些國家都簽訂自貿協定。但與此同時，我們也在為新加坡的增長尋找新的引擎：中國、印度、波斯灣國家。我甚至覺得我們需要鼓勵一些人重新學習阿拉伯語，才能與波斯灣國家建立聯繫。這裡得有個阿拉伯人的角落，可以抽水煙，等等，讓他們感到自在。阿拉伯人很早以前就到新加坡來了，全來自葉門。我們有條阿拉伯街，應該在這一帶重塑一個小阿拉伯區。那會有助於我們與阿拉伯國家建立聯繫。他們會說英語，但如果要到那裡去做生意，你得管得住員工，總要會點阿拉伯語。

至於到印度去發展業務，學習泰米爾語如今已經沒有多大用處了，只有泰米爾納德邦還在使用這個語言。如果想學習印度人說的語言，得選擇印地語，因為北印度有三、四億人都使用印地語。但是商界人士都會說英語，所以情況還好。但是中國不一樣，不會說華語就沒法運作。只有一小部分受過高深教育的人會說英語。京奧期間他們掀起了一陣全民學英語熱潮，但那時學的也只是幾句會話而已。

> **問：南洋大學是新加坡唯一一所中文大學，1980年南大關閉，給一整代華校生留下了沉痛的失落感，至今仍揮之不去。這段歷史，當初有可能避免嗎？如果今天新加坡能有這麼一所中文大學，難道不是件好事嗎？**

答：那麼一所中文大學，誰會去？你難道會讓自己的兒子在本地中文大學就讀，而不送他到北京或者上海？

　　我曾經向黃祖耀（銀行家與華社領袖）建議：我們讓華校復辦，由你來管。他拒絕了，很清楚自己做不到。希望子女在國內能成大器的新加坡父母，沒人會願意讓兒子在學校裡沒機會學好英語。

> **問：如今中國崛起，你覺得我們的雙語政策需不需要作進一步修訂調整呢？因為近年來你談的已經不光是雙語政策，而是雙文化政策。**

答：不，不是的，雙文化政策只適合少數人。你想要每個人都達到那樣的水準嗎？不可能！簡直會瘋掉。辦不到的。

> **問：所以對絕大多數人來說，雙語政策還是會像現在這樣推行下去？**

答：是的，那當然。不過我們必須試著培養一兩百個、最多300人，有能力更上一層。困難在於有能力讀得更深的資優生，也會想要當會計師、律師、建築師等等，而不是語言專家。可是真正精通了華文之後，也許他們可以到中國去當建築師，就像劉太格¹² 一樣？

問：考慮到學華文從經濟層面上有其迫切性，你是否認為對少數種族放寬雙語政策也許是好的？這麼一來就能允許少數種族在學校裡也可選修華文為第二語文，而非強制性只能選修各自的母語。

答： 在家中說英語的華人，學起華文來已經很吃力了。國務資政賈古瑪讓孩子們選修華文，孩子們都學得很好，可是他們畢竟資質過人，而且下了苦功。有些馬來人也做得到，因為他們也肯花心思。但是這麼一來他們就得同時應付英文、馬來文、可蘭經裡的阿拉伯文和華文。

問：不過我相信，只要允許他們自由選修任何第二語文，條件較好的馬來人都會選擇修讀華文。

答： 如果家長願意冒險加重子女的教育負擔，我們沒理由阻止。但萬一孩子們讀不來，請別歸咎政府。這是你的選擇，而你應該很清楚華文並不是個容易掌握的語言。

問：40年前，你選定英語為新加坡的工作語言的那一刻，可曾預見到世界有一天會變成現在這個局面？

答： 完全料想不到。40年前，我只知道英語會是我們通往發達世界的最佳途徑。美國、英國、加拿大、澳大利亞、紐西蘭、以及絕大多數的歐洲國家，這些地方的公司企業全使用英語。到這裡來的日本人也使用英語。所以英語給了我們最大的優勢。我沒預料到的是，法文和俄文會在一夜間消失，也料想不到互聯網會以英文席捲全世界。這些都只能算是運氣了。

要是我們當初選了俄羅斯語，情況就真的會很糟糕。我讓兒子選修俄語，跟他說，俄羅斯人數學最強，既然你已經會說英語、華語、馬來語，如果還讀得來，就再學點俄語吧。他在『O』水準會考中俄語這一科考到

了『A』，在到劍橋留學途中去了一趟俄羅斯，用俄語發表了演講。但有什麼用呢？他現在跟俄羅斯領袖交談時，幾乎沒能聽懂。

> **問：看來他的腦細胞比你還發達。**

答：可是學來幹嘛？他應該把腦細胞用在其他更有用的地方。告訴你吧，我學過六種語言。可是能不能做到六種語言全都掌握得好？我平時得讀遍全世界的財經新聞：道瓊、S&P標準普爾、新加坡、印尼、馬來西亞、各國匯率。這些都得耗上腦細胞。還得留意財經走勢、經濟時局分析、思考著我們能不能擺脫危機走出谷底、復甦有多快。還有餘力去記住那六種語言嗎？全是廢話！會瘋掉的。

每個人都需要有個主導語言，能快捷順暢地用它來表達、接收信息、整理思緒。我的主導語言是英語。

> **問：你在過去曾經遇上過好些企圖藉語言議題煽動民間情緒的人。這些情況是否已經一去不復返？有關新加坡該使用哪一種語言的爭論，是不是早已塵埃落定？**

答：我並不這麼認為。語言議題在全球都會是個不斷在演變和轉移的議題。未來50年到100年間，就我們的情況而言，主導語言還會是英語，接著是華語。可是兩三百年以後，誰又能說得準會是哪幾種語言主導世界？

拉丁語一度是歐洲的主要用語。在16世紀以前，許多學者，包括伊拉斯謨，全以拉丁文寫作。教堂也是。到了18世紀，他們漸漸轉向各自的用語，拉丁語就日漸式微了。如今，拉丁語除了在天主教堂舉行禮拜的儀式上使用，它基本上是個沒有生命的語言。同樣的，也不會有人敢說英語會永遠佔主導地位。

至於華文是否有朝一日會成為世界通用的主要語言，我並不相信會如此。非華族都不是從小就接觸華文華語的，要學好華文，實在太難了。沒

有音標沒有拼音，而華人卻又永遠不會願意把象形字體系改為音標體系，否則祖先墓碑上的字或刻在古老竹簡上的經典文學就沒法看懂了。華文一天不放棄象形字，學習華文就會是雙重負擔。你得先學會聽說，這已經很不容易了，因為中文字全是單音節，又有5個不同聲調：陰陽上去加輕聲。再來，你得學會認超過3000個字形。因為偏旁部首的關聯，某些字的讀音可能猜得到，但同一個字可以同時有好幾個字義，同一個字也可以同時有好幾個讀音。太複雜了。

『埋』是埋葬，『埋怨』是投訴，不同意思出自同一個字。所以有好長一段時間我老是想不通。我的老師說，同一個字的不同讀音代表不同意思。我查詞典，發現果真如此。可是翻字典的時候，我其實只在找這個字的其中一種含義，無從知道字的典故由來，以及如何演變。這還真是個問題。而當兩個字組成一個詞，意思又不一樣了。這個語言太難學了。

> **問：但是你可預見到有那麼一天，在中國崛起的推動下，新加坡華社當中會有人發出呼籲，為華文爭取更大的空間？**

答：這不會發生。我們畢竟還隸屬於東南亞。華文，可以把我們帶到多遠？我們的經濟發展由誰來帶動？單靠中國貿易？換作是香港，中國當然會扶你一把。但我們可是新加坡，自給自足的。中國不會來扶持我們。

中國在跟我們商談自貿協定的時候已經清楚闡明，我們並不是香港。香港作為中國的一部分，理應獲得特別待遇。但我們是個主權國家。中國給予我們什麼條件，也必須準備給予其他國家同樣條件。當然，如果你願意加入中國，成為中國的行政特區，情況也許不一樣。但你願意那麼做嗎？再說地理上我們也不那麼靠近。

香港目前正在開拓更多通道，與內地更廣泛的連接起來。馬上要有一道大橋，把香港、珠海、澳門、珠三角所有城市銜接起來。

> 問：但是情感的牽繫不容小覷，尤其是中國展現的軟實力。

答：沒有的事。情感牽繫何在？你知道「馬共全權代表」方壯璧[13]嗎？他在兒子還是嬰兒的時候就把他送到中國生活成長。吳慶瑞有一回遇到余柱業，他倆是老朋友。余柱業說，方壯璧的兒子早就放棄了信念，我們會准他回國嗎？馬共全權代表的這個兒子，念的是清華大學，出類拔萃，不是共產黨員，娶的是馬來西亞華人。所以我們准他回來。我與他在晚宴上見過一次面，出於好奇，我問他：「談談你在中國是怎麼長大的。」

新馬華人被集中在長沙的一個村落裡。他們不與中國人一起生活，上不同學校，接受不同待遇。後來他倒是與中國人一起升上清華。雖說在中國長大，口音與中國人沒兩樣，但待遇還是有落差。

> 問：不過那畢竟是舊中國了，我的意思是，那是三五十年前的事了。

答：我在1980年代去廈門訪問，他們把我帶到一個地方，住著新馬歸國華僑。華僑與中國人各自生活，互不往來。也許再過兩、三代，他們的子女長大之後會被接受，可以上同一所學校；但華僑終究是華僑，終究是次等公民。華裔，還要低兩級。這是不可能發生的。

當年在新加坡的共產黨份子勢力鼎盛的時候，這些正是我們所擔憂的。好些當年被驅逐出境的親共份子紛紛要求回國，都讓我們拒絕了。其實是我們無知，當時並不明白他們始終無法成為中國的一份子，不明白他們其實發現自己在中國非但未曾受到祖國擁抱，反而被視為另類社群。

終於時機到了，中國與亞細安結為盟友。他們解決了越南，所有游擊隊活動停止接收軍火、通信器材、資金。我告訴鄧小平，只要中國繼續支援馬共，新加坡就不可能與中國合作。[14]他果然終止了行動。馬共被遺棄了。

　　方壯璧向馬國政府投降後，我在新加坡見過他兩次。鄧小平告訴方壯璧，一切都結束了。他給錢讓他們自行去買通信器材，要他們轉移陣地到泰國去。他要方壯璧停止一切行動，否則李光耀恫言不合作。方壯璧雖然對我心中有怨，卻還是不得不結束了一切。中國更關心的，是自己的利益還是馬共的存亡？你相信他們會為你犧牲嗎？當然，我們談交情，我們同文同種，但實際上，兩地文化還是迥然不同的。我們畢竟更傾向西方。

李光耀和語言

「我念一遍，你跟著我念，然後寫下來，然後朗讀出來。當時覺得，這簡直瘋了。我什麼都學不到。」

　　如果可以的話，請試著想像這樣一幅畫面：李光耀掙扎著說英語，夾帶著擺脫不掉的華語口音。這幅畫面在今天看來是如此牽強，因為李光耀對英語的純熟掌握早已成了他的個性與領袖魅力的一個重要成分。可是2009年4月的夜晚，在近乎兩小時關於種族和宗教的訪談中，李光耀讓自己若有所思地說著，如果當年上的是華校而非英校，他的這一生會怎麼樣，新加坡的歷史又會是一番什麼風景。

　　他六歲的時候，外婆堅持為他報讀俊源小學，那是位於如切念的一所華文源流學校。由於在家中只說英語和馬來語，李光耀覺得上華文課分外吃力。

　　「她要我到華校念書。簡直把人當傻瓜，我當時在想，這種教法還真是笨。我念一遍，你跟著我念，然後寫下來，然後朗讀出來。當時覺得，這簡直瘋了。我什麼都學不到。所以我說，讓我轉到英校去吧！我不願意在俊源小學待滿六年。要不是這樣，說不定我的華文會自小打下基礎，但同時英文也不會像現在那麼好，說英語肯定會帶點方言口音。」

　　他說服母親把他轉到英校繼續升學。這也就是為什麼他後來到直落古樓英文小學念了六年書，接著升上萊佛士書院，再負笈劍橋大學修法律。他說，如果當年接受的是以華文為第一語文的教育，人生就會走上不同的軌道，而新加坡的歷史也很可能會改寫。

　　「是的，我是這麼認為的。轉到英校以英文學習，讓我接觸到許多從直落古樓馬來小學轉到英校的馬來族男孩，在一定程度上讓我變得更加像個東南亞人。這些馬來同學比我大兩歲，但轉到英校以後得降低兩年與我

同一班，所以都是超齡生。」

「但我在球場上與課堂上跟他們成了好朋友，我們之間的交流往來完全沒問題。日後在與工會合作、郵政員工、港務局員工等等，都能輕易地融洽相處。」

新加坡從1963年至1965年間，隸屬於馬來西亞。李光耀是當時的總理，也是反對黨政治人物。由於他既是受英文教育的華人，又說得一口流利的馬來語，而這又是馬來西亞的國語，因此讓他分外引人矚目。他大力主張建立一個「馬來西亞人的馬來西亞」，人民不論種族享有平等公正的待遇。

1965年5月，李光耀在馬來西亞國會裡發表了一番慷慨激昂的言論，那也是他的最後一場馬來西亞國會演說。他以馬來語抨擊以巫統為首的聯盟政府所推行的政策，並強調自己雖也願意接受以馬來文為馬來西亞聯邦的唯一國家用語，卻看不出這項政策會怎麼幫助鄉村馬來人擺脫貧困。

他在訪談中說，馬來西亞首相東姑阿都拉曼後來決定把新加坡逐出聯邦，那一場演講是致命傷。

「在馬來西亞國會的那一場最後演說，我決定用馬來語發表。我用馬來語說明，為什麼把馬來語制定為馬來西亞唯一國語，無助於提升鄉下農夫的生活條件。農夫們需要的其實是灌溉技術與更好的農作物。」李光耀娓娓道來。

「聯盟政府那一邊的所有帶著伊斯蘭教白帽的老議員都猛點頭。東姑和拉薩（副首相）當下決定，這個傢伙留不得。」

「在那個時候，我說得一口漂亮的馬來語。你現在要我用馬來語發表演講，得事先做好準備，因為已經生疏了。語言能力流失了。但隨時要再掌握也還不算太難，畢竟小時候與馬來小孩都能流利交談。」

不過，李光耀終得為自己選擇的路而付出慘重代價，因為他一直要到32歲成年以後才開始學華文，學習過程幾經折騰。他是在23歲到英國深造時才發現，雖然自己跟英國同伴說著同一種語言，彼此的價值觀卻像是來自兩個完全不同的世界。而他完全不諳華語，也就意味著他根本無從開啟

中國文學幾千年來的浩瀚寶藏，無從深入去探索童年時代家人曾經灌輸給他的中華傳統價值觀。

「我在1946年初抵英國，馬上就感覺到自己跟英國人是不一樣的，而且永遠無法成為他們的一份子。當然，我跟他們說著同一種語言，要的話，連行為舉止也可以跟他們一樣，但我始終不是他們。我的思維裡設置了一套截然不同的指南針，自小由家人傳授給我。家人並不是儒家學者，植入我觀念裡的也不是什麼高層次文化的儒家倫理學說，都只是屬於較低層次文化的道德價值觀。我開始學華文以後，才恍然領悟到自己的基本價值觀有多麼『華人』。」他說。

於是，李光耀決定把三個子女都送到華校受教育，讓孩子們不至於也像他那樣，因為沒自小把華文學好，導致成年之後必須承受某些方面的失落與遺憾。

「（如果當年沒從華校轉到英校，）我會對自己身為華人的價值觀與中華文化遺產更有自信，在英國的時候，我就可以更自信地說：『好吧，那是你，我還是我。』可是與此同時，我也要為此付出代價，英語沒法說得標準流利，因為發音必定會受到華語影響，我大概也沒法同時掌握華語及馬來語，就也會放棄馬來語。假設我繼續在俊源華文小學念書，我也不會有機會與馬來小男孩同窗六年。」

「如今回首自己的一生，我覺得，自己至少做到的是，無論身在什麼處境，都充分利用客觀條件，做到最好。運氣當然也很重要，但是語言能力更加關鍵，所以對此我沒有遺憾。反正後悔也沒用。因為自己付出了代價，我得確保三個小孩不用再受苦。所以華語是他們的第一語言，然後是英語，然後是馬來語。但是今天，英語成了他們的第一語言，原因是他們不再需要使用華語，無論在家中或者工作場所，用的都是英語。你叫總理寫篇中文講稿，他得寫成英文再找人翻譯，然後再自行根據自己的思想語氣進行修飾。

注釋

1 訪問在2009年7月間舉行，李光耀夫人於隔年10月2日病逝。

2 本書英文版面世後，有關馬來社群的言論，引起馬來社群的迴響。李資政在2011年3月6日發表聲明時說：「《硬道理》是在歷時兩年、花了32個小時進行訪問後完成的一本書。我對馬來社群融入其他社群的評論，大約是兩三年前提出的。馬來族和非馬來族的部長與議員後來告訴我，新加坡馬來人確已特別努力融入其他社群，尤其在九一一事件以後，而我所發出的呼籲已經過時。我之前的論點有待修正，希望馬來族努力同其他社群融入的趨勢得以持續。」

3 阿末依布拉欣是1959年新加坡首屆內閣成員，1962年於任內病逝，逝世前出任衛生部長和勞工部長。拉欣依薩是新加坡首任總統尤索夫依薩的最小弟弟，1963年至1981年間於教育部及外交部擔任要職。奧斯曼渥在人民行動黨創立幾天後入黨，於1963年至1977年擔任社會發展部長，而後派任印尼大使至1981年。

4 鄧亮洪在1997年1月全國大選期間因公開指稱人民行動黨領導人是騙子與罪犯而被起訴。他在大選後逃亡海外。

5 沙烏地阿拉伯信奉更為嚴格保守的瓦哈比派伊斯蘭教；婦女沒有監護人陪伴下不准外出，禁止素不相識的陌生男女同上餐館用餐，男女在工作場所必須隔離，不准婦女開車。

6 李光耀在2006年3月一篇題為「石油、伊斯蘭教、大規模殺傷性武器——一場急劇波動的混局」（「Volatile Mix of Oil, Islam and WMD」）的專欄文章中辯稱，約旦國王阿卜杜拉二世推動了現代化進程。

7 陶李是來自中國武漢的新移民。

8 巴基斯坦裔的新加坡人莫哈末阿斯蘭於2001年11月在阿富汗被北方聯盟逮捕，內政部事後揭露他隸屬伊斯蘭祈禱團（回教祈禱團），曾參與策謀新加坡炸彈襲擊行動。

9 國會在2009年3月在人民行動黨解除黨督約束的情況下對人體器官移植法案修訂進行表決，人民行動黨議員迪舒沙無法認同修訂後的法案允許活體捐獻者獲得補償金以抵消器官移植手術開銷，唯恐補償制度被濫用，因此投下反對票。

10 訪員提到的是1987年的「光譜行動」，當時，共有22名新加坡人被指控為馬克思主義信仰者，因為涉嫌策謀推翻人民行動黨政府成立共產國家而被逮捕。落網的核心份子當中，好些是天主教會的社工。

11 陳惠興於1970年至1991年間擔任黃埔區議員。

12 劉太格是一位建築師兼城市規劃師，曾先後掌管建屋發展局與市區重建局。他曾

參與亞洲與中東多個城鎮的重新規劃項目，其中包括了南京生態島與曲阜市總體規劃。

13 「全權代表」是李光耀給馬來亞共產黨領導人方壯璧取的外號。方壯璧與頂頭上司余柱業均為馬共在新加坡地下組織的高層領導。余柱業在1991年基於人道理由獲准回返新加坡，於1995年病逝。方壯璧兒子方少平受吳慶瑞賞識，於1990年受聘到新加坡科技控股集團任職。方壯璧於1995年會見李光耀進行協商，欲爭取讓前馬共份子回國但未成功。他於2004年死於泰國合艾。

14 那是1978年發生的事件。

07
從異鄉客
到自家人

每一天午餐時間一到，李光耀總會和家裡的一組看護人員坐下來聊天。那一段日子裡，她們全在他位於歐思禮路的住家值勤，照顧他臥病在床的妻子，這種情況一直持續到李夫人於2010年10月逝世為止。以前，李光耀經常與妻子一起吃飯，而後當她再也起不了床，他只好利用那一小時午飯時間與看護們聊天，一方面練習說華語，一方面也能多了解看護們在新加坡的生活。

其中一位看護來自中國，嫁給來自山東的新移民，先生從事資訊科技業。她來新加坡已經15年，早已成了公民。夫婦倆有個兒子，已經5歲大。這名看護如今擔心兒子應付不了新加坡的英語環境，對著李光耀抱怨：「我兒子會寫60個中文字，卻連5個英文字都寫不成。」

李光耀憶述著這段對話：「我跟她說，去跟你那些新加坡的同事們多聊聊，他們會幫你找個退休教師，可能每月會花上你幾百元學費，但是一周兩次，一對一指導，你兒子上了學之後就自然能掌握英語。可是她說，兒子一上學就要吃虧，因為其他小孩已經會讀會寫英文。」

這位中國看護看世界的眼光竟跟新加坡人如此相似，這一點倒是叫李光耀感到意外。她就跟許多新加坡華族家長沒兩樣，憂心的是孩子的英語

掌握能力是否足以讓他在新加坡出人頭地，而不是孩子能不能維持自己的
華文母語水準。

「所以你看，方向盤已經轉了，她根本沒想過要回去。像她們一樣的
新移民，是如此急於融入這個社會，也終會漸漸擺脫身為異鄉客的感覺。
即使這一代人沒法完全融入，但是他們的下一代會上新加坡學校，和新加
坡孩子玩在一塊，長大了就會完完全全成為新加坡人了。」

那一次談話，讓李光耀悟出兩個道理。一是，新加坡勞工短缺已是全
然不容爭辯的事實，因此需要對客工及新移民開放門戶，在人口急速老化
的壓力下更須如此。

二是，問題已經不在於該不該引進外國人，而是讓他們進來之後該怎
麼調控，才能緩和社會的緊張關係、幫助他們更迅速地融入我國。

擺在眼前的事實

對李光耀來說，人口統計資料是如此直截了當、一目了然，他實在
不明白為什麼總有人對此視若無睹。新加坡土生土長的人口只有區區370
萬，2009年的總生育率只達1.22，遠低於2.1之平均人口替代率。[1] 即便有
再多的優惠政策出臺，通過各個方面鼓勵婚姻與生育，但是生育率始終難
以達到2.1的替代水準。這也就意味著，新加坡人口隨時可能停止增加，
進而逐漸消減。而唯一能制止這個趨勢的方法，就是引進高素質移民，填
補人口的不足。

李光耀坦言：要是沒有外國移民與外籍勞工，全靠新加坡人以如此差
勁的速度生育和自我替代，到了2050年，每一個勞動年齡人口得要負擔兩
個老年人。「根本沒法維持，整個經濟會垮掉。」

目前，每一個65歲或以上的新加坡樂齡人士，會由8名年齡介於15歲
至64歲的成年人共同負擔。可是隨著新生兒逐年遞減，生育率又遠遠沒法
達到2.1的人口替代水準，老齡人口的比例只會不斷上升。不引進新移民

的話，到了2039年，勞動年齡人口中每兩人就得負擔一名樂齡人士；有了新移民，這個比例會擴大到3.2。

「引進新移民如果有助於促進整體經濟的發展，那起碼我們能創造更多資源，來應付人口老齡化的挑戰。要是任由經濟萎縮，例如日本的情況，那就夠你受的了。日本的經濟根本推不動，老年人不消費，只能部分時間打工，工資不高，生產力也偏低。日本政府推出了一個接一個的經濟刺激配套，還是無濟於事。」

對於人口老齡化對國家未來的發展將造成什麼樣的衝擊，李光耀是深感焦慮也感同身受的。畢竟，已屆人生八旬之年，對於個人所面對的種種局限，他有著更深刻的體驗。

我們就這個課題進行訪問期間，有一次，他穿著一雙軟運動鞋走進訪問室，他形容為「輕便帆布鞋」。原來，他在一個月前從健身腳踏車上摔了下來，扭傷了大腿。「已經四個星期了，我還沒完全復原。」他平淡地說。「還沒全好，但是慢慢在康復，得穿著這雙帆布鞋才比較舒服。總會好的。只不過年齡越大，復原的時間越長。」

越來越多老年人必須以輪椅代步，或者根本下不了床，需要24小時全時間看護。他如此感歎。「這種情況接下來還會更多。而我們總不成讓這些人全住進療養院。如果居家的話，你可得為他們提供上門護理服務、居家看護，每隔兩三天上門造訪，幫助家屬提供護理、換藥等等。會是個大問題。」

事實上，老年護理這一行，越來越難找到人，必須把網撒向海外，向外招聘護士、醫療輔助專業人員、看護人員。

李光耀一直是個務實者，總愛以親身體驗或觀察來印證自己對世界的見解。新加坡有多依賴客工，他只需看看住家周遭的環境就能搜集到許多第一手資料。

「看吧，我的住家周圍全是老建築，拆掉了再重建。每天一大早，馬來西亞人就會乘著他們的摩托車前來；等到房子建好了，蓋頂了，新加坡人才出現。

「我總是無可奈何地看著這樣的情景，因為換作我是一般的新加坡人，自己必定也會如此。我問自己，對方所做的，我做得到嗎？凌晨五點起了個大早，就為了避開車龍過長堤來？

「可是對他們來說，這還是值得的啊。這裡所賺的一塊錢，等於馬幣二又四分之一元，反正在另一邊也找不到事幹。所以就給自己買部摩托車，天天騎著來上班。

「到頭來，他們把二又四分之一倍的收入帶回家，在家裡要應付的生活費也沒那麼高。當然，他們如果在這裡消費就不一樣。但我想他們來的時候，多半也會帶著飯盒過來。」

新加坡的急速發展，讓這座城市的生活費越來越高。但與此同時，新加坡又是位於東南亞中心樞紐，擁有區域鄰國為腹地的龐大廉價勞工來源，熟練的、非熟練的，都有。政府開放門戶引進鄰國客工，其實有助於壓制國內的生活成本，讓國人能負擔得起諸如家庭幫傭等的一些服務，為生活帶來便利。

訪問過程中，幾位記者提到新加坡人擔心外國人來搶飯碗的心態，請李光耀作出回應。他卻忽然反過來問每一個人：「你家中請不請女傭？你呢？你？」

大多數人家裡都有女傭。李光耀承認他家裡也請女傭幫忙做飯與打掃，另外請來一組看護照顧病中的妻子，外國人、新加坡人都有。他的說法是：政府推行開放的移民政策，最大受益人其實正是新加坡人，因為大量的廉價外勞有助於使服務成本維持低廉。

尤其近十年來，新加坡人口結構出現了大變化，最顯而易見的是外來人口劇增。2000年，非居民人數是75萬4524人；到了2009年，這個數目達125萬人，都是持工作准證或就業准證的外國人，漲幅高達66％。其中，大多數是工作准證持有者，例如菲律賓及印尼女傭，或者來自中國、印度、孟加拉的建築客工。少數是熟練員工或專業人士，在技術工業、服務業或金融界任職。另有一些是外國學生，或者是持家屬准證旅居我國的人。

　　如今，外國人的身影在這裡已是無處不見，甚至到了讓好些國人抓狂的地步。巴士上、地鐵上、海灘上、公園裡，全變得越來越擁擠。服務業領域中國籍員工太多，叫國人怨聲載道，因為這些中國籍服務員聽不懂英語，沒法為新加坡的非華族人口提供服務。

　　當局計畫在住宅區內闢設客工宿舍，卻引發如實龍崗花園這類中等入息階層的舒適私人住宅區居民的強烈反彈。受雇本地的印度籍專業人士搬進同一個私人公寓社區，卻導致一些華族新加坡原居民選擇搬離，理由是受不了辛辣嗆鼻的咖喱味以及震耳欲聾的寶萊塢式住家派對。勤奮好學的外籍學生年復一年在全國會考中以驕人成績脫穎而出，更在校際比賽中頻頻得獎，讓新加坡家長憂心自己的孩子比不過人家。《海峽時報星期刊》在2006年做了項調查，發現86％的受訪者因為擔心外國人來搶飯碗而反對政府的開放政策。當中，有三分之二受訪者認為，那些所謂「外來人才」的熟練外籍人員在無須承擔任何公民義務之餘，卻能享盡一切身為公民的好處。

　　對於這些情緒反應，李光耀表示同情。他說他能理解家長們看著新移民子女成績冠全校時心裡很不好受。但他認為，與其憤懣埋怨，不如鼓勵孩子發憤圖強，與這些外國同學爭長短。

　　「我的其中一位醫生有個鄰居把住房分割出租，結果後院一個面積最小的空間租了給一對中國夫婦及他們的兒子。男孩在後院就地搭起了帆布或塑膠帳篷，再裝上一個小燈泡，就這麼在夜裡挑燈苦讀。醫生於是告訴自己還在讀中三或中四的女兒，說：『你看看人家。』

　　「這個男孩知道，如果自己沒法把英文讀好，就什麼都辦不了。那股推動力是很驚人的。而這位醫生是個明理的人，他非但不埋怨，反而說這激勵了女兒更努力讀書。這些外籍學生還不光是比別人勤奮而已。他們好些都考進了最好的學校，卻還是能在這些學校裡爭取到各種獎項與獎學金。新加坡家長必須了解，擺在孩子面前的是更為激烈的競爭。

　　「對此，我的答案是，在這麼一場拔河賽中，你希望實力最強的人才在我們這邊，還是讓他到另一邊去，為越南或者中國隊拉繩？」

　　對李光耀來說，外國人的存在對本地人應是一種激勵；對外國人來搶飯碗的說法他完全不苟同。他舉人力部的一份職位空缺記錄說明，即使在2009年經濟衰退中期，仍有多達兩萬個職位空缺待聘，但是新加坡人偏偏不要這些工作。

　　「本地人老愛說在服務業找不到工作。胡說八道！是他們不肯到零售店打工，也不願在酒店裡鋪床單。新加坡人只想要輕鬆的工作。兩萬個職位空缺啊，可是他們全看不上。建築業的空缺也很多，但是新加坡人就是要等到大樓建好了屋頂蓋上了，才肯進來裝電線和鋪設水管。

　　「當然，換作是我，也會跟他們一樣以公民身分說：『喂，聽我說，你最好幫我找一份更好的工作』，因為他們知道我們製造了不少更好的就業機會。但要讓他們應付得了這些更好的工作，我們得提升他們的技能和教育。40歲以上的員工就不那麼容易做到了，老一輩員工不像年輕員工一樣有機會在工藝教育學院、理工學院、大學裡接受中學以上的大專教育。不過大家都得嘗試。肯下苦工，就會做得到。

　　「工作是有的。說本地人在服務業就業市場被外國人擠出局，其實是觀念上的誤區。你到任何一家酒店去，都會告訴你他們人手短缺。餐館也一樣，甚至不介意聘請工讀生打兼職工，一周值勤兩三天，領一份工資。可是許多本地人都不願意做這些工作。這就是新一代新加坡人的特質，人們的期望不斷提升，我們得接受這個無可避免的轉變。」

　　對李光耀來說，這些有關外國人來搶飯碗的民怨全都只不過是一些「牢騷」。新加坡需要繼續對外國人開放門戶，國家才有辦法吸引到新移民與外勞來補足人口、支持整體經濟發展。

　　沒有了新移民，人口會逐漸萎縮，經濟步伐不得不放緩。這是政府就2010年至2040年的未來30年內，移民政策會如何影響經濟增長與公共開支比率進行研究後所得出的結論。而在同一個時期，新加坡得同時面對三重挑戰，分別是超低生育率、急速老齡化人口、以及成熟飽和的經濟體。兩種局面可能發生：

　　第一種局面：新移民繼續大量湧入。而隨著中國與印度的生活水準提

高，趕上了新加坡，這股移民浪潮到了後期幾年也許會放緩。每一年也同時會有不少公民與永久居民移居海外而造成一些人口外流。但只要繼續適當引入外來移民，就能確保勞動力持續蓬勃，足以讓新加坡繼續維持強勁增長，也會有足夠的年輕人口負起保家衛國重任，同時照顧老齡人口。

第二種局面：不再引進新移民。勞動力一夜間縮小，經濟增長馬上放緩，甚至最終陷入負增長狀態，經濟全盤萎縮。隨著老年人口比例上升，勞動人口愈發感受到醫療護理及社會服務成本偏高所帶來的壓力。有才幹的新加坡人紛紛選擇移民他鄉尋找更肥沃的綠洲。一旦受困於如此螺旋式下滑的惡性循環狀態，新加坡也許從此一蹶不振。

「所以，我們不可能就為了要應付一場經濟不景氣或人民的幾句牢騷，而選擇偏離這麼一條經過審慎計算的軌道。」李光耀斷然指出。

堅守這條軌道繼續前進的同時，政府也致力於促進外國人融入本地社會。最主要做法是，透過住屋政策達致，為有多達八成人口居住的組屋區設定種族配額，以確保各個不同種族在住宅區裡有機會相互接觸交流。這項政策的歷史背景可追溯到上世紀60年代獨立建國初期、種族暴亂頻頻發生的年代；當年，華族或馬來族總是聚居在各自的村落裡，互不往來。到了今天，所有種族都能在政府組屋裡和諧共居。

如今，新移民與永久居民依然會傾向在某個特定地區聚居，政府對此也高度警惕。李光耀承認，人類物以類聚的本性是根深蒂固的，但國家也希望新移民能更快地融入主流社會。而這就需要積極的調控，其中一個方法就是為政府組屋設定配額。2010年3月，政府為永久居民購買轉售組屋設定新配額，以避免永久居民在組屋區裡聚居，形成小圈子。

「聽說在澳大利亞雪梨有個越南村，會讓人有身在越南的錯覺……所有越南的黑手黨全聚集在這裡，你要走進去就風險自負。我們不會容許這樣的情況在新加坡出現。」李光耀說道。

但他也準備把眼光放遠。第一代移民要完全融入也許不那麼容易，但是第二代移民肯定會入鄉隨俗，對新加坡的生活方式會感到很自在。關鍵在於必須避免讓新移民形成各自的小圈子，阻礙了社會融合的進程。

　　學校其實也能在促進融合方面扮演核心角色。李光耀在訪談中透露，政府有意對環球印度人國際學校在我國的擴展設限，因為這所印度人國際學校迄今已在我國不同地點開設了三所分校。政府還計畫頒布新條例，規定凡申請永久居留權者，必得報讀本地中學。

　　光靠政策還不足夠，李光耀認為國人向新移民伸出援手、幫助他們融合，也是很重要的，從而在潛移默化之下把新加坡價值觀灌輸給新移民。對於那些要新加坡關起大門拒絕外國人進來的呼聲，李光耀可沒有太多的耐性。在他看來，身為新加坡人的其中一項特質，就是願意包容接受其他人成為新加坡大家庭的一份子：「我對新加坡人的定義，這也是讓我們與眾不同的特質，那就是，對於任何走進來的人，都願意接受他為自家的一份子。」

Q&A

「我對新加坡人的定義是，
對於任何走進來的人，
都願意接受他為自家的一份子。」

> **問：你向來強烈主張新加坡應該對外國人開放門戶。新加坡就得永遠如此依賴外國人嗎？**

答：以我們目前的平均生育率看來，的確是這樣。要不然，到了2050年，每1.5個勞動人口，就得負擔一個年長者。屆時，經濟會全盤垮掉。而也因為負擔沉重，那些資質優秀的年輕人寧可遠走他鄉也不願留下來扛起重擔。你認為我們為什麼要不斷鼓勵國人多生育？正因為我們的生育率沒法達到人口替代水準，才更需要吸納外來移民，讓這些外來移民的下一代都能成為新加坡公民，確保土生土長的新加坡人始終在我們的總人口中佔有最大比例。我們正在努力地通過各種方法把這群外來移民分散到各個不同地區，讓他們與新加坡鄰居共同生活，讓孩子們與新加坡小孩上同一所學校，互相接觸交流。

你很難去改變第一代移民，不論他們來自印度、中國或其他地方；可是你絕對有辦法讓第二代移民完全融入，因為他們要不就是在這裡出生長大，要不就是在很小的時候就來到我們這裡。他們在本地學校受教育，言談舉止都跟新加坡人沒兩樣。

不引進外國人，我們就沒有足夠人力來維持經濟增長。就是這麼簡單。我們的人數遠遠不足。每一年有多少個寶寶誕生？介於3萬到3萬5000個。[2] 應該要有比這個高出一倍的數目，對吧？我剛上任的時候，每一年新生寶寶有6萬2000個，而那時候的總人口還不及200萬呢。

> **問：開放政策可有個限度？對於政府的一些發展規劃把人口目標設定在650萬人，你曾經說過你並不認同，認為不應該任由新加坡人口上升到這個水準？**

答：不。我考慮到的是空間的局限。人人都會要求一定的理想居住環境，空氣清新，消閒場所俱全，讓這座城市更舒適宜居。可是他們認為通過填海就足以將新加坡面積再擴大15％，那就容納得下650萬人口。

可是這之後，又怎麼樣呢？你大可填海填到我們的海域邊界去，接著呢，又該怎麼做？這之後，就得提升人口的素質了。我們正在盡所能做到這一點。人民的先天條件改變不了，卻可以通過教育與培訓發揮最大潛能。技能提升與應變計畫就是一個例子[3]，協助員工趁經濟衰退期間提升技能與資歷，為經濟復甦後冒起的新工業新領域做好準備。被淘汰的舊工業不會再回來了，因為他們都跑到其他成本更低的國家去了。

> **問：本地人對外地人的不滿情緒如此強烈，會不會讓你感到意外？**

答： 不，我完全不感到意外。這其實還是個相當新的政策。從資料就可以清楚看出，我們在最近幾年大量引進外來移民，原因是經濟在增長，各個領域都需要外國人。然後忽然之間就陷入了一場經濟危機，而在這段困難時期，我們為了不給雇主和外國人傳達錯誤信息，並未指示雇主必須先裁掉工作准證與就業准證持有者。

政府所採取的做法是，雇主每聘請一名本地員工，就可獲得政府所提供的每月300元「雇用補貼」。[4]這就須得由雇主自行決定了。如果他寧可不要那筆每月300元的補助金，也要執意留住外籍員工而裁掉本地員工，他必定是有充分的理由，對不對？我們設想的方案必須能給予雇主靈活處理的空間，自行判斷誰留誰走。很多時候取決於員工的生產力與對公司的貢獻。

作為政府，我們必須做好全面周詳的考量，才能確保經濟一旦復甦，生產力也能順應地趕上。這些都不是倉促草率的決定，而是經過深思熟慮和多番討論的結果，參與的不只是財政部及人力部，也包括國家發展部及貿工部組成的跨部門委員會，再帶到內閣中做決策。

你認為新加坡為什麼不像其他地方一樣手足無措，而能如此平穩地過渡？就因為我們創造了這許多機會：培訓津貼、讓雇主每聘請一名本地員工就能獲得補助金、讓雇主自行決定是要留住這個人，還是要送他去培

訓，然後回來為公司增值。就是因為多年來所建立起來的充足資源，我們才足以在危機時刻也能不慌不忙、從容不迫，當機立斷地作出決策。

所以，我們不可能就為了一場經濟不景氣或人民的幾句牢騷，而選擇偏離這麼一條經過審慎計算的軌道。我們關注的，是新加坡的長期生存。

> **問：如今外來人口排山倒海而來，國人的不滿與憤懣也瀕臨沸點，現在是不是應多關注該怎麼安撫民間的情緒？**

答：我們正在盡最大努力促進外來人口融入本地。首先是，通過組屋配額制將外來人口分散到不同組屋區。但是像印度移民接二連三在東海岸同一個公寓社區買房子，導致東海岸公寓住戶的北印度移民比例失衡，卻是我們阻止不了的。

對於絕大多數人居住的政府組屋，我們在不強制融合的情況下嘗試製造更多相互交流相互理解的機會，從而促進融合。人民協會正設法在各個選區設立國民融合委員會。[5] 但這個過程需要時間才能看到效果。

人民行動黨為籌辦今年的黨大會，舉辦了不少籌備會議，在其中一場閉門對話會上，有位新移民用華語發言，卻被其他發言人大罵，斥責她怎麼不會說英語，惹得她當場哭了起來。怎麼能要求她與大家一樣精通英語說英語呢？你得給她多點時間啊。這位新移民有心想融入我們的社會，才參加了這場對話會，結果卻遭人炮轟。大家實在需要多加體諒、將心比心。她在努力地踏出去，要跟大家分享她的感受。我們該給她多點時間融入。雙方面都得努力，這是個雙向過程。

如果我們回到上世紀60年代，每戶家庭有四個小孩，這根本就不是問題了，我們根本不需要這麼做。但如果是這樣的話，我們就會把精力過度的耗在人口增長問題上，而無法累計足夠的資本來創造基礎設施、學校、教育機構等等。我們今天也許會有六七百萬個土生土長的新加坡人，但事實是，凡是讓女性享有平等教育與工作機會的發達國家，生育率必然會下降。

新移民會越來越像我們的國民。我身邊有位護士，來自中國，有個小孩。我問她：「怎麼不多生一個？或者三個，更好。」她說：「不，不要了，太貴了。你知道幼稚園收費多少錢嗎？而現在他快要上小學了，我為他報讀了整個鄰里最好的學校，但也得做滿一年義工，每星期得站在馬路中央指揮交通，引導小朋友過馬路，他才進得了這所學校。」

她說：「要生兩個的話，我肯定養不了。等孩子長大再回去工作，原來的位子早沒了，讓別人趕上來了。」

她的想法已經變得跟新加坡人完全一樣了。大家總以為新移民的固有行為舉止思想都根深蒂固不會改變，但事實是他們也變得和你我完全一樣，凡事精打細算，理性務實地研究各種可行的選項。我們還沒找出一個可以讓人口自然替代持續增長的方案。也許永遠不會有這麼一個方案。只有瑞典和法國的生育率能維持在 ^{2} 的完全替代水準。其他國家都做不到，尤其東亞許多發達國家更不容易。美國不一樣，有充裕的空間，民族性也比較樂觀。但是我認為他們再過不久也會面對同樣問題。日本和中國的主要城市也都走上了同一條道路，媒體啦、商界啦，都有很多未婚女性。這是全球性問題，屬於結構性社會變革。當你讓婦女接受教育，享有同等的工作機會，社會結構必然也隨著永遠改變。

問：你怎麼看外來人口大量湧入對我國社會所造成的衝擊？

答：我倒覺得這是一種刺激，能激勵國人更力爭上游面對競爭，這其實是好事。如果我們成功將外來人口分散到全國各地，他們對我們的影響不會大過我們對他們的影響。改變不會太大。新移民的小孩也都會成為新加坡人。

我看不出他們有哪一點不像新加坡小孩。現在已經有不少中國籍家長在埋怨：「看吧，我們家兒子在學校裡都不願意學華文，只想花更多時間把英文學好。」

雖然他在家裡說華語，但他並不打算升上特選中學為華文費心思，寧可爭取名列前茅。他看著新加坡孩子怎麼算計考量，於是跟自己說：「知道了，如果過於專注於學華文，就會輸給他們。要贏過他們，就必須專注在其他重要的科目上，如英文、科學、數學、高數、物理、生物。然後我才能得分。」

問：要把外來人口融入新加坡社會，又碰到哪些困難？

答：這確實是個問題，要入鄉隨俗，談何容易。中國人與本地華人不太能相處，於是總愛跟自己人聚在一起。印度新移民多來自北印度，即使是泰米爾納德邦過來的新移民，也自認素質要比新加坡印度人高，所以同樣不太能融洽相處。

到了第二代移民，因為在這裡受教育，就跟新加坡人沒什麼兩樣。但第一代移民都是在四五十歲才離鄉背井，之前已經過了大半段人生，我們得幫助他們融入。前陣子聽到958華語電臺節目，訪問一個中國來的新移民，應該是個中年男子。他說：「你叫我要怎麼入鄉隨俗？我盡力了。但我愛吃的食物不一樣、有不同煮法，生活習慣也很不一樣。我的小孩現在全在新加坡學校上學，將來自然會成為完完全全的新加坡人。可是你要我怎麼在一夜之間改變所有的習慣？」他說的，句句是肺腑之言。

我們確實無法讓他們一夜之間改變，但是必須設法分散他們。如果任由他們聚集在一起，買轉售組屋然後聚居同一區，問題就來了。他們之間會用自己的語言交談，不說英語。所以，我們才必須密切留意組屋居民的構成比例，確保外來人口分散在各個組屋區。這麼一來，左鄰右舍都會是新加坡人。每一區的外來人口在人數上寡不敵眾，也會促使他們讓子女與新加坡的男孩女孩交往，接觸多元種族，第二代移民的成長經歷也會因此變得非常不一樣。

這已經成了社會工程一個非常重要的舉措。如果任由他們自由活動自由發展，一定會成群聚居，這會是第一代移民的大問題。但如果處理得不

好，第二代同樣會聚集在一起，始終沒法全然融入。所以我們決定為組屋區制定配額，每一個住宅區的非土生土長居民不得超過一個特定的百分比。

> **問：你談到分散新移民的必要，但是實際情況是，有好些地區，包括組屋區，都出現了外國人群聚的情況。**

答：房子出租情況是我們管不到的。我們允許屋主出租組屋單位賺些錢，但是要追查所有的房子出租的情況，會非常費力。有些屋主整個單位出租，有些只出租房間。你怎麼管制？我們可以在外來人口以永久居民或公民身分買房子時進行管制，但是短期租戶沒辦法。他們大多數只是向現有住戶租房子暫時居住，我們管不了。如果有意留下來的話，他們必定會趁這個經濟不景時期趁低買下轉售組屋或新組屋。

還能有什麼替代方法？經濟因此衰退了嗎？對任何一個國家來說，最重要的就是維持經濟增長。如果經濟沒法取得增長，你就只能停滯不前，逐漸衰敗。

要國民有歸屬感，就得提供良好的經濟機會。你看看香港人，大量移民到加拿大（1997年回歸中國以前），結果因為加拿大沒太多發展機會，他們又回流香港，卻把家人孩子留在加拿大——多倫多、溫哥華等地。香港才是能賺到錢的地方。這些人，稱為「太空人」。

> **問：新加坡基於經濟與人口因素，在倉促之間讓大量外國人湧入，所造成的社會成本卻越來越顯著，我們該怎麼從中取得平衡？**

答：的確，是會感到些許不自在的。忽然之間周圍聽到的盡是南腔北調、不同口音的華語，或者你聽到印度人說的不是泰米爾（淡米爾）語而是印地語，再加上他們看起來總是有點那麼不一樣，或者有時候根本很不一樣。難免要叫人感到不自在。我跟一群派來我國工作的外國人見面，我

問他們：「什麼地方會是你最終的目的地？不工作了之後，你會希望在哪個城市安頓下來？」有個來自英國的人告訴我：「我想我會到澳大利亞去。」我問：「為什麼？」他說：「那裡有更多選擇吧！」然後補充說：「我的家鄉在倫敦，但每一次回家，總覺得那個地方變得非常陌生，盡是從各地進來的新市民：波蘭人、亞洲人、阿拉伯人、非洲人，等等等等。我覺得自己在家鄉反而好像變成了陌生人。」可是英國的經濟蓬勃發展呀！在經濟危機爆發之前，那些採取封閉移民政策的歐盟國家都沒法取得如英國這般強勁的經濟增長。

當然，英國後來因為房屋供應過剩，人們紛紛購買這些毒害深重的資產，導致經濟跌至低谷，但英國確實曾經歷過一段輝煌時期。倫敦曾經是大英帝國的中心，有金屬交易所和林林總總的商品交易所。他們在帝國瓦解之後如何維持增長？方法是從世界各地吸引新公司新人才到倫敦設立基地，尤其是美國銀行。

於是，他們創造了歐元，吸引美國銀行在倫敦設立中心。倫敦就這麼建立起了龐大的金融領域。全是說英語的專才，說英語的律師、會計師、為整個金融體系搭起了支撐架構。隨後，美國律師與會計師也移居到倫敦來了。現在倫敦受到了挫折，但正在期待復甦。我見證了這整個過程，得出了結論：倫敦得以增長，正因為走向環球化。

> 問：本地人對外來人口的一大不滿是，這些人大量湧入，然後申請永久居留權，卻少有人願意申請為公民。

答：確實如此。這個現象也讓我們擔憂。

> 問：人們還擔心移民的下一代是否也會如此。

答：不、不，不會的，第二代移民不會是這種情況。男性永久居民到了18歲也得參加國民服役，否則就會失去永久居留權。

問：我曾經跟一些來自印度的永久居民談過，他們都說等到孩子滿18歲就會離開這裡去澳大利亞。

答：他們一離開，就再也回不來了。

問：他們在那個時候可以選擇申請公民權，卻還在盤算著以後要怎麼以永久居民身分再回來，再申請就業准證在這裡工作。

答：不、不，我們不會允許他們再回來。政府有個規定，永久居民一旦在還沒服兵役之前離開，你就再也回不來了。你既然是這裡的永久居民，在新加坡學校裡度過童年，從新加坡體制中得到好處，沒理由不用服役。要是在服役前選擇離開，那我們就不會准許你再回來。只是，人人都會設法繞過種種規定條例，求取各種方便，所以這些條例我們都必須嚴格執行。但只有少數較富有的印度人以為他們可以選擇回家，然後希望20年後我們不會翻舊帳而讓他們再回到新加坡。可惜他們打錯了算盤。

其實很多新移民樂見兒子當兵。他們看著鄰居的小孩當兵，其實清楚知道當兵的辛苦。但對這些人來說，這裡的生活水準與生活素質是家鄉即使在兩代人以後仍然不可能趕上的。所以他們樂得長久住下來。

問：在你看來，是什麼原因導致許多永久居民對於申請公民權仍然有所保留？

答：就以馬來西亞人來說吧。很多馬來西亞人都不願意放棄自己的公民權。他們在馬來西亞有房子，家人也在那裡，何況往來兩地如此方便。父母不在了以後呢，他們也許會考慮轉換為新加坡公民。我有個私人醫生就是這種情況。妻子和子女在這裡，全是新加坡公民。假如我們允許雙重國籍的話，情況會更糟。我們可不是像美國一樣的大國啊。

> **問：讓外來人口不斷進來的同時，得繼續維持我國人口的種族比例，這會不會變得更加困難？**

答：最困難的主要還在於是不是能吸引到同等人數的馬來人或穆斯林（回教徒）進來，同步推高馬來族的人口比例。現階段從馬來西亞和印尼這兩個地方移民而來的穆斯林太少了。當然，如果進來的是勞工，那就不計其數了。對受過高等教育的專業人士來說，他們在馬印能享有的特權更多，面對的競爭又比較少，他們為什麼要到新加坡來？

一些阿拉伯人來了，因為娶了在波斯灣工作的新加坡穆斯林婦女而隨著太太來到這裡。我們的婦女如果想把受過高深教育的伴侶帶過來，我們是不會阻止的。但是人數畢竟很少。

我們的馬來領袖都了解情況。我也鼓勵他們積極引進更多馬來族－穆斯林移民。另有一些穆斯林專業人士獲跨國企業派來新加坡工作，這些人的小孩都在本地學校上課，而不少人在任滿後讓孩子留在這裡生活成長。我們歡迎他們，多多益善。

印度人的比例不斷上升，而且來的都是資質優秀的印度人。你看看源頭就好：10億人口，2億人受過教育，懂英文，愛打板球，為我們的體壇與其他領域注入多元的新氣象。

新加坡目前有三所印度人學校。本來還有更多，但我說不行。要嘛你就上本地學校，不然你就回印度去；否則，如果只待在印度人學校上課，一定會更傾向於印度文化，哪怕日後決定申請永久居留權或服兵役，也沒辦法真正融入。

其實我們正在考慮設定附加條件。凡是在印度人學校念中學的人，就沒有資格申請成為永久居民。因為學校裡用的課本全是以印度為核心的內容，學的是印度相關的知識，情感與其他方面也是傾向印度的。這會是個問題。所以你最好回印度去。

> **問：**《聯合早報》最近舉辦的一場活動，許多到場的新移民對你表達了感恩之情，感謝你的領導，讓他們在新加坡也能處處是機會。你當時回應說，新加坡人反而不那麼想。

答：這是很正常的。理由很簡單，新移民的基點不一樣。從中國或印度而來，到了新加坡，是個很大的躍進。對一個在新加坡長大的人來說，發展是漸進式的，所以他感受不到。到了他們的下一代，又會把一切發展視為理所當然，認定這是個自然規律。可惜的是，完全不是這麼一回事。我可以設想出種種狀況，會讓我們現有的一切成就在瞬間化為烏有，而又找不到退路。

我們唱國歌：「前進吧新加坡」，也念信約，但其實我們還不能算是一個國家。新加坡還在轉型，希望也許能在百年以後漸漸形成國家。美國已有250年歷史了，但我不認為美國算是個成熟的國家。的確，美國在歐洲經歷過第二次世界大戰，黑人白人一同抗戰，也在越戰出生入死過。但是戰爭結束回國以後，黑人白人各自生活。即使到現在，黑人和白人大部分還是不相往來。

我們一直是在非常艱苦的逆境下奮鬥，起初作了一些重大而痛苦的決定，全民拉拔著一起走。不這麼做的話，也許今天會是一個截然不同的新加坡。

馬來西亞選擇了不同的軌道。徹底分隔各個社群，華人、印度人、馬來人，甚至在社會最頂層的經濟階層上都清楚區分，互不交流，根本是各自為政的不同社群。他們算得上是一個國家嗎？不。

我們呢？算不算一個國家？還在轉型。什麼時候能達到？我也沒法告訴你。

一個領導人只能為自己的接班人鋪路。之後，就得取決於下一代的接班人了。史達林走後，赫魯雪夫瓦解了史達林體制。赫魯雪夫走後，勃列日涅夫另立一套全新的架構。勃列日涅夫到了七老八十才把政權移交給行

將就木的安德羅波夫。契爾年科死後，戈巴契夫上臺，最終導致蘇聯解體。**⁶** 但是蘇聯不是國家，而是帝國。

中國算是國家嗎？是的，畢竟漢族佔了他們總人口的90％，又有5000年歷史為基礎。可是新疆呢？西藏呢？中國希望讓這些不同地區與漢族相互融合，最終統一為國。但多元社會要發展成國家，終究得面對問題。

國家，畢竟是一種人為的概念，把不同種族歸入各自治理的不同國家。馬來西亞能不能長久維持下去？這我也無法預測。

問：外來移民湧入的反面就是本地人才外流。這是你當總理時就面對的問題。而這些年來繼續是個問題。你如何看待其發展、尤其現在世界變得更加環球化了？

答： 我並不認為我們阻擋得了人才外流的趨勢，畢竟這是全球共同面對的問題。所以，如何使出國留學的新加坡學生心繫新加坡？那就得提供和外地相等甚至更好的就業機會，他們學成後才願意回國。

那又會是什麼因素讓他們不想回來？房價？車價？美國的房子車子都很便宜，但總有無形頂障把你隔開，你永遠進不到那個令人嚮往的圈子，也不可能被接受。那是個白種人國家。也許歐巴馬總統可以例外，他是特殊情況產生的特殊人物。不過一般黑人在社會上都不跟白人交往接觸。這一點，你自己得權衡。

我們在美國留學的資優生，畢業之前就已經有美國公司來招手，這些留學生開始的時候會說：「好，我先去吸取經驗再回新加坡不遲。」如果新加坡不是一個蓬勃的金融中心，你以為他們還會願意回來嗎？我不這麼認為。正因為新加坡是個充滿活力的金融中心，美國公司也會把他們派回來這裡，畢竟他們在這裡有人脈網絡。所以最終靠的是什麼？說到底，還是經濟機會與就業前景。

如果你問我，效忠之心、情感聯繫、軍中袍澤之情、校園同窗之誼，是有的。但沒有了經濟與事業前景，人才不會回流。往往是海外出現經濟

衰退現象，移民他鄉的人數就會下降。

> **問：在你看來，外來移民會不會給我們的多元文化社會帶來新的衝擊？例如，印度移民把階級觀念的偏見帶過來，而中國人則對深膚色的種族始終帶著鄙夷的心態？**

答：我並不這麼認為。選擇留下來的人必然會知道自己屬於少數。印度人會知道只會說印地語是沒有用的，還得要懂英語。他們可以保留印地語，但也只為了一份情意結而已。這些人可以回到印度做生意，沒問題，但在印度做生意也可以用英語。他們也得確保自己的小孩適應這裡的環境，要不就無法繼續在新加坡生活。

要消除階級觀念，的確需要時間，新移民在這方面的觀念還是很強。但是到了第二代移民，在我們的學校裡受教育長大，到了適婚年齡的時候，也許會面對父母的壓力：「我到印度給你找個妻子。」可是這會漸漸淡化，畢竟印度來的妻子不一定能融入本地生活。這個兒子也許已經在新加坡有了心儀的對象，他必定會抗拒。你不見有那麼多印度醫生娶了華族醫生為妻嗎？

至於中國新移民，我認為問題簡單得多。他們沒有階級觀念。當然口音跟我們不同，但因為孩子們同樣在新加坡學校受教育，說起話來也會越來越像新加坡人。其實我倒希望中國移民有助於我們改善口音。他們說的畢竟是標準華語，我們說的都帶點南洋腔調。

> **問：另一個可能影響社會凝聚力的現象是，一些富有的外國人喜歡炫耀自己多有錢，這跟新加坡的生活習慣和生活態度不符。**

答：炫耀財富的多數是印度婦女。你要把財富都穿戴在身上，那也是你

的事。本地人會因此而生嫉嗎？這些畫面，你不是經常在高端時尚雜誌 Tatler上看過嗎？我並不贊成建立什麼社會精英文化，不過也不用刻意去阻止。每個社會的最頂層都必然會有一些零零星星的時尚達人、社交名流等等，讓他們去吧，他們畢竟是少數，不會給社會設定標準。部長、議員、總裁，才是設定社會標準規範的人。

我們現在有了濱海住宅與F1世界一級方程式賽車，這些人會願意來。我們在設法吸引他們來。王明星正設法吸引更多豪客來出席F1大賽。再加上兩家綜合度假勝地都經常有大型會議與大型表演，而演出門票一般都會獲得賭場贊助，當然會吸引到許多富有的印度人和中國人飛過來。

所以，你會開始看到越來越多富豪名流在我們這裡出現。沒什麼大不了。過去你在電視上看他們，如今你在現實生活中看他們。也要像他們一樣嗎？那就努力一點，一樣可以買得起金銀珠寶。但我可不認為新加坡人會想要全身上下都穿金戴銀的，這沒什麼品味。

身為新加坡人的意義

李光耀曾經是唱著《天佑女王》長大的英籍子民。在二戰日本侵佔馬來亞期間，他學著向日本國旗敬禮。到了成年時候，他是馬來亞反殖鬥爭運動的核心人物。

他在新加坡尼路長大，卻因為父親在馬來亞半島的蜆殼石油公司上班而一度時常往返彼岸。「開著車就能一路直通到底，不用經過關卡，不用出入境檢查。我把自己當成馬來亞人。」

然後，新加坡脫離了馬來西亞聯邦，獨立建國，李光耀出任總理。

耐人尋味的是，李光耀究竟在什麼時候才自認為新加坡人？他頓了頓，苦笑著說：「我在偶然間創造的這個稱為新加坡的實體，間接導致了新加坡人的誕生。」

　　然而，如果新加坡是在偶然間成為國家；則新加坡人之所以為之，是一種選擇。在李光耀看來，人們選擇旅居他國或倦鳥回巢，機遇的多寡往往是關鍵。

　　再問李光耀，哪種特質造就了新加坡人？對此，他是一點也不含糊：無論種族、語言、宗教，能夠接受他人為自己國家的一份子，就是新加坡人。

問：你認為新加坡是個仍處於轉型階段的國家，理由是，我們的歷史短淺，缺乏共同語言、文化、地理淵源。新加坡必須具備哪些條件，才能符合你所謂的國家境界？

答：得有自我價值意識、身分認同感，願意為國家犧牲生命，願意為彼此犧牲生命。看看中國人吧，無數次被人侵佔，又能無數次在侵略者衰敗之後浴火重生，正因為這個民族有很強的凝聚力：同一個語言、同一種宗教、同一個漢民族。

　　我們呢？共同語言共同文化嗎？不是。我們接納了一個外來的語言，就像西印度群島和一些非洲國家採納了英語一樣，但它們始終不能算是國家。如果我們再失去第二語文，失去的不光是新加坡身分認同而已，所有的自我價值意識也會隨之而消失。一個真正的國家，不可能在短短45年內建成。

問：你是否擔心外來移民湧入，會進一步沖淡新加坡正努力建立起來的國民意識？

答：也許，可是我有選擇嗎？我不斷告訴人民，請生至少兩個孩子，能力許可的話生三個。可是沒反應。我有選擇嗎？

問：身為新加坡人，有沒有任何感性層面上的意義？

答：我到柏斯去的時候，與旅居當地的新加坡人會面。對於這裡，他們都有許多深情的回憶。活動主辦人讓兒子保留新加坡護照作為保障。他兒子畢業自柏斯一所大學，當時在其中一家最大的企業擔任會計。我問：「為什麼還保留新加坡公民權？」他說：「他回國去服兵役，要確保萬一這裡不景氣，他還有另一條後路。」

　　他回國當兵，但全家大小都移民澳大利亞。如果他娶了個澳大利亞女孩，在那邊又找不到工作，他會帶著澳大利亞太太回國。假設柏斯氣候變得乾燥，他們一樣可能回國。我們正處於一個不斷變化的世界，舊模式已經不管用了。

問：新加坡人的特性究竟是什麼？如何在一群人當中辨認出新加坡人？

答：我先給大家談談身分認同廣義上的概念究竟是什麼。身分認同可以隨著情境而改變。在大英帝國時代，大家認同的都是英國人身分，威爾斯人、愛爾蘭人、蘇格蘭人，全都自認是英國子民。而後大英帝國瓦解了，他們就開始各說各話了：「我是威爾斯人、我是蘇格蘭人，我要求獨立的立法機關，亞伯丁岸外油田是屬於我的。」

　　所以工黨政府允許各個地方有各自的立法機關，結果是進一步加劇了分化。如今甚至有好幾個政黨支持蘇格蘭獨立。身分認同是會轉移的。如果你問我，馬來西亞人作為一種身分認同是否存在？我不認為是。只有馬來西亞馬來人、馬來西亞華人、馬來西亞印度人。

　　反觀新加坡，在不斷改變的情境中，新加坡人的身分認同究竟是什麼？接納多元種族主義，包容各個種族、語言、文化、宗教的不同族群，在平等基礎上競爭。這是讓我們有別於鄰國的新加坡人特質。

　　印尼幾十年來都不把華人當子民。華人得取個土名，結果還是不獲印

尼人接受。如今，因為中國崛起，政府容許華校與華文電視臺重新開放。但是別忘了尤索卡拉只因為不是爪哇人，在總統選舉中就只能贏得12%選票。這麼看來，印尼的身分認同是否存在？的確，他們如今全說印尼語。除此之外呢？大家都隸屬於同個行政統治，受同一支國防部隊保衛，無論你是新幾內亞或者其他地方的少數民族，你都屬於印尼的一份子，切割不了的。印尼人的身分認同正在逐漸成形。

至於日本、中國這些文明古國，民族身分認同早已鞏固。國家的經典定義是：一個種族、一個文化、一個宗教、一個民族。哪些國家具備這些特質？我會說日本，以及中國內陸。中國沿海地區不能算，因為這些年來已經變得很不一樣。還有戰前的德國，在那個除了德國人之外不接受任何其他民族的年代。可是今天的德國必須接納土耳其人，儘管土耳其人無法融入德國社會，德國人還是被迫給予土耳其社群德國人身分。

瑞典被迫收留流亡的難民，索馬里人、斯里蘭卡的泰米爾人，還有許許多多其他難民。這些難民會不會成為瑞典人？大概要好幾代人時間。會不會被社會接納為瑞典人？法律上說，是的，他們享有同樣的失業救濟金、福利支援。只不過，他們始終進不到社會核心圈子。

我對新加坡人的定義，這也是讓我們與眾不同的特質，那就是，對於任何走進來的人，都願意接受他為自家的一份子。這也是美國人的概念。你儘管保留你的名字，布熱津斯基、貝盧斯科尼，什麼都好，只要你來了，決定成為我們的一份子，你就是美國人。我們需要人才，我們願意接受。這必須也是新加坡人獨有的特質。

如果沒有這個特性，我們是不是就只能接受長得跟我們一個模樣的人？例如說，像我們一樣的中國人？像我們一樣的印度人？如今馬來西亞的馬來人跟我們已經有很大的差異了。假以時日，無論你來自中國、印度、或者其他地方，來到這裡就必定會改變。這才是最關鍵的特質。英文仍會是我們的工作語言，而你繼續保留各自的母語。母語能力不必比英語強，但如果需要在中國、印度、馬來西亞、印尼等地方做生意，你隨時可以加強自己的母語水準。

問：美國人深信美國是個能給予每個人同等機會的樂土，所以很多人會願意為國捐軀。你是不是也這麼看新加坡？

答：不，新加坡的意義要大得多。這是個近乎奇蹟的創作。你走進來，加入的是一個超凡卓越的團體。新加坡可不是任何普普通通的團隊能夠創造出來的。你加入的是一個非常特殊的創作。這個創作的成形，帶點運氣，也可以說，加點努力，再加上一支富有想像力、有創見的團隊。而我深信我們可以繼續走下去。唯有繼續保持卓越出色，新加坡才可能繼續昌盛繁榮。

問：你少年時代曾經是英籍子民，在日治時期成了日本子民，然後認為自己是馬來亞人。是什麼時候讓你突然意識到自己成了新加坡人了？新加坡人的身分，對你來說，有些什麼意義？

答：我並不是一般的新加坡人。我在偶然間創造出了新加坡這個實體，進而有了新加坡人。的確，少年時候的確認為自己是英籍子民。那時候父親先到新加坡打工。祖父則在協榮茂船務公司的一艘輪船上擔任事務長，協榮茂船務公司屬爪哇糖王黃仲涵所有，祖父也因此成了黃仲涵在新加坡的代理人，受委託處理新加坡方面的業務。貿易往來讓祖父積累了一些財富，而後在三寶瓏娶了祖母，把她帶來新加坡。父親是在三寶瓏出世的，也隨著祖父祖母來新。由於祖父是英籍子民，父親也就一出世就是英籍子民身分。我小時候家住尼路，當時算是富人區，家裡請了幾位爪哇裔幫傭，因為他們比馬來人勤勞。祖母也說爪哇語。當時的我，可曾覺得自己是新加坡人？從來沒有。

　　然後，父親在蜆殼石油公司工作，先後被派到柔佛、巴株巴轄、關丹。我總會趁學校假期過去找他。你知道嗎，那時候是同一個行政區，開

著車就能一路直通到底，不用經過關卡、不用出入境檢查。當時，我把自己當成馬來亞人。

可是馬來西亞的馬來人並不把華人和印度人當成馬來亞的一份子。你只是寄人籬下，隨時可以被趕走。當我們終於被驅逐出去，我們不得不創造出一個新加坡人的身分認同。你問我新加坡人有哪些特性，我說，這些就是新加坡人的基本特性，沒有了這些特性就沒法生存。如果吵個不休，我們沒法生存。

> **問：**所以一開始，新加坡人的身分認同對你來說是一個有意識的選擇，一個理智的決定。那又是從什麼時候開始，這個身分認同從理性轉為感性？

答：我沒法如此對自己的心理狀態進行分析。我只知道我們突然之間陷入困境，迫使我們必須把自己稱為新加坡人。當馬來西亞在長堤的那一頭搭起了出入境關卡，我們不得不也這麼做，自那一刻起，新加坡人的身分就此確立。之前，是一路直通；如今，得出示身分證。

在某些方面來說，我們樂見其成。要不然，馬來族遊民必定會佔用馬來亞鐵道公司的整片土地，在那裡寄居。畢竟這裡的工資高得多。歷史就是這麼創造出來的。我們分到了一副牌，就得玩一手好牌。我們至今玩得還算不錯。

門戶開放政策
的歷史淵源

自1819年英國人登陸小島並在此建立貿易中轉港口以來，移民人口就是支撐著這片土地增長與繁榮的主幹。

　　移民開放政策在新加坡有其深遠的歷史淵源。自1819年英國人登陸小島並在此建立貿易中轉港口以來，移民人口就是支撐著這片土地增長與繁榮的主幹。英國殖民政府對外來人口採取自由寬鬆的開放門戶政策，奠定了此後百年移民政策的基礎。史上第一波移民潮主要是來自中國、印度和馬來亞半島的男性客工，一批批南來，被派往錫礦場、樹膠園工作，或是充當「苦力」。婦女隨之在1930年代進來，新加坡自此逐漸從驛站轉型為安家之處。這以後，人口通過婚姻生育而自然增長，不再需要靠引入外來人口維持。

　　新加坡首個公民權法令於1957年確立，所有在新加坡出生的居民自動享有公民權。在馬來亞聯邦出生或隸屬於英國及英殖民地的原籍公民，只要符合居留條件，亦可成為公民。其他移民在符合居留條件下可申請為公民。

　　1965年，新馬分家。在獨立建國的首十年裡，新加坡人口壯大而穩定，並以公民與永久居民為主。資料顯示，1970年總人口為200萬，當中只有2.9%是非居民，包括持就業准證或工作准證的人。

　　但是接下來數十年，非居民人口比例激增。1970年，非居民人口只有6萬944人，十年後，隨著新加坡工業化步伐加快，非居民人口膨脹至13萬1820人。此後，以每十年翻一倍的速度持續飆升。

　　到了2009年，總人口達499萬，當中非居民佔了25％，達125萬人。另外53萬人為永久居民。如果把永久居民人口與非居民人口總和起來，非公民佔了總人口36％。

注釋

1 根據統計局資料，新加坡人口從1970年的200萬上升到2009年的370萬，但是同個時期的生育率卻從3.07下降到1.22。

2 2009年有39570個新生寶寶。

3 技能提升與應變計畫（Skills Programme for Upgrading and Resilience, SPUR）是政府在2008年至2009年經濟衰退期間推出的計畫，為公司提供津貼，鼓勵雇主讓員工接受培訓、提升技能，以協助新加坡企業與員工應付經濟危機所帶來的衝擊。這項計畫已在2010年11月終止。

4 「雇用補貼計畫」（Jobs Credit）是另一項為了應付2008年至2009年間的經濟危機而推出的計畫，通過現金補貼鼓勵公司為員工保住飯碗，避免裁員。凡是聘用本地員工並為員工繳交公積金的雇主，都能得到政府的現金補貼，補貼額最高達員工首2500元月薪的12％。這項計畫在2010年縮小範圍，並於同年六月終止。

5 人民協會於2007年啟動了「國民融合主導員」（Integration and Naturalisation Champions）計畫，邀請義工協助新移民融入本地社會，促進新舊移民之間的聯繫。到了2009年，國民融合理事會正式成立，由時任社會發展、青年及體育部長的維文出任主席。

6 史達林（Joseph Stalin）自1924年出任蘇聯最高領導人，至1953年逝世為止。赫魯雪夫（Nikita Khrushchev）繼而上臺，卻在1965年的一場政變中被彈劾及免除一切職務，讓勃列日涅夫（Leonid Brezhnev）奪去權力。勃列日涅夫在1982年死後，蘇聯最高領導人位置先後由安德羅波夫（Yuri Andropov）及契爾年科（Konstantin Chernenko）繼任，兩人皆在任內逝世，在位任期加起來不及兩年。

08

在巨人之間立足

執筆寫下這一章時,是2009年11月,李光耀正受到中國網友的熱烈議論。之所以在中國網路上引發眾怒,是因為他毫不諱言地指出:美國繼續同亞太地區保持接觸,在中國崛起的同時維持本區域的勢力均衡,對東南亞而言,會是個更好的局面。

　　李光耀上個月在美國—亞細安商業理事會25周年晚宴上發表演講時談到這一點。當時他說:「以中國如此龐大的規模看來,亞洲其他國家,包括日本和印度在內,論份量論能量,都不太可能在未來二、三十年內與中國並駕齊驅。故此,亞洲區域還需要美國來維持勢力均衡。」

　　這番言論,讓中國媒體譯成中文後大事報導,說的不是「李光耀希望美國維持勢力均衡」,而是「李光耀呼籲美國參與亞洲事務,制衡中國軍事經濟崛起」。這個所謂的由美國來「制衡」中國崛起的建議,在網路上引發軒然大波,中國各大主要報章也發表社論加以批評。有的抨擊李光耀與西方為伍排斥中國,尤其選擇認同西方世界對中國崛起長期存有的疑慮。另一些評論則對李光耀感到失望,理由是,中國一直把新加坡視為「自己人」,而李光耀卻顯然把中國視為「外人」。

　　在這些高漲的不滿聲浪中,一個事實被淹沒了,那就是:李光耀其實自始至終堅信,美國繼續在亞洲地區扮演主導角色,對新加坡更有利。對於這一點,他可是從來不隱瞞。在他看來,崛起的中國猶如一個未知的龐然大物,過度地彰顯其非霸權主義,面對外界任何有關其政治野心的疑

慮，太過急於提出抗辯。也因此，美國繼續維持在亞洲的角色就愈發顯得迫切。這是李光耀長久以來宣示的立場。

李資政的言論之所以總是引起關注，正因為他有別於一般國際政治人物，敢於一針見血地說出不中聽的話或令人難以接受的事實。他總是有話直說，甚至過度坦率。1992年，他向菲律賓政府直言，國家需要紀律更甚於民主；1988年，他告誡澳大利亞政府，反亞洲移民政策理應撤銷。這兩個情況均在東道國引發軒然大波。1994年，在《時代週刊》發表的一篇專訪中，李光耀對美國的社會弊病進行剖析，把一切癥結歸咎於美國的散漫文化，無論家庭和學校價值觀、或者對待犯罪行為的態度，都顯得鬆散不嚴謹。他反問道：「你們這樣下去怎麼成？勞動隊伍散漫怠惰，教育水準也不高。你們這樣子，怎麼跟日本人競爭？」

2009年接受這一系列專訪時，李光耀也同樣繞過了政治正確的標準論調，直言心中所想所思。他質疑，美國的西班牙裔或其他少數族群一旦成為全美人口的大多數，讓美國人口結構到了本世紀中葉徹底改變，美國屆時還能不能維持原有的活力。對於歐洲在亞洲的戰略性角色，他完全不以為然。他也直指印度的政治體制妨礙了國家的經濟發展，更否定了緬甸在他有生之年實現現代化的任何可能性。他把地緣政治歸因於一個最基本卻也極其震撼的世界觀：人類部落族群為了稱霸而你爭我奪的結果。

但李光耀的言論不光是銳利直率而已。世界領袖總是願意聽他說話，因為他總能讓他們從中獲益。一個關鍵因素是，其經驗之深之廣，放眼世界，幾乎無人能及。

李光耀跟同代人一樣，見證了第二次世界大戰權力的暴戾體現。而後20世紀50年代反殖革命浪潮風起雲湧的大時代，造就了他的個人魅力與領導風範。他的世界觀，也許能以「務實的現實主義者」來形容，總是對列強之間的權力遊戲冷眼旁觀作出務實評估，同時又清楚洞察新加坡在世界舞臺上的角色多麼地微不足道。李光耀對事情的看法也許不完全異於同代的其他政治領袖，但直至2010年代仍活躍於國際舞臺的，也唯獨他一人。50年的從政生涯，讓他積累了取之不盡的深厚睿智與豐富經驗，使他得以

與英殖民政府從容地談判自治條件、帶領著新加坡在跌宕起伏的潮起潮落間乘風破浪，度過與印尼的武裝對抗，熬過與最親密鄰國馬來西亞之間雙邊關係的劇烈動盪時期，見證了美國前後換了八任總統，歷經了冷戰，修補了與中國偶爾為之的小裂縫，推進了亞細安主導的多項計畫。

　　然而，真知灼見不只源自老到經驗。李光耀的另一優勢在於，他多次與同個時代世界最傑出的政治領袖交換心得甚至一起共事，其中包括一些彼此互不往來卻會個別撥冗接見李光耀的政治領袖，如1990年代的臺灣總統李登輝和中國國家主席江澤民。李光耀也曾於1978年與中國最高領導人鄧小平第一次會晤。他在回憶錄中形容鄧小平是「我所見過的最令人印象深刻的領袖」，並憶述起自己怎麼直率地向鄧小平反映，亞細安在當時不太可能支持中國建立統一陣線對抗蘇聯與越南，而也因此同樣讓對方留下深刻印象。中國當時縱容馬來亞與印尼共產黨的宣傳廣播從中國南部直接傳入亞細安境內，煽動區域的華族社群，讓亞細安成員國對中國存有疑慮。宣傳廣播不久後就終止了。

　　1982年7月，喬治・舒爾茨出任美國第60任國務卿。他上任後不久，就邀請當時的西德總理赫爾穆特・施密特、自己的知交亨利・季辛吉以及李光耀共聚。

　　舒爾茨回憶道：「我們共度了週末，還在星期天一起到我在史丹佛校園的寓所去。四個人圍坐在廚房的餐桌旁：我、施密特、季辛吉、李光耀，我們談了大約三小時，直到夫人們進來催促：『要準備午餐了，得把你們趕出去了！』

　　「那是一次非常深入透徹的交流。你能想像嗎？一個新上任的國務卿，靜靜坐著三小時，聽著季辛吉、施密特與李光耀說話。告訴你，簡直像上了一堂課！」

　　英國前首相柴契爾夫人曾說，自己在任時，李光耀的每一篇演講她都不會錯過，並且詳加分析。「他總有辦法穿透政治宣傳語調，以獨到的方式清晰闡明我們所處的時代所面對的種種問題，以及應對的方法。他從來不會看錯。」

　　美國前國務卿季辛吉數十年來都與李光耀保持密切聯繫，他說：「李光耀教會我的，比任何人都多。他讓自己成了美國不可缺少的一位摯友，不因為他代表任何權勢，而在於他高深透徹的見解。

　　「40年來，李光耀每一趟到華盛頓訪問，所會晤的人，論範圍論規格，都要比任何一位到訪美國的外國領導人來得更廣更高。這可是非常特殊的現象。原因是，李光耀到美國訪問，從來不抱著什麼要求；他總是以並肩作戰的夥伴姿態前來，讓我們能從他身上獲益，告訴我們大家所處的這個世界有著什麼特質。他總能幫助我們更透徹深入地了解他所屬區域的思維想法。」

　　李光耀對這個急速變化的世界所持有的獨到見解，讓許多人異常珍惜。然而，他的地緣政治理念卻又是再簡單不過了：世界局勢的一切動態，都得經過一面特定的鏡片來審視過濾：什麼對新加坡才最有利。他與世界其他領袖的每一次會面所收集到的每一個實據、每一項微妙變化、每一場會議、每一則信息，都一概裝進他那深不見底的腦袋裡，再通過那面特有的鏡片聚焦審視，從而判斷這個小小共和國的命運會如何受到牽動。

　　亞洲的勢力均衡應呈現一種什麼樣的格局，才對新加坡最有利？李光耀的結論再清楚不過：熟悉的魔鬼總比不熟悉的好。美國已經證明了自己是個良性溫和的超級強國，在乎的只是意識形態而非疆土——它只想傳播民主思想與人權主義，而無意佔領土地、擴大疆界版圖。日本在東南亞地區有過侵略性的歷史前科。至於中國，儘管它一再保證和平崛起，也未必希望與東南亞各個王國重建歷史上舊有的附庸關係；但對過去這種不平等關係的記憶，難免要讓東南亞各國對中國存有疑慮。也因此，美國繼續深入參與亞洲事務，對新加坡來說是個更為有利的狀況。

　　中國的崛起會不會製造新的衝突？李光耀相信亞洲勢力均衡重心由美國轉向中國的進程將是漸進的，未來幾十年，也許長達半個世紀，美國仍會在本區域扮演主導角色。據他推測，勢力均衡重心向中國轉移的過程也許不如從英國向美國轉移的過程來得順暢平穩，但預料不會爆發全面戰爭。

　　針對美國對亞洲的影響力，李光耀說：「我並不認為美國的影響力正

在消退，但我看到了中國正後市看起。中國的態度是：我們並不反對你來，歡迎美國繼續留守亞洲——因為中國自知無法取代美國，也很清楚知道亞洲各國都歡迎美國繼續參與亞洲事務。所以，中國願意等待，等著自己的實力逐漸壯大。經濟上軍事上來說，也許中國再過百年也無法趕上美國的科技水準。但即使不對稱，相對而言仍足以讓中國對美國造成巨大傷害。」

可會有那麼一天，來到那麼一個轉捩點，中國的影響力會凌駕美國之上？李光耀回說：「容我大膽假設，美國在未來二、三十年仍會扮演主導角色。他們可沒打算要撤出亞洲。若以經濟實力來說，美國的國內生產總值也許不及中國，但憑著軍事上技術科技的絕對優勢，它仍會是主要強國。而我們也樂於與美國同道。再過50年，中國只要不發生內亂，它會成為一股不容小覷的勢力。」

但他也同時對這個警告下了另一番注腳：「未來50年或100年的情況，我就無法預知了。任何事都可能發生，中國如此，美國也一樣。美國的人口結構肯定會改變。到了2050年，西班牙裔和其他少數族群會成為美國人口的大多數。[1] 西班牙裔族群在文化上會讓美國人同化嗎？或者反倒是美國文化會受西班牙裔文化所影響？美國能不能促使西班牙裔族群像美國白種人一樣躊躇滿志、充滿幹勁，看準目標全力以赴？如果辦不到，美國的發展也許會慢下來。」

接下來這二、三十年內，在美國仍然強盛，卻得同時面對中國勢力急速壯大的這段日子裡，兩國有沒有任何擦槍走火的可能性，甚至於爆發小規模武裝衝突？

李光耀說：「這個可能性很小。中美雙方都知道衝突對彼此沒有好處。為了哪塊疆土而非得打起來不可？臺灣嗎？美國真能在臺灣問題上戰勝中國嗎？絕對不可能。

「我昨天同一位美國參議員會面，他告訴我中美之間的現有問題正在解決中。貿易和投資還在持續增長，兩大經濟體緊密地相互聯繫。美國並不需要為了臺灣而與中國正面交鋒。海峽兩岸最終會以和平方式達成統

一。」

　　對於中國能否緩和社會緊張關係，沿著正軌持續和平發展，李光耀也表示樂觀。「10年內，不會有問題。一切全在掌控之中。每一個省市的生活都不斷地在改善，連最落後的省份也不例外。20年，看來還是不會有太大問題。但是25年後，當70％至75％人口都移到了城裡，又會是怎麼樣的一番景象？人人都擁有手機、掌上型電腦、膝上電腦、筆記本，無論何時何地都能通過無線網路相互聯繫。政府要怎麼去壓制新聞及信息流通？

　　「中國政府擔心異己之見推波助瀾形成勢頭，所以企圖封鎖網站，制止言論傳播。可是這就好比奧吉厄斯王要清掃牛棚一樣（源自一則有關大力神海格力斯的希臘神話），不太可能完全成功。但中國政府還是會鍥而不捨，畢竟他們都絕頂聰明與務實。

　　「20年後，就會換成另一組受過西方教育的領導班子上臺掌權。新接班人要充分發揮潛能，必定清楚什麼需要改變，也應該會有更大的智慧去遵守遊戲規則。」

　　中國可能實現民主化嗎？「局部民主吧。金字塔模式。在小城鎮、小村莊，來點自由民主的玩意兒，共產黨人或非共產黨人都可參選，也有助於制衡地方上的貪污行為。但是在大城鎮裡，中共政府還是會操控選舉，確保值得信賴的候選人才能當選。大城鎮會推選中共黨員為省領導，中共中央政治局委員再從省領導中挑選出下一任中共中央政治局委員，組成中央執行委員會。我猜他們會以這個方式逐漸開放接班人的遴選程序。不過各個層級都必得確保誠信可靠而又能堅守中共思想原則的黨幹部當選。我敢肯定，這些方案他們一定都想過的。中共必須確保民主化的後果仍在掌控之中，不至於造成太大風險。」

　　李光耀至今仍經常與中國領導人會晤：「現任領導人更為務實、也現實得多。少談共產主義，卻有著深植的承擔精神，決心照顧好較貧困的老百姓，尤其落後地區的貧民，要建立一個更公正平等的社會。」

　　談到國與國之間的關係，李光耀又是一如既往地直白坦率且不留餘地。問及他對世界戰略與地緣政治事務的思想與觀點，背後可有個概括貫

穿的主題或信念？畢竟他對世界動態、特別是亞洲形勢的精闢見解，一直以來都備受世界各國領袖所尊崇。

讓人大感意外的是，他在答覆中，談的不是人類社會進化論、也不是政治，甚至不是國際合作關係或各國競相擴大影響力的地緣政治概念，而是回歸到最基本原始的原理。對李光耀來說，權力欲是人類最主要的推動力，推動著各個社群不斷往原有的邊界以外探索延伸，試圖擴大各自的疆界。而各個社群又是如何界定孰敵孰友？李光耀認為，這些算計與判斷追根究底取決於社群的自我利益，以及社群之間遺傳因數的相似程度。

他就自己所定義的世界得出的結論，還當真叫在場進行訪問的幾個記者困惑不已。較早前我們針對社會福利與收入差距等課題進行的訪談中，他才剛花了很多時間清楚闡述自己怎麼對人類智商的遺傳性特質、以及達爾文的人類社會進化論深信不疑。這些談話內容全編入了本書的另一個篇章裡。相隔幾個月後的這次訪問，主題應該是：李光耀的地緣政治觀。可是讓大家意想不到的卻是，即便就「地緣政治」這個主題，李光耀的想法在很大程度上仍是取決於他的堅定信仰：人類基因，是形塑人類行為的根源。

這個信念，讓他延伸出兩個關鍵的核心結論。一、他相信人與人之間、社群與社群之間的關係，全受基因元素所左右。基因相近的人們與社群，更傾向於彼此互助。透過這面他牢牢握著的基因鏡片，李光耀因此預測，未來權力中心由美國轉向中國的走勢，相對於20世紀中葉權力中心由英國白種人轉移至美國白種人的過程，肯定要引發更大的干擾。

他的另一個結論是：人類社群之所以你爭我奪，全是為了稱霸。他認為，國家的概念建立在權勢基礎上。各國積極尋求更多資源，以擴大各自的權力基礎。各國與他國合作，全出於自我利益。在李光耀的世界觀裡，大公無私的精神總得先符合兩大條件：一、這個行動能不能推動國家的自我利益；以及二、這個行動能不能也幫助推動其他相似基因社群的發展。上述兩項條件達其一，國家就能向前發展。一旦兩者之間出現衝突，自我利益的重要性肯定會逾越族群利益。

Q&A

「我們不過是想有個最大的空間
做我們自己。」

> **問：我們想請你談談你對世界局勢與地緣政治的看法。在解讀各國的舉動，以及國與國之間的互動方式時，你是否總有個特定的概括性框架或主導思想為依據？**

答：一個亙古不變的道理：部落族群總在不斷爭取更大空間，總要侵佔其他部落族群的地盤，相互鬥爭，大家都在力求拓展。即使不同族群結合為一，組成截然不同的另一個單位，他們還是會為了爭霸而繼續相互鬥爭。

愛德華‧威爾遜（生物社會學家）說過，兩個部落在格鬥，第三個部落會選擇幫助與自己基因相近的部落。他把這種現象形容為與生俱來的遺傳基因自我繁衍的傾向。**2**

在中國，這是幾千年歷史發展的規律。幾番侵佔掠奪，幾經改朝換代，漢人吸納了其他族群部落，包括滿州人、蒙古人，全歸順漢人。寧夏的維吾爾族人與穆斯林是少數尚未被同化的族群。另一個未被同化的是西藏人，原因是，西藏人居住地屬缺氧的高原地帶，被派去當地的漢人因為肺活量不足而無法久留，迫不得已得折返平原。

看看白種人吧。他們不也你爭我奪，而後為了建立帝國而自相殘殺。先是英國人囊括了印度、東南亞、非洲的大片土地，佔領了北美洲，而後又輸了給美洲殖民地、澳大利亞與紐西蘭、南非。

雖然英國人在南非與波爾人對抗，但面對黑人挑戰，英國人與波爾人轉而站在同一陣線，只因為波爾人來自荷蘭，與英國人都屬白種人，基因更相近。

在我看來，這是人類必然的進化過程，因為當今整個地球都是相互聯繫的。白種人在美歐依然稱霸，但都必須準備面對一個即將相繼由中國與印度主導的世界。看歐美如何調適，會挺有意思的。英國把主導權移交給美國時，相對來說會較為平順和諧。大英帝國日漸式微，美國慢慢接管世界。同文同種，同一套文明體系，美國人順理成章地也主導了英語。

而未來，當中國在天平上與美國漸漸變得越來越平等，我說不上會是什麼一種情況。這個局面，會在本世紀結束前出現。到了下個世紀，他們

就得學習著彼此和平共處，要不就是相互摧毀。

> ## 問：所以這是你的定論？有點兒達爾文主義的味道。

答：不完全是達爾文主義。這是我多年觀察所得出的結論。開始時並沒有任何理論出發的，我也不是打從一開始就知道愛德華・威爾遜的說法。只不過威爾遜的說法為我提供了例子甚至理論基礎。但我所說的全是觀察所得。

　　這是人類進化過程無可避免的一環。在建設國家的過程中，你總會吸納其他族群的資源，雖與自己不屬同一類，卻可善加利用來壯大自己的力量。所以英軍利用非洲人來福槍營與印度兵團打了無數場戰役。阿富汗局勢也一樣，各個部落為了稱霸而大動干戈，可是一面臨蘇聯入侵，馬上同仇敵愾槍口一致對外。而今面對北約部隊，阿富汗各族群派系必也將站在同一陣線對付北約。

> ## 問：你說，這不是你預先就有的既定論述。你是怎麼總結出這樣的世界觀的？又有哪些特殊事件讓你得出這樣的結論？

答：這是我從孩童漸漸長成少年、學生青年，再到思想成熟的成年人的經驗總結。

　　日軍侵佔新加坡時，採用了與英國殖民政府一模一樣的手法，分而治之：溫和對待馬來人，收編投降的印度人，對華人卻殘暴。就基因來說，華人與日本人最為接近，但因為中國歷史上對日本曾是個威脅，日本當時野心勃勃地想征服中國統領中國，以便藉助中國所擁有的豐富資源進一步擴大勢力，進而侵佔地球的這一邊。也正因為好高騖遠、人心不足蛇吞象，結果日本輸了。但是因為這裡的華人大量募捐，資助中國國民政府遠在重慶的抗日運動，所以刺激了日軍對新加坡華人愈發殘暴。

　　這些經歷總會讓你得出自己的結論。他為什麼打我？因為我是華人。他為什麼對馬來人那麼溫和，又想方設法贏得印度人的心？所以，基因的聯繫讓另一個更大的野心超越了，要做東亞老大的野心。你得自己衡量輕重。這些事情，自己可以觀察出來的。

> **問：你就不相信隨著人類社會不斷演進，越來越現代化，特別是受到環球化影響，這樣一種觀點或多或少會有所調整？**

答：你有女兒嗎？

> **問：有啊。**

答：如果你的女兒想嫁給非洲黑人，你會有什麼反應？是樂得叫好嗎？還是告訴女兒，再好好考慮考慮吧。對吧？我會毫不猶豫地告訴你，我會直接跟她說：「你瘋了！」

　　其實我女兒在麻省總醫院任職的時候（李光耀之女李瑋玲曾在麻省總醫院受訓，是神經科住院醫生），曾有個猶太醫生想娶她。我太太問她：一位美國籍猶太人？你能肯定這段婚姻會長久嗎？她三思過後說：「對，有道理。」只會維持幾年，然後分道揚鑣。

　　假設換作是一位來自中國或者臺灣的華人醫生。我的孫子，也就是總理的兒子，帶了一個年輕女孩回家。她是一名獎學金得主，到日本去深造途中特地繞道新加坡來見家人，所以多少算是定了的。孫子帶女孩來見我。這位姑娘是麻省理工學院畢業生，原籍中國，父親是教授，一家人在美國定居多年，女孩初到美國時才7歲，算是在美國長大。我們沒有任何異議，說：「沒問題，還不錯。」首先，孫子喜歡上的是個華人女孩，而且聰明大方，討人喜歡，又精通雙語，所以或許以後也會讓我的孫子學會掌握雙語。

假設他帶回來的是一位白人女孩。你真會接受嗎？我又會有什麼反應？我多半會說：再慎重考慮。不協調的地方太多了，對吧？我的意思是，這是個很本能很直接的反應。

> **問：你是說，諸如此類根深蒂固的部落族群的直覺概念，不光主宰了個人的選擇，也同時足以左右國際局勢嗎？從這個觀點出發，又該如何去論斷中國崛起後權力基礎由盎格魯撒克遜人為導向過渡到中國人為導向？衝突又是否無可避免？**

答：在現階段，我會認為，以美國為主導的世界格局對新加坡來說，是最好的局面。在我看來，與美國比較，中國崛起後未必是一個柔和的霸權。我的意思是，中國頻頻闡明「不稱霸」，既然不準備稱霸，又為什麼急於不斷向世人宣告你無意稱霸？你不霸權就是了。這不就得了嗎？反觀美國，我知道它是個霸權，卻是個柔和的霸權，我跟他們相處得不錯。所以，為什麼不讓這個柔和的霸權持續存在呢？

> **問：經濟需求呢？各國肯定會考慮到對貿易、投資、市場信心的負面衝擊而選擇不發動攻勢吧？難道這些因素與當今的地緣政治秩序不無關係？**

答：當德國加入歐洲體系而變得更強大時，他們確實是這麼想過的。德國的帝國時代雖來得較晚，它還是一意孤行。可是其他各國包括美國在內聯手打擊它，所以德國後來妥協了，說，好吧，我們加入歐洲吧。

我並不相信貿易和經濟聯繫能起著決定性作用。會是其中一個考量因素，但如果有把握取勝吞併，為什麼不做？也許會痛苦一陣子，但之後一切全歸你所有了。但如果雙方都有氫彈，我就不相信這個結果可能發生。也許會自取滅亡。競爭會是劍拔弩張的。

問：你難道不認為至少在國與國的層面上，如今更多國際機關組織在發揮作用，國與國之間有了更多的合作機會，所謂競相稱霸的欲望會因為有了這些國際機關組織而受到控制嗎？

答：你今年多大了？

問：我26歲。

答：這麼說吧！你如果到46歲還在問同一個問題，那顯示你根本沒長知識。去問問馬凱碩，問問任何一個在聯合國服務過的人。當然，陷入糾紛的如果都是小國，那基本上沒得選擇，對吧？大可讓聯合國安理會發出停火指示，不遵照的話，讓聯合國來對付你。但是一旦涉及大國，一旦涉及的是安理會其中一個理事國，或甚至不是安理會理事國都好，就說印度和巴基斯坦吧，雙方只會對聯合國的告誡置之不理，兀自繼續交火。

問：你的這個觀點，認為各國皆以自我利益與族群利益為出發點的這個看法，會怎麼影響新加坡的外交政策？又是如何形塑我國接觸其他國家的態度與方法？

答：影響不是決定性的，但會是因素之一。就以馬來西亞的馬來人社群來說吧。他們當印尼人為「自己人」（同種）。但是馬印為了安巴拉特（西蘇拉威西海域）石油開發矛盾而引發爭端，這事我們並沒有插手，所以印尼如今對馬來西亞的怨恨更甚於新加坡。雙方還一度因為軍艦在安巴拉特附近水域撞上而幾乎釀成軍事衝突。

這一套對印尼來說是不管用的。他們自認為老大哥，你既然說你我是「自己人」，那你就得甘拜下風，認我做大哥。但馬來西亞哪會願意把油田拱手相讓？於是他們說，訴諸仲裁吧。馬來西亞為什麼選擇那麼做？馬

國如今宣稱，既然西巴坦島和利吉丹島主權歸他們所有，馬印領海邊界已經不再一樣了。

故此，凡事是沒有定論的。一切都不是定局，疆界也可以隨時重新劃分。但是，假設新加坡威脅到馬印的其中一方，兩國必定聯合起來對付我們，畢竟我們一直是馬印心頭的一根刺。所以，我們只好選擇緘默，任由馬印雙方去化解糾紛。我們願意對任何一方友善相待，只要你別來惹我。

與超級強國毗鄰而居

對李光耀而言，儘管戰略格局瞬息萬變，引領新加坡走向未來的基本原則卻始終不變：讓經濟與政治空間發揮最大作用。這位永遠的現實主義者，無論是對中國和印度的興起，或者東南亞地區的躁動不安，他都是透過一面以新加坡利益為焦點的鏡片來審視。讓他深感迫切的是，如何把自己的經驗與認知，一併傳授給年輕一代的領導人。

問：我們當前所處的環球秩序正在歷經結構性轉移。新加坡的外交政策應該以哪些基本原則為基礎？

答：答案還是一樣的。我們不過是想有個最大的空間做我們自己。只要「大樹」能給我們一點生存的空間，只要「大樹」與「大樹」之間能留點空間給我們，這就最理想了。如果只任由其中一棵巨樹為我們遮蔭，那就反而失去了生存的空間。

問：能否請你具體闡述新加坡需要怎麼做才能在列強之間為自己創造空間？

答：假設我們一開始未同美國與日本建立現有的聯繫。早在中國和印度崛起之前，在美日歐仍主導著世界戰略格局的年代，當時英國在這裡仍然

維持一定的軍力，對本區域的興趣也尚未消退。也就是在那個時候，我們預先同美日建立聯繫，才給了我們更大的空間，不至於受制於亞細安國家。你不想跟我進行貿易往來嗎？隨你。我們引進了跨國公司，再出口到世界各地去。到最後，亞細安其他成員國也跟隨我們引進跨國企業。我們的外來投資企業品質更高，增值更大。所以，當時我們成功突破了亞細安框架的束縛。

假設不是從一開始就這麼做，而是聽從亞細安成員國都愛說的：大家做個朋友吧。印尼的消費力有多強？泰國相對於美日，消費力又有多高？甚至比得上澳大利亞和紐西蘭嗎？它們的人口可能只有2500萬或2700萬，或者甚至只有區區300萬人，但這些國家的生活水準普遍偏高。這就創造了經濟空間。

而也正因為新加坡在本區域的樞紐地位提供了一個安全穩定的基地，各國願意在這裡出售各自出產的蔬果、牛油、雞蛋、冷凍雞、冷凍豬，等等等。他們在新加坡設立基地，再慢慢地把觸角延伸到需求所在的區域內各國市場。新加坡以中轉站起家，那就好好經營這個中轉站。早在英國殖民政府管轄時期，我們已是在局部扮演中心樞紐的角色，而後不過是在這個基礎上做得更好罷了。

> **問：有些人預見到新加坡面對的挑戰會因為兩個變數而變得更加嚴峻。其一是，一個較不良性柔和的超級大國正在崛起，也就是中國相對於美國。另一個是，像你這麼一位德高望重的政治人物不會永遠守護著新加坡。對於這樣的看法，你會怎麼回應？**

答：不、不，不是這樣的。針對第二點，個人的影響畢竟是短暫的，總會有更大的推動力在支撐著新加坡。如果美國完全撤出東亞版圖，而中國成為唯一主導的強權，那我們的處境的確會變得更嚴峻，因為萬一稍有失誤惹惱了中國，他們根本無須發動侵略攻勢，就足以對付你了。

儘管我們非常努力地進軍印度與亞洲其他地方，以擴大經濟的涵蓋面；但是無可否認地，同中國之間的經濟聯繫仍是日復一日越來越密切。可他們畢竟擁有龐大的市場，只需在經濟上擠壓我們就夠你受的了。香港如今清楚意識到自己的處境。經濟增長停滯了，他們也許會說，好吧，我讓我的人到你那裡去買樓，然後股市就會馬上跟著水漲船高。香港人意識到誰才是他們的衣食父母嗎？當然知道了。誰更得民心？是那些與內地對抗的民主派組織，還是主張與內地加強合作的一派人？連陳方安生（1993年至2002年香港政務司司長）也決定放棄了。她選擇採取的立場打從一開始就站不住腳。反對中國，以為英國體制、自由民主、還有美國在背後撐腰，就足以讓香港維持50年不變。打從米字旗降下、五星旗升起的那一刻起，中國就成了香港的唯一主權代表。

英國政府是了解現狀的，我也是了解的。這樣的事情世界各地都在發生，我見多了，所有的殖民地都在擺脫殖民主義，而我是個訓練有素的律師。繼續選擇大英帝國體制已經變得毫無意義了。各國競相爭取獨立，走自己的路。我們與美國、中國、印度和這個區域簽署了貿易協定。獨缺英國。[3] 與英國簽了又有何意義？他們買得了多少？如今早已不是英國殖民地時期，當你隸屬於大英帝國的時期，他們會確保你也融入英國的整個經濟體。

> **問：你談到了美國是個沒有殺傷力的強權，也提到與美國維持密切聯繫對新加坡是有利的。但這難道不需要付出任何政治成本嗎？**

答：代價是，我們在鄰國眼中並不討喜。不過，他們其實也一樣想和美國建立友好關係，只是看到新加坡與美國的關係更好，令他們不高興了。

不，其實無論我們做什麼，都總會引起鄰國不悅，對吧？有些什麼代價？我們讓美軍在這裡建後勤基地，馬印為此勃然大怒。但當南中國海紛爭爆發，阿拉塔斯（當時的印尼外長）卻說：我們一直支持美國海軍後勤

部隊留駐新加坡。噢，那很好。我們最初不敢太張揚，而今卻輪到菲律賓後悔關閉了蘇比克灣的美國海軍基地。⁴ 他們全都沒把眼光放遠。現在後悔也遲了。蘇比克灣美軍基地不該關閉的，否則他們現在就不會保不住南沙群島，因為美國海軍必定會助菲律賓海軍一臂之力，一旦中國海軍逼近菲律賓海軍，美菲聯盟會立即發揮作用。可是他們趕走了美軍。美軍可不會再打算把基地從新加坡撤回菲律賓了。為了什麼？因為這只會是毫無意義的額外負擔。

問：針對區域內的勢力均衡格局，你就美中兩大強國談了不少。印度又會如何融入這個勢力均衡格局之中？

答：印度在地緣上仍不屬於太平洋區域。真正的競爭會在太平洋與印度洋之間爆發。中國在印度洋部署了海軍軍力，保護波斯灣油田和非洲原油產品。這也恰恰是印度勢力範圍所在。如果印度與美國靠攏，美國就佔了上風。這麼一來，中國就得有個抗衡對策，所以也同時在緬甸和巴基斯坦發展港口。

問：有些時候，你對中國的發展顯得比對印度的發展來得樂觀。但是你在回憶錄中曾經說過，中印兩國在上世紀50年代一度堪稱經濟發展的典範模式，而你也寫道，當時你期待印度會成功。

答：因為當時的中國實行共產體制。他們的經濟體制根本不可能成功。

問：從什麼時候開始有了不一樣的結論？

答：自1970年代以來吧。中印其實有著本質上的差異。《金融時報》的愛德華·盧斯寫了一本書《不顧諸神：現代印度不一般的崛起》，就對中

印兩大文明做了番挺有意思又影響深遠的對比。

首先，印度不算是單一國家，而是由許多小國結集組成。是英國殖民政府用鐵軌系統和行政體制使印度統合為一國。而後，這個國家又分裂為印度和東西巴基斯坦，進而分裂為巴基斯坦和孟加拉。英國政府允許各個土邦的統治者自行決定納入哪一國。喀什米爾的統治者是一位印度教徒，所以選擇加入印度；但這個土邦的人口大多是穆斯林。就這樣，這位印度教徒統治者的決定從此不獲巴基斯坦人所接受。

印度人口也說著多種不同語言。40％北部人口說的是印地語，35％說英語，泰米爾納德邦的一成人口說的是泰米爾語，說馬拉雅拉姆語的只有3％。

反觀中國，90％漢人都說普通話，提倡簡體字，通過教育讓全民掌握漢語。所以全中國人民都能看懂聽懂中央電視臺。

再比較一下中印文化。中國人都是實幹肯幹的。印度人則是好冥想與善辯的。諾貝爾經濟學獎得主阿馬蒂亞森就把自己其中的一部論著題為《好辯的印度人》。

中國人一旦決定把重慶發展成西部的繁榮中心，就會為這座城市注入一切必要的資源。隨後就看到重慶突飛猛進、開花結果了。

我有一次到孟買訪問。馬哈拉斯特拉邦政府副首席部長問我能否與他及部長官員們進行對話，談談孟買要怎麼向新加坡學習。我跟他們談了三小時。我說：「先說你們的機場：想要發展成金融中心，請看看上海，研究個中差別。你們的公路骯髒紊亂、坑坑洞洞，一路盡是牛隻、人力車、攤販、遊民。終於來到孟買了，終於看到了大海和幾座高樓，但是依然雜亂無章。」我問起孟買的收入從何而來？他說，由馬哈拉施特拉政府撥款。那馬哈拉施特拉政府收入又從何而來？答案是，由馬哈拉施特拉整個邦所得而來，但孟買是邦內最大的收入來源。

我問他：「孟買的收入有多少成會留給自己？」他回說：「實在說不準。不過大多數都回歸整個邦，分給農民。」所以，邦政府用孟買的收入來贏取農民選票。所以我說，聽著，你得使孟買成為像浦東一樣的金融中

心。中國可是把上海當成直轄市來管轄，不受命於省級政府，而是直接由中央政府治理。怎麼不考慮讓孟買也享有同等地位？不，他說。「我們不能這麼做。這麼做會失去主要的收入來源。」所以我只好說：「那你就只能讓孟買永遠這樣了。」

兩天後，我與印度總理曼摩漢星及他的安全顧問共進午餐。席間我向曼摩漢星總理重述了這番話。我說：「聽我說，如果你是認真地想把孟買發展成類似浦東、倫敦或紐約等金融中心，就把它提升為自治市，由中央政府直接管轄。」

他回說：「這個提案不可能在國會上通過。」要通過提案，所有30個邦都必須通過，還得投票表決等等。他說這是不可能的，所以永遠也不可能實現。

而每個邦又由不同政黨組成聯合政府。共產黨也在印度國大黨為首的聯合政府裡佔有一席之位。但加爾各答與喀拉拉邦又有一套不同的政策，廣邀投資者進來，卻又同時阻撓中央政府施行私有化。印度體制內的各個層級無時無刻不在玩弄政治。而聯合政府又是由多達十個政黨組成。印度不是一個國家，而是形同好幾個國家同時並存。

而在中國，中央政府只有一個：他怎麼說你怎麼做，就能平步青雲；不願照著辦，就只得靠邊站。就是這麼簡單。

中印的體制也不一樣。印度獨立初期與中國改革開放初期相較，國內生產總值差不了多遠，但那時候是中國難以擺脫舊有體制。到了今天，中國的國內生產總值是印度的3.5倍，印度發展的速度只有中國的三分之二。縱然如此，中印均為大國，在印度洋區域平分秋色。但我們希望他們同樣也能在東南亞區域維持勢力均衡。

新加坡的海路航線橫貫東西，所以中印兩國都是我們的朋友，沒有任何矛盾。只是兩國進展的步伐不會一致而已。西方國家起初把籌碼押在印度，是《金融時報》的一篇文章把印度打回原形。但是談論中印不適於用同一個語調，因為它們的國情畢竟迥然不同。但能完全無視於印度的存在嗎？不可能。印度的角色要比亞細安所有國家總和來得更大。

> **問**：談到亞細安，越來越多人認為這會是一個成功的經濟組合模式，加起來5億5000萬人口，相等於中國或印度市場的一半。你怎麼看亞細安作為一個經濟組合的發展前景？

答：聯合市場的邏輯發展是無可辯駁的，也是絕對會發生的。但這會是個漫長的過程。我們得先簽定個別的自由貿易協定。你們不動，由得你們；我們先動了。

> **問**：你個人會對亞細安融合進程過度緩慢而感到失望嗎？

答：不會。其實現在能取得那麼大的進展，反而讓我驚訝。可見大家終於接受了現實。但是接受現實與回應現實之間，還是有段時間間隔。不過，對我們來說沒有太大差別。新加坡靠的不是亞細安市場，而是美、日、韓、中、印度、波斯灣。正因為各個鄰國動作緩慢，我們不得不調整經濟聯繫向外延伸觸角。要是當初我們只懂得跟隨著鄰國的步伐慢慢摸索，我們今天會在哪兒？

> **問**：地球這一邊的多個社會仍處於動盪狀態，如泰國、馬來西亞，甚至印尼，許多政治紛爭懸而未決。你會為亞細安擔心嗎？你似乎對亞洲形勢十分樂觀？

答：這些鄰國不至於崩潰解體，只是無法完全發揮潛能取得最大進展。但是水漲船高，鄰國的船隻未必處於最佳狀態，但還是會跟著潮起而上揚。新加坡狀態維持得較好，所以我們可能取得更好的表現。外來投資還是會繼續湧入亞細安區域。

問：多少人認同你的看法，認為美軍繼續參與亞太事務才能確保這個區域維持勢力均衡？因為不少人擔心中南半島最終會落入中國的掌控之中，如果真的發生了，東南亞其他地區又會怎麼樣？

答：不，越南是不會落入中國勢力範圍的。持這些看法的人恐怕對歷史、文化、中越關係與時局現狀缺乏深入了解。的確，越南對中國一直戰戰兢兢，但這難道就意味著他們甘於受中國左右嗎？未必。越南對美國的態度已經明顯改變。越南可以出租金蘭灣給美國設立海軍基地來維持勢力均衡。中國給予柬埔寨和老撾的援助超過任何國家。泰國對中美一樣友善。緬甸則向印度與中國靠攏。各股勢力正在相互平衡。

問：你會怎麼預測緬甸的局勢？這個社會在未來十多年裡會不會出現重大改變？

答：革命，要不就是獲得選民授意，要不就是暴力革命。這一任領導能維持多久？下一任領導又能維持多久？權力會移交給年輕一代的校級軍官。緬甸是被孤立的。但他們看得到泰國的進展。的確，軍人領袖一個個比過去更富有，但國家卻變得更窮了：貧苦的醫生、沒有醫藥設施、不提供教育，你會希望國家變成這副模樣嗎？他們肯用腦子的話，他們早就選擇開放了。但是一旦選擇開放，就得教育子民；一旦讓國民受教育，就得有足夠的準備去面對某些後果。我不認為他們願意這麼做。

對這夥人我早就放棄了。任何美國人來訪，我會跟他說，去吧，找年輕一代的部長談談。我跟欽紐談過，眾多將軍中最有智慧的一個，掌管情報單位。我勸他走印尼路線，脫了軍服，組織政黨，參加大選，轉化為一股政治勢力。他們真的那麼做了。然後蘇哈托一夜間倒臺，他們反過來怨我出歪主意。所以別再跟我談起緬甸，我這輩子算是徹底放棄了緬甸。

> **問：李顯龍總理和馬來西亞首相納吉就兩國土地交換獻議達成歷史性共識，同意將火車站遷移至兀蘭，讓丹戎巴葛火車站原址和鐵道兩旁土地可另作發展。另一項計畫是闢設地鐵線路直通柔佛新山。馬國依士干達特區也在積極吸引新加坡商人前去投資。你對新馬兩地的經濟合作前景有多樂觀？雙方在經濟上會靠得多近？[5]**

答：新加坡的經濟發展是非常蓬勃的。馬來西亞如果也想跟我們一起增長，就必得先對新加坡商人與投資項目持歡迎態度，柔佛南部尤其如此。納吉首相清楚這個道理，他希望看到柔佛南部的依士干達特區能起飛。經濟需求的迫切性是很強烈的，我並不認為馬來西亞會容許經濟合作關係受情緒性的政治課題所困而裹足不前。至於新馬在經濟合作上會靠得多近，就得看對岸是否歡迎新加坡商人過去做生意。馬來西亞必須讓新加坡商人感覺自己受歡迎，而且投資是安全的。

> **問：要是中美或中印之間發生衝突，新加坡會不會被迫選邊站？**

答：中國與印度，我不認為會有衝突。為了什麼而起爭端？為了喜馬拉雅山嗎？

> **問：中印共有的邊界很長。**

答：共同邊界再長，又有多少價值？難道要建立山城堡壘嗎？中國為了什麼理由必須侵佔印度，將10億人口佔為己有，還得為他們負責？印度會想要攻佔西藏嗎？不會。印度會請達賴喇嘛離開緊挨著西藏邊界的達蘭薩拉住所嗎？也不會。中國不喜歡達賴喇嘛跟西藏靠得那麼近。中國跟印度

都擁有核子武器所以更不可能大打出手。為了什麼而打？後果又會怎麼樣？

　　美國又為了什麼必須攻打中國？爭奪東亞主控權嗎？如果是為了東亞，中國根本不需要動用武力。只需要擺出13億人口的市場，就能慢慢而漸進地擴大自己在東亞的經濟聯繫。中國自改革開放以來，在1990年代開始進行大量買賣，如今已晉升亞細安十國其中七個成員國的首三大進出口貿易國之一。以此再推進一、二十年，中國有能力成為全東亞最大的進出口貿易國。美國怎麼能在貿易額方面跟中國比呢？

> **問：你排除了美、中、印三大強國在本區域至少未來二、三十年內爆發衝突的可能性。但在同個時期，本區域是不是還有其他可能的爆發點？任何區域衝突一旦爆發，你認為新加坡人最應該擔心的是什麼？**

答： 第一點，新加坡如果不建立起防衛力量，必定會面對馬印威脅，甚至會一舉被擊垮。馬印倒不至於公然侵佔我們，畢竟他們也很清楚我們的國際聯繫有多廣，安理會也必定會說，請你離開，等等。只是，他們會不斷地騷擾我們。但如果他們知道我們也會還以顏色，喔，那就是完全兩回事了。

　　除此之外，一切還好。菲律賓會攻打印尼或者越南嗎？我看不太可能。還有呢？我也不認為印尼會去攻打緬甸。說起來印尼也不具備高端科技武器。新加坡的武器配備是全亞細安最先進的，我們也有一支受過最好教育的勞動隊伍，人口素質比任何亞細安國家都強：教育水準高、善於運用電腦科技。你去看看《國鋒》雜誌上有關「新加坡武裝部隊第三代」的報導，就會知道我們都在為怎麼樣的戰場做準備。

　　亞細安區域內還有哪一國有這個能耐？

　　要做到這一點，不只意味著你要有最頂尖的人才，你所找來的人才除了要懂得設立體制，還要上得了戰場實地操作高科技武器。你們呢？你們

的中尉、上士又有什麼本事？

> **問：你可預見到這些精良的武器配備會真有派上用場的一天？**

答：如果有人失算的話吧。假設有個將領告訴他的上司，說：報告長官，新加坡可不是好欺負的軟腳蝦。上司說：沒關係，儘管把他們打下。然後呢？他們知道不容易得手，因為我們會反擊。所以他們的將領必須認真思考：新加坡一旦反擊，會是什麼樣的後果。

> **問：可能性有多大？**

答：理智一點的話就不會這麼做。不過你也知道的，我們的周邊國家並不是所有領袖都時時刻刻保持冷靜理智。

> **問：現在有個大國隨時準備壓過來，美國開始分心，鄰國不怎麼友善。處在這麼一種環境裡，新加坡應該怎麼處理國與國之間的關係？**

答：鄰國不友善未必表示他們會採取攻勢。畢竟我們的防衛實力平均。美國視新加坡為強大且具戰略意義的後勤軍事基地，供他們部署武器和彈藥。前不久我遇到一位美國參議員，他對我說：「太感謝你們了。」這個人是參議院軍事委員會成員。伊拉克戰爭我們幫過忙，如今也在阿富汗戰爭中助上一臂之力。所以美國願意把武器出售給我們，新加坡空軍的新型戰鬥機隊在亞利桑那州受訓，並與美軍戰鬥機隊進行聯合空軍演習。我們是同世界最頂尖的戰鬥機師一同訓練的。

問：你剛剛列舉了幾個國家，但有意思的是，沒怎麼提到歐洲。歐洲仍然是新加坡最大的交易夥伴之一，也是其中一個從很早以前就到這裡來投資的地區。

答：交易夥伴，的確是的。[6]但歐洲作為戰略夥伴的角色正在消退。

問：你認為新加坡或整個亞細安區域同歐洲之間的關係會是純經濟性質嗎？

答：當然是如此。歐洲連巴爾幹問題都必須美國出面才能解決。他們不願增加預算建立防衛力量，沒有一套劃一的國防政策，也沒有一套劃一的外交政策。歐洲不過就是24個不同的國家。就此罷了。

問：既是如此，還有必要繼續與歐洲建立聯繫嗎？

答：這還是需要的，純粹因為，怎麼說，英國跟這裡的關係畢竟源遠流長，不該白白讓它就這樣斷了，他們再怎麼樣也還是安理會常任理事國。

法國也是另一個安理會常任理事國。我們也在建立跟法國的聯繫，跟德國的聯繫。但我們也知道這些國家最大的興趣還是在歐洲、非洲、南美洲和拉丁美洲，這些地方才是他們經濟前景所在。而他們也不準備在地球的這一邊與中美競爭。換作是你，你也會有同樣的想法。你的成本代價有多高？戰略利益何在？這些，都是很現實的考量。

這個區域與歐洲漸行漸遠，是個再自然不過的趨勢，英國是清楚的。這也就是為什麼他們要從蘇伊士以東撤走。

問：我們可以談一談中東局勢嗎？

答：關於中東你想知道些什麼？會發生什麼事？沒有人知道。中東格局之所以形成，與美國的存在是息息相關的。如果美國撤走了，誰會成為霸

主？現在是伊朗，對吧？美軍攻佔伊拉克後，伊朗就變得更強大了。所以阿布達比要同法國建立聯盟，讓法國在那裡駐軍，法軍讓阿布達比有安全感，阿布達比也給了法國一些好處。可是法軍打得過伊朗嗎？無論如何，這個局面還是好的，至少足以讓伊朗在發難之前，得先顧慮到法軍可能有的反應，三思而後行。

唯一有能力制衡伊朗的還是美國。而我不認為美國會從中東撤走，中東的石油會阻止美軍撤離這個地方，因為他們不可能讓整個地區落入伊朗手中。美國注定受困在中東。

英國曾經是這個地區的守護者。當他們在1971年從蘇伊士以東撤離之後，美軍填補了空缺。如果美國也撤離了，空缺由誰來補？沒人了。所以，唯有由地方上的力量取而代之。誰呢？伊朗。除了伊朗，其他國家全是貝都因人，在幼發拉底河周邊發展出長久的文明。伊朗也很清楚，論規模，區域內無人能及。當然，阿拉伯國家，貝都因阿拉伯人，是的，他們很富有，掌握了所有油田，但他們都知道伊朗是個大國。伊朗培養出核子科學家，絕頂聰明，比任何貝都因阿拉伯人都要出色。最終，關鍵不只在於人口數字多寡，關鍵還在於你的國民的素質。

問：你認為以色列與伊朗有沒有可能爆發大規模衝突？

答：說不準。多半不會。以色列的軍事科技並不足以爆破伊朗築起的碉堡，直搗核武區；即使能攻破，戰機損失將很慘重，而且也只有美軍的重磅炸彈才有那樣的摧毀威力。當然，美國一定會把重磅炸彈出售給以色列，但是這麼一來，你也知道的，一場大規模戰爭就一觸即發。如果真的非這麼幹不可，那還是由美國代勞比較好，畢竟是開放的，很快就了結，至少不會加深阿拉伯世界對猶太人的怨恨。但美國願不願意那麼做又是另一回事了。希拉蕊（美國國務卿）說，美國會協助其他國家適當地進行武裝。怎麼武裝？提供核武還是反導彈？可是他們並不打算放手。

所以，美國失策的是，在攻佔伊拉克之前沒好好地先對付伊朗。過去

八年的事態發展，徹底改變了環球格局。

　　海珊就算再罪大惡極，他還是個反伊朗派。他攻擊了伊朗，犯了大錯。他以為伊朗的實力會因此而被削弱，所以採取攻勢，豈料伊朗隨時準備派遣敢死隊潛入伊拉克繼續抗戰。於是海珊罔顧人權，搬出了生化武器，但自己卻極度恐慌。後來在接受盤問時（2003年他落網後接受美國聯邦調查局盤問），他說，就伊拉克是否擁有大規模殺傷性武器，他始終保持模稜兩可的態度，因為如果承認他什麼也沒有，伊朗必定看穿他的弱勢，進而一舉擊垮他。所以他寧可要伊朗誤以為伊拉克擁有大規模殺傷性武器。在這種情況下，一個矛盾但正確的戰略——換作季辛吉一定這麼做——是支持伊拉克，制止伊朗在阿拉伯世界裡的影響力日漸擴大。可惜布希總統的顧問沒有這樣的素質。標榜民主，沃爾福威茨，簡直是瘋狗！[7]對一個擁有4000年歷史、除了獨裁統治者以外沒經歷過其他體制的國家！這完全是個災難性的結果。

> **問：**你也談論過中東是培育伊斯蘭激進分子的溫床。我記得你在美國九一一事件不久後向媒體發表談話，當時你對整個世界、以及環球恐怖主義如何改變世界面貌，是極其悲觀的。如今看看這些年來世界的發展和面貌，是不是讓你不再那麼悲觀？

答：這麼說吧，我認為武裝分子攻擊沙烏地阿拉伯，和到處放炸彈，是失策。沙烏地阿拉伯原本以為伊斯蘭武裝分子不會上門來惹事，這也是沙烏地阿拉伯王室與瓦哈比教派達成的協議。豈料發現自己也成了攻擊目標，就不得不開始逐漸疏離。但沙烏地阿拉伯王室脫得了身嗎？不可能。否則他們就會失去瓦哈比派宗教領袖的撐腰，進而隨時可能倒臺。

　　所以，鐘擺始終搖擺不定；最終會停在哪裡，我無從知道。他們只想保住王室政權、保住財富。他們與瓦哈比教派領袖分享財富，可是瓦哈比領袖卻反過來對他們發動聖戰。

> **問：你又會如何評價我國現任領袖的素質？你對地緣政治認知所積存的資料庫，有哪些部分是你會下載與年輕部長分享的？**

答：現任領導層，我認為總理（李顯龍）、張志賢、楊榮文都行。再年輕一些的，許文遠。他會說華語，也會說英語，能了解我們應該往哪裡去，認清誰是誰，把每件事搞清楚。他說得一口流利華語，卻也同時能在對外時確切知道自己不是中國人。還有誰？我不確定。也許黃永宏。但因為他不會說華語，接觸面就不可能那麼廣。不過這些人都不是傻瓜，他們會迎頭趕上的。

> **問：你怎麼下載自己的資料庫？**

答：大家坐下來，一起做決定。我會同意或反對。如果反對，我會說明理由；贊成的話，也會說明理由。然後我會說，聽著，這是你們應該採取的方向。

我們該不該到阿富汗去？他們要新加坡派一支醫療團隊到一個危險地區魯斯加，為澳大利亞與荷蘭軍隊提供後勤支援。我說，聽著，這是我們必須付出的一筆保險費，我們只得支付。你希望美國繼續留守這個區域，你希望美國繼續維持周邊鄰國都知道的戰略性架構協議，你希望美軍在新加坡繼續保留後勤基地，這筆保險費，你非支付不可。去吧。

我的意思是，你自己算一算。如果美國準備在未來五到十年內撤出東亞，我們還需付出這個代價嗎？不必的。英國，我們知道他們會離開。但我們也很清楚，美國不可能撤離。如果美國走了，它在全球的影響力就會被削弱，他們清楚知道本世紀最大的競爭不再集中在大西洋，而是太平洋。美國的算盤是，擴大到日本，如果可能，再延伸到韓國、澳大利亞、紐西蘭，再可能的話，擴散到新加坡、菲律賓。菲律賓會是雙面逢迎，中國也給予了菲國很大的支援。

你不可以說，我預測這將會是世界格局發展的正軌。不是的。我不過是預見到了這樣一種趨勢。而趨勢是可以扭轉的，浪潮也是可以改變的。不過當下，我會說，起碼接下來二、三十年內，我不認為美國會從這場競賽中抽離，畢竟自海軍將領佩里敲開日本國門那一刻起，美國就已經在這裡烙下印記，更何況他們有著比其他人更精良先進的武裝配備。是的，中國正在發展航空母艦，但有沒有能力建成核武航空母艦？有沒有人能操作先進戰機？也許中國50年後可以做得到，但屆時，美國又會發展出其他更精良的武器了。沒那麼容易的。

身為華人

李光耀的民族身分認同總是很含糊。他在土生華人家庭中長大，說的是馬來語和英語。後來為了跟講華語的新加坡人溝通，他吃力地學起了福建話和華語。二戰後留學英國期間，他發現自己跟馬來亞的非華族學生要比跟中國大陸來的華人更有共通性。新加坡獨立後，他主導制定了新加坡的雙語政策，強制島上的所有華族子弟必須在學校裡學華文，也把母語定為報考大學時必須及格的科目。他後來坦承這是個錯誤，因為這項政策讓好幾代講英語家庭的孩子為了學習華文而苦苦掙扎。

李光耀也經常把族群身分認同和國家身分認同區別開來。他是華人，但並不認同中國大陸華人的價值觀和身分。事實上，為這本書所作的一系列訪談中，以下所摘錄的這一段就充分顯示了，李光耀很不客氣地指出，新加坡華族把中國大陸視為祖國的想法純屬浪漫情懷。

> 問：在之前的訪談中，你曾經提到，自己對身為華人這事，是很清楚的。你是華族，但不是中國大陸的華人。

答：是的。

問：不知道其他華族新加坡人是否也有這方面的認知。因為上世紀90年代，你要推動新加坡開展經濟第二支翅膀時，您談到「關係」，以及所謂「關係」的價值意義。對於這些情意結，你是怎麼看的？

答：告訴你，在談到華人華族課題時，得分幾個層面來看。老一輩新加坡華人是浪漫主義者，就如我的姨丈，他會說：「把我的屍骨葬在中國。」他娶了我阿姨。他的說法簡直荒謬。姨丈去世後，葬在了吉隆坡的什麼地方。他有這麼一種浪漫的想法，你知道的，說，那是先輩的祖地。對我而言，根本毫無疑問地，先輩的這塊祖地只會讓我來到這世界而毫無立足之地。

這也正是為什麼他離鄉背井來到這裡，在這裡別有一番作為。中間他回過祖家，用錢買了個小官位，還繪了幅身著官服的肖像。他也給自己建了棟莊園大宅，現在已經修復成歷史勝地，還寄了張鐳射碟片給我。我說，謝謝了。首先是他們要我捐獻，我說不、不，我可不是中國人，而是地道的新加坡人。我不會去參觀那個地方，弟弟倒可以去參觀了解。而他去了。我是不會去的。他們給住在大宅裡的房客拍了張照，一個個都像足了鄉巴佬，而我差點就成了他們當中的一個。

所以，對於自己是從哪裡來的，我沒有一丁點浪漫情懷。我其實很感激曾祖母當年沒有跟隨丈夫回老家去。曾祖母在新加坡出生，雖然雙親都是中國出生長大的中國人，但曾祖母因為對中國不熟悉，所以選擇不回去，還把孩子全留在這裡，當中包括我的祖父，這也就是為什麼我會在這裡。我是個幸運兒。是的，你我一樣，都很幸運。

但是老一輩人都有那種浪漫情懷。他們會覺得，好，賺了錢匯回去，是我們應盡的義務。所以陳嘉庚[8]積極辦學校、建大學，然後毅然回國。當時的每一個華族移民都有著同一個夢想：我要有一番大作為，我要幫助我的宗親子弟。不過，很少人真正做得到。

而較年輕的一代，受英文教育的，會發現學習華文很困難，覺得跟中

國人或其他人打交道太麻煩。我是在英國留學時發現這一點，意識到自己跟來自新馬的非華族學生更能打成一片，共同點更多。反而跟中國來的華人格格不入，因為他們跟我完全不一樣。他們的穿著、舉止、語言，就是不一樣。他們來自截然不同的社會。當然，他們終究是華人。如果我的子女要在中國成家，而又想入融入那裡，我會說，沒問題。畢竟他們在樣貌等方面不會突然有所改變。

> **問：但是隨著中國逐漸發揮它的軟實力，可以想像自己作為一個在新加坡長大的年輕華人，可能也會很自然地開始留意起中國來？**

答：如果你經常到中國，就會知道你所說的是錯的。

你可以隨時去看，他們越是成功，就越不把你放在眼裡，對你的態度也會更傲慢。

看看林少芬就知道了。她從事的是公關行業，幫助中國人辦奧運，也完全能精通雙語。雖然她念的是雙語學校，但事實上，華文仍是她的第一語文。她為中國中央電視臺設計了個吸引人的台標，給中國銀行製作了廣告，也幫北京籌畫奧運。我相信中國銀行還給了她一筆訂金，這樣她就不能也同時為中國其他銀行做創意廣告。結果呢？他們要她在北京開個分公司。她拒絕了。你需要用上我的時候給我打電話，告訴我你要些什麼，我可以到中國跑一趟，我們一起討論。

她的看法是，千萬別在那裡設辦事處，不然你會成為他們的一員，然後隨時被差遣。她選擇留在新加坡。她說，對方如果有需要，就給我打電話或寫信，我才來考慮是不是要接下這個項目。她這麼做是很精明的：我是新加坡人，不是你們的隨從，而這是我開出的條件。如果你在他們那裡開辦事處，他們會把你當中國人一樣差遣，要「馬上做，快點」。少芬在這裡則可以按她的情況做事，可以跟對方說，不，我需要幾天時間，甚至幾個星期時間，請讓我考慮考慮。

那種一廂情願要回到心愛祖國懷抱的浪漫情懷，是癡心幻想。我們已經變得很不一樣了，就是這麼簡單。你大可回去中國看看，但你跟他們就是不一樣。如果你的孩子在那裡出生長大，那他們可能會重新融入那邊的環境，因為他們所接收的一切就會純粹是源自中國的。

> **問：中國人對新加坡的態度是否會隨著自己越來越強大、越來越有影響力，而有所改變？**

答： 那是當然的。他們會期望我們更尊重他們——你必須尊重我。他們口口聲聲對我們說，國家不分大小，人人平等，說他們「不稱霸」。但只要我們做不合他們心意的事，他們就會說，看吧，你們讓13億人不高興。「13億」。要是反過來，他們讓我們不高興了呢？我們也只不過「百萬」，讓幾百萬人不高興而已。所以，請弄清楚自己的定位。

> **問：有些人相信現今人類是可以作環球公民的，可以維持新加坡公民身分，同時也可以回到中國，回到根源地。你怎麼看？**

答： 沒有所謂世界公民的。你只能是一個國家的公民，這你可以選擇：是要做新加坡或馬來西亞公民，由你選。或者，你也可以回到中國尋根，也許你會選擇到香港或臺灣，最終還是回歸中國人。

但如果你到中國去，我不認為你會有歸屬感。他們會說，好，我們接受你。但是看看馬共份子，即使他們把家人孩子送到中國，好讓自己能無後顧之憂地繼續在馬來亞森林裡作戰，他們的家人後代還是不會被同等對待。這些馬共份子家屬被安排在湖南省會長沙聚居，自成一個特殊社群，上特殊學校，隸屬於特殊單位。他們沒機會跟當地的中國人打交道。我跟「馬共全權代表」（馬來亞共產黨領導人方壯璧）的兒子見過面，他天資卓越，考上了清華大學，結果娶了個馬來西亞華人為妻，而不是跟中國女

子結婚。

　　你以為你是華人，就可以融入他們；但不會是這樣的。你和他們已經很不同了，我們已經很不一樣了。就好像美國人和英國人之間，或者是跟南非白人，是有不同的，還有澳大利亞人、紐西蘭人、英國人。

　　同樣的，旅居大陸的臺灣人和在大陸土生土長、從不曾在臺灣生活過的中國人也是如此；雖然血脈相連，同文同種，但有著各自不同經歷、不同立場，對世界有著不同的見解。我們是華人嗎？是，在族群意識上是。但我們可以和中國人一塊兒坐下來，感覺自己就是他們的一份子嗎？不可能。就因為你會講華語？不可能的。大前提是，你的心態和思維，都不再一樣了。

注釋

1 根據皮尤西裔中心2008年發表的人口普查報告，美國人口結構到了2050年將出現顯著變化，非西班牙裔的白種美國人比例將從2005年原有的67％驟降到47％，拉丁裔人口則由2005年的14％倍增至29％。亞裔族群比例則將是9％，比原有的5％稍微上升。黑人族群則維持不變，達13％。

2 這套理論出自愛德華‧威爾遜論著《論人性》（「On Human Nature」）。此書曾在1979年獲頒普利茲獎。

3 自1993年以來，新加坡前後同24個交易夥伴簽署了18項區域與雙邊自由貿易協定。與美國的自貿協定是在2003年簽訂的，再於2005年完成了「印度-新加坡全面經濟合作協定」（CECA），並於2008年與中國簽訂了自貿協定。新加坡同英國之間雖未簽署自貿協定，但目前正同歐盟開展自由貿易談判。

4 菲律賓蘇比克灣的美國海軍基地是美軍在海外的第二大軍事基地，於1992年在柯拉桑總統掌政期間關閉。

5 李光耀在1990年與馬國前財政部長達因簽訂《馬來亞鐵道公司在新加坡土地發展協定要點》，內容涵蓋馬來亞鐵道公司在新加坡的土地擁有權事宜。協議要點列明，丹戎巴葛、克蘭芝與兀蘭這三塊由馬來亞鐵道公司佔據的地段須歸還給新加坡。武吉智馬的另三塊地段隨後也列入協議要點中。然而，雙邊談判之後陷入僵局，直至2010年5月，兩國對具體的土地交換獻議終於達成共識。土地交換獻議於同年9月敲定：馬來西亞將釋出馬來亞鐵道公司的六塊地段，換取位於濱海灣金融中心與奧菲路/梧槽路之間共六塊等值優質地段。這些新地段將交由新馬聯合發展。本書作者是在2010年新馬雙方達成共識後，再通過電郵對李光耀進行了補充訪問。

6 歐盟在2009年成為新加坡最大的交易夥伴，貿易總額達868億新元。歐洲佔了新加坡對外貿易的11.6％。

7 沃爾福威茨是小布希政府的副國防部長，極力主張向伊拉克動武，推翻海珊和迫使伊拉克改制民主。

8 華社商界與社區領袖兼慈善家，1890年從中國福建南來新加坡，而後主要憑經營橡膠園林而致富，在新加坡和中國兩地積極興學辦校。陳嘉庚後來成了中國共產黨的支持者，1950年回返中國。

09 綠化新加坡

1968年，當李光耀請公假到波士頓進修時，他察覺到當地一個不尋常的現象——樹葉、樹叢、樹木都長得很翠綠。

在新加坡，柴油引擎汽車和羅厘所排放的廢氣往往給路邊的樹木蒙上一層污垢。波士頓是個工業化城市，但這裡的樹木和樹葉卻依然保持翡翠般蔥鬱的光澤，這是怎麼回事？

一天，李光耀在波士頓坐車外出時，看見一些汽車在一個加油站裡排隊，卻不像是在添油。李光耀向來充滿好奇心，便問司機到底是怎麼回事？

「司機解釋說，這裡你每六個月都得檢查汽車的排氣管和其他會造成環境污染的部件。檢查過後，他們會給你一個標籤貼在車上，這樣車子就不會排煙污染花草樹木了。」

李光耀回到新加坡後，他也仿效這個做法，規定所有在新加坡註冊的車輛都得定期檢查，確保排煙情況沒有超標。直到今天，車齡介於三年至十年的車輛，每兩年就得檢查一次。車齡超過十年的車輛每年都得檢查一次。由於從馬來西亞載貨來的羅厘往往排放大量黑煙，新加坡政府就對排煙超標的車輛實施罰款。

「以前巴士都會排放大量的黑煙，在我們成功管制本地的車輛後，來自馬國的羅厘噴黑煙的情況還是十分嚴重，於是，我們就對這些噴黑煙的羅厘徵稅，迫使它們改善情況。」

他補充道：「我們的樹木給我提供了一個污染水準的指標。過後，我又增設了測量污染水準的儀器。這就是我們如何管制柴油引擎巴士和羅厘排煙的情況。」

李光耀要把新加坡打造成一個清潔與綠化城市的決心，是遠遠走在他那一代人的前端。

他堅信不是有錢人才有條件享有乾淨的街道、完善的下水道與清新的空氣，而是每一個人，不論貧富，都該享有一個舒適的生活環境。一個骯髒的環境是貧窮百姓疾病的溫床，這會引起民怨進而引發政治問題，因此解決辦法就是改善整個城市的清潔條件。

這事說來容易，做來困難。因為60年代的新加坡，市區的居住環境擁擠不堪，鄉村地區則缺乏像樣的衛生設備。李光耀親自監督環境課題，以確保其他部長和政府官員都能認真看待這個重大的挑戰。

直到今天，他仍對環境課題十分關心，也密切留意各國就環球氣候變化所展開的辯論。

關於全球暖化和氣候變化的課題，李光耀完全是個現實主義者。

他不認同一些對氣候變化持保留態度的人，相反地，他接受這樣一個共識，即排放溫室氣體，尤其是二氧化碳，是導致全球氣溫升高的原因，進而使環境發生變化，結果將造成海平面升高、河流乾涸、人口大遷移以尋找水源。

他不認為那些為一己私利的國家會站在同一立場同意減少碳排放。

他認為發達國家與發展中國家目前在這個課題的僵局將持續。這是因為發展中國家不願意為減少碳排放而放慢發展的步伐，而發達國家也不願意把上千萬的金錢轉移至發展中國家，以償還所謂的「氣候債」。

所以，李光耀覺得像新加坡這樣的國家必須假設，每個國家都會不斷尋求發展，而碳排水準也不會有任何顯著的降低，世界將會繼續走上再生

能源越來越少而海平面持續升高的道路。那些聰明的國家將得好好地計算一下得失，並竭盡所能來應對環境災難可能帶來的影響。

　　李光耀認為，新加坡在這方面的選擇十分有限。太陽能還不可行，核能有高風險。能源匱乏的新加坡只能繼續依賴石油。但是，不論新加坡怎麼減少碳排放量，這對全球起不了任何作用。若因為環境問題而要新加坡付出國家經濟成長的代價，李光耀絕不妥協。如果發達國家施壓要新加坡達到他們減排的目標，那我們就會指出：新加坡的碳排放其實多源自為其他國家製造產品或產品加工，因為我們的經濟高度依賴出口。

　　「我們會告訴他們：誰才是那個能源的最終用戶？你叫我減排的同時，我怎麼生存呢？這是不可能的。你這是叫我去死。那倒不如由你來肩負照顧五百萬人口的責任。你行嗎？」

「我為什麼要丟棄自己覺得舒服的東西？
我對給人留下好印象不感興趣。」

> **問：你很早就強力宣導新加坡應走上清潔與綠化的發展之路。你怎麼會有這樣的主張？**

答：我們是個立足於彈丸小島的城市。民選政府不能像英殖民統治時代那樣，只讓城市的某些地區享有清潔和綠化的環境，而其他地區則棄之不顧。當時到處都是貧民窟、馬來村落、沒有溝渠、沒有下水道、沒有廁所，有的只是一些暴露在外又常淹水的水溝。

當時我認為，其實到現在我還是這麼認為，如果我們不能打造一個全島皆清潔的社會，那我們將會有兩個階級的人民：一個來自上層、中上層和中層階級，居住環境舒適高雅；另一個來自中下層和工人階級，生活條件極差。

那樣的社會絕對無法興盛起來。而且那時我們正要實行國民服役，沒有一個家庭會願意讓自己的兒子去為那些住在大洋房的人、或坐擁高樓的有錢人送死。因此，讓新加坡全島清潔、綠意盎然，以及人民居者有其屋是很重要的。這是我在制定所有政策時的一個基本原則，而它已奏效。

除了財政和國防，建立平等社會一直是我治國時優先考量的事項之一。如果無法讓所有的新加坡人都享有乾淨和綠化的環境，就無法貫徹這種平等的觀念。今天，不論你是住在一房、二房、三房、四房或五房式組屋、執行共管公寓或有地住宅，環境都是乾淨的。你住的房屋並不平等，但你還是可以和每個人一樣，享有乾淨的公共空間。

> **問：當時新加坡致力於推行工業化，而引進了某些帶來污染問題的工業。你是如何在發展和環境之間取得平衡？當時是否有些項目因為考慮到環境污染而被迫取消或展延？**

答：我們當時的考量是，可以採取哪些措施來減少或消除污染。

當我們和住友公司著手建立裕廊煉油和石油化工廠時，他們採用的是

日本的標準。我們和對方發生了激烈的爭執，因為我們要的是德國的標準，這是歐洲國家裡最高的。我在臺灣高雄的高爾夫球場打球時，曾看到遠處有煉油廠。而當我們打球時，不時嗅到從煉油廠飄來的異味。

我們和日本人的爭執十分激烈，因為這意味著成本將提高。我們堅持除非住友採用德國的那一套做法，否則就中止合作。我們告訴他們，如果你裝置必要設備來降低污染，我們將在勞工方面提供所有的優惠，如豁免工作准證費。結果我們達成協議，他們就繼續這個項目。今天在裕廊鄉村俱樂部或萊佛士鄉村俱樂部，你聞不到異味。如果當時我們妥協的話，今天就得付出最高的代價來善後。

德國之所以標準最高，是因為他們的煉油和石化工業靠近城鎮。後來美國在這方面也越來越嚴格，但他們曠地遼闊如休斯頓，大風或颶風會吹走異味。隨著這些煉油廠附近的房子越來越多，他們也必須提高標準。但我們就只是一個彈丸小島，如果我們處理不當，就會身受其害。

問：你在新加坡綠化這方面的想法可曾改變或動搖過？

答：不，我們各方面其實一直在改變，因為我們必需要為跟上世界標準而做出改變。如果我們要成為第一世界水準的綠洲，那我們就得創造出第一世界的條件，不單只是在環境方面，還包括設施、衛生水準、服務、通訊交通、安全等方面。我們隨時都必須跟上當前最高的標準，這樣你才不會被淘汰。

別人說我們是個死氣沉沉的小島但很安全也沒污染。我們先搞好基本條件。現在基本條件已經鞏固了，我們可以再來點花俏的——例如在新加坡河畔通宵歡飲，或是到濱海灣、夜總會、卡拉OK吧、迪斯可作樂等等。隨著綜合度假勝地開業，將帶來許多新挑戰。黃根成（於1994–2010年任內政部長）和員警部隊經過審慎的研究後說，他們有把握取締賭場的毒品、洗黑錢和賣淫等活動。他們不能作出保證的是控制賭癮的問題。對於這個問題，我們制定了一些防範措施。但是如果我們不建綜合度假勝

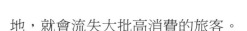

地，就會流失大批高消費的旅客。

就好像世界一級方程式（F1）賽車這件事。在 70年代，我不認為賽車活動是件好事，因為這會鼓勵年輕人魯莽駕駛。但這些年來 F1賽車在全球各地吸引了一大批豪客，比賽在哪個城市舉行，這些發燒友就會蜂擁而至，他們的銀行會替他們結帳。看到這些時，我知道我們走寶失算了，所以我改變初衷。不過，我們不會特地建造跑道。我們把道路兩旁圍起來，讓他們在市區內比賽，就像摩納哥的情形。摩納哥是個成功的例子。

問：新加坡在經濟發展和環境課題上，有什麼得失？

答：我們犯的一個錯誤，就是准許在靠近丹戎巴葛海港附近的丹戎柏萊雅建造煉油廠。我起初反對，但當時我們缺乏外來投資。一家日本公司（丸善東洋石油公司）說，如果我們把靠近港口的這塊地租給他們，他們就會建煉油廠。當時吳慶瑞叫我拍板點頭，不過我的判斷告訴我，這事不可行。但他說，我們需要外來資金，我們必須向日本人發出信號，歡迎他們來投資，所以我答應了，簽了一紙30年租約，我們因此必須等到租約期滿。後來日本人把這個設施轉讓給英國石油公司。[1]

問：有人說，在新加坡接納某些減少碳排放協議的過程中，新加坡的石化工業將是個絆腳石，因為它們排放出大量的二氧化碳。你認為真的是這樣嗎？那新加坡會放棄石化工業嗎？

答：我們的碳排放量或碳足跡只佔世界總排碳量的百分之0.2。[2] 我們的煉油業不是為本國服務的，大概只有百分之五的煉油和石化產品供我們使用，其餘的都是供出口、為飛機船隻補給燃油及分銷到其他東亞國家。跨國公司來新加坡投資是因為我們安全和穩定，然後它們把產品銷售到區域各國，遠至北半球的阿拉斯加及南半球的紐西蘭。

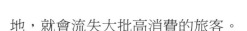

　　我們告訴聯合國政府間氣候變化委員會：「你們必須從這個角度看問題。當中國被指責污染環境時，它回答說，這是由於要生產運到西方國家的產品，導致製造污染的工業轉移到中國去。」

　　但是，中國的情況是，他們用的是煤炭發電廠，而我們的發電廠用的是天然氣。我們已經竭盡所能來減少污染了。

　　由於我們擔心來自馬來西亞和印尼的天然氣供應合約被中止或毀約。尤其是當它們想以更高的價錢賣給別的國家時，我們不時會聽到他們聲稱其實他們自己比新加坡更需要這些天然氣，因此我們正在建造液化天然氣接收站來儲存天然氣以及從卡達和其他地方輸入天然氣。

　　我們在這方面是不會受任何人要脅的。我們必須時常觀察時局調整自己的立場，因為沒有什麼是永恆不變的。

問：當你說，世界得為不願改變而產生的後果作出調整，你指的是什麼？

答： 澳大利亞南部已經感受到了，北部則較多雨。但是，那僅是第一階段。如果這個趨勢繼續的話，我想對我們來說不算太壞，因為我們會有更多的雨水。可是，海流也可能改變方向，以至我們這裡的厄爾尼諾現象加劇而少雨，那麼我們就麻煩了。

　　我們必須為各種可能出現的不同情況做好準備，而且也沒有人能預測新加坡的結局將會怎樣。目前的趨勢是，我們這裡是越來越多雨而不是越來越乾旱。澳大利亞的情況則是南部越來越乾旱，北部越來越多雨，他們得抽水送到南部去。不過，他們有用之不盡的煤礦、天然氣和鈾，也可以跟我們一樣淡化海水和再循環用水。

問：一些人堅稱氣候變化已經對世界造成影響了，高爾（美國前副總統）就是其中一人。他們的看法有說服你嗎？你對他們提出的論據信服嗎？

答：我的理解是，一些政府並沒有意願去採取必要的行動，因為這會導致他們失去選票。我們必須準備為一個不同的世界而做出調整。

美國要中國停止使用煤炭或減少污染。中國則說：「你才是那個最大的污染國，這些年來你不斷製造大量的污染。」現在，來自中國和印度的談判代表說，他們要美國把溫室氣體的排放量從1990年的水準減少40％。但是，美國國會通過的法案卻只承諾把溫室氣體的排放量，從1990年的水準減少4％。中國是不會動搖立場的，因為中國不認為全球暖化是它造成的，罪魁禍首應該是美國。

每個國家都在爭取經濟成長，因為如果國家沒有成長就會面對內部問題。所以我的直覺是，最好準備為後果作出調整。等中國和印度察覺到全球暖化對他們本國的環境造成破壞的時候，他們就會著手採取果斷的行動了。

我們擔憂的是，如果南北極的冰帽融化，估計海平面將升高一米或更多。

我們曾研究過可否學荷蘭那樣在新加坡築起堤壩，但那似乎不可行。他們的結論是，我們必須建造海牆。我們可以建造海牆，那我們的海港就會在海牆之外，其他的島嶼怎麼辦？我們將成為一個「日漸被淹沒的群島」的中心。後果到底如何還很難說。

如果海平面只升高一米，我們將損失部分的海灘但會繼續生存。可是，如果升高至六米，沒有海牆的話，五分之一的新加坡將會淹在海裡。

問：你看這個可能性有多大？

答：我不是氣候專家，我不會計算這些可能性有多高。我只能接受那些氣候專家告訴我們的。

問：我們可能成為一個模範的先進的熱帶城市，而不過度依賴冷氣機嗎？

答：我們不可能改變氣候。其實，所有的城市都越來越熱，因為水泥和道路會吸收熱氣。如果我們常年涼風習習，又有足夠的土地蓋房子，那就可以少開空調。可是，不是所有房子都很涼爽，因為涼風多被其他高樓大廈給阻擋了。

我們怎麼可能在不開空調的情況下不損失生產力呢？50年代，當我在黎覺與王律師館當律師時，因為費用高，只有律師們才能享有空調。其他的書記和員工就只能在開放式的辦公室工作。每個下午，他們就得把電風扇的風速開到最大，然後還得用紙鎮把文件壓住以防紙張飛走。通常午飯過後，他們就會更常打錯字，因為氣溫一升高，生產力就下降了。

所以當我在1955年開了自己的律師館時，我讓整個辦公室都裝上冷氣。那是間小辦公室，在麻六甲街10號一樓。午飯過後我們的生產力沒有下降。

一些如在晶圓廠工作或從事其他精細工業的人，他們都得穿特別工作袍和戴塑膠頭套，以免毛髮和微塵影響產品素質，他們沒有冷氣是沒辦法工作的。

我們沒有其他路可走。我們只有一個選擇，那就是建高樓。我們不可能再像以前那樣建兩、三層高的樓房。如總統府是在1860年代建的，它的設計是面向東北和西南季候風，它還有長長的走廊來避開陽光直射。

我在1950年代初期受邀到英國總督的官邸作客時，看過他們用印度式的「潘卡」。那是一根長棍上掛著布條的布屏吊扇，然後「潘卡」師傅會把它繫在腳趾上有規律地來回拉動「潘卡」扇風。在印度盛夏的時候，當地的穆斯林會在窗上或走廊安裝格子。他們會在上面灑水，這樣熱空氣透過涼水時會降溫，室內就會變得涼快些。

除了海風，這裡並不是一個涼風習習的地方。那以前的人是怎麼生活的？你知道馬來人以前是怎麼過的嗎？他們用木材建浮腳樓，用「亞答」葉做屋頂，然後把門和窗戶打開。用「亞答」葉做屋頂比用鋅板或瓦片好，因為你不需要多一層天花板來隔熱。但是如果沒有風吹進來的話，你還是會覺得悶熱。馬來男人和女人都穿「紗籠」，因為這樣腿部可以透

風。還有，男人都穿無袖背心或索性光著上身。這就是我們的天氣。

> **問：那麼，引進電動汽車或把交通系統電動化等新概念，你認為對我們的城市有幫助嗎？**

答：會有實現的一天，它將先從混合動能汽車開始。一些公司已經在電動汽車方面有深入的研發。它們在加速前進和速度方面可以和汽油或柴油驅動汽車媲美。問題是：它的電池可耐多久？還有，巴士可以使用天然氣，甚至連汽車也行，我們應該探討這些可能性。

> **問：那太陽能呢？你看到它在一個如新加坡這樣的熱帶城市的發展潛能嗎？**

答：我自1992年以來就是法國石油業巨頭道達爾的顧問團成員。過去17年來，每一次他們的比例圖都是這個順序：石油、煤、核能，是這個樣子（把手舉高）；再下來風力、太陽能、海浪以及再生能源等，則是這個樣子（把手放低）。

　　德國作了有關太陽能電池板的研究。有一個提案是：如果把太陽能板放在撒哈拉沙漠曬一整年，所產生的電力夠提供給整個歐盟。可是（笑），你知道那要花多少錢嗎？還有，那裡會颳沙塵暴。到時候，你的太陽能板都沾滿了沙子，誰要負責把沙子清理掉呢？

　　不過，如果我們在所有的屋頂上都裝置太陽能板，我們可以儲存足夠的電池給鹵素燈和熱水器，但是一旦下雨或陰霾，電力就不夠了。

　　但這些總有一天會實現的。現在中國製造的太陽能晶片比德國的更價廉物美。還有，風力扇也是。

> **問：你怎麼看新加坡發展核能？有這個可能性嗎？**

答：有報告說，小的核能設施可能較安全，其大小就像一艘核能潛水艇裡的核能裝置。可是，沒有一種核能發電設施是絕對安全的。我們可以把核設施裝在浮動的平臺上，而且從最小號開始嘗試。如果可行的話，我們再嘗試中號的，然後再增加多幾個小號的。我們的問題是：傍晚當工廠和辦公室都關了，家庭用戶又消耗不完這些電力時，該怎麼辦？如果是水力發電廠的話，你要用電時再抽些水去發電就行了。

　　我在（前）南斯拉夫看過這個情形。當晚上用電量少的時候，他們就把水抽回去，然後注入高處的蓄水池。這樣一來，下次他們就會有更大的水力來推動渦輪發電機發電。但是，我們的蓄水池和地面之間沒有這樣懸殊的高度。我們真的缺乏能源。

> **問：你看今天的新加坡，我們要維持一個適宜居住的環境，同時又要成為環球都市，你對這兩者之間所取得的平衡是否感到滿意？**

答：我不想要有太多的人口，因為人口稠密會導致緊張的生活條件。不管我們多本事，不論是建造連接公園之間的通道，或是保存綠色空間，或是填海造地，不管我們的技術多好，要是人口持續增加，比如說達到650萬人，包括那些持工作准證的外勞，因為我們需要他們來維持經濟成長，那麼高度稠密的人口會讓人感到不舒服。當我去香港的時候，撇開污染不說，沒讓我感到愉快的原因是人口太稠密了。或者，好像舊上海的情形。1976年，我住在當地最好的賓館。我到樓下散步的時候，來來往往的人如潮水般。你得繼續走不能停下來，否則他們會把你推著走。當時天色昏暗，商店昏暗，街燈也微弱。

　　在香港，因為房子空間太小，所以他們的休閒時間幾乎都是在外面度過的；款待客人也在外面。在新加坡，人們買大電視機、買時下流行的玩意兒、把家裡布置得舒舒服服的。那些泡夜店到三更半夜的多數是外國旅客。

　　我個人的偏好是人口不要太稠密，不過現在掌權的不是我。政府會帶領新加坡走上他們認為是正確的道路。

問：讓我們回到剛才你說的有關全球暖化的部分。你說，世界各國不願意正視這個問題而做出改變，你是否對它的長期結果感到悲觀？

答：是的。所以我說了，我們一開始就得做好準備去適應，而不是希望說我們不用去適應。至於多大程度的適應將取決於暖化有多嚴重。

問：那你認為世界各國應該做出什麼改變扭轉心態以解決這個難題？

答：當有一天，中國和印度發現他們成千上萬居住在河邊的農民和城裡的小商人都面臨水源短缺的問題時，啊，問題可大了。沒有足夠的水，他們要何去何從？他們要怎麼填飽肚子？這些人將遷移至任何可以活命的地方。到時全世界將經歷大動亂。

問：既然你這麼悲觀，你是否認為世界各國不可能在這方面達成任何實際的多邊協議？

答：我不認為能達成。你看看哥本哈根峰會。[3] 中國已經（對美國）說了：你要我減排，那你免費提供我綠色技術。你已經有了就給我，還有把你的碳排放減少40％到1990年的水準以下。但美國國會通過的法案只肯減4％。

問：因為少了世界各國領袖帶頭？

答：我不認為是少了世界各國領袖帶頭的緣故。有哪個大國的領導人，

或像新加坡這樣一個小國的領導人可以說：「好，我們放棄經濟增長，就算是負增長也要解救全球暖化」？我不認為新加坡政府會言聽計從，因為承擔不起這個後果。每一個領導人，每一個政府都只會想到自身的難題。

> **問：你看我們什麼時候會成為聯合國氣候變化框架公約《京都協議書》的「附件一締約國」（承諾減少溫室氣體排放的工業國或轉型中的經濟體）？這對新加坡有什麼影響？**

答：不，我們會告訴他們：你看，我們無法做出承諾。所有這些污染排放物都是為了你們所用的產品，以及世界各國的航空公司正在使用的產品。

我們是一個貿易、運輸和為船隻和飛機提供燃油補給的樞紐。我們怎麼可以因為他們說的這麼做就言聽計從？

我們出口這些產品，並不是生產這些產品供自己消費，而是給飛機、船隻提供燃油補給。作為區域樞紐是我們生存的條件，而我們怎麼可能在不破壞區域樞紐地位的情況下減排？

我們會告訴他們：誰才是那個能源的最終用戶？你叫我減排的同時怎麼生存呢？這是不可能的。你這是叫我去死。那倒不如由你來肩負照顧500萬人的責任。你行嗎？

> **問：除非他們有辦法把入口成分和國內消費成分分開，才行得通。**

答：當然，他們一定得這麼做才行。

> **問：本區域常年面對煙霧問題，主要原因是印尼的農民採用燒芭的耕種法。這個問題真的束手無策嗎？**

答：雅加達機場曾因煙霧籠罩而關閉。但就算他們有這意願，也僅限於雅加達也受影響的情況下才會有所行動。占碑、廖內群島、巴厘巴板有煙霧的話，沒事啊，只要戴個口罩就行了，日子照樣過。

> 問：看到這方面的問題沒有多大的進展，你個人會覺得懊惱嗎？

答：不會。我知道他們沒有辦法制止當地人為了耕地而燒樹林的燒芭活動，我接受這個現實。

李資政的碳足跡有多少？

在新加坡，很多人都知道李光耀生活簡樸。他和妻子住的房子，位於市中心高級住宅區歐思禮路，已經好幾十年沒有裝修。他坐飛機出國時經常穿同一件精紡毛料的西裝。其實，早在時下環保意識抬頭之前，李光耀就已經是一個環保的消費者。對現今即用即丟的社會沒有好感的他，崇尚儉樸的價值觀，從不過度消費。在訪問他的當天，他身穿一件老舊的外套，他告訴我們，幫他裁制那件外套的裁縫師已經過世。他的生活是如此儉樸，甚至連李顯龍總理每年穿新衣出席國慶群眾大會，他都認為是奢侈。

> 問：你自己的生活方式是怎樣的？你有多環保？你有嘗試減少自己的碳足跡嗎？你睡覺時開空調嗎？

答：我有開空調，不開怎麼行？不開空調我晚上就睡不好。

> 問：你有嘗試再循環物品嗎？

答：我們這裡沒有一個系統讓人們把不同垃圾扔進不同垃圾桶。人民得先對此有所了解然後才可以做到把瓶子、鐵罐、食物丟進不同的垃圾槽和袋子。再過些時間相信我們就可以了。

> **問：另一個環保意識是不過度消費，你不是一個過度消費者吧？**

答：不，我不是。我吃得少，也盡量減少出國的次數。我懷疑我買車這事到底做對了嗎？就算我每天坐最豪華的賓士計程車，其花費也比我每天養我那輛凌志轎車花的錢來得少。問題是我每天不知道會幾點起床，然後坐一公里的路程到辦公室，再一公里路程回家。我車子的車齡五年，只開了2萬公里。

> **問：從照片上我們看到你的衣櫃，你的上衣好像穿了好多年，幾十年了。你不丟棄舊物品的嗎？**

答：我為什麼要丟棄自己覺得舒服的東西？我對給人留下好印象不感興趣。

我有一位教刑事法的指導老師，他曾是大學講師，但你知道年紀大了，就退下來做指導老師。他有個壁爐但從不冒煙，因為他在一戰時期曾被毒氣傷過，所以肺部不好。他有個大家庭。大衣手肘部位有皮革補丁，褲子的膝蓋部位也有補丁。一個學生大膽地問他：「您是不是沒有衣服穿了？」他笑了笑，很有風度地回答說：「那個站在大學大門口的看門員就得穿得體面，他戴著高帽，每次看起來都讓人覺得他很帥氣。而我卻沒有這個必要去讓別人對我留下好印象。」

聽了這些話，我說：「這是反向的勢利心態。」但這是有道理的。我找不到任何理由說，為什麼我得透過有車，或者不時換上時尚新裝，來讓別人對我留下好印象。

　　我的問題是：我的衣櫃已經滿了。我有很多套新西裝至今都完好如新，因為我不常穿。我每天上班也不穿西裝，除了有些正式場合或出國訪問之外。我的西裝的質地都是最好的紡紗毛料子。其實，我越老越不願意花時間去穿西裝、繫領帶。我穿一件束腰的外套，或扣鈕的中式外套，就省去很多麻煩。這些衣服我穿了很多年了，而且非常舒服。

問：這不是一種美德嗎？

答：不，這不是。你可能說這是美德，其他人則會說，這傢伙怎麼這麼節儉？你看看其他的總理，他們為了上電視時看起來上鏡，常常繫新領帶、穿新上衣和西裝。

　　你看看我們的總理就好，他每年的國慶群眾大會都穿件新衣。我就沒有任何理由想讓別人對我留下好印象。

問：我想請問你身上這件外套穿了多少年了？

答：這件？這是件非常舒服的外套。幫我裁製外套的裁縫師已經過世了。

問：那你穿了多少年了？

答：我不記得了。有接近20年或15年吧。它真的非常舒服。

問：你的住家的情況也是如此吧？資政，雖然我沒去過你家，但那些去過的人都說，你沒怎麼翻修來美化它。

答：我已經對內閣說，在我死後就把它拆了。

> 問：為什麼？

答：因為我見過不少故居，尼赫魯的，莎士比亞的，人來人往，過了一段時間，它們變得破落不堪。因為我這所房子的緣故，鄰近的房子都不可以建高。

拆了它之後就可以改變土地規劃條例，讓其他房子可以建高，那土地價值就會升高。

> 問：可是，那不是新加坡歷史的一部分嗎？

答：不，不，不。你知道要花多少錢保留它嗎？這是一棟百多年前建的老房子，它沒有地基的。維修費將要花很多錢，因為沒有地基，濕氣會從地底下透到牆上來，所以附近工地打樁已經造成牆壁有裂痕了，幸好柱子還很堅固。

> 問：聽你這麼說，你對保留老建築物不熱衷？比如舊國家圖書館，雖然在建築學意義上沒有保留的價值，但它被拆了後，我想很多人至今都感到惋惜。

答：我不認為在這所房子住過的人，我女兒、我妻子或我自己，還有在這兒長大的兒子，會因為房子被拆而感到惋惜。他們都有舊相片來緬懷過去的日子。

注釋

1 丸善在1960年至1964年於丹戎柏萊雅（Tanjong Berlayer）經營煉油廠，後來由英國石油公司接手經營至1995年。

2 2007年的數據。

3 哥本哈根峰會，即2009聯合國氣候變化大會，目標是為世界各國在2012年之後就減少溫室氣體排放和減緩氣候變化的影響畫出路線圖，以取代2012年到期的《京都協議書》。峰會通過了美國主導的《哥本哈根協定》，主要內容包括：承諾限制全球氣溫升幅不超過2攝氏度，發達國家在2010年至2012年間提供300億美元援助發展中國家應對氣候變化。峰會也同意發達國家在2020年以前提供1000億美元用做氣候援助資金。不過，由於《哥本哈根協議》不具法律約束力，因此被發展中國家、環保份子和政治評論家視為軟弱的協議。一年以後，在墨西哥坎昆的會議上，世界各國同意接納一個較平衡的配套措施，承諾減排將全球氣溫升幅控制在2攝氏度以內。

第二部
為年輕人和好奇者揭秘

非一般的爺爺

10

對於今天的任務，我一點也不期待。雖然大家有一句沒一句地聊著，同事陳子敬也給我鼓勵打氣，但總統府薛爾思廳裡的氣氛還是很緊張。紅木桌子另一端的空椅子，不斷地提醒我再過幾分鐘，李資政將進來坐在那把椅子上，接受我們編務小組最後一次的專訪。編務小組過去幾個月都到總統府給李資政作系列專訪。我就坐在那把椅子的正對面，準備問這位新加坡的建國之父和享譽國際的政治家，他最喜歡的電影是哪一部？

李光耀的新聞祕書察覺到我很緊張。她說：「跟資政說話就像跟自己的爺爺說話一樣。要尊敬他，但不用太拘束！」子敬和我交換了眼神。他說：「你可以想像我們跟他說：『嗨，爺爺嗎？』太不可思議了。」我完全同意。我的爺爺和外公絕不可能撰寫一本由亨利・季辛吉親自作序的回憶錄。

在那個下午以前，我的工作很簡單。我從編務小組一成立就加入，是給大家打雜的小妹。他們會告訴我哪些篇章需要哪些資料，我的工作就是去搜尋有關的資料，如氣候變化、北歐的福利制度、國民收入的統計數字等等，還有給專家打電話、組織專題小組、處理沒完沒了的電郵和簡報會。甚至有幾個星期，我是在國家檔案局度過，辛辛苦苦翻遍2萬7000張李光耀的照片。

---

* 此章由編務小組七名成員裡最年輕的記者，25歲的林悅忻執筆。

　　但今天的任務卻完全不同以往。其實我早就該有所覺悟：為什麼一開始我和子敬這兩個最年輕的記者，會被徵召入組？投入工作大概兩個月後，可怕的真相才在一次工作討論會上昭然若揭：他們想要有一章關於年輕人的，而我和子敬將負責執筆。

　　上司這麼對我們說：「你們就當自己是獻祭的羔……我是說對話者。就問他一些新加坡年輕人想問的事。」

　　這實在是道難題。就我們兩個記者來代表新加坡人數眾多而有想法的年輕人。再看看我們自己的樣子，似乎更不可能肩負這個任務。他們怎麼可以指望兩個留學外國的「紅毛派」（福建話，「洋派」的意思）來代表新加坡年輕人？我自己更是一個常年穿黑衣、靠近眼睛的部位還穿戴著耀眼飾品的非一般年輕人。

　　我們先從諮詢專家著手。

　　新加坡國立大學學者和國家青年理事會所提供的調查資料，為我們勾勒出一般新加坡年輕人的樣子──受過良好教育、既傳統又崇尚物質，跟老一輩的保守思想漸行漸遠。

　　但這些調查報告並沒告訴我們這些年輕人心裡怎麼想。所以，我和子敬開始著手去搜集問題，越多越好。沒錯，我們利用的其中一個管道是facebook。當然，我們不只是問問自己的朋友，而是嘗試從不同背景的新加坡年輕人那裡搜集問題。基本上，我們想知道的是：「如果有機會問李資政一個問題，不管多怪、多瑣碎、多無聊，你會問什麼？」

　　四處乞求兩周後，我們搜集了差不多70個問題。這讓我們對時下一般年輕人所感興趣的課題有了一定的了解──性取向、兩性問題、文化、環境、政治、殘障。

　　但也有一些問題讓我們有些遲疑。從一開始，我們就決定除了糾正英文拼寫和文法，完全不會刪改任何問題。我們要把所有的問題原汁原味地轉達給李光耀。我們也答應這些年輕人，我們一定會向李光耀發問所有的問題，除非問題太莫名其妙，或者像其中一道摻雜福建方言、寓答於問的搞笑題。

我自己感到特別開心的是，年輕人如何詮釋「不管多怪、多瑣碎、多無聊」這部分。我可以想像，他們一定是笑著想出這些好玩的問題：

「你相信風水和占星術嗎？」

「你的食物是否要別人試過才吃？」

「你最疼愛的孩子或孫子是誰？」

這些都是我為了好玩會問我爺爺的問題。慢著，也許我不會問他「最疼愛的孫子」這題，以免自取其辱。

但是，我敢問李光耀嗎？我坐在那裡等他出現的時候，突然有點遲疑了。不少我聯絡上的年輕人——尤其是20歲以下的——都表示他們心裡有問題想問，可就是不願告知。他們擔心會有報應。有些人提到有親戚因為不小心批評政府或沒投票給人民行動黨而遭遇了一些「事情」。

他們心頭的恐懼漸漸感染了我，不過倒不是因為那些「事情」。我有自己的疑慮。自從我投入這項任務，每天看的聽的說的都和李光耀有關，他常常讓我失眠，不過也不是因為我日有所思、夜有所夢。和大部分新加坡人一樣，我已經把他視為政治名人，是那種毀譽參半的人物，就看你喜不喜歡人民行動黨。我對他的私生活感到好奇，可是對他一些政見卻頗為反感。雖然為了這本書，我已經參與了好幾輪的專訪工作，對他的想法有了更深入的了解，也知道在那白色的制服下確實有顆人心在跳動著，但我內心的掙扎仍然讓我十分痛苦。

在早前的訪談中，李光耀談到新加坡十分脆弱，因此必須步步為營。我聽了感到很沮喪。浮現腦海的畫面，是一群固執己見、煩躁不安的中世紀騎士拼死保衛著四面楚歌的城堡，但這不是我想捍衛的。

我愛的新加坡，這個我成長和充滿童年回憶的地方，是滿懷溫情和友愛的。至於我不愛的新加坡，那些有問題的部分，我一直希望我們有一天可以改變它。然而此刻，我覺得似乎有人在對我說，這個國家脆弱到只要稍為鬆懈就會大禍臨頭，因此要嘛跟著他走，要嘛只有死路一條。

我沮喪到甚至考慮不如佯裝患了什麼嚴重的疾病，如此一來，不但能夠發出無聲抗議，又能以病假為由躲開剩下的訪談工作。種族平等，無論

是作為理想還是實踐，一直是我世界觀裡重要的一環。我也嘗試讓自己時時留意科學和基因學方面的新發現。因此，我真的無法認同李光耀的社會達爾文主義信念，以及他的種族等級觀念。他無法說服我，一些族群確實比另外一些族群天賦異稟或天資過人。我也不確定，他那些看法是否真有科學根據。所以，坐在那裡聽他闡述這些，對我來說是種煎熬，也是這系列專訪工作裡我心情陷入最低潮的時候。

但是，李光耀對新加坡存亡的憂慮，或者他的種族理念，只是他很小很小的一部分。我的拙筆無法完整地勾畫出在當時的歷史背景下他的理念如何應運而生。我認同他對民主的許多見解，如它在文化上須具備的優先條件，以及它波折重重的過去。他知道現在的新加坡和他掌權時已大不相同，也明白他已不再站在最前線。

聽著李光耀侃侃而談，他那犀利無比的頭腦和對事物的通透了解，無時不讓我折服。可是那兩個元素——種族和脆弱性——真的好像是他理念裡無法動搖的中心思想。我覺得坐在我面前的，是個非常出色卻又非常固執的領導人，這個感覺一直揮之不去。

直到我們談到移民問題，以及有關新加坡人的認同感時，我的心情才有了轉變。李光耀說，對他而言，新加坡人這個身分是他自己選擇的。反觀其他人，我們這些生於斯的，就只能接受這樣的身分。我心裡想：「問題的重點並不完全如此。」之前的訪談已讓我有點厭煩。「我們沒有選擇在這裡出世，但身為新加坡人，我們可以引以為榮或引以為恥。此時此刻，我比較傾向於後者。」

然後，我終於想通了。我還記得是哪句話讓我改變初衷。李光耀認為新加坡是生機處處之地嗎？我的組員這麼問道。

李光耀答道：「不，我認為遠超於此，遠超於此。這幾乎是個奇蹟了。當你來到這裡，你加入的是個卓越非凡的團體。創造這一切的絕不是一個平凡的團組。可以這麼說，我們靠的是運氣、心血和一個想像力豐富的團隊，有創意的團隊。我想我們能夠繼續走下去。只要有出色的團隊，我們應該會維持現狀，安安穩穩的。」

我愣住了。我從來沒有從這樣的角度看待這事：新加坡近乎是個奇蹟，一個歷史的意外成果。以前在學校上的國民教育課把我們的歷史描繪得像個故事，似乎我們有今天的成績，是自萊佛士登陸之後一連串像骨牌效應那麼自然發生的結果，但是事實並非如此，我對自己說。我們能有今天，絕非一個必然的結果。這是經過數十年的耕耘，加上好幾代人在社會每一個層面做出一個又一個的抉擇，才走到今天這裡。這些年來，我們有很多其他選擇，也有很多不同的路可以走。可是我們選擇走了這條路，所以才有這樣的成績。這個結果在某些層面而言，的的確確是個奇蹟。

而新加坡下來會朝什麼方向走，沒有半點必然可言。李光耀之後在一次有關政治的訪談中說：「沒有任何體制會永垂不朽。」

啊，這話讓我產生共鳴了。這意味著改革的大門敞開著。能親耳聽到從李光耀口中說出這句話，特別感動，因為是他把治國的重任扛在肩上，也是他帶領新加坡創造歷史。我想到他在1954年如何勇敢地獻身政治，毅然犧牲他的私生活，就為了實現人人共用平等機會的理念，我不禁肅然起敬。很少人可以說自己擁有這種義無反顧的勇氣，這種破釜沉舟的決心。當然，我之前的疑慮還是沒有消除，但是我覺得像是有人拋了個無形的繩索，將我們之間因為理念不同而出現的鴻溝，悄悄地拉近了。我的心裡少了一些掙扎，多了幾分敬意。

在總統府裡，我屏息靜待。子敬檢查了一下他的答錄機。薛爾思廳那兩扇大門突然開啟，整齊的腳步聲打破了廳裡的寂靜，一群保安人員率先而入。我們交換了個眼神：好，開始吧。

李光耀雖然已高齡86歲，可是他的步伐——至少在這次訪談中是這樣——依舊乾脆俐落，他的聲音也沉而有力。看著他坐在桌子的另一端，我想起了自己的外公。外公即使到了80多歲，還是堅持一大早就去健行，一走就好久，有時還扛著幾袋米當重物鍛鍊身體。李光耀像是屬於一個已經遠去、更堅韌不拔的一代，一個泰山崩於前而面不改色的一代。

可是，他並沒有受制於他那一代人守舊的思想，即使是現今社會的保守態度，他也同樣不為所困。他說：「我不是自由派，也不是保守派。我

是個實際、務實的人，一直都是。我凡事實事求是。」當然，務實主義有時隱藏著一些理念上的偏執。不過，當李光耀把他那一套務實主義落實在新加坡年輕人關心的課題上，結果卻往往立新與守舊參半。

比如說，他相信女人生理上與男人有別，因此為人母親是她們的天職。他說：「女人當了母親，就有責任撫養她們的孩子。男人將會分擔一部分責任，但他們不是女人，他們沒有生過孩子。」

因此，他認為女同性戀者共組家庭養育孩子是可行的，但男同性戀者卻不然。例如他說：「兩個男人去照顧一個孩子嗎？如果是兩個女人去照顧孩子，或許可以。但我無法肯定這行得通，因為這畢竟不是他們自己的孩子。除非你是透過人工受孕，懷的是自己的骨肉，那你在懷孕期間就能激發一定的母性。可是兩個男人領養一個男生或女生，這有什麼意義？」

這同他作為人父的經驗有關：「我從來就不用幫我的孩子們換尿布。」這與他兒子的做法大相逕庭。李顯龍總理可是換尿布的個中高手。據2010年的一篇報導說，他從未在換尿布時用安全別針刺傷他的寶寶們，而他也呼籲其他爸爸學好這門本領。[1]

撇開換尿布的責任不談，李光耀覺得女人可以，而且也已經在工作機會、薪水以及擢升方面享有平等的待遇。他說，政府讓她們享有公民的平等地位。現在，和新加坡女人結婚的外國人也可以成為新加坡公民了。

以下的事實似乎證明了這一點：世界經濟論壇2009年的《全球性別差距報告》顯示，在薪金平等、女性出任要職或管理層方面，新加坡表現不俗，在134個國家當中名列第九。[2] 兩性之間的薪金差距也在縮小[3]，而在20至29歲的年齡層，從事專業或管理層工作的女性人數也比男性多。[4]

可是事實上，不平等的現象還是存在於我們的社會。世界經濟論壇的調查顯示，在女性參與政治方面，新加坡的表現乏善可陳，在44個高入息國家中排名第33。[5]

另一份由諮詢公司華信惠悅於2008年所作的調查也指出，新加坡100家大企業的董事局當中，有72家沒有女性出任非執行董事。[6] 新加坡男性在各個工業領域的月均總收入也比女性來得高。[7] 女性除了忙工作以外還

得抽身兼顧家庭，但若經濟條件允許的話，可以雇個外籍女傭來幫忙。[8]

女性所面對的挑戰還包括一些隱伏的心理層面。在2002年至2006年間，因為進食失調而到新加坡中央醫院求醫的年輕人增加六倍。接受訪問的10個新加坡女孩當中，有超過8個要改變她們的外貌、10個裡頭有6個因為體重或外表而感到自卑。這些備受外貌或形象困擾的年輕人，大部分年齡介於17至25歲。

不過，像在美國或歐洲那樣透過立法來達到平等的做法，並非李光耀的選擇。新法律將會跟社會現存的保守主義相抵觸，到頭來只會帶來更多負面的結果，更何況各方一直呼籲政府帶頭創造一個親家庭的社會環境。

李光耀說：「我們是提倡親家庭的政策的。就政府來說，我們可以在辦公室設托兒所、設哺乳室，我們會鼓勵私人企業界也仿效政府的做法。我們必須面對一個現實，就是：現在婦女都出來工作了，如果我們無法照顧到她們作為母親的需要，那她們就會少生育，甚至不生育。」

我問李資政，是否考慮到仿效北歐國家提供津貼呢？北歐國家的生育率是歐洲國家中最高的。[9] 他的回答是：費用太高了，我們會傾家蕩產。我的回應：那不如推行一些較溫和的措施，如陪產假。

他倒反問起我來了：「你幾歲了？」

「我24歲。」

「你還沒考慮到如果你是雇主將會面對什麼難題。」他笑了。「陪產假意味著男人將離開他的工作崗位。我們可以立法，但是公司自會打他們的算盤：這將付出什麼代價？損失的金錢和時間是多少？你可以立法，但他們也大可以不雇用結了婚並且有孩子的男人，然後你會引起反效果。我想這方面就順其自然吧。我們基本上是一個保守的社會。」

他在訪問時認為，政策的制定是受制於社會的價值觀。沒有必要去強行改變，除非這個社會已經有了一個新共識。就連李光耀本人也覺得，即便應該採取新的做法時，也不能硬來。他舉了一個德黑蘭單親媽媽的例子：「一個姑娘懷孕了，她本來想墮胎，可是當她透過超聲波看到胎兒在動時，她決定把孩子生下來。八個月後，她告訴哥哥，他卻說：『你令我

們家族蒙羞，馬上打掉他。」她拒絕這麼做，並且和家人抗爭，結果她的父母親都不認她做女兒，她變成孤零零的一個人。」

我問道：「你覺得她的選擇是對的嗎？」單親媽媽在新加坡往往被拒於親家庭政策的門外。她們不能享有嬰兒花紅、稅務優惠、產假及育兒假期。[10] 有些福利計畫，如建屋發展局的組屋津貼、家庭房屋自有及教育等，也只是以已婚家長或離婚者為對象。[11]

李光耀說：「這是個人的選擇。如果從新加坡的國家角度來看，我認為我們應該保住嬰兒。但是，她家人的想法可能不同，而她自己的想法也可能不同，因為帶著孩子很難再找到對象結婚。凡事都有正反兩面，但如果從人口統計學的角度來看，我是多要一些嬰兒，尤其是受過教育的婦女和受過教育的伴侶所生的。這聽起來似乎很務實、很實際，但現實就是這樣。」

這是新加坡要面對的現實。順應這個趨勢發展並想辦法去改善，可是，其靈活性卻受到社會價值觀的限制。「這是一個非常保守的社會。如果我們朝那個方向發展，我想這會激怒很多老一輩的新加坡人，因為他們會說：你們是在鼓勵這股歪風，那我女兒以後會怎麼樣？」

「我相信我們應該順應趨勢，而現在單親家庭就是一個趨勢。如果現在不面對它，日後將演變成社會問題。可是，怎麼去面對卻非常重要。英國的那一套是，鼓勵單親媽媽多生孩子，就可以多領取政府津貼，而這將導致更多人缺乏責任感，這又是一個問題。不過，我們認為德黑蘭的個案是個極端的例子。這種事不應該發生在任何地方和任何人身上。」

我問他，社會上的觀點跟他個人的觀點南轅北轍，是否讓他覺得氣餒。李光耀又提出了一個很實際的看法：新加坡的保守主義是現實生活的一部分。「如果我是總理，要我強行去推行一些跟社會主流情緒背道而馳、跟主流價值觀相互抵觸的政策，我也會遲疑不決。你這是在逆民意而行，廣大的基礎民意。這麼做有什麼意義？值得為了破舊立新而冒無謂的風險嗎？」

不過，他有信心新加坡人會逐漸改變他們的想法，通過吸取更多的知

識以及開拓更廣的眼界，來促使他們從新的角度來看待和處理事物。「隨著時間的推移會慢慢演變，很多事物都是如此。我個人的那種成長過程也會在他們身上出現，我不可能在一夜之間改變他們。我想，雖然持有偏見，但他們通過自身的經驗、自身的閱讀、自身的觀察，會使他們改變看法的。」

我想，我們也在某種程度上，看到這種演變也在殘障人士以及如何使他們融入社會的課題上出現了。李光耀說：「我們現在已經來到一個點上，可以讓人們說，我們應該多做一些。我說，好，讓我們改善它。要是你可以讓他們覺得活得有意義、活得更舒適，為什麼要阻止呢？讓我們幫助他們盡量享受人生。」現在，巴士和地鐵已經著手改善設施以方便殘障的乘客。李光耀夫人的律師館也雇用了一名視障人士當電話接線員。

他的女兒李瑋玲醫生患有閱讀障礙症，而李光耀自己也透露，他本身也患有輕微的閱讀障礙症，但他在早期就已經懂得如何去克服閱讀的困難。不過，他是直到近60歲的時候，女兒帶了一位閱讀障礙症專家去看他時，才診斷出他患有閱讀障礙症。患者在拼寫和速讀方面會遇到困難。「我無法速讀，我經常得再倒回去看看我是否閱讀了正確的字。這減低了我閱讀的速度，但正因為我讀得較慢，因此讀一次就記得內容了。這算是一種補償吧。最重要的是，別因此就洩氣覺得自己殘障。」

李光耀也告訴我們他的男孫患有亞斯伯格綜合症（小兒孤獨症）和白化病（見第11章）。因為他在學習方面有困難，所以得花更長的時間才行。但他最終還是考上了新加坡國立大學，現在畢業了並立志要當一名英文老師。

「假設我們一開始就放棄他，說他『無藥可救』，那今天他將會被遺棄在一角。」李光耀接著說：「我們在他身上花了很多時間，送他到特別學校學習讀書和寫字。他最終可以重返主流學校受教育。」當我們在較後的訪問中問他，誰是他最疼的孫子，他回答說：「全部都疼，不過，最討人喜愛的是殘障的孫子。他很有禮貌、說話得體，又很乖巧懂事。」

我還在等待李光耀像我爺爺那樣，以一種以老賣老的口吻說：「現在

的年輕人啊」。我爺爺只要談到如今時代不同了，就會老生常談地這麼說話。當子敬問他下一個有關年輕人對政治冷漠的問題時，他果然沒令我失望。

子敬曾在2008年看過他的大學同學，在美國總統選舉的初選階段為心儀的候選人造勢的那種政治激情。民主黨和共和黨的支持者都加入這場選戰。如果我們也允許校園出現政治積極份子，是否就能讓年輕人對政治不再冷漠呢？

李光耀的答案很簡單：現在的年輕人對政治冷漠不是因為校園裡缺乏積極的政治活動造成的。他們對政治冷漠是因為他們現在日子過得太安逸了。校園的政治積極份子不過是在那兒滿口政治理論地裝腔作勢，年輕人之間不成熟的辯論顯示出他們在理論和實踐方面眼高手低的一面。

他說：「我在倫敦經濟學院上了一個學期的課，那裡有政治活動。漂亮的女生派發共產主義的小冊子給我。在劍橋的時候，他們有一個辯論學會，有時還邀請部長到來同他們展開唇槍舌劍。學生們往往在那裡滔滔不絕地高談闊論，以顯示他們對所有的課題都瞭若指掌。現在回想起來，我覺得他們不成熟。他們才20出頭，有什麼經驗呢？」

「你必需要有一定的人生經驗才可以了解大部分人民所面對的民生問題。」

他接著說：「然後，你才可以成為積極份子。我在萊佛士學院或劍橋時並不是積極份子，我聆聽、我觀察、我學習。不過，當我回國決心從政的時候，我和工會站在一起，我決定必須幫他們做些事。他們被剝削，他們的孩子沒有前途。所以，我理出了自己的一套理念，並和一群志同道合的朋友磋商。」

李光耀認為，不論多少場的大學辯論都無法取代他的政治生涯中所經歷過的最大考驗。而他覺得現在新加坡年輕人最不足的其中一點就是：缺乏唯恐失去一切的危機意識。他那一代的人經歷許多風風雨雨：二戰時英軍倉皇撤退、日治時期日本皇軍的暴行、戰後共產主義份子的動亂。1965年，留給他們的就剩下一個需要保衛的小國。積極參與政治只能在戰亂與

危機的背景下自然演化成形。

他認為，企業家的出現也是同樣的道理。他把猶太商人的成功，歸功於他們在猶太人貧民區被迫害、被剝奪的緣故。由於他們不得從事其他專業，就只好學習經商。與之形成強烈對比的，是新加坡人唾手可得的機會。「我們有太多國人過著安逸的生活、從事舒適的工作。他們為什麼要放手一搏？你只有小資本，可能因此一貧如洗，你就得從頭再來。你的人生也必須從頭再來。」

那今天新加坡年輕人到底有些什麼是可以同這些經驗相提並論的？李光耀認為不多，因為生活太安逸了，我們成了自己成功的受害者。新加坡繁榮興盛的基礎已經打好了：清潔、綠化、法律與秩序、經濟。李光耀指出，今天新加坡的計程車司機和小販都有資產——政府組屋，讓他們擁有至少價值15萬至20萬新元的資產。他補充道：「如果他們不去峇淡島花天酒地的話。」而新加坡現在除了基本生活面之外，更注入了新的活力：綜合度假勝地、世界一級方程式賽車等等。他說，政府已加強了現有的基礎設施，這足以把開放後所帶來的影響減至最低。

「你打算改變新加坡什麼？基本上，你要新加坡作出哪些改變？他們要的是多一些經濟增長、更好的房子、汽車、更多旅行、更好的學校、更好的托兒所、更好的幼稚園，就是這些。這都是些附加福利的東西。」李光耀斬釘截鐵地道出。

「如果我們的社會和教育條件差，那我們將時時面對政治激進主義，就像在泰國，或者目前在馬來西亞、在印尼的情況……只要他們一覺得受到迫害就會立刻對政治感興趣。針不刺到肉是不疼的，只要一刺到肉，他們就會跳起來的。他們失業，就會馬上對政治有興趣，並且只要哪個政黨說：『我會幫你們再就業。』他們會把票投給那個政黨。」

然後，李光耀儼然在法院裡咄咄逼人的經典畫面出現了。「好。」他轉向子敬問道：「你今天成立一個政黨。你的賣點是什麼？你的競選平臺是什麼？你要怎麼改善人民的生活？」

「我說的不是要成立政黨。」子敬回答道。

「當你說『對政治感興趣』，你必定想做一些事，對嗎？經濟、社會政策，什麼都行。你把它亮出來，然後看你能不能生存六個月。」李光耀接著舉了工人黨在2006年大選的競選宣言「你有選擇」為例子。「劉程強提出這個競選宣言，但選民不買他的帳。我們就那樣將它粉碎了。新加坡人的另一個選擇到底是什麼？」

不過，我想肯定還有一些別的因素。我在想，子敬念大學時認識的那些學生是否過得「太安逸了」。他們肯定挺富裕、聰明、有前途，但就因為這些妨礙他們成為積極份子嗎？我記得有些年輕人說他們有問題要問，卻不敢開口。難道這不是讓人們裹足不前的因素嗎？難道這不是他的領導作風的產物嗎？

李光耀當然不這麼認為。他覺得這是一種習性，在非常時期，還是能克服的。「這是新加坡文化的一部分，可以追溯到過去的家長式社會，尤其是華族。你想，為什麼我們要成立人民協會？因為當時（指1950年代和1960年代）沒有人會參加政黨，那太危險了。如果共產黨贏了，他們會對付你。可是參加人民協會做些社會義工就行。在馬來西亞他們也是這樣開始的，和我們沒兩樣。馬來西亞華人公會（馬華）原先是個有錢人的俱樂部。但是，他們現在面臨嚴峻的政治難題，因為少數民族在教育、工作、執照的派發等各個方面都面對不平等的待遇。」

可是，我問李光耀，難道他不認為，這種恐懼的政治氛圍，在某些層面上是他造成的嗎？「胡說！你現在感到害怕嗎？如果你害怕為什麼還問我這個問題？你會遭遇什麼後果嗎？根本是一派胡言！」李光耀說道，語調聽得出他開始不耐煩了。

「我們個人可能不害怕，但我們的確接觸過一些年輕人表示他們感到害怕。」我窮追不捨。

這是他的回應：「我不能解釋為什麼會這樣，同時我也對他們害怕與否不感興趣。我想最好他們感到害怕，這樣他們就會把我放在眼裡，這總比漠視我來得好。就是這樣。如果你是總理卻被人漠視，你就麻煩了。」

即便是年輕新加坡人移民的現象他也顯得泰然自若。他說，紐西蘭人

移居到澳大利亞，澳大利亞人移居到美國、英國，以及其他地方。這是全球化的一個現實。「如果你以為他們離開是因為恐懼，簡直是一派胡言。那是為了追求更美好的生活。事實就是如此。」

那新加坡年輕人還能有什麼呢？我開始覺得有點氣餒了。那個「沒有選擇」的說法又在我耳邊迴響。恐懼感的問題他也不以為然。

終於，李光耀語氣一轉，說道：「100年以後，還會有一個新加坡嗎？我不敢肯定。如果我們沒有會思考、有才幹、有組織能力的傑出人才，我們就會完蛋。」

「到時候，新加坡人怎麼辦？那些受良好教育的，可以移居國外。可是，大部分沒有能力的新加坡人怎麼辦？他們的生活會走下坡，然後開始成為別人的女傭或勞工。你說不可能嗎？我說，你仔細想想，1959年時我們是怎樣的環境？1963年我們的環境又是怎樣的？1965年我們面對什麼難題？如果你以為新加坡會一直維持這樣的現狀，無人操控卻能展翅高飛，那你一定是瘋了才會這麼想。」

我沒發瘋。我也不相信無人操控的情況可以運行。我想他那番話言下之意是叫年輕人好自為之。自1959年以來，很多東西都變得更好了，我不能硬著頭皮否認這一切。上天也沒有賜予新加坡任何的天然資源。我們是一個政治意志驅動的產物，同時也近乎是個奇蹟。維持我們所取得的進展，改善人民的生活，消除制度中的缺陷等，這些問題都有待我們自己去解決。

「好。完了嗎？」李光耀有點不耐煩地問。我們所剩的時間不多了。我們一開始穩紮穩打，決定先問那些嚴肅的問題來暖場，現在該輪到一些無關痛癢的問題了。可是，經過剛才那段激動的談話後，我不太肯定是否開得了口問他最喜愛的電影是哪一部。

「我們還有一部分是關於你私人的問題。」子敬說。

「好，開始問吧。」

我盡量故作輕鬆地問道：「如果你可以成為世界上任何一段歷史的政治家，你會選擇什麼？為什麼？」

　　他回答道：「那是個無聊的遊戲。我根本不想成為政治家。是時勢造就了我。我從沒想過『我要成為政治家』，那是一派胡言，政治家不是你想當就可以的。」

　　他又說道：「我從不把自己看成是一個政治家。我只不過是做事有決心、有毅力、堅持不懈。當我決定做一件事，我會不斷努力直到成功為止。就是這樣罷了。這就是我怎麼看待自己。我不是什麼政治家，那是一派胡言。如果有任何人認為自己想成為政治家，那他應該去看心理醫生。」

　　李光耀肯定不是腦筋有問題。他寧可當一名律師都不願當政治家。但是，如果他不從政的話，他會選擇專攻什麼法律？他說，適逢國家動亂的時候，他的律師館還開得成嗎？這就是驅使他從政的動力。

　　那個問題為接下來的問題定好了一個基調。隨著所問的問題越私人、越幽默，一個讓民眾充滿好奇的李光耀，在公和私兩面的交互映襯下浮現出來了。一方面，人們顯然真的想認識他，洞悉他的私生活。他長久以來是新加坡公認的領導人，有關他的謠言也圍繞著他滿天飛。年輕的新加坡人想直接從他身上得知第一手真相。

　　目睹他親自闢謠的感覺好奇特，而看著他緬懷往事的感覺卻好舒服。他看起來似乎放輕鬆多了。每當我們發問古怪的問題時他總會笑，可當問題有些尖銳，就會激發他的鬥志。在那一刻，我們得以窺探到多一點他私人的一面，而我也開始非常享受這段訪談。

　　李光耀私下是個多愁善感的人嗎？他最近一次到倫敦訪問時，曾到一家名為「釣客清話」的酒店懷舊一番。這是一家漂亮的酒店，位於泰晤士河邊的馬妻。他到那裡去慶祝86歲生日，但他第一次在那裡吃飯卻是47年前，在一個截然不同的環境下──新加坡與馬來亞合併會談。我的同事朱萊達說，他故地重遊肯定是為了緬懷一段難忘的往事。

　　那一刻李光耀的語氣轉為抒情。「我記得我們吃過的最好的一頓飯。當時我們和馬來亞領導人的談判很不順利。我們中斷談判，決定去泰晤士河邊馬妻的一家叫『釣客清話』的地方。食物可口，環境優美，人也覺得

放鬆了。那是1960多年的事了。」

「過了40多年，河堰還在，他們保留了周圍的建築物，一切充滿英國風情。那裡可能是歷史保護區，因此不能隨意改建。它是老英國的一部分，儘管裡面已經裝潢得很現代了，但周圍環境依然如舊。我不是懷舊，只是它讓我重溫我的年輕時光！」

然後，他又感傷地說：「我的味蕾不同了，所以嘗的味道也不一樣。我相信那兒食物的水準同以往一樣，並沒有走下坡。但我的味蕾變遲鈍了！」

那麼，他的食物是否先讓專人試吃過再端上？這個問題引得他咯咯發笑了好一會兒。「我為什麼有那個需要？誰要毒死我？我可不是蘇聯國安會的叛徒。」

那他相信風水和占星術嗎？我的同事劉意慶說：「很多新加坡人懷疑你相信這一套。」

李光耀聽了，真的感到十分驚訝。「一派胡言！簡直是一派胡言！我是一個實際、務實的傢伙。我不信星相算命，我不信風水，還有我對數字也不迷信。但是，如果有一間屋子讓其他人覺得風水不好或數字不吉祥，當你買下它時，你就得考慮到將來轉手的問題。所以，這是個很實際的考慮。雖然我不信這一套，但我一定會壓低價錢買下，因為我將來也不能高價售出。你相信我篤信風水和星相算命嗎？」他邊笑邊帶著不可置信的神情反問我們。

意慶解釋道：「你知道嗎？坊間有很多關於我們的一元硬幣，為什麼是八卦形狀的傳言。他們說可能是因為你喜歡這個設計，因為很吉祥。」

李光耀說：「那是人們在瞎扯亂編的！我不在乎他們怎麼說。」

獨立前的新加坡，最令他懷念的是什麼？「寬敞的空間。」他說。

「我經常從實乞納騎腳踏車到萊佛士書院。那條路以前叫林陰道，現在改叫蒙巴登路了。到處都是空地。當時每隔幾天，英國海外航空公司的水上飛機會在加冷河降落。」

「當然，那時人口也少。在我成長的歲月，人口大概少過100萬人，

所以有很多空間。我可以到海邊游泳，那時海水也未污染。當時海邊有一個沙爹小販，他的沙爹味道不錯。我和朋友們常去游泳，然後吃沙爹。不過，我現在要是吃沙爹就會肚子疼，因為我已經不能吃太多辛辣的東西。我的腸胃會造反的。」

騎腳踏車肯定是他心頭愛。早上騎車上學，傍晚騎車回家，令年輕的李光耀汗流浹背，甚至因而著涼。遇到下雨天，他就隨便披上一件雨衣，然後在上課前把淋濕的頭髮甩乾。他剛到英國的時候，對倫敦的公共交通感到失望，可是當他的朋友黃世英告訴他，在劍橋都以腳踏車代步，他馬上被說服了。「我告訴他，『那是屬於我的地方，因為我是從小鎮來的。』之後我就轉到劍橋去，在那裡的三年我都騎腳踏車。當然，因為那裡氣候涼爽，所以不會流太多汗，還使我變得更健康。我有時還得騎五英里的上坡路到格頓學院看我女朋友。」他口中的「女朋友」就是柯玉芝，與他廝守超過60年的愛妻。

當然，這段回憶背後還包含政策觀點。「我認為我們應該認真考慮為腳踏車騎士建專用車道。應該鼓勵人們騎腳踏車而不是搭輕軌列車什麼的，我們的地鐵站也該設有腳踏車架供停車用。這對大家的健康都好，對環境也好，也肯定比生活在一個到處充斥著汽車、計程車、巴士的環境好。現在這樣的環境沒意思。」

他讚賞巴黎的腳踏車租借系統（Velib）。巴黎全城共有1450個全自動的網站。租戶可以一天24小時、每周7天，從一站騎到目的地的另一站再還車。[12] 可是，年輕一代的「嬌生慣養」使他懷疑這個做法在這裡是否行得通。

「你知道年輕一代，即使走到巴士站，他們也要求要有有蓋走道。」李光耀說。「我想女孩子也可能不喜歡這個主意，因為這會汗流浹背。男孩子則會說：『不是吧，我以後得服兵役，你為什麼現在就要我接受軍訓？』我們養育了凡事講求舒適的一代。不過，我認為騎腳踏車對他們是好的，我自己也從中受益良多。」

關於私人問題，李光耀的答案都很動人，但讓我印象最深刻的，卻是

他政治生涯的部分。過去幾十年來，他統治新加坡，打敗對手，贏得了高度的褒揚的同時也遭到嚴厲的批判。回顧他的政治生涯，他到底如何評估自己的表現？夜深人靜獨處的時刻，他可曾有任何疑惑？

答案不言而喻，當然是否定的。當我們問他，有什麼令他後悔的事、有什麼他覺得需要得到寬恕的事等，這些問題被他稱之為「無聊的遊戲問題」。在他看來，翻出陳年往事來評論過去的功過是非是毫無意義的，因為他已經竭盡所能做到最好了。當他說這番話的時候，我彷彿聽到法蘭克·辛納區高唱的《My way》在我耳邊迴響。

他承認他做錯了一些事，而加入馬來西亞就是其中一件。在當時，他不相信馬來西亞會成為一個以馬來人為主的伊斯蘭國家。雖然他原本就預計到東姑會恢復蘇丹體制和舊皇俗，卻沒料到這麼做是為了維護馬來人至高無上的政治地位。新馬分道揚鑣對他是個沉重的打擊。

不過，犯錯並不意味著後悔。他說：「我做了我認為對的事，我是根據當時的情勢、根據當時所能掌握的信息、在承受巨大的壓力下做出決定的。那已經做完了，就是了結了。我再往前邁進。你不斷回顧過去，就只是在浪費時間。」

「我後悔加入馬來西亞嗎？不，當時這麼做是對的。這件事失敗了嗎？是。我後悔鼓吹建立一個馬來西亞人的馬來西亞，然後才導致它失敗嗎？不。這都是成長的過程的一部分。」

我得承認，這著實令我錯愕。忽然之間，在談了許多愉快的回憶和趣事後，他的政治核心的部分，又跳出來了。在訪問的過程中，我原本幾乎開始相信自己是在跟一位爺爺對話，還產生了一種親近感的錯覺。我原本以為那條無形繩索，已經漸漸變成一座橋樑，拉近彼此像鴻溝般的距離，至少容許我對他有某種程度的體諒和了解。

可是，我絕不可能把李光耀視為一個充滿智慧的爺爺輩人物。我們之間的鴻溝是超乎年代、超乎學識的，那是內心的一道鴻溝。我從來沒遇過任何人像他那樣堅守自己的信念。

我能理解一般人在回顧過去後說：「我錯了。」但是，一個人必須有

過人的信念才能以冷靜、靈透的目光審視自己的歷史，然後說：「我沒有任何遺憾。」就像一個人說：「我不在乎別人怎麼看我」，需要的也是同樣的信念。

而不管你怎麼看，李光耀真的不在乎。現在的政治環境已經不需要再拼個你死我活來爭取選票了，他的信念更堅定了。他說：「我在政壇上已經不活躍了。新加坡年輕人怎麼看我，對我來說是無關緊要的事。」

「我死後人們如何評論我，是由下一代以我作為學術研究對象的博士生來決定的，對嗎？到時還會出現許多歷史修正，就像人們修正史達林、勃列日涅夫，還有一天可能是葉爾辛、之後是普京。你活著的時候人家可能把你奉為典範，但死後就遺臭萬年。我活到這把年紀已看透這點了。」

隨著這句話，訪問也結束了。不管歷史將如何評價他的功過，他都問心無愧。他已經做了他認為對的事，對他來說這就夠了。

不過，關於後悔這事呢？這種堅不可摧的信念是我所不能理解的。

幾天後，有個朋友從英國來看我。他想去國家博物館，所以我就陪他去。我自己也沒參觀過那裡的新展覽，所以我們戴上了電子導覽機就開始參觀。

來到某個地方參觀時，我只能稱那裡為「李光耀展覽室」。牆上掛了很多李光耀的黑白照片，有他競選拜票的、有走訪民眾的、還有埋頭工作的。還有一部小電視機掛在一些長凳前，不斷重播他以前演講的視訊短片。

我按了電子導覽機上的按鈕，開始聽它播放那些視訊短片裡的音效。那些音效是李光耀的演講——有用英語說的、有用馬來話說的，有的是在群眾大會上說的，有的似乎是在記者會上或是在國會裡說的。那把鎮定、讓人信服、而又帶殖民地口音的聲音訴說著馬來西亞和新加坡的前途。還有一個是李光耀用福建話的演講，正在遊說罷工者復工。對一個成年後才從頭開始學習福建話的人來說，李光耀的表現可說是相當出色。雖然我的父母親在家都說福建話，可要我用福建話演講簡直要我的命。

我發現自己正在看著一個人的人生——從他離開他那漂亮的獨立式房

子、遠赴劍橋深造，到走訪亞答木屋和窮鄉僻壤；看著他忙著掃街拜票，跟工人、農民、店主和女傭等握手。為了投身政治，一個受英文教育的中產階級，努力不懈掌握華語和福建話來接近廣大群眾。他有這樣的魄力敢用人民的語言對他們說：他了解他們的苦難，如果大家信任他，他們以及他們的孩子都會有好日子過。面對有能力擊垮他的敵人，他也會毫不留情地狠狠痛擊。這是一種堅不可摧的信念。

當我們在下雨的午後離開博物館時，朋友問我：「那間展覽室對你手上的工作有幫助嗎？」

「我想有的。我現在知道我可以佩服一些自己並不理解的東西。」

Q&A

「我不相信一見鍾情……」

同性戀——這是基因造成的

　　和其他社會一樣，同性戀在新加坡仍是個具爭議的課題。無論是2007年針對刑事法典第377A條文存廢問題在國會引起的激烈辯論（國會最終決定保留此條文，即男性之間的性行為屬於犯罪），或是學生性教育培訓員手冊內有關同性戀的內容引起家長的關注，都突顯了同性戀議題會導致社會分化。所以，毫無意外地，我們收到了保守和自由兩派針對這個課題的提問，其中有人想知道，如果李光耀有孫子是同性戀，他會作何感想？

問：你個人對同性戀有什麼看法？你認為這是一種生活方式還是基因造成的？

答：不是，這不是一種生活方式。你可以去找書來看，還有一切有關的資料。同性戀者在基因上有差異，所以這不是選擇的問題。同性戀是與生俱來的，就是這樣。所以如果兩個男人或兩個女人是同性戀，就讓他們去。至於是否應該賦予他們領養孩子的權利，那另當別論，因為到時誰來照顧小孩呢？一旦你知道你確實可以合法結婚，你就會說我要領養，這就是可能發生的問題。維文說這件事還沒有令人信服的論據。我卻相信確實有足夠的論據證明有些人生來就是那樣，那就讓他們去吧。

問：這個問題比較私人，可是如果你的孫子或孫女告訴你他是同性戀，你有何感想？

答：這就是人生。他們生來就有那種基因，就是這樣。錢尼（美國前副總統）本身不喜歡同性戀，但他的女兒偏偏生來就是。[13] 他說：「我還是愛她，就這麼簡單。」這事就發生在他的家庭。原則上他反對同性戀，但自己的女兒偏偏是同性戀者，難道要把她逐出家門嗎？這就是人生。我的孩子沒有一個是同性戀者，但如果有，那也只好接受。

問：那在你看來，同性戀伴侶領養孩子的困難在哪裡？你說，該由誰去照顧小孩？

答：是由誰撫養他們呢？兩個男人去撫養一個孩子嗎？如果是兩個女人去照顧孩子，或許可以。但我無法肯定這行得通，因為這畢竟不是她們自己的孩子。除非你是透過人工受孕，懷的是自己的骨肉，那你在懷孕期間就能激發一定的母性。可是兩個男人領養一個男生或女生，這有什麼意義？這些都是相應而生的問題，我們到時候再說。現在討論這個還言之過早。國人還不能接受。事實上，一些部長也還不能接受。我抱持的是務實的看法。我說過，同性戀是個既定的事實，我們沒有辦法改變它。人生就是這樣。他們生來就這樣。這不是什麼破天荒的事，同性戀在古時候就存在了。所以我認為這是基因造成的。

問：新加坡人經過一些時間才接受了單身的女議員。你認為新加坡人有朝一日可以接受同性戀議員嗎？這在歐洲已是蠻普遍的現象。

答：對我來說，只要她能勝任議員的工作、照顧好她的選民、說話讓人信服、對國家有貢獻，那她的私生活是她個人的事，就這麼簡單。以前英國有一名部長，我看還是不要指名道姓，他是保守黨的。他當時沒有官職，不過他希望成為黨魁。有一次我們和幾個朋友一起吃飯。[14]他認為他有必要直言，他在牛津念大學的時候，曾經和同性發生關係。不過他後來結婚生子，過得挺幸福。所以他就公開了這事。結果他並沒有當上黨魁，而這是發生在英國的事。他以為坦白就能從寬，可以免受媒體窮追猛打，可是這根本幫不了他。但是如果他隻字不提，媒體還是會把這陳年舊事挖出來，到時他會更慘。所以你看，事實上有兩個標準。普通人是同性戀是一回事，你的部長或是總理是這樣的人又是另一回事。愛德華·希思[15]沒有結婚。我不應該說是哪些部長說他是個自我壓抑的同性戀者。所以那些

反對黨領袖告訴我，這事太怪了，這是個正當壯年的男人，快40、50了，都還沒成家，孤家寡人，而他在牛津就那樣了。所以他們說，自我壓抑的同性戀者。那是些很有名望的反對黨領袖非常認真地對我說的話。所以呢？如此一來當然是嚴重的批判，說他不配當黨魁。不過這都是70年代早期發生的事。

問：你對同性戀的看法是單憑科學理論為依據嗎？

答：不是，是憑我的觀察和歷史資料。在奧托曼帝國時代，就已經很多同性戀者了。還有，聽說勞倫斯（英國著名軍官）在阿拉伯被俘虜的時候曾被人雞奸。奧托曼民族有不少同性戀者，我肯定在後宮裡也有很多女人。所以呢？就讓它去吧。

問：在你成長的過程中，有沒有任何泛泛之交或朋友是同性戀者？

答：泛泛之交我就不清楚，可是我的朋友沒有人是同性戀。他們都結婚了。不過我想一定有人是同性戀。這不是近代才有的事，早在古時候就有了。動物有時也有那樣的行為。所以不是只有人類這樣，這是基因的問題。

問：所以在這議題上，社會的保守觀點和你個人的看法完全相反？

答：我已經不是總理，我一開始就這麼跟你說了。如果我還在位，要我不顧社會的普遍情緒和普遍價值觀去推動這個議題，我也會遲疑。你這麼做將會逆民眾的根本情緒而行。這樣去改變現狀，去冒不必要的風險，有什麼意義？這個議題和很多事情一樣，會隨著時間而演變，因為我會成

熟，別人也一樣。人不是單純地活著，然後時間一過，就把自己的想法連根拔起。你的生命是進行式的，你會觀察別人，然後你對自己說：「喔，人生就是這樣的。」

問：但是你個人對這保守的看法感到懊惱嗎？

答：沒有，我抱持的純粹是務實的看法。

問：不過這保守的看法和務實的看法似乎背道而馳，這讓你感到懊惱嗎？

答：不會，這就是人生。我不能一夜之間改變這些想法。我想即使人們內在的偏見無法消除，變化還是會隨著社會、人們切身的經歷、他們個別的詮釋、每個人自己的觀察而逐漸發生。

當務實者遇上愛情

　　詩人和哲學家都懂得愛情，可是像李光耀這麼務實的人，對愛情又有什麼看法呢？一個年輕的新加坡人問我們，他相信愛情嗎？李光耀談到他一生的摯愛、與他廝守63年的愛妻時，他的語氣變得溫柔了，並和我們分享了一些經驗之談。

問：你相信愛情嗎？一見鍾情呢？

答：我不相信一見鍾情。我覺得那是一個很嚴重的錯誤，如果吸引你的是對方的外表，你將來一定會後悔。

問：不過你一定相信愛情吧？

答：當然，當然。我娶了一個我認識很久的女人。當我們在萊佛士學院念書的時候，我對她沒有興趣，因為我當時太年輕，又忙著念書。可是她後來告訴我，她那時候已經對我有意思了。在戰爭期間，我製造膠水來賣，楊玉麟是化學師，所以一個生產地點是我家，另一個是他家。[16] 我去找他的時候，她剛好在他家。當時我有空就騎著腳踏車去，見到她時，我告訴自己：「她是個好女孩。」我們就這樣成了朋友，然後日久生情，而我也考慮了這個問題。我想我作了正確的選擇。隨著歲月的推移，我們都在相互調適，到了今天我們連習慣都變得一樣了。這就是人生。

記得1980年代的時候，我出席了一個討論如何鼓勵婚姻的會議，我當時在會上發表的演講是關於女大學生不婚的問題。我在會上遇到一位資深的印度律師，不過我忘了他的名字了，他說了一些饒有深意的話。他說，在西方，你跟你愛的女人結婚，然後又變得不愛她了。在印度，你愛你娶的女人。當你跟她結婚時，你不了解她，不過可以隨著時間的推移而培養感情。我覺得這話很有深意。賈古瑪[17] 告訴我，他的婚姻就是通過這樣的方式，通過父母的安排找對象，而他的婚姻美滿幸福。他是律師，妻子是醫生。他們仔細研究了雙方的星座、仔細研究了雙方的家庭背景、社會背景、財務狀況等，那好，沒問題，他們門當戶對。我想這總好過你說，噢，她是個漂亮的女孩，我要跟她結婚。你會後悔的。美貌是膚淺的，你只是被她的外表所吸引，然後交往了一、兩年，你說，噢，我犯了一個大錯。（笑）而她也可能得到同樣的結論，說她犯了大錯，然後你們就分道揚鑣。

問：請恕我冒昧，可是我想讓你知道，你提到提倡婚姻，其實我就是讀了你的回憶錄，才決定要結婚的。

答：那太好了！我很高興聽你這麼說。是哪一段？

> **問：就是你在斯特拉特福祕密結婚的那一段。**

答：她是個來自老派家庭的老派女孩，而我也一樣。我們不想私通，因為這是錯的，所以我們就結婚。但因為她是領獎學金的，而我的導師想必也不高興聽到我結婚，因此我們就靜悄悄地進行。她把結婚戒指用項鍊掛在脖子上。我當時負擔得起的，就只是一家名店的一只白金戒指。那只戒指至今還保留著，刻在戒指內側的字和日期等都還在。我覺得我們當時做對了。

但近年來，我讀了保健促進局對時下的青少年所做的調查，現在有超過7％經常性交，我認為這不是好事。要是我的孫子或孫女是這樣的話，我會很難過的。因為久而久之，它只是成了一種肉體交易。對我來說，那是沒有意義的。

抽空閱讀看電影

新加坡人很愛看電影。新加坡人平均一年會到電影院看八次電影，這個比例在全球是最高的。在2009年，所售出的戲票高達2200萬張，是20年來之冠。所以，年輕一代的新加坡人自然對李資政喜歡什麼電影和書籍充滿好奇心。而李光耀的最愛全是經典作品，屬於這些年輕人還未呱呱墜地的久遠年代。

> **問：你最愛的電影是哪一部？**

答：我近年來不看電影了。我不上電影院，沒時間。看電影是很耗時的。但我記得我在學生時代看過的最好的喜劇片。那是我在倫敦看的丹尼凱的電影，片名我不記得了，但是真的很好笑。他能演、能唱、是個多面手。嚴肅一點的電影的話，是《賣花女》（Pygmalion），後來華納兄弟電影公司又重拍了一個版本，片名叫什麼來著？我忘了片名但那是我看過

的最好的一部音樂片，由雷克斯哈里森和奧黛麗赫本主演。

> **問：是《窈窕淑女》（My Fair Lady）嗎？**

答： 對，因為對白精彩而女演員的演技精湛，因為她談吐可以像個賣花女，又可以像個女公爵，然後再轉回來，總之轉換得很快、很棒。這些都讓我印象深刻。我看過的最長的電影是《亂世佳人》，美國經典影片。不過，我現在已經不看電影了，所以當我看書時，有關的影評對我來說沒有意義。

> **問：你最喜歡的作家或思想家是誰？有沒有一本非讀不可的好書是你想推薦給所有新加坡人的？**

答： 你對什麼感興趣？如果你對文學感興趣，就讀莎士比亞的作品，我認為那都是經典。他可以通過抑揚格的五音步詩來表達自己，遣詞造句一流。如果你對經濟感興趣，就讀哈耶克的書。我認為他說的很對，那就是你如果推行計劃經濟，那將會失敗。如果你對政治感興趣，沒有任何書可以讀。你必須從實際經驗中學習。你可以讀甘迺迪傳記《當仁不讓》，或歐巴馬的傳記與生平故事，再看看他的表現。

> **問：我們收集到一個有趣的問題，這個問題是：「我聽說你像福爾摩斯，對跟自己工作毫無關係的東西，一概不讀、不看、不聽。」[18] 你真的是這樣嗎？**

答： 很大程度上，是這樣的。我哪有時間？不過，當《唐吉訶德》的新英譯版面世時，我當消遣看了，翻譯得很好。當時我在西班牙，所以就買了英譯版來看。它雖然跟我的工作沒有關聯，但它把我帶入一個不同的世紀。賽凡提斯通過想像塑造了騎士遊俠和隨從桑丘·潘沙。這本書挺有趣的。

> **問：你從中得到什麼啟發嗎？**

答：你的出發點可能是好的，但別跟假想敵戰鬥，你只會浪費時間。不過它是個喜劇，是個故事。我不跟假想敵戰鬥[19]，我跟真實存在的敵人戰鬥。

次文化 ── 哥德與紋身

　　李光耀曾經是唱著《天佑女王》長大的英籍子民。在二戰日本侵佔馬來亞期間，他學著向日本國旗敬禮。到了成年時候，他是馬來亞反殖鬥爭運動的核心人物。

> **問：我被問到的一個問題是有關年輕人次文化的問題。問的那個人是一個哥德樂隊的成員。**

答：什麼成員？

> **問：一個哥德樂隊。**

答：那是什麼？

> **問：就是你全身穿得黑黑的，然後演奏那種特別陰暗、抑鬱的音樂。**

答：為什麼叫哥德？

> **問：它源自哥德式藝術，像維多利亞時代的哥德式藝術。**

答：噢，哥德，原來如此。好，然後呢？

問：他想將他的樂隊註冊成一個社團，但碰到了困難。他的團體有六個人，他呈交了所有該呈交的文件以正式註冊成一個社團，這樣他們就可以合法地搞他們的音樂活動。他也嘗試通過雜誌來宣傳他的樂隊，不過一些雜誌社卻將它刪除，或者不喜歡他的樂隊所呈現的形象。所以他關注的問題是：對這些較另類的藝術表現手法，我們會變得更開放嗎？

答：除非它冒犯了一般大眾的品味，否則我會由它去。你愛打扮得全身黑黑的，然後大玩你的哥德音樂，由你去。可是，如果你冒犯了一般民眾的話，那我們就得三思。為什麼要干擾到民眾？你不要誤會，我不是自由派，也不是保守派，我是個實際、務實的人，一直都是。我凡事實事求是，就是這樣。

問：好，還有一個例子是跟本地紋身社群有關，他們希望人們接受紋身為一門藝術。

答：我認為這不是個好主意。我強烈反對紋身，因為當你想要去除它時，是一個很痛苦的過程。那是垃圾。為什麼不貼上一些你可以去除掉的東西？你把一些東西永久性地刺在身上，過後你再想想說，我錯了，我要把它去除掉。你這不是瘋了嗎？所以我不鼓勵紋身。我曾經給新聞、通訊及藝術部打過電話，我說：「叫那些媒體不要再做傻事。問題已經夠多了，為什麼還要再製造更多的問題？」我覺得這件事受惠的是那些幫人紋身的業者，因為生意多了。

問：因此你反對有人去宣傳、鼓吹它？

答：這可能得追溯到以前私會黨的日子。我要說的是，沒有良家婦女或

正當的男人會去紋身的。如果你被送去集中營，你身上就會刺上一個號碼，作為侮辱你的標記。

> **問：但假設文化背景已經隨著時代的變遷而有所不同，應該就沒有問題了嗎？你是這個意思嗎？**

答：如果人們認為那是好主意，要帶他們的孩子去紋身，那是他們的事。但我不認為會有家長願意看到這種情形，尤其是女兒身上有紋身。當你穿上泳裝時，你的吸引力馬上大打折扣。人家會說：「這是怎麼回事？（笑）你身上那些是什麼？是別碰我嗎？」簡直是神經病。

> **問：可是其實紋身已經在年輕人的世界裡非常流行。**

答：年輕人常常會做一些當他們人到中年時覺得很傻的事。如果我的孩子要紋身，我會說：「你是不是瘋了？」（笑）人家會以為你是私會黨流氓。你知道嗎？日本的黑社會流氓全身都是漂亮的紋身。所以這玩意兒是和社會上一些不被認同的東西有關聯的。

> **問：你可能覺得很驚訝，但現在新加坡一些年輕人正迷上了這種日本黑社會式的刺青，因為它挺不尋常。**

答：他們過幾年就會後悔的，然後那些替人去除紋身的人就會賺大錢。紋身對他們的人生有什麼幫助？如果有人來應徵而我是雇主的話，我打量他後，會說：「這個傢伙的頭腦有點不對勁，別聘用他。」不，這種風氣我是不會苟同的。這不是潮流，這只是一時的狂熱。

親自操刀的政治家

　　舉足輕重的名人、不平凡的人物、能人所不能的政治家；這只是幾個堆砌在李光耀身上的讚譽。是什麼啟發他變成今天這樣的領導人？而他又認為自己是怎麼樣的政治家呢？這都是年輕新加坡人想知道的事。李光耀的答案是：他不來自我陶醉這一套。

問：如果你可以成為世界上任何一段歷史的政治家，你會選擇什麼人？為什麼？

答：那是個無聊的遊戲。我根本不想成為政治家。是時勢造就了我：英軍被擊敗、接著士氣全盤潰散、日軍的暴行、英軍重返、我們和共產黨的鬥爭以及英軍離去，就是這些造就了今天的我。我沒想過要成為政治家，那是一派胡言，你不會想當政治家的。

問：那你本來想成為什麼？

答：我本來想當律師。

問：那你如果不選擇從政的話，就會是一名律師？

答：只不過，如果我沒有選擇從政，誰會來治理這個國家，你得遵從什麼法律呢？這是我跟我的合夥人艾迪‧巴克說的話。我說：「艾迪，如果我們不出來競選，就會有一批庸才當選，你想你的律師館還能營業嗎？」他考慮後說我講得很有道理，於是他就站出來了。但一切上軌道後，他說：「好，行了，我還沒有繳清房子的貸款呢。」這就是我怎麼開始著手改善薪金制度。你不是人生一開始就說：「我要當政治家。」真是一派胡言。下一個問題。

問：那麼，你最欽佩的政治家是誰呢？

答：戴高樂、鄧小平、邱吉爾。戴高樂因為他勇氣非凡。當時他的國家被佔領，他只是一名一星將軍，卻扛起領導國家的重任。他得到英國和美國的支持，卻一直固執己見。我當時一直在觀察他。雖然我不懂法語，但可以感受到他說話時滿腔熱忱。我也讀了他的自傳。[20] 當英國和美國奪回北非時，他到阿爾及利亞的阿爾及爾，見了一名法國四星將領。他說：「吉羅[21]，你是堂堂法國軍官，幹嗎需要美國大兵的保護？」他是一個意志非常堅強的傢伙。還有，當英國和美國盟軍準備行軍至巴黎，他制止他們說：「你們停步，由我來向巴黎挺進。」他可真有勇氣和魄力。

鄧小平是一個偉人，他改變了中國，他使中國從一個落後、甚至可能像蘇聯一樣分崩離析的國家，發展成今天的中國，而且正朝世界第一大經濟體邁進。[22]

邱吉爾，在常人可能已經放棄的時候，他卻說：「我們將在海灘作戰。」我從電臺廣播中聽到他這麼說：「我們將在海灘作戰，我們將在田野和街頭作戰。我們絕不投降。」[23] 他說這話是在英軍打敗仗被困在敦克爾克的時候，當時出動了大大小小的船隻，把士兵分批撤走。他在這種情況下都不向德國屈服，需要多大的毅力、激情和決心。但他做到了。不過，他知道單憑一己之力是無法獲勝，所以他等待時機。最後日本偷襲珍珠港了，而德國也向美國宣戰了，他有救了。他是一個偉人，和人民站在一起並肩作戰。敦克爾克大撤退是在1940年，還有不列顛戰役也在同一年。他們靠噴火式戰鬥機飛行員險中求勝，如果當時讓德國掌握了制空權，德軍將會跨過英吉利海峽佔領英國。

換成其他領袖，如張伯倫[24]，可能早就接受希特勒的條件。希特勒提出跟他們合作共用世界霸權：你保留自己的帝國，我在歐洲另外建一個。可是邱吉爾一口回絕了：「不，你是法西斯主義份子，我要和你抗爭到底。」他是一個非常勇敢的人。

我想，如果你問美國人同樣的問題，他們一定會說羅斯福。但羅斯福

有實權，還有美國強大的工業作後盾。羅斯福曾問哈里曼[25]：「邱吉爾的演說能激動人心，為什麼我的撰稿人寫不出這樣的演講稿？」哈里曼告訴他：「他可是自己親自操刀的。」這就很不同了，像戴高樂也自己操刀。所以當他講話時，真的是發自內心的肺腑之言，而不是撰稿人寫的那種辭藻華麗的說辭。

> **問：你談到了幾位讓你非常欽佩的政治家，那你是否也希望自己能像他們一樣，被新加坡的年輕一代所傳頌？**

答：不，我並不那麼想。首先，我從不把自己看成是一個政治家。我只不過是做事有決心、有毅力、堅持不懈。當我決定做一件事，我會不斷努力直到成功為止。就是這樣罷了。這就是我怎麼看待自己。我不是什麼政治家，那是一派胡言。如果有任何人認為自己是政治家，那他應該去看心理醫生。

在劍橋無家可歸

對許多年輕人來說，決定到哪一所大學深造三、四年，可說是他們人生中最重大的決定之一。因為從很多方面來看，你所選擇的大學將塑造未來的你。這對李光耀來說，也不例外。

> **問：你在劍橋大學最珍貴的回憶是什麼？**

答：首先，我已經遲了一個學期入學，我的導師說：「你已經遲了一個學期，我已經沒有房間給你住了。」然後，他轉過頭望著我在萊佛士學院的同學黃世英，說道：「如果他願意讓你住進他的房間，我就錄取你。」所以，我看著他，問道：「你願意嗎？」他說好，因此我們兩個大男人就共住在一個小房間，直到一、兩個學期後我找到自己的新宿舍為止。[26]

　　劍橋改變了我的人生，因為如果繼續留在倫敦，那些大城市的噪音、混亂等等，會把我逼瘋的。[27] 我是一個小城市的男孩卻來到一個大城市。但是，在劍橋到處有人騎腳踏車代步。那是一個為學生而設的小鎮，當時只有大約一萬名學生在那裡。它是個寧靜、環境宜人的社區，鼓勵學生努力鑽研學問。當然，那裡也有戲劇學會和辯論學會，但總體來說是個寧靜的地方。如果你要尋求刺激就到倫敦去吧。

　　另外就是夏天的時候，你可以到河邊後園[28] 懶洋洋地曬太陽，因為陽光在英國是很難得的。你或許會找到我和妻子當年的合照，是楊邦孝[29] 幫我們照的。這些記憶都深深地留在我腦海中。但這一切都已一去不復返，不可能復返了。我們在1990年代回去過，但那已經是一個不一樣的劍橋了，我們也不再是當年的我們，再加上那天是個下雨天。人生就是這樣。

注釋

1　「李總理曾換過尿布」，見2010年2月15日《新報》。

2　見浩斯曼（R. Hausmann）、泰森（L.D. Tyson）與札西迪（S. Zahidi）所著的世界經濟論壇2009年的《全球性別差距報告》第164頁。

3　「調查顯示：兩性差距縮小」，見2009年2月27日《海峽時報》。

4　見新加坡人力部《2009年新加坡人力調查統計年度報告》，http://www.mom.gov.sg/publish/etc/medialib/mom_library/mrsd/yb_2009.Par.19034.File.tmp/2009YearBook_LFtable1_6.xis（於2010年1月進入該網頁流覽）

5　見浩斯曼、泰森與札西迪所著的世界經濟論壇2009年的《全球性別差距報告》第14頁和第164頁。

6　「女人進董事局？還未到位」，見2009年3月7日《商業時報》。

7　見新加坡人力部《2009年新加坡人力調查統計年度報告》，http://www.mom.gov.sg/publish/etc/medialib/mom_library/mrsd/yb_2009.Par.44204.File.tmp/2009YearBook_Wtable2_2.xis

8　見陳慧麗與辛甘（C. Singam）編著的《新加坡婦女形象再現》（2004年新加坡出版）（Singapore Women Re-Presented）第275–285頁，引述周錦蓮與辛甘編著的《現代婦女，傳統妻子》（Modern Women, Traditional Wives）

9　見《人口學的悖論：歐洲的計時炸彈》，2008年8月9日的《獨立報》（英國）。「除北歐與美國外，究竟怎麼回事？」豪利的部落格，見http://reason.com/blog/2008/06/30/whats-thematter-with-everywhe（於2010年1月8日進入該網頁流覽）

10　見2005年4月15日《海峽時報》「單親媽媽的懇求：別對我們視若無睹」；見2005年4月18日《海峽時報》「她們的心願是能受到像其他母親一樣的待遇」；見2009年8月30日《海峽時報》「讓單親媽媽也享有產假福利」。

11　見2009年2月27日《海峽時報》「單親媽媽需要更多援助」。

12　見2008年12月29日《海峽時報》「租用腳踏車在巴黎掀起熱潮」；「巴黎租用腳踏車系統」（Velib-velos libre-service a Paris）官方網站：http://www.velib.paris.fr/（於2010年1月8日進入該網頁流覽）

13　美國前副總統錢尼的次女瑪麗‧錢尼，是女同性戀者。

14　李光耀指的是邁克爾‧波第略（Michael Portillo），他曾於1994年至1995年出任英國就業部長，於1995年至1997年出任國防部長。

15 英國前首相（1970年–1974年）

16 楊玉麟是李光耀的妻子柯玉芝的姐夫。李光耀在日治時期結識楊玉麟，後來倆人便開始合作製造生產文房用的膠水，牌子為「快速貼」（Stikfas）。

17 賈古瑪，在內閣多年，退休前任國務資政及前國家安全統籌部長。

18 福爾摩斯（Sherlock Holmes）的《血字的研究》（A Study in Scarlet）小說裡，福爾摩斯說他不知道地球是繞著太陽運行的。他認為，人的腦袋像一間空空的小閣樓。他說：「只有傻瓜才會把他碰到的各種各樣的破爛雜碎一股腦兒裝進去。這樣一來，那些對他有用的知識反而被擠了出來；或者，最多不過是和許多其他的東西摻雜在一起……所以一個會做事的人，在他選擇要把一些東西裝進他的那間小閣樓式的腦袋中去的時候，他確實會非常仔細小心，除了工作中有用的工具以外，他什麼也不帶進去。」

19 《唐吉訶德》（Don Quixote）是17世紀西班牙作家賽凡提斯的代表作。小說中的主角唐吉訶德把大風車視為巨人並與它們戰鬥。英文「tilting at windmills」與風車戰鬥，意思是與假想敵戰鬥，其典故由此而來。

20 戴高樂（Charles de Gaulle），於1959年至1969年出任法國總統。是第二次世界大戰期間「自由法國運動」的領袖，領導法國抵抗法西斯德國。

21 指吉羅將軍（General Henri Giraud）。在二戰期間，吉羅將軍和戴高樂共同擔任新成立的法蘭西民族解放委員會主席。

22 鄧小平於1978年至1992年出任中國最高領導人，被視為領導中國經濟改革開放的偉大領袖。

23 邱吉爾（Winston Churchill）於1940年至1945年出任英國首相，並於1951年至1955年重新掌權。李光耀所引述的這段著名的演說是邱吉爾在1940年6月當選後於國會下議院所發表的。

24 張伯倫（Neville Chamberlain）於1937年至1940年出任英國首相。他對希特勒採取綏靖政策，姑息德國稱霸的野心以避免和德國開戰。

25 埃夫里爾·哈里曼（Averell Harriman）曾出任總統的歐洲特使。

26 其宿舍位於劍橋鎮比弗路36號（36 Belvoir Raod, Cambridge）。

27 李光耀當時從倫敦經濟學院轉至劍橋大學。

28 劍河下游流經劍橋大學校園，被劍橋學生稱為「Backs」即後園景觀。

29 楊邦孝後來於1990年成為新加坡大法官，直到2006年退休。

第三部
內心世界

11
丈夫，父親，
爺爺，朋友

當李光耀夫人於2010年10月2日逝世時，很多新加坡人想到的一個問題是：她的逝世會給李光耀帶來什麼衝擊？他們在一起廝守了超過60年。在過去這段歲月裡，她是他的愛妻、知己和政治上的親密戰友，沒有人敢肯定李光耀會怎樣面對她的死。沒有了李夫人，李光耀往後怎麼辦？他的性格和盡人皆知的領導風範會因此而改變嗎？

這些問題並非源自無聊的好奇心。畢竟李光耀在政治上擁有巨大的影響力，不少外國領袖也常徵詢他的意見，但如果因為李夫人的逝世而影響了他的精神狀態或工作能力，那將給國家和人民帶來嚴重的後果。眼前，這些都很難下定論。

可是，新加坡人從李光耀在李夫人的葬禮上的講話，就可一睹他們夫妻間是何其鶼鰈情深，尤其他俯下身親吻妻子額頭的一幕，他的深情與不捨更是賺人熱淚。攝影記者所拍到這個鏡頭，在報章上刊載，在電視上廣播。這一刻，這位政治人物低調的私生活突然公諸於世。這一吻，展現了李光耀不為人知柔情的一面：一個較溫柔、較感性、會傷心落淚和深情的李光耀。

當這一章的初稿完成時，李夫人尚在人世。我們這篇稿的素材來自同李光耀於2009年6月所作的專訪。當時，我們圍著一張大理石桌子喝著中國茶，期待著所有關於李氏家族的好奇心將獲得滿足。我們知道很多人都有這個好奇心。大多數人都知道關於李光耀的一些基本的資料 —— 他的妻

子和孩子是誰，他們和什麼人結婚，有幾個孩子，從事什麼工作。但是，有關他們家庭成員之間交流的報導則很少。

在那次專訪裡，李光耀的回答可說給我們提供了一次前所未有的機會一窺他的私生活，浮現出的是一個忠誠的丈夫和顧家男人的形象。他當時告訴我們，李夫人在遭受一連串中風的打擊後，已經不能行動和說話。她臥病在床，時而清醒，時而昏迷。雖然有護士24小時看護她，但李光耀夜裡也時時在她身邊守護。白天上班之前，他一定先去看她才出門，而晚上他回到家，第一件事就是去看她，跟她說話。他會在病床邊告訴她，他今天做了些什麼、見了些什麼人、討論了些什麼事，他也會告訴她今天有什麼新聞。然後，他會拿出《金庫英詩選》，把這本詩集裡妻子所喜愛的詩歌念給她聽。當他出國時，他會通過媳婦何晶設好的視訊攝影機跟妻子說話。

他也說，過去妻子常陪他出席各種午宴、晚宴，每天陪他散步，如今妻子臥病在床，無法再陪他做這些事，他只好盡量不去想沒有妻子陪在身邊時的「空洞感」。於是，他轉移生活的重心，比如，多跟妻子的護士們及辦公室的員工交談，以練習自己的華語，還有與我們合作出版這本書。「你必須在心理上有所調適，而我已經調適了。」他接著說：「但是，如果有一天她終於走了，就得再去調適。到時候，這個大房子將會空蕩蕩的。」

從他女兒李瑋玲醫生的專欄中，我們也看到李光耀的這一面。李醫生於2008年12月起所寫的那些專欄，稍微掀開了李家的神秘面紗。她寫道：「他們的關係，在某些時候可能不被視為完全平等。但是，多年以後，特別是我母親的健康在中風以後每況愈下，我父親卻是那個負責照料她的人。」作為一個典型的海峽土生華人家中的長子，他「甚至連敲開一個半生熟的雞蛋也不會……但他願意調整自己的生活方式去配合她，照料她的病情，而且以她作為他生活的中心。我知道他付出很多心血去做這一切，而我也很驚訝他竟然能做到。」

同樣的，在《紐約時報》的一次稀有專訪中，李光耀公開談到年老的

問題。「最後一片葉子將在什麼時候凋落？」他說。「我可以感覺到精力與活力在逐漸衰退。每一年你都知道你的精力不及去年。但，這就是人生。」

他告訴《紐約時報》，他從一位叫勞倫斯‧弗里曼的天主教徒那兒學會靜坐，而他靜坐時所念的禱文是「Ma-Ra-Na-Ta」，意為「神啊，來吧」。靜坐給他帶來一些內心的平靜，他說：「我覺得靜坐幫助我入眠，使我心平氣和，一天的壓力和擔憂都消失了。」

在那次的專訪中，李資政也展現了好丈夫的形象。關於李夫人的病情，他這麼說道：「我不能一蹶不振，日子還是得過下去。我試著讓自己忙碌，但有時候閒下來時，我的思緒就會回到我們以前在一起的美好時光。」

「我女兒為了《海峽時報星期刊》的一篇專欄，掏出了很多舊照片，她同時也從報業控股那裡找到了十幾、二十來張數碼拷貝的舊照片。當我看著這些照片時，心想：我是多麼的幸運，我擁有了61年的幸福。

「總有一天我們都會走的。我不知道她和我，誰會先走。我告訴她，我看了基督徒的婚姻誓約：愛她，守護她、珍惜她，不論生病或健康、富有或貧窮，始終忠於她，直到離開世界。我告訴她，我會努力做到並在能力所及的情況下陪伴她。她明白我的心意。」

身為人父，李光耀以他的孩子及他們的成就為榮。在整個訪談中，他一次又一次舉了李顯龍在大學時，甚至目前處理國家難題時，如何才智出眾的例子。他曾在1990年人民行動黨大會提及，李顯龍的一些言談舉止都出奇像他。「我一直都沒察覺到他有多像我，直到有一天我在電視上看到他。他當時做了這個動作（拉了一下靠肩的袖子），跟我完全一模一樣。」在我們這次的專訪中，他非常自豪地說，顯龍在劍橋大學念書時破解了31道難題而考獲了31個特優（每完美破解一道就可獲得特優），這比排名第二的學生還多了12個。顯揚在劍橋大學也考到第一名，他要是不離開公共服務部門投身私人企業界的話，原本可以被委任為公務員首長。

在談到孫子們和所謂的李氏王朝時，李光耀眼裡更閃爍著光芒。顯龍

的女兒拍了一部短片，內容是關於實里達地區的舊風光正在逐漸消失。她目前在著名的紐約大學提斯克藝術學院設於本地的亞洲分校修讀電影課程。顯龍的兒子鴻毅，這個曾公開指責軍隊裡的長官違紀的年輕人，現獲頒獎學金到美國麻省理工學院深造。顯揚的兒子繩武，最近在牛津大學的哲學、政治與經濟系240名學生中，考到全系第一名。他也獲得世界大學生辯論賽「最佳辯論員」的殊榮。但李光耀說，孫子們都對步他的後塵從政，絲毫不感興趣。他聲若洪鐘地笑著說：「如果他們有意從政，我希望他們真的有這個能力和品格，否則只會敗壞李家的名聲。」

訪問的時候，李光耀的坦率，以及他所揭示的私生活讓我們感動，而今李夫人的逝世更為這個專訪增添了一層新意義。霎時間，所有投射在李家的聚光燈照得比以往更亮了。李光耀夫婦的婚姻狀況、他們在政治上的相輔相成、他們的私生活，都成了公眾矚目的焦點。李顯龍、李顯揚、李瑋玲、李修齊及李繩武，在發表的悼文中透露更多他們家庭的情況，也被媒體廣泛的報導。

在李夫人中風之後，顯揚說：「爸爸在她復健的過程中扶持她、哄逗她及鼓勵她，並繼續以他無盡的耐心、愛心、關心及幽默來照顧她。爸爸還調整了日常作息以配合她病情的變化和生理的狀況。爸爸對她始終不渝的愛、奉獻和關懷讓她得到很大的安慰，同時也讓我和芬對如何維持一段不論健康或生病，都相互扶持的婚姻關係得到很大的啟示。

「當我和妻子在1981年結婚時，爸爸寫了一封信給我和芬談到婚姻之道。他提到和媽媽的關係時說：『在面臨危機時，我們從不讓對方感到被遺棄或孤軍作戰。相反的，我們共同面對生命中所有的重大危機，一起分擔恐懼，一起懷抱希望，一起承受悲痛，也一起歡欣鼓舞。這些危機使我們更緊密地結合在一起。這些年來，我們彼此間的這種特殊聯繫與日俱增，我們也同孩子們分享其中的一部分。』在最近幾年的艱難歲月中，爸爸始終貫徹他的這份愛和承諾。」

修齊也分享她的回憶：「現在，我爺爺得自己剝果皮、給奶奶剝果皮、自己收拾行李以及自己沖泡『美祿』。他也第一次必須當家理財，給

傭人發薪水。我奶奶把錢鎖在一個地方，再把鑰匙放在另一個毫不相關的地方。我爺爺抗議說她應該要有一套機制，而她堅持認為自己已經有一套了。事情就是這麼回事。」

但是，最感人肺腑的卻是李光耀所發表的悼文：「我妻子和我自1947年就在一起，共同度過了超過我們四分之三的人生。我對她逝世的悲傷，非言詞所能表達⋯⋯對我們在一起的63年，我有珍貴的回憶。沒有她，我會是個不同的人，過著完全不同的生活。她為我和我們的孩子奉獻一生。我需要她的時候她總是在我身邊。她度過了充滿溫暖和意義的一生。我應該從她有意義的89年生命中得到安慰。但在這最後告別的時刻，我的心充滿了悲慟和哀傷。」

李夫人生前所樹立的典範受到人民的敬仰與推崇，因此成千上萬的新加坡人民到總統府弔唁，向她獻上最後的敬意。報章刊載了大量關於她的文章，電視播映了特備節目來追悼她。《海峽時報》也在頭版刊載了摘錄自這本書的一些段落。

我們這一章所呈現的，再也不是所謂的獨家、感性的專訪，而是一個深情的丈夫照料臥病在床的愛妻的心酸片段，一個在他較快樂、較不寂寞時留下的片段，因為當時他還能感覺到妻子在身邊。「我是她最熟悉的人。」他透露道：「當她聽到我的聲音時就知道是我。」

現在，李夫人的離去，讓原本就「空蕩蕩的大房子」變得更空虛了。李光耀在2010年11月透過電郵訪問告訴我們：「現在更冷冷清清了。下班回到家裡，沒有人跟我說話。」除了這短短的幾句話，李光耀對沒有李夫人在身邊的生活，不願多提。雖然有關李光耀健康情況的傳聞不斷，但他的私生活再次離開了公眾好奇的目光。雖然如此，李光耀身為人夫的深情和身為人父的驕傲，卻在人們的心中留下難以磨滅的印象，而這和我們在2009年訪問他時所得到的印象是一致的。

「所有我在新加坡的朋友和政治同僚，
他們不是坐輪椅，就是已不在人世，
要不就是大去之期不遠了。」

> **問：我們可以先了解李夫人的病情，以及她生病後你怎麼應對嗎？**

答：一開始的時候，的確很困難。事情在2008年5月發生時給她帶來很大的創傷，因為這是她二度中風。其實，2003年第一次中風後，她康復得很好，身體的機能也無大礙。當時，我們趕忙把她送到國立腦神經醫學院，醫生發現她腦中有新瘀血，而且情況比較棘手，因為瘀血的位置會影響她行動的能力。雖然她的生活素質會不如以前，但如果通過一些物理治療的話，還有復原的希望。但在之後的兩個星期內，也就是她在接受物理治療期間，她又中風兩次，一次接一次的，醫生說連物理治療也於事無補，因為創傷太大了。由於她需要護士24小時的看護，所以我們帶她回家後，我得搬到隔壁的書房去。這些巨變造成我失眠和心跳不規律，而且身體的其他毛病，也因為壓力而早了幾年出現。

過了一些時候你會在心理上做出調適。我除了好好照料她，什麼也愛莫能助。我和我的孩子都只好接受這個事實。漸漸地，她的身體失去越來越多的功能，可能是因為有很多小瘀血的緣故。現在她人是清醒的，不過不能說話。但人生就是這樣。最近，當我從腳踏車摔下來時，我就在想：如果我的頭碰撞到地上，我今天也可能跟她一樣了。在人生的道路上，我們沒有辦法選擇要怎麼走。現在路途艱難但還得走下去，人生就是這樣。所以，我調整心態並接受這個現實。醫生說，就算你在事情發生後接受現實，但它對你還是一個打擊。我現在只能採取觀望的態度，做好心理準備。

這件事也提醒我注意自己的身體，因為如果有內出血的話，在短短的幾秒內可以改變一切。這就是人生。我沒有辦法選擇怎麼走下去，我只是繼續過日子，也就只能這樣。如果你開始去想這個問題，你會越來越難受。就當每一天都是恩賜，繼續過下去吧。

> **問：她知道周圍發生的事嗎？她認得人嗎？**

答：我是她最認得的人。當她聽到我的聲音就知道是我，畢竟我們在一起62年了，但這也讓我和她感到更難受。她有時完全清醒，例如當我告訴她，女兒因為健康問題住院了，她突然變得專注並聆聽我說的話。但她清醒的時間越來越少，因為她沉睡的時間越來越長，精力也越來越走下坡。

問：那結果你怎麼調整你的日常生活作息？

答：我以前常和她一起吃午餐、晚餐、一起散步。所以，我決定轉移生活的焦點，把注意力轉移到多練習多說華語。現在散步時，我會多用華語跟我的保安交談，學一些以前沒學過的生字——像一些簡單的常用詞，如桌子、椅子、抽屜，我過去學的都是些政治、經濟和社會的詞彙。護士們也說華語，因此當我吃午餐或晚餐時，碰巧我妻子又正在睡覺的話，我就會用華語跟護士們交談。結果，我的華語有很大的進步。我可以在不用華語翻譯的情況下會見兩位中國政要。一位是國務委員劉延東，她是國務院唯一的女性委員。另一位是教育部副部長郝平。學習華文讓我有一個重心，要不然我的生活會有太多的空白時刻。

我必須在心理上做出調適，我已經調適了。但如果她真的不在的話，就得再調適一次，到時候，這個大房子會變得空蕩蕩的。所幸現在我可以集中精神做其他的工作，所以日子照樣過下去。我出國，還有做所有我原來就在做的事。如果不繼續過日子，我就會退化。如果你認為每天就這樣坐下來讀小說或打高爾夫球打發時間，那將是愚蠢的，因為你會走下坡。每一天都是個挑戰，每一天都有問題要解決。

問：你自己的健康情況怎樣？

答：患上心跳不規律後，我就做了手術植入心跳起搏器和服用抗凝血劑保栓通，因此有了不同的風險。保栓通是血液稀釋劑，所以如果摔倒就會導致內出血。這將很棘手，因為有時候他們都不知道哪裡出血。如果是腦

出血的話情況肯定很糟。如果是身體其他部位出血，他們會讓你停止服用保栓通，希望它自行乾掉。對我來說，現在最重要的是不要摔倒而導致內出血，所以我已經把腳踏車換成較不容易翻倒的。

人生就是你根據自己的生理情況不斷地去調適。30歲時，你活力充沛。40歲的時候，你開始放慢了，而50歲時更慢了。我決定抗老化，所以開始做有氧運動。開始時是去跑步，跑了大概15或20年，直到我的髖關節出現毛病才停止。後來我改成騎腳踏車，現在還繼續騎。

問：你還繼續游泳嗎？

答：是的，每天都游泳，那有助於放鬆關節。忙了一天後，游泳可以讓你神清氣爽地吃晚飯和繼續在晚上幹活。你必須在有生之年精彩地活著。如果你開始顧影自憐地說，噢，為什麼我不能回到過去？那你就是在自尋煩惱。

問：你可以告訴我們，你典型的一天是怎麼過的嗎？

答：現在的生活？

問：是的，現在的生活。

答：我每天工作到很晚。我常常在天黑之後還很精神，所以就工作到很晚。1959年，我上午8點就去位於市政廳的辦公室上班，後來漸漸地變成9點，然後10點。現在我下午上班，如果要做物理治療的話，我在下午較遲的時候才上班。像今天，我做了一個半小時的物理治療，然後吃午餐、梳洗、換衣服、處理電子郵件之後，現在就在這裡了。接受完訪問後，我不知道我的文件盤裡會有些什麼，但我必須處理，回答一些電郵，或發一些電郵，然後去騎腳踏車、游泳、回家、吃晚餐、和護士談話、學華文以及工作。我是不浪費時間的。

問：很多人都說，以你這個歲數來看，你算是挺常出國走動的，例如你最近就訪問了馬來西亞。

答：我想那可能是遺傳吧，大概70％到80％是來自遺傳的基因。我父親活到94歲，我母親則活到74歲，她當時心臟有問題，但那個時候他們沒有血管修復手術。我在72歲時心臟也出現問題，但我做了血管修復手術，解決了冠狀動脈阻塞的問題。所以我有我父母親各一半的遺傳。但我不知道我能活多久，我就這麼繼續活下去，這就是人生。

所有我在新加坡的朋友和政治同僚，他們不是坐輪椅，就是已不在人世，要不就是大去之期不遠了，所以我不能再抱怨了。而我在英國的同窗，幾乎都過世了。我目前只跟一位保持聯絡，他曾任英國駐北京大使。他是珀西·柯利達，一位非常出色的人物。他現在有糖尿病，也因此失去雙腿了。我探訪過他，他能力強又才智過人。我們在大學時代便交往，後來當他出使吉隆坡擔任最高專員時我們恢復了聯繫。他在那裡學會中文，後來被派到北京出任大使。1984年，他同當時的英國首相柴契爾夫人攜手，和鄧小平解決了香港。那期間我去中國的時候都會和他見面，而他會扼要地告訴我那裡的人事和事情的來龍去脈等，他真的是個中國通。

他回國度假時，會來這裡小住幾天，我們會敘敘舊。我去英國時，我會和他見面，跟他一起吃午餐或晚餐。我最後一次見他時，我發現他整間房子都改裝了。我用他的廁所，發現裡面裝了扶手，因為對行動不便的他來說，上廁所可是舉步艱難的一件事。他只有妻子在身邊，沒有其他幫手。只有屋主可能每一、兩個星期來打掃一下，就是這樣而已。所以，我想我還是很幸運的。他和我同齡，就我所記得的來說，他是我那一代友人中唯一還活著的一個。（珀西·柯利達爵士已於2010年1月逝世。詳情請見第379頁。）

問：除了基因以外，還有其他因素嗎？如你吃的食物？

答：我定期運動。我以前打高爾夫球，但發現它無法讓我充滿活力，因為它是種懶散的運動。我女兒給了我一本叫《有氧運動》的書，那是美國空軍一位資深醫療人員（肯尼‧古柏醫生）所寫的，他在書裡把各種運動所花的時間及可以吸取多少氧氣都數量化了。我女兒是有一天看到我在斯里淡馬錫的花園做深呼吸時，問我：「你在做什麼？」我說：「嘗試吸入多一點氧氣到肺部。」她說：「不是這樣做的，你應該健行或跑步。」她也這麼做。所以我就開始看她給我的這本書，並告訴她：「好，我試試。」後來，我打高爾夫球時每次開球後都快步走，這樣讓我感覺好多了。最後，我想：我為什麼要浪費時間打高爾夫球？跑步就行了嘛。你看，打一場九個洞的高爾夫球要花一個半至兩個小時，我跑二十分鐘就感覺更好。所以基於效益考量，我放棄了高爾夫球。

問：除此之外你還做些什麼來完全放鬆自己？你是怎麼做到心無雜念的境界？

答：（國會前議長）楊錦成得了癌症後，一位信奉佛教的陳醫生教他怎麼靜坐。靜坐讓你的心情達到一種平和的境界，這比整天苦惱著：「我要死了，我要死了！」來得好。我問陳醫生：「那很有意思，你可以教我嗎？」所以之後陳醫生就來我辦公室教了我六堂課。起初我有困難，後來我發現只要集中精神在吐納和放慢呼吸，不管有沒有念禱文都沒關係，你會發現自己突然心境平和。你的脈搏和血壓都會下降，而我可以感覺到自己的脈搏變慢了。我現在還保留著這些筆記。讓思緒靜止，讓頭腦放空，然後放鬆。把自己想像成第三隻眼睛看自己，意識到自己在這個浩瀚的宇宙中只不過是一個小顆粒，再想想自己在一個浩瀚無邊的宇宙裡是多麼微不足道。別管你的長相，別管你的身體，當你靜坐時，忘掉一切。

我還沒達到他那種境界，可是當我有壓力時，會達到某個層次，比如說發現自己發脾氣時，我會到一個安靜的角落坐下。在20到30分鐘內，我可以抑制我的怒氣。當我兒子顯龍得淋巴癌時，他也教過他。

有一天，我會見（緬甸前總理）尼溫，他當時來這裡治病。我說：「噢，你看起來氣色很好！」因為我前一次在緬甸見到他時，他看起來好像快要死了。他說：「是的，我把時間都花在靜坐上。」我說：「是嗎？你是怎麼做的？」我接著問他：「假如你女兒死了（他女兒和女婿當時正在房外），你會苦惱嗎？你會受打擊嗎？」他回答說：「有一陣子會，但我會靜坐並問自己，生命是什麼？我只不過是一顆小塵埃，死亡只是一丁點小塵埃消失罷了。」所以，他在精神上把自己抽離出來。我不能說這是一個花招，這是心理學的一種方法。

我覺得這很有用。當你看自己時，試著把自己當成另一個人，然後你就會想到，我應該從不同的角度來看問題。我覺得我們應該在學校教導學生靜坐，這樣就可以省下醫藥費或鎮靜劑等費用。

問：靜坐對你來說比較容易，是否是因為你比較傾向佛教呢？你好像說過自己是個有名無實的佛教徒。

答：是，是，我是個有名無實的佛教徒。在大多數的佛寺裡，和尚和弟子打坐時是以蓮花坐姿盤膝而坐，雙掌上下相疊，呼吸深沉，他們眼睛睜開但視若無睹，進而放鬆。我還不能做到這樣。我跟和尚們不一樣的是，我閉上眼睛但也能達到類似的效果。日本前首相中曾根康弘每個星期花一個小時在寺廟裡以蓮花坐姿打坐。多年前他在一個我為他所設的宴會上告訴我他打坐的經驗：「我就心平氣和地閉目而坐，排除一切雜念。」但我一直不能盤膝，因為試了後左髖骨會脫臼。

問：以前你做什麼活動來放鬆身心？

答：我和孩子們玩國際象棋。

問：那很好啊，你故意讓他們贏你了嗎？還是把他們打敗了？

答：我沒故意讓他們贏我。不過我會先讓他們幾步，但隨著他們長大後就不用我讓了。再過一陣子，我就說：「好了，不玩了！」（笑）

問：在孩子成長的過程中，你有盡量花時間陪他們嗎？

答：有，我以前會每年至少一次，有時候兩次，帶全家人到金馬崙高原或福隆港度假兩個星期和打高爾夫球。我的孩子會跟著我和妻子在高爾夫球場散步，我們和孩子們邊走邊談。由於我從政，我問他們：「你們將來要跟我一樣嗎？」我大兒子回答：「我要跟你一樣。」

所以當我在1963年到選區訪問時，他很多時候都跟著我。由於他年紀較大，所以記得1964年的種族暴動（他當時12歲，在公教中學念書）。[1]我記得（當暴動發生時）派了一輛車去接他回家但找不到他，因為當時情況太混亂了。他自己一個人走回家。我另外兩個孩子還小，所以那次暴動對他們的影響沒有他大。

問：你認為後來為什麼是總理從政而不是小兒子從政？

答：我的小兒子是1957年出生的，比總理小五歲。

問：他當時也應該跟過你去選區訪問吧，雖然可能次數沒總理多。

答：不，他沒跟著我，年紀太小了。

問：即便是70年代？或60年代後期？

答：沒有，在70年代的時候他正忙著準備『A』水準會考。

問：所以你認為是環境而不是性格的因素促使大兒子從政？

答：是人生的經歷，尤其是暴動的時候顯龍被困在混亂的路上。當時，我的小兒子和女兒上南洋小學，靠近京士路，由於不在市區內所以車子可以開到那裡接他們。但顯龍在位於勿拉士巴沙路的公教中學上學，而代總理杜進才突然宣布那裡戒嚴，全部人必須離開學校，但那裡交通阻塞因為所有的辦公室都趕著關門。這件事對他的影響非常大，讓他了解到這個地方隨時可能被顛覆。對一個13歲的孩子來說，他會記得1965年發生的事，他也認識到發生了什麼大事。我記得在8月8日晚上，也就是9日宣布脫離馬來西亞而獨立的前一天，我們住在斯里淡馬錫官邸。我們當時不知道，當馬來人，尤其是那些平日作威作福的巫統首領一旦發現他們從強勢的多數民族淪為弱勢的少數民族時會怎麼反應？馬來族群突然感覺到他們岌岌可危。

問：你是從什麼跡象看出總理會從政的？

答：我看到的第一個跡象是，當劍橋大學的三一學院要授予他研究員獎學金讓他研究及教數學時，他拒絕了。他給他的導師寫信說：「我必須回家。我已經加入了新加坡武裝部隊，而我父親又是一國總理，如果我不回去履行我的義務，將對不起我的國家和我自己。」所以，我當時就知道，不論發生什麼事，他一定會回來的。他不會被成為一位了不起的數學家的光環所吸引。他還說，他修讀數學是為了滿足自己。他滿足了自己那就已經夠了，所以他回來了。

那是一封語氣非常果斷的信。在那之後，我在查爾斯太子的婚禮上遇見他的導師鄧尼斯·馬里安博士，他告訴我：「你知道嗎，你的兒子給我

寫了一封讓我印象最深刻的信，他非常地果斷。」我說：「是嗎？讓我看看那封信。」不過，他拒絕了：「不行，你要先得到他的許可。」英國人做事可是一絲不苟的。所以，我寫信給我兒子，問他：「我可以看你寫的信嗎？」他說行，之後他的導師就把顯龍手寫的信寄給我。他對新加坡的奉獻是全心全意的。他寫道：「我不願置身度外做一個旁觀者，我要回去，我要為新加坡獻一分力。」當年的暴動、激烈選戰、從金馬崙下來以後、獨立前夕在斯里淡馬錫官邸過的那一夜，這些在他的腦海中留下烙印。

問：如果說你的小兒子因為太小沒有機會接觸政治，那你女兒呢？她的年齡介於他們中間。

答：我從來不帶她出去，因為她是女孩子。如果她在人群中跑來跑去，我要怎麼看著她？女兒家是要受保護的。

問：你會怎麼形容這些年來你和總理的關係？他有達到你的期望嗎？還是超出你的期望？

答：這是兩個不同的問題。我們的關係隨著他的長成而發展。當他16、17歲時，他已經自己了做決定。我沒叫他接受武裝部隊的獎學金，那是他自己決定的。他在前一年已經得了總統獎學金。不過我想，他決定那麼做是因為他打算畢業後回國，如果國家有難他一定會作戰，既然如此，那乾脆當個軍官而不只是士兵應戰。所以他接受了武裝部隊獎學金，然後每年放假的時候都回來受訓。

問：你和他討論過他『A』水準會考後該怎麼做嗎？

答：沒有。我們討論的是，他在公教中學以華文考完『A』水準後，不

要馬上就上大學。我告訴他：「不，最好別去。多花一年時間用英文讀些經濟和數學再去。」所以那一年，他到國家初級學院用英文重修『A』水準，同時學習俄文並考到特優。我想他的俄文已經忘得七七八八了，不過複習的話還記得起。他也嘗試讀中文的文言文，但覺得太難了。那一年，林崇椰（前經濟學教授）也給他補習經濟，大概每星期兩、三次，這一科到現在對他幫助很大。

劍橋大學傲視一方，尤其是出了鼎鼎大名的以撒·牛頓爵士的三一學院。我認識麥克勞德，當時的影子內閣成員，他和當年三一學院的院長巴特勒有深交，而巴特勒又曾出任過英國副首相。所以就這樣，他幫我兒子進入劍橋。顯龍表示他要修讀數學，但他們說：「你得先通過考試，我們才會考慮讓你讀數學。」因此他參加了考試。結果，他們竟然說：「你可以跳級直接升上二級。」由於他得在學院住滿三年才能考到學位，所以他多出了一年。他決定第三年修讀電腦科學。他當時已經預見到那將是一門新興科學。一年以後，當張志賢（另一名武裝部隊獎學金得主）在曼徹斯特修讀工程學並考獲一等榮譽學位時，我指示公共服務委員會也把他送到倫敦修讀電腦。這對我們幫助很大，因為後來我們有兩個內閣成員都了解電腦世界，從而幫助政府和武裝部隊電腦化。

問：如果你的孩子沒有一個從政，你會失望嗎？

答：不會，我為什麼要失望？他們做的是自己擅長和喜歡的工作。如果他們對政治不感興趣，逼他們從政後果將是很可怕的。我為什麼要這麼做？這麼做有什麼意義？

從一開始，我和妻子就已經同意，讓孩子做他們自己擅長的和喜歡的、同時又可以賺取正當收入的工作。這是他們應該走的路。我女兒曾經想要當獸醫，但她母親告訴她：「你以為你將照顧狗和貓嗎？你將會在屠宰場檢查豬、牛和羊的屍體！」她母親叫她去看看。她看了回來說：「我要讀醫科。」不過，她現在偶爾會說：「我希望我當的是獸醫，因為現在

獸醫賺的錢比醫生還多。」

> **問：你希望你的孫子們像你和總理一樣對政治充滿熱忱嗎？**

答： 他們沒有顯露任何跡象。他們是他們，他們是他們父母親的責任，不是我和我妻子的責任。我對他們任何一個從政與否都沒有興趣。如果他們有意從政，我希望他們真的具有從政的能力和品格，否則只會敗壞李家的名聲！（笑）是的，肯定是這樣。你去讀（英國前首相）老皮特和小皮特的歷史。[2]這個家族在之後就沒有再出現另一位首相了。我對孫子從政與否不感興趣、對建立王朝沒有興趣，我想新加坡也一樣。我們要由最好的人才來掌舵，這樣我們成功的機會才會是最高的。

> **問：你怎麼看待顯揚以及他在事業及人生方面的成就？**

答： 他決定跟隨哥哥到劍橋深造。我告訴他，你哥哥表現出眾，而你竟然要去同一所大學，人家會期待你也有同樣出色的表現。他說：「沒關係，我不讀數學，我學工程。」他很自信，不擔心比不上哥哥，結果，他的表現也不遜色，考到一等榮譽學位。他本來希望考到特優獎，但結果沒有。他原本修讀電子工程，但讀到半途時，考慮到等他離開武裝部隊時，所讀的電子工程可能過時了，所以他轉修土木工程，那就不怕過時。他就是這樣一個理性和務實的人。

　　（在武裝部隊裡）他加入裝甲部隊，最後離開加入新加坡電信公司。國防部長曾告訴吳作棟（當時的總理），這傢伙會是出色的公務員首長。他們請他加入，但他說：「我不想待在公共服務部門，我不想把我的一生都花在那裡。我要到商界去闖一闖。」所以，他離開了。

　　他對投資很在行，非常精明。他母親也把自己的錢交由他去投資。大多數時候，他都投資得很明智。在新電信工作了一段時間後，他說；

「夠了，我已經證明自己的才幹了。」世界銀行的詹姆士·沃爾芬森[3]認識他，知道他在投資方面很行，便要我問顯揚是否願意加入他兩個孩子正要設立的專業投資銀行。當我問他時，他說：「不，他們只是想利用我在這個區域的人際關係。」後來，他加入星獅集團當主席。我說：「那不是一份全職的工作。」他說：「對，但我還要打理自己的投資組合。」就這樣，他加入了星獅集團，同時打理自己的投資組合。

問：一些新加坡人認為顯揚是有點叛逆的。你同意嗎？

答：不，不，不。他為什麼要叛逆？他要反抗什麼？我們從不強迫他做任何東西。就如我剛才所說的，我們決定孩子到17、18歲時，就讓他們自己作主。他們都是聰明人，他們閱讀、接觸很多人，會自己打算。

當他們還小的時候，我們給他們灌輸了一些基本的做人道理。我們告訴他們，這些是最基本的價值觀，所以你不許這麼做，因為這是不好的，就算你做了而賺到很多錢，但這是錯的。所以，他們長大後都有堅定的道德價值觀。我和妻子都為他們而自豪。他們沒有被寵壞、不詐騙，他們循規蹈矩，是誠實可靠的人。

問：當你回顧你的人生，在你的政治生涯和個人生涯中，什麼讓你得到最大的滿足感？

答：那就是我活得非常充實。我在政治方面竭盡全力做到最好，我在家庭方面也盡我所能把孩子撫養成人，當然這方面靠我一個人是不行的。在養育孩子方面大多是我妻子做的。她以前每天都回家和孩子吃午餐。那時候交通不擁擠，所以從她在麻六甲街的辦公室到我家只需五到七分鐘。我的孩子就像是一般家庭的孩子那樣被撫養成人的。

當家人要用車的時候，他們就得自己坐巴士上學。他們必須在一個和其他人一樣的環境中長大，這對他們來說是最重要的。兩個兒子都得去國

民服役，沒有偏袒、沒有特別待遇。我們要確保他們所接觸的環境，是他們將來在現實世界得面對的。我能為他們做的都做了。

1967年，我到美國訪問，行程非常勞累，回國後我帶孩子們到金邊和暹粒，西哈諾讓我們住他的別墅。我們還有當時的一張照片，就是顯揚和他姐姐站在石像後面，然後把他們的頭靠在無頭的石像上拍照！他們還騎了大象。這算是少數他們可以享有的特權，因為當時暹粒不像現在那樣開放給遊客參觀。很多石像也沒被偷，台基上的浮雕也沒剝落。我不想故地重遊，那會讓我難過，因為現在太多遊客、太商業化了！

問：你覺得自己在養育孩子方面是個嚴父嗎？

答：答案可以說「是和不是」。多數是我妻子負責管教他們，她有藤條，我沒有。我從沒打過他們。

問：你不需要用藤條來管教他們？

答：不，我不需要藤條，也沒有。我妻子的藤條也不常用，但她打過他們。孩子們知道有些事情是一定不能做的。我站在妻子這一邊，這樣我們夫妻之間就不會爭吵，也不會讓孩子說：「噢，爸爸總是對的！」（笑）在這方面，我全力支持妻子所做的一切。我可以說，我們家是個美滿、和諧的家庭。

問：你和你夫人討論過很多教育孩子的問題嗎？

答：是，當然。我們第一件決定的事，就是把他們送進華校。這在當時是一個重大的決定，因為我們怕會影響他們的英文能力。但我們認為懂華文對他們的人生太重要了，因為如果你看將來時局的發展，一定要懂華文才行。他們會在家裡學習英文，因為母親會用英語和他們交談。我直到他

們念小六為止，都和他們說華語，練習我的華語。但隨著我要談的概念越來越複雜，我只好轉用英語。我大兒子念了12年華校，直到『Ａ』水準為止。其他兩個念了十年華校，到『Ｏ』水準為止，因為後來一個要念醫科，一個要念工程。你怎麼可能先學中文的醫學名詞再換成英文？所以，他們轉成用英文參加『Ａ』水準會考。但因為小時候的背景，所以他們的中文基礎都打很紮實。

記得有一位迪尼斯太太，她在武裝部隊學校教書，好像是位於東陵軍營，我們請她到家裡教孩子英語的韻律。後來她回英國，我又找了英國海外志願服務社的社工，先是一個年輕小夥子，後來是個年輕的女生，來我家給孩子念詩歌和小說。他們就從中學習到英語的韻律和流暢感，進而說正確的英語，而不是新加坡式英語。結果，當他們轉到用英語教學的大學時都沒有問題。由於在生活中常用的關係，英語最終成了他們最能掌握的語言。華語成了他們的第二語言，但要用的時候還是容易想起來。

回顧過去，如果新加坡的父母夠果敢的話，我以前大可以開辦特別課程，讓那些學生、尤其是在家裡講英語的學生在小學時期多學華文、少學英文，這樣就可以幫他們打下華文的根基。這樣他們以後就用不著在學校、在事業以及在後來的人生中為華文苦苦掙扎。可是，新加坡的家長和學生都要英文，因為他們要爭取優勢。從某種意義上來說他們是對的，因為如果你的華文是一流，但英文是二流的話，你就處於不利的地位。

問：你和李夫人對孩子有沒有特別的期望？還是你們讓他們成為他們想成為的人？

答：沒有，我剛才說過，我們並沒有為他們塑造他們的事業。我們夫妻倆都是律師，但我們並沒有鼓勵他們也當律師。相反的，我們問他們：你擅長什麼？你對什麼有興趣？什麼是能帶給你喜悅和滿足感而你又幹得好的？

我大兒子擅長數學。我問他：「你將來打算做什麼？你要教書嗎？」

他喜歡數學，而且在這方面很有天分，他有一個愛解答問題的頭腦。大學最後一年，新加坡牛津劍橋大學俱樂部問劍橋大學：劍橋大學裡哪個學生最出色、最有資格獲獎？一個導師回答：「李顯龍在數學榮譽學位的考試中，比排名第二的學生還多了12個特優。12個特優——這在劍橋數學榮譽學位考試的歷史上是前所未有的。」每破解一道難題就可獲得特優。雖然第二名的學生也獲頒一等數學榮譽學位，但是顯龍比他還多破解了12道難題。後來我遇到他的教授，彼得・斯溫納頓・戴雅，他告訴我：「你兒子確實很出色，因為通常數學家就只專注在數學上，但他的興趣很廣。」我們知道他很有天分，我想他得了我們夫妻倆最好的遺傳基因。我的數學很行，我妻子在文學方面很行，他這兩方面都遺傳到了。其他兩個孩子都有這兩方面的遺傳，但都不及哥哥強。這完全是運氣，兩組基因在那裡，他不但得到這一組最好的，竟然也得到另一組最好的。這是他的造化。

問：那在性情方面，你認為顯龍有你和李夫人的優點嗎？

答：我看過英國心理學家漢斯・艾森克的書，他在書裡說，兒子會較像母親，因為X遺傳因數比男性的Y遺傳因數大，所以男孩子會遺傳多一點母親的特質。女兒則從父母親那裡各得到一個X遺傳基因，所以女孩子會有多一點父親的特質。以我的經驗來說，情況和書裡所說的相差不遠。雖然他們的性情並不能說有天淵之別，但確實有不同。顯龍的性格和我不同，他是那種，怎麼說，就是較柔性的，不像我女兒那樣剛烈，而這剛烈的部分遺傳自我。瑋玲的性情是很剛烈的。她沒有孩子，所以她除了神經學科的工作之外，還寫這個做那個，忙很多事。她傾向於扮演一種積極份子的角色。她多餘的精力讓她設立「帳篷」這個組織來幫助誤入歧途的女孩。她也為了這個目的籌款。如果她結婚又生兩個孩子的話，情況可能就不一樣了。（笑）但是又能怎麼樣？她喜歡、高興就好。他們各有各的生活。

> **問：你會像其他父母那樣，對他們的朋友、他們所愛的以及結婚的對象有意見嗎？**

答：一旦孩子到了17、18歲你就沒法管住他們了，但在這之前你可以嘗試灌輸一些價值觀。所以我告訴過他們，要結婚時必須讀蕭伯納的書。如果你認為你的孩子會像你妻子那麼漂亮，又像你那麼聰明，那你就錯了。孩子是兩個人的組合——這是孟德爾基因遺傳定律（一種關於遺傳基因的理論）。

所以如果你想給自己省點麻煩的話，尤其不想為孩子的額外補習操心，不想為他們的考試是否及格冒冷汗的話，你只要挑一個跟自己是同一個類型的，那將來你孩子跟你同屬一個類型的機會也很大，這樣你就不必擔心了。他們挑什麼人取決於他們遇上什麼人。我大兒子在劍橋遇上一個馬來西亞的女醫生。另一個兒子娶了林崇椰的女兒，因為崇椰教他經濟，這讓他有機會認識他女兒。那就是他的選擇。但結果就如我說過的，這對我和我妻子都沒有問題！

> **問：你怎麼看你的孫子們？**

答：顯龍的女兒很有天分，不論是在音樂、繪畫、藝術方面，還寫得一手好文章。她曾為《海峽時報》的女性雜誌寫文章。我讀過一篇她寫的關於行李箱的文章，而我沒從想過原來可以把行李箱寫得那麼神奇！她在文字方面真的很行。然後，她又轉去搞建築，她原本可以從事室內設計。因為她不愁生活費，她現在就拍電影。她拍了一部關於實里達將失去舊風光的電影，相當成功。她現在在修讀一個由紐約大學提斯克藝術學院在本地辦的電影課程，相當吃力。她剛念完第一年，覺得很累。她現在得著手寫一個劇本來拍成電影。我問她：「修完了這個，你真的會從事電影工作嗎？還是再轉去做別的？」她多才多藝，但我想她會繼續拍電影。我說：「你準備拍英語片還是華語片？如果你拍英語片的話，你的市場呢？因為

在西方市場的話，你得面對寶萊塢和好萊塢的競爭，你會被淘汰的。最好拍華語片，因為有臺灣、香港和中國，還有東南亞市場。」她說：「不，不，我要專攻英語片。」雖然她的華語不錯，但她喜歡用英語。我說：「好，你繼續加油吧。」

顯龍的大兒子患有白化病。他父親有這個基因，母親也有。很不幸的，兩個人的基因都結合在他身上，導致他患上白化病和近視。不過，他的成長還不錯。他在學校的學習進度較慢，因為他看不清楚黑板上的字，有時還得用望遠鏡才行，但他並不著急，他現在已經考獲國大的學士學位。在五科裡面他考獲四科優等，所以還不錯。

其他兩個何晶所生的男孫都相當聰明。一個獲頒獎學金到美國麻省理工學院深造。另一個雖然也可以輕易獲得獎學金，但他不想要。他要專攻信息科技，並且打算留在那裡吸取經驗和進一步深造後再回國。現在世界不同了，因為他父親負擔得起，所以不是問題。如果我是他父親，我會說，不，你最好領獎學金，學完了之後就回來。我為什麼要平白無故多花三四十萬元？我大可以用這筆錢替你支付房子一半的首期！不過，他們不是我的責任。我妻子一開始就決定不和親家和媳婦爭吵。孩子是他們的責任，我們只帶他們出去玩。

問：你有很多朋友嗎？

答：我交的是一輩子的朋友。好像謝水龍，他在我念萊佛士學院和萊佛士書院時就認識了。他畢業後當了化學師，後來成了政府首席化學師。我們在萊佛士學院時一起住在一間朝西的雙人房，熱得不得了，所以我們住了一個學期後就搬出來了，但成了朋友。他是新加坡人。在日治時期，我們會見面聊天。直到現在我們還有見面。後來他和當時的衛生部長杜進才有過節，而杜進才也或多或少逼他離職。（謝水龍在2011年1月19日接受《海峽時報》的訪問時澄清說他於1972年離職是因為選擇退休。）我當時沒有干預，也不想這麼做，因為那是杜進才的部門。他辭職後加入一家位

於裕廊的化學廠，林樹炳開的化學廠（化學工業（遠東）有限公司），他是（公共服務委員會前主席）彭成發的朋友，而彭成發也投資了這家化工廠。我們現在還有見面，我對他的孩子——兩男一女，目前在做什麼感興趣。他女兒還沒結婚，養了50隻貓。我問為什麼她這麼做。他說，你不知道，她喜歡貓！他的兒子一個在國大教書，一個當律師。

有件事很有意思。我妻子告訴我，水龍在觀察我女兒是否會提早一年入小學。因為她是一月出世的，要多等11個月才能報名。他在注意這事是因為，如果我女兒可以早入學而他兒子卻不行的話，他準備興師問罪。我女兒沒有早入學，而是多等了一年，不過當她入學後學校讓她跳班。我想，她是上了一年級以後他們就讓她跳到三年級。

另一個還有聯繫的老朋友是珀西·柯利達，我其實現在正想給他寫信。可能會和他見最後一面，因為我和他都到了這把年紀，我不知道誰會先走一步，所以希望我們能再見面。（珀西·柯利達已於2010年1月逝世。）

問：你所處的地位，是否讓你很難同老朋友保持聯繫？

答：我和老朋友還保持聯繫。我和他們交往不是為了得到好處。我們成為朋友，因為我們在一起相處過，我們認同彼此的觀點，所以我們的友情能維持。

另一個朋友是鄭金慶醫生，我在1960年代帶他進入政壇，他還當上國會副議長。你可以在國會議事錄中找到他的資料。他後來中了毒癮並開始服食呱替啶（一種麻醉鎮痛藥）。他是因為身體劇痛才開始吃的，但最後卻服藥成癮，不能自拔。作為一名醫生他不應該如此，但他克制不了。他也為此付出代價，這是令人心痛的。我和替他照顧兩個兒子的兄弟還有聯絡。有幾年，我妻子為他們提供有關房地產的諮詢。我把他帶入政壇，是因為我需要一些可靠又有才幹的幫手。他和我在萊佛士書院是同一屆的同學，挺出色的，後來學醫當了醫生。

問：你當上總理以後就更難交上好朋友了，你同意嗎？

答：不一定，應該說，你交的是不同層次的朋友。我和亨利·季辛吉、喬治·舒爾茨、托尼·布萊爾等是朋友，而且我們不僅只是政治上的朋友。我們是因為政治才認識彼此的。

我在1968年於哈佛大學認識季辛吉，當時他在那裡教書而我剛好在那裡住了兩個月。他發現我對越南的觀點和他一致。後來他出任國家安全顧問，離開哈佛。我離開美國前到紐約和他見了面，當時我告訴他我對越南的看法，他說，好，我們保持聯繫。結果，尼克森欣賞我，因為他當總統前來過這裡，徵詢和採納我的意見。我和尼克森的友情就這樣展開了。後來，季辛吉不當福特的國務卿以後，我們還保持聯繫。我們一年見一次面，有時候兩次。現在我倆都是摩根大通的國際顧問團的成員。

我以前去美國的時候，曾住在他位於康乃狄克州郊外的別墅。他是那種交心的朋友，當我妻子不幸中風時，他打了好幾次電話來慰問。有一晚，他和舒爾茨來新加坡，我請他們吃晚飯。[4]他問我：「我可以探望你的妻子嗎？」我說：「不了，以她現在這樣的情況跟你見面的話，她一定會非常尷尬的。」當舒爾茨的第一任妻子罹患癌症快死的時候，我和妻子也曾去探訪過她。當時他在史丹佛任教，住在教員公寓裡。他們夫妻倆也是我們的密友。

問：因此可以說你在世界各地遍布「人脈」，但是，到底誰才是你的知己呢？你在情緒低落的時候，或需要扶持的時候，會找誰傾訴呢？

答：我會說是我的妻子。

問：那現在呢？你會去她的床邊和她說話嗎？

答： 我每天晚上都這麼做。我會念書給她聽，我會告訴她今天我做了些什麼，還有今天《海峽時報》、《國際先驅論壇報》和《華爾街日報》有些什麼新聞。然後，我拿出她翻閱多年的詩集，為她朗讀她喜歡的詩歌。

問：她不能說話，那她怎麼向你表達她的感受呢？

答： 她會眨眼睛，要，就眨一下；不要，就眨兩下。

問：你們夫妻倆最美好的時光有哪些？

答： 最讓我欣喜若狂的是妻子獲頒女皇獎學金，而我又馬上幫她辦妥劍橋入學手續的時候，因為這意味著她不必待在新加坡苦等我三、四年。如果她沒得到獎學金，我就會在三年後才回去（新加坡）並盡快完成律師考試。我臨走前，她說過，三年後我們彼此就會變成陌生人了。我回答說：「不，我們不會的。」最後，我和她都願意冒這個風險，因為我們可能會漸行漸遠。所以當她獲頒獎學金，我馬上幫她辦妥入學的一切，同一年的12月我們就悄悄地在埃文河畔斯特拉特福結婚了。後來，我們於1950年再結一次婚。和一個女人結兩次婚，我想不犯法吧，（笑）是同一個女人啊！

問：除了你夫人罹患重病之外，在你的私生活中最痛苦艱難的時期是什麼時候？

答： （停頓了很久）我想是我大兒子的妻子去世，他經歷天崩地裂了，彷彿帳篷的柱子都坍塌了。他的妻子在1982年10月離去的時候，兒子才出世兩三個星期。妻子沒了，留下的是一個患有白化病的小男嬰，只有一個菲律賓女傭幫手。當時，他的岳母和母親都伸出援手。他岳母很不錯，還特地搬進他在經禧路的公寓照料他。我妻子也常去他那裡幫他。我們會帶

他們到總統府散步。第一年最棘手，因為他意志消沉。我告訴他，你要面向未來，不可以終日沉溺在悲痛裡。我們也找了些如何走出悲痛的書給他，其中一本是劍橋哲學家撰寫的名作。我說，你最終在人生的道路上還是得繼續走下去，而走下去意味著你必須再找一個女人和你結婚，並接受你的兩個孩子。我見過發生在我舅舅身上的情況，他娶了我的姑姑，生了三個孩子。後來他因為妻子去世而續弦，但繼室，也就是孩子的繼母，虐待三個孩子。所以我妻子時不時會過去探望他們，確保他們吃得飽。那種情況真是糟透了。

當時有一位臺灣駐本地的商務代表和我交情不錯。他是一名將軍，不過已經退休回臺灣了。他說可以嘗試幫我兒子找個妻子。他還說，他妻子去世後他也再娶，組織第二個家庭，繼續走下去。後來他介紹了一個女孩子，我們專程到臺北和她見面，也邀請她來新加坡。不過，我兒子說，不，她並不適合我。最後，他決定在工作場所尋找他的第二春。何晶當時在國防部的密碼部門工作，顯龍則是在電腦部門，而他也曾在密碼部門任職過一段時間。我想他們當時應該已經認識彼此，然後再續前緣。我跟他說：「你最好確定她會接受你的兩個孩子，要不然會是一個悲劇。到時候，你會傷心，你母親會傷心，我也會傷心。」

何晶完全了解她會加入這樣一個家庭。這些年來，她是孩子們的好媽媽。其實，她很寵愛他們，結果管教不嚴而導致我的孫女有點任性。她現在從一份有趣的工作換到另一份有趣的工作。如果有一天她沒有了父親的庇護而得自食其力，她就得專注去想自己到底要做什麼。不過，她不是我的女兒。她父親給了她自由，替她繳付提斯克藝術學院三年共25萬元的學費，還買了一部二手車給她。

問：你認為維持婚姻長久和美滿的祕訣是什麼？

答：首先，我們相輔相成。我們之間沒有根本上的歧見。她了解我的怪僻，我也了解她的癖好。她熱愛閱讀，她讀赫拉斯（古羅馬詩人）的

作品、《伊里亞德》（荷馬敘事史詩）和吉本的著作（《羅馬帝國的衰亡》），家裡她的書架上還有關於魚類和烹飪的書，我對那些沒有興趣但她有，基本上我只對我目前所做的事有興趣。當我在撰寫回憶錄時，她幫我審閱初稿然後改寫成淺白易懂的英文。由於她是一名承辦產權轉讓業務的律師，她對遣詞用字非常講究，並堅持用字必須清楚和簡單。結果，她對我的寫作風格起了很大的影響。我以前寫的句子多是繁複晦澀的，就如我說話那樣。她說，這樣不行，你講話時沒問題，因為你還可以重複或補充你的觀點。但是書寫時，你寫了一個句子後就繼續寫下一個句子，所以你必須寫得條理清楚、簡明扼要。如果你看我回憶錄之前所寫的文稿，會發現我的寫作風格是愛咬文嚼字、囉裡囉唆的，是她幫我改掉囉裡囉唆的習慣。她說，你寫的東西必須讓『O』水準的中學生看得懂，如果你可以用單音節的字來表達，就別用雙音節的字，這是英國公文寫作技巧導師歐尼斯特‧高爾斯所宣導的。這是很好的建議。我的一位醫生告訴我說，我讀了你寫的書，覺得非常淺白易懂。所以我妻子成功了。我們就是這樣彼此調適。

問：你的夫人還有在其他方面影響你嗎？

答：幾乎各方面都有。我把家裡的一切都交給她打理，她得主持家政和打理女傭。現在我的問題來了，我請了一個男管家幫我打理雜務和監督女傭，但現在情況不令人滿意了，因為臥室沒有以前乾淨了，而他又不知道女傭在臥室裡該做什麼。這是一個問題。還有，我得讓我妹妹來教廚師做飯，因為我女兒對這些一點興趣也沒有。她只對自己的工作、下一篇稿該寫什麼，還有她的黑莓手機感興趣。她所謂的做飯，就是把生三文魚放進微波爐罷了。我妻子可是廚藝出眾，她會教女傭怎麼煮。

我妻子天生味蕾和嗅覺都十分敏銳，有什麼不對勁她馬上就知道。她一嘗就知道說，噢，你放太多黃薑了什麼的，下次少放點。我根本不知道哪裡不對勁，我只知道沒有以前的好吃，不像她那麼敏銳。我現在懷念她

以前的這些點點滴滴，但日子還是得過下去。現在我妹妹幫我訓練廚師，因為她燒得一手好菜。生活意味著調適，將就一下就行了。[5]

問：你個人有沒有做過覺得後悔的事？

答：我覺得後悔是件徒勞無益的事。有什麼好後悔的？我是根據當時的形勢、根據當時所能掌握的信息而做出決定的。如果失敗的話，我所做的抉擇是可以讓我有最大的餘地去迴旋。完成了就是了結了。面對同樣的問題，同樣的情勢，我在那個時候就會做出那樣的決定。

有什麼好後悔的？後悔加入馬來西亞嗎？不，我堅信我們必須嘗試。我後悔過在印尼對抗期間把新加坡加入馬來西亞變成一個課題嗎？[6]當時英國最高專員說，等對抗結束以後，我們就可以處理這些問題了。我的想法恰恰相反，一旦馬印對抗結束，東姑就不需要再依賴英國、澳大利亞和紐西蘭的軍隊，他將會採用強硬手段，所以當時我決定大力鼓吹「一個馬來西亞人的馬來西亞」，要不就什麼也沒有。這有什麼好後悔？如果當時沒有嘗試，我想那才是讓我覺得後悔的事。畢竟我們嘗試了，那時是1965年。現在是2009年，同樣的課題還在那裡——「一個馬來人的馬來西亞」還是「一個馬來西亞人的馬來西亞」？納吉說是「一個馬來西亞」，但那並不等同於「一個馬來西亞人的馬來西亞」，因為「一個馬來西亞」是表示所有不同種族的人民住在同一個國家。不過，很明顯那是為了討好選民，因為巫統似乎在哥打巴魯的補選中重獲一些支持。[7]

問：你之前說過，你對建立一個永垂不朽的王朝不感興趣，但這麼多年來你卻被貼上這樣的標籤或批評。你有因此困擾過嗎？

答：沒有。這都是些記者為了打擊我而炒作的老課題，但我不會讓他們得逞的。你證明給我看，證明顯龍沒有能耐坐上那個位子，證明他能上位

是我在背後操控一切。我已經清楚表明他擢升與否跟我無關，而我也從來沒有懷疑過他有能力坐上這個位子。你放眼看看，有誰能比他優秀——論才智、論政治經驗、論語言能力？沒有一個人。

現在一個大問題是，下一任總理將不會精通三種語言，甚至可能連兩種語言都無法很好地掌握，他會很吃虧。我並沒有一開始就在語言方面特別栽培他，好讓他將來坐上這個位子，我讓三個孩子都有機會學語文。我告訴他們，不論你將來做什麼，只要你生活在這個區域，你就需要懂英語、華語和馬來語。所以他們從小都學習三種語言。不過，由於現在他們在生活中只需要用英語和一些華語，再加上本地的馬來人都懂英語，他們用馬來語的機會不多。不過，如果需要用馬來語的話，他們會重新記起的，那不是問題。他們懂馬來語，所以他們到印尼或馬來西亞的時候，至少聽得懂當地人說什麼，這點對他們有利。顯龍還看得懂爪夷文呢。他有個記憶力驚人的腦袋，我不是要炫耀他有多行，但他學俄文字母、爪夷文字、漢字還有音符。你見過其他人像他那麼行嗎？我以前就說過，如果不是因為我當過總理，他應該更早就坐上這個位子。

沒有一個部長會懷疑顯龍的能力，不論是金融、貿易或其他方面，他都會注意到問題的細節並想辦法幫他們解決問題。他有這個天分。他遺傳了我在數學和數字方面的能力，而且有能力權衡利弊找出替代方案。他同時也遺傳了他母親在文字方面的天分，有驚人的記憶力可以記住各種文字和觀點。不信的話，你可以考考他。我有一個朋友叫哈里·紐曼，他是美國人，原本在哈佛就讀，後來到劍橋攻讀哲學博士，還負責劍橋的學生刊物《劍河》。我們在那時成了朋友，1950年我回國後繼續和他通信。他回國後從美國東岸搬到西岸，住在靠近洛杉磯的一間別墅。當一個美國人跟你說：「請來我家作客」，他們是真心這麼想的。所以當我在1967年去美國的時候，我告訴美國國務院我想見他，並給了他們地址，於是他們就安排我們見面了。當顯龍到美國去進修炮兵部隊的課程後，在回程時去了西岸和亞瑟·杜立德共事。當時紐曼就叫顯龍去他那裡住，後來他寫信告訴我說顯龍很出色。紐曼是個酷愛文字的人，他雖然從事房地產業並以此致

富，他真正熱愛的卻是語文和詩歌。他寫詩並出版詩集，我手上有三本他的詩集。他顯然是問了顯龍一個很艱深難懂的字，而顯龍竟然隨口就說出答案，讓他驚歎不已，因為顯龍不是專攻文學的，他是專攻數學的。我從來就不曾懷疑過他必定會才智出眾。這就是他的天分，而他也無須痛下苦功，有麝自然香。

問：你跟總理在日常公務上的關係是怎樣的？

答：在公務上，我和總理的關係是最得體的。他在寫給我的文書上稱呼我為內閣資政，我則稱呼他為總理。如果我有重要的事情和他面談，一定是我去見他，不是他來見我。很多時候當他開完內閣會議後，我會跟他說，我會去辦公室見你，或者我會去你辦公室聊一下。那是非正式的會面。如果是正式會談，我會確保我們的關係是維持在正式會面的層面。我不是以一個父親的身分跟他說話，而是以一個部長的身分跟總理說話，因為那是正確的做法。

我不是一個講究禮節的人。要人們起立、派儀仗隊歡迎我，這些禮節我都覺得無所謂，沒有儀仗隊我也不介意。好像（英國前工黨政府財長）羅伊・詹金斯，法國總統知道他這個人喜歡儀仗隊，於是在他出任歐盟主席時，如果他做了一些對法國有利的事，法國就派儀仗隊歡迎他，但如果他做了一些法國不喜歡的事，就沒有儀仗隊、沒有大人物在那裡恭候他大駕光臨，只有侍從帶他去見密特朗總統或德斯坦總統。我覺得這是一個弱點。我對這些禮節不感興趣，這只是一種禮貌。我記得有一次，我和（巴基斯坦前總統）齊亞哈克一起從新德里乘坐印度航空公司的飛機到伊斯蘭馬巴德，當飛機一越過國界時，突然出現6架F16戰機跟著我們的飛機。我當時以為我們被襲擊了，後來才知道原來那是歡迎我的儀仗隊！直到現在，我還覺得自己很可笑，不過，我感謝他的好意。

這些說明了什麼？世界各國領袖和我會面，是因為我給他們意見。他們問取我的意見後受益良多，事實就是如此。他們和我會面不是為了樂

趣，他們還有很多重要的大事要處理。

問：不過，你可曾和總理有意見不和的時候？如果你不同
意總理的看法，你怎麼和他化解其中的矛盾？

答：不，如果我們意見相左，最終是由他來做決定，因為責任是他的。
我已經告訴所有的內閣部長，當我還是總理的時候，由於常接觸民眾，因
此我是根據民眾將會有什麼反應來行事。我和民眾談話，走訪組屋區，尤
其是新組屋區，以便了解新住戶的情況。他們都是年輕人，生活富裕，把
父母親留在舊組屋區而出來成家立業，家訪能讓我了解他們。我會看他們
冰箱裡有些什麼，馬來住戶和華人住戶有什麼不同。通常馬來住戶的家都
裝修得很漂亮，華人住戶家裡多數都較馬虎，但卻有很多儲蓄。馬來住戶
會重新鋪設地板、掛上新窗簾、擺著一台大電視機什麼的。我留意到這些
消費習慣的差異和他們的想法，這是很重要的。

現在，我會看照片和錄影，我聽電臺廣播和看電視，我也到自己的選
區出席一些活動，如橙色絲帶什麼的，不過都是很大型的活動。我也會見
某些活動團體的支持者，如工運領袖或選區領袖等，但我坦誠地告訴年輕
部長們，我的手指已經不像從前那樣可以把到脈了，你們必須自己去判斷
基層的情勢和民意。

同樣的，和馬來西亞打交道的情況也是如此。我靠的是過去的人脈和
交情，如我信任誰，和誰討論過，會聆聽誰的話等。但是，眼前（馬來西
亞）新一代領導人，我雖然和他們見過面，但不是經常見面，更別說深談
了，所以對他們無從了解。因此，我告訴他們（新加坡的年輕部長），你
必須自己判斷（馬來西亞）他們是不是認真做出承諾的。

我讀了羅伊·詹金斯寫的一本有關讓·莫內的書。讓·莫內來自煤鋼
共同體，他在發起組織歐洲共同體，並要德國和法國停戰方面，是一股主
導的力量。羅伊·詹金斯寫道，當讓·莫內年邁不便遠行，他即從那些他
認為可以做出明智判斷的人那裡汲取信息。這也正是我在做的事，你只能

從他們的想法中汲取信息。但他們很多現在都不說馬來語，所以無法直接了解實際的情況。對，我們是有說馬來語的馬來部長，但這與你是非馬來人卻明白他們在說什麼，明白他們對你說什麼是有區別的。我認為情況是有不同的。

> 問：讓我們把話題轉到總理夫人。對於有關何晶女士的一些傳聞，如她作為淡馬錫控股總裁的表現，或是她和總理的關係等等，你對這些是否感到困擾？

答：一點也不，因為新加坡圈內人都知道這些人的能力。何晶在任以來，就為淡馬錫重新定位。

昨天我和王明星[8]碰面的時候，他跟我提到這個問題。我們原本談的是他要怎麼把迪沙魯發展成度假村，他是這方面的行家。他跟我說：「你知道嗎？離開淡馬錫是一個錯誤的決定，她是行的。我們不需要這個美國人。」[9]我回答說：「我不知道是怎麼一回事。她說是時候她該離開和做出改變了。」但他說：「她已經改變並重新打造了淡馬錫。」

所以，如果她真的不能勝任，就算不說出來，人家也知道她靠的是裙帶關係，並且總理為了偏袒自己的妻子竟然冒著犧牲國家利益的風險。總理不願承擔委任她的責任，是丹那巴南和作棟（當時的總理吳作棟）委任她的，而她也很稱職。她辭職不是因為她令淡馬錫在美林集團的投資方面蒙受虧損，而是可能覺得是時候離開去做別的事了。但是，她還會繼續以總裁的身分留在董事局到10月，讓候任總裁知道她正做些什麼。不管怎樣，她遲早都要找個接班人。

就如顯揚所說的，好了，我已經做夠了，也證明了自己的能力，讓新電信走向國際。他買了印度的巴帝公司，現在為新電信賺錢了。他去澳大利亞收購的時候，人家都說新電信一定會虧錢，但事實證明沒有。他天生就是有投資的嗅覺。所以，我不擔心人言可畏，但我不會允許人們不斷地誣衊我們有裙帶關係，甚至傳到國際社會都信以為真。

問：有些人想知道何女士退下來後會做什麼？而有傳聞說她正在接受栽培以便從政……

答：沒有，我從來就沒聽說過有這回事。以她現在的年紀才從政是行不通的，因為從政你需要掌握一套完全不同的新技能，對嗎？你必須挨家沿戶去敲門、去跟民眾說話、去接見民眾等等，那些都不是她的專長。如果她30幾歲或40出頭的時候，還有可能做到，但現在不行了。就算她有這個意願，我也會勸她放棄。她丈夫也會勸她別這麼做，因為他知道，以她這把年紀才來學習基層的工作已經太遲了。他找的人是那些37、38歲或40出頭的、可以調適並改變的人。

你看，我們曾經邀請過許文輝[10]從政，當時他大概是37、38歲或40出頭，但他拒絕了。目前他在私人企業界是個出類拔萃的人物，但即便像他那麼出色的人物現在說要從政也太遲了，因為他現在這個年紀不能適應了。因此我們邀請他加入星展集團、新加坡航空公司、新電信，以這樣的形式協助我們的話他沒問題的。

問：你提到何晶是個好妻子和好母親，她不但對總理和他前妻所生的兩個孩子視如己出，甚至還很寵他們，但是公眾似乎並沒有看到她的這一面。

答：為什麼要讓他們看到？這跟他們一點關係也沒有。我的作風是，我的私生活是我個人的事，而每個政治人物的私生活都是他們自己的事。我不認同美國和英國的那一套從政方式。我不太肯定目前在歐洲他們是否會挖出你的家事，但在美國的話肯定會。所以，他們大事宣傳有關蜜雪兒·歐巴馬、他們的孩子，還有狗什麼的。這麼做的話或許能讓民眾更好地了解他們的家庭，但這可以幫他們判斷他會成為好總統嗎？他會專注推行正確的政策以改善國家經濟嗎？

> **問：但這有助於她的公共形象，尤其一旦她成為攻擊的目標時？**

答：這沒有幫助。一直以來，民眾對我的評論是基於：我能為他們做什麼、我對他們做出什麼承諾。至於我是否家庭生活美滿還是家庭不和，跟他們無關。不過，一些專門挖掘內幕的記者可能會拿來大作文章。我認為重點應該是，我是否可以專注把工作做好。柯林頓經歷過這些風波，他一定非常生氣和覺得受辱，但他繼續埋頭工作。不過，在美國，總統有這樣的行為是有失體面的，所以他們把事情鬧大、對他進行彈劾。儘管如此，我認為他們這麼做品味很低，還有啟動令他聲名狼藉，詆毀整個制度的政治手段都很不好。反觀法國人就不會這麼做。當密特朗去世的時候，一個不是他妻子的女人帶著一個孩子現身了。我想法國報章對這件事已早有所聞了，而他的妻子也早就知道了，但這就是法國人的做法。他們對政治人物的私生活的態度是不同的。

> **問：很可惜，民眾沒有多看到何晶女士的這一面。報章的言論版有一些讀者來函說她應該專注扮演總理的妻子就好。**

答：那是少數人的看法。何晶在工作上有表現嗎？總理在工作上有表現嗎？是因為總理的關係何晶才得到這份工作的嗎？不是。好，那就看他們做了什麼。即使你家裡有問題所以才影響工作表現，這也不能作為藉口。如果真是家裡有太多問題，那你就應該請假甚至辭職。

我聽過一個節目，談的是有關領導人生病，他們訪問了很多人。後來，他們訪問了大衛・歐文，他是英國前外長。他們問他：「一個領袖的健康情況是否應該公諸於世？」他回答說：「是。」他們問為什麼？他說：「如果你得了重病，就會變得不果斷。」他還舉了密特朗的例子：「密特朗和他的醫生把他罹患前列腺癌的事隱瞞了11年，而這些年來

他都和病魔作生死搏鬥。他去世後，他的醫生說：『這11年來我都得封口。』」但他們也說，這些年來，密特朗在處理一些課題時本來應該表現得更果斷但他卻沒有，他當時因為正接受放射性治療和化療而受到影響。我覺得這樣的說法是公道的。所以如果你得了長期或慢性疾病，應該讓民眾知道，因為它會影響你的表現。

問：你已經不掌權了，放下權力對你來說有困難嗎？

答：不會。我在1990年把領導棒子交給吳作棟。當時我留在內閣是因為之前整個政府的建構是適用於我的，面對各種各樣的按鈕，我知道該按哪一個。因此我留下來協助作棟把它改造成一個適合他的系統。你明白嗎？就像開車，你得調整方向盤、座位等來適應你，你必須這樣做因為你（和之前的司機）的思維不一樣。但我告訴他，有些事情是很重要的，如你每星期得讀這些才會知道發生了什麼，還有，綠化運動你得繼續推行，你必須讓委員會知道這是很重要的政策，同時也必須讓國家發展部了解到綠化是我們國家整體發展策略重要的一環，而不只是單純推行綠化那麼簡單。

可是，突然有三個部長相繼辭職，他們是陳慶炎、楊林豐和丹那巴南，三個都是重量級部長，原因是他們不習慣他的領導作風。[11] 因此，我給他們打電話說，給他一些時間，讓他先安頓下來。如果過了18個月後，你們還是有同感的話，那時侯再走吧。後來他們改變初衷。我幫忙解決了一些問題，所以他們最後都留下來了。我想，如果我沒有留在內閣的話，他當時會失去三名重量級部長，而問題就會接踵而至，需要他親自處理。我退居幕後，可是卻從旁協助他。當時顯龍也盡量不讓自己太鋒芒畢露，而是默默支持他。14年後，他決定退下來。我並沒有叫他這麼做。他決定讓賢是因為他算過，自己是50歲時接棒的，顯龍接棒時50多歲，而下來顯龍還必須找個接班人，因此他卸下總理之職。顯龍請他留任內閣，因為他得優先處理國內課題，而另一方面，（作棟）這些年來和新一代亞太經濟合作組織的歐洲領袖等建立了人脈。我所建立的人脈是老一輩的，我和羅

馬諾·普羅迪[12]和歐盟新主席巴羅佐他們沒有那樣的交情。

他們認為我的價值是作為活資料庫。不管誰掌權，我的工作就是幫助新加坡成功，在已打好的基礎上再上一層樓。因為憑我以往的經驗，還有跟本區域及世界領袖建立起的人脈，有些事情是我能勝任而其他人不能的。我可以拿起電話就打給季辛吉或舒爾茨，而他們可以給有關的負責人打電話。因此，1997年金融風暴時，我給舒爾茨打電話，他說，「我會跟魯賓談談」。[13]他跟魯賓談了以後，我就跟魯賓談了，因為魯賓知道我是舒爾茨的朋友，這意味著現在和他打交道的這個人是信得過的。所以，現在透過舒爾茨，我和魯賓也是朋友了。我要說的是，這就是你如何透過好的介紹人、你信任的人，來建立人脈。

我有機會和重要人物交上朋友是因為越南戰爭，因為他們必須經過這裡，尤其是美國人。顯龍就沒有這樣的機會。他需要培養自己和他們的關係，不過起步還算不錯。當歐巴馬和顯龍見過面後，他告訴他手下的官員：「他是個好人。」那個官員後來告訴陳慶珠（新加坡駐美國大使）。所以他算是有好的開始。我和年輕一代的（世界領袖）就沒有那種交情，不過有些是例外，例如柯林頓他想和我會面，雖然他的手下試圖阻撓。還有布萊爾，在他成為首相之前我們就認識了。

薩科齊還沒上任以前，就在非正式場合認識我，然後在他上任一、兩個月後又和我會面，為的是要知道我對本區域及中國的看法。不過，他有自己的一套想法，他會決定怎麼處理和中國的關係。我也和大衛·卡麥隆見過面，而（2009年）9月我們會再見面。他為什麼要見我？因為英國保守黨的老一輩領袖認識我，他們肯定跟他提過，這個人值得一見。所以他還帶了威廉·黑格[14]和三個親信一起來見我。

問：你是怎麼決定什麼時候要針對一個課題公開發表看法？你最近幾年變得更活躍了……

答：我並不熱衷於針對政策唱反調，或者企圖使政策改弦易轍，因為讓

年輕部長的工作更艱難不是我的工作，我的工作是要協助他們，因此我還坐在這個位子上，我不是為了貶低他們來抬高自己才坐在這個位子上的，這是沒意思的。

現在帶領國家前進的是他們，不是我。

2010年11月，我們在李夫人逝世後要求再訪李光耀一次，以便補充書裡的一些內容。李光耀答應透過電子郵件來回答我們的問題。

> 問：我們上一次談的時候，你說過自從你夫人罹患重病後你曾作了一些調適。如今她已不在人世，你在你那所謂的「空蕩蕩的大房子」的生活怎樣？

答：現在更冷冷清清了。下班後回到家裡，沒有人跟我說話。

> 問：你對新加坡人民對李夫人逝世的反應有什麼感想？你對她這麼受到愛戴感到意外嗎？

答：不太感到意外。她對每一個人都很友善，從來不擺架子。

> 問：過去這一年來，你常接受西方媒體的訪問，例如《國家地理頻道》及《紐約時報》，把你私生活的點點滴滴赤裸地呈現出來，讓人耳目一新。這些報導曝光後，尤其是有關你和你夫人的，讓很多新加坡人感到驚喜。是什麼原因讓你改變，使你願意公開私生活？

答：並沒有什麼特別的原因。因為我妻子當時不能閱讀，所以我才比較方便說話。她是個非常低調的人，我尊重她的選擇。

> 問：當很多新加坡人知道你會靜坐，以及教你靜坐的導師是一位天主教徒後，都感到意外。自從李夫人逝世後，你可曾重新思索宗教信仰的問題？你想你會在晚年才皈依宗教嗎？

答：不會。我學習靜坐，而碰巧教我的導師是天主教徒。他並沒有嘗試改變我的信仰，而我到了這個年紀也不太可能改變信仰。

愛情故事

在1945年除夕的一個晚會上，他把她牽到一邊，並問她是否願意等他學成歸來？……她答應等他。

對名校萊佛士學院這群出類拔萃、想爭取成為全校第一的少男少女來說，柯玉芝可說是他們的勁敵。一年以前，她曾是萊佛士書院這所男校中唯一的女生，而後她在1940年第一學年的英文和經濟考試中獨佔鰲頭，成績遠比排名第二的哈里·李光耀高出許多。套他自己的話來說，他當時「感到萬分苦惱」，因為她將會在第二年繼續對他造成威脅。有這個勁敵的存在，他要怎麼才能贏得夢寐以求的女皇獎學金到英國修讀法律？但是，17歲的李哈里沒辦法預知七年以後，他竟然希望這名女生可以獲得這份獎學金。

再把鏡頭轉到1944年，那是新加坡被日本佔領統治的第三年。這兩個年輕人又在不同的環境下相遇了。戰爭打斷了每個學生的學業。身兼數職來養家的年輕哈里，找到了新財路。由於當時市面正鬧膠水荒，和他同樣畢業自萊佛士學院的楊玉麟說，他可以用木薯粉製成文房所用的膠水，李哈里表示願意合資做生意。他來到楊家，再次遇見柯玉芝，沒想到她竟然是他新商業夥伴的妻姨。隨著生意越來越好，他在往後的幾個月常到楊家去，而他和柯之間的友情也開花結果。同一年的9月，他鼓起勇氣第一次邀請她外出，到大世界一家中餐館參加他的21歲生日晚宴。

她接受他的邀請，根據那個時代的戀愛觀來說，李光耀多年以後在回憶錄中這麼寫道：「可就是一件非同小可的事了。」不過，在1945年9月日本投降後，倆人與日俱增的感情就面對第一次的重大考驗。一心想盡快完成學業的哈里決定打消回萊佛士學院的念頭，因為他得花上超過兩年才能畢業。他和弟弟金耀兩個人最終動用家裡的儲蓄，直接到英國修讀法

律。可是，這意味著他得離開芝 —— 這是他對她的暱稱。

在1945年元旦前夕的一個晚會上，他把她牽到一邊，並問她是否願意等他學成歸來？芝很坦誠直接地問他，對她的承諾是否是真心的，尤其她比他還大兩歲。當哈里告訴她，非常肯定自己對她的感情時，她答應等他。李光耀在回憶錄裡寫道：「這就是我們相處的方式」，不管面對什麼難題，他們都「勇敢面對，設法解決，既不躲避，也不置之不理」。離哈里動身到英國只有九個月的時間，這對愛侶盡情享受他們僅剩的時光。舊照片顯示了這對沉浸在熱戀中但又對未來感到茫然的年輕情侶，渴望把生命中的這段美好時刻記錄下來。

1946年的冬天對李哈里來說事情特別多。他在倫敦經濟學院鬱鬱不樂地度過了第一學期；他因為常煎牛排而把衣服熏臭，衣領又被倫敦的烏煙瘴氣搞得骯髒不堪。於是，他申請轉到劍橋大學的菲茨威廉宿舍，後來被錄取了。由於宿舍提供膳食，再加上環境清靜，李哈里心情變好，很快地又在學業上有優異的表現。但最讓他感到快樂的消息卻是在幾個月之後的1947年夏天傳來。這個消息，直到今天被他視為是他們人生中最欣喜若狂的時刻。他的夢想實現了——他的女友芝獲得了女皇獎學金。

可是，頒發獎學金的殖民部卻無法在同一年找到大學讓她就讀，所以他得多等一年才能和她在一起。他只好自己想辦法解決，親自去見劍橋兩所女學院的女院長，試圖說服她們在那一年錄取芝。最後，格頓學院同意了。1947年8月，芝登上了一艘開往英國的運兵船。

十月，他們在利物浦碼頭久別重逢。幾個月後，他和生命中的摯愛在莎士比亞的故鄉，風景如畫的埃文河畔斯特拉特福，靜悄悄地結婚了。在51年後同《海峽時報》所作的訪問中追述他們的婚禮時，柯玉芝完全沒有一絲的浪漫情懷，因為他們倆就是決定要在一起。「我們還有其他選擇嗎？」她說：「難道如現代人所說的同居？還是如50年前的人所說的傷風敗俗的姘居？」為了這個婚禮，李哈里買了一枚白金的結婚戒指給她，而當她新年回返校園時，她用一條項鍊把戒指掛在脖子上。

從那時侯起，李光耀伉儷就再也不曾真正分開過了。劍橋大學畢業

後，他們住在英格蘭海邊的一間小屋一年，打算蹺課靠獨自苦讀，以參加倫敦律師資格的最後考試。1950年8月他們學成歸國後，先一起加入一間律師館（黎覺與王律師館），後來就和哈里的弟弟鄧尼斯（金耀）一起開了家自己的律師館（李與李律師事務所）。當他踏入政壇並在短短的幾年內成為地位顯赫的總理時，柯玉芝則成為一個得分身照顧年幼孩子的職業婦女。李光耀在這次的系列專訪中透露，她的工作地點離家約七分鐘車程，她每天都必定回家和孩子們一起吃午餐，一如他每天都回去吃晚餐。除了得料理家務和照顧孩子之外，她還會幫他審閱和修飾他未發表的演講稿，以助他宣揚他的政治主張和政策。

當孩子漸漸長大後，她幾乎每次都會隨丈夫出國訪問。她曾說過：「如果我說，我們之間從來不曾發生過意見不和或爭吵的事，你相信嗎？其實我們不需要對任何工作安排表示同意與否，因為我們是攜手並肩一起工作並相輔相成的。」當他們倆都步入古稀之年時，他們攜手撰寫了李光耀的回憶錄。有好幾個月，他們不眠不休工作到凌晨，並為推敲文章裡的字句和結構而展開激烈的辯論。所以，當李光耀把回憶錄獻給他的「妻子和伴侶芝」時，一點也不令人感到意外。1998年她告訴《海峽時報》：「當我看到這本書出版時，我當然也深感自豪。」

當他在2003年慶祝80歲大壽時，她被問及，人們對李光耀最大的誤解是什麼？她回答說：「我曾看過有人把他描述為『少數可以同時讓人又褒又貶、又敬又恨的政治元老』，就讓這些作者去爭辯，到底他們誰對光耀誤解最深？」

對她來說，她最仰慕的是他的口才。在她的記憶中，他們畢生至少有七個轉捩點，都是多虧他的在劣勢中說服對方才得以扭轉形勢。這包括請她等他三年學成歸來後娶她、成功說服格頓學院的女院長錄取她，因為連新加坡的教育署都無法為女皇獎學金另一得主巴克（曾任李光耀第一任內閣的律政部長）安插一個學額，所以他們非常懷疑她有機會。「我也仰慕他的穩重、足智多謀，以及面對巨大壓力時所展現的勇氣。」

他們堅貞不渝的愛情如今讓一般的新加坡人民了解到李光耀和妻子之

注釋

1　1964年7月馬來人和華人之間爆發種族暴亂，造成23人死亡，454人受傷。同年9月爆發第二次種族暴亂，造成12人死亡，109人受傷。

2　老威廉・皮特（William Pitt the Elder）是英國政治領袖，並於1766年至1768年出任英國首相。他的兒子小威廉・皮特（William Pitt the Younger）也從政，並於1783年至1801年成為英國史上最年輕的首相。1804年當《合併法案》將大不列顛和愛爾蘭正式納入聯合王國後，他就出任聯合王國首相。他於1806年去世，終身未婚，沒有子嗣。

3　詹姆斯・沃爾芬森（James Wolfensohn）曾任世界銀行行長。

4　喬治・舒爾茨（George Shultz）於1972年至1974年出任美國財政部長，過後於1982年至1989年出任國務卿。

5　李光耀的妹妹李金滿，出生於1929年，是家中排行第二年幼的孩子。其他弟弟還有李金耀（Dennis），於2003年11月去世，享年77歲。李天耀（Freddy）於1927年出世。李祥耀於1933年出世。

6　從1963年至1966年，印尼為了破壞新成立的馬來西亞聯邦而掀起對抗馬來西亞的武裝行動。

7　李光耀指的是馬來西亞吉蘭丹州瑪力勿萊的州議會補選。雖然伊斯蘭教黨（回教黨）保住了議席，但比起上一次超過1000張的多數票，這次補選僅以65票險勝巫統。

8　旅店置業總裁。

9　李光耀指的是顧之博（Chip Goodyear）。他於2009年3月受委為淡馬錫控股的候任總裁，但卻於同年8月還未正式上任就因為雙方在有關策略課題上有分歧而離職。李光耀的這段談話是顧之博還未離職前所說的。

10　星展集團前主席。

11　陳慶炎博士在1991年卸下教育部長的職銜後離開內閣，但在1994年重返內閣出任副總理並於十年後退休。國防部長楊林豐於1994年卸任離開內閣。貿工部長丹那巴南於1993年卸任離開內閣。

12　義大利前總理及歐盟主席。

13　當時的美國財政部長。

14　英國第一國務部長兼外交及共和聯邦事務部長。

精選參考書目

阿查亞，阿米塔（Acharya, Amitav）《新加坡外交政策：尋找區域秩序》。新加坡：世界科技出版公司 2008年

巴爾，邁克爾（Barr, Michael）《構建新加坡：精英主義、種族特點、建國工程》。哥本哈根：北歐亞洲研究所 2008年

巴爾，邁克爾（Barr, Michael）《李光耀：其背後的信仰》。華盛頓：喬治頓大學出版社2000年

巴斯卡蘭，曼努（Bhaskaran, Manu）《重新創造亞洲模式：以新加坡為實例》。新加坡：東方大學出版社 2003年

Chew, Melanie《新加坡領袖》。新加坡：Resource出版社 1996年

埃斯平-安德森，哥斯塔（Esping-Andersen, Gøsta）《福利資本主義的三個世界》。普林斯頓：普林斯頓大學出版社 1990年

蓋斯奎爾，亨利（Ghesquiere, Henri）《新加坡發達經濟之路》。新加坡：湯普森出版社 2006年

古爾德·斯蒂芬·傑（Gould, Steven Jay）《人的錯誤量度》（修訂版）。紐約：W.W.諾頓出版公司 1996年

韓福光等人《李光耀其人及其思想》。新加坡：Times Editions 1998年

哈里遜，勞倫斯 E.（Harrison, Lawrence E.）與亨廷頓，撒母耳（Huntington, Samuel）編輯《文化的重要作用：價值觀如何影響人類進步》。紐約：Basic Books出版社 2000年

賀恩斯坦，理查（Herrnstein, Richard J.）與默里，查理斯（Murray, Charles）《鐘形曲線：美國生活中的智力與階級構造》。紐約：自由出版社 1994年

亨廷頓，撒母耳（Huntington, Samuel）《文明衝突與世界秩序的重建》。紐約：西蒙與舒斯特出版社 1996年

赫胥黎，提姆（Huxley, Tim）《防衛獅城：新加坡武裝部隊》。聖里昂納斯：艾倫與昂溫出版社 2000年

賴雅英 編輯 《超越禮俗與暴亂：新加坡的種族多元化與社會凝聚力》 新加坡：東方大學出版社 2004年

劉坤華《新馬政治分家的痛苦時刻》。新加坡：時代學術出版社 1998年

李光耀《從第三世界到第一世界：新加坡故事 1965年至 2000年》。新加坡：Times

Editions 2000年

李光耀《新加坡故事：李光耀回憶錄》。新加坡：Times Editions 1998年

利弗，邁克爾（Leifer, Michael）《新加坡外交政策：克服脆弱性》。倫敦：羅德里奇出版社 2000年

林崇椰與游保生編輯《新加坡 25年來的發展》。新加坡：南洋星洲聯合早報出版 1994年

林願清《新加坡經濟增長模式——太多或太少？》

此報告是為 2008年新加坡經濟政策會議而撰寫，以下網址可查閱：http://www. fas. nus.edu.sg/ecs/scape/doc/24Oct08/Linda%20Lim.pdf Low, Linda《重訪一個城邦的政治經濟》。新加坡：馬紹爾.卡文迪許學術出版社2006年

呂元禮《新加坡為什麼能》。南昌：江西人民出版社 2007年

盧斯，愛德華（Luce, Edward）《不顧諸神：現代印度不一般的崛起》。倫敦：利特爾布朗出版公司 2006年

馬西斯南，阿倫（Mahiznan, Arun）與李曹圓編輯《新加坡：重新打造成功》。紐約：牛津大學出版社 1998年

莫齊，戴安娜（Mauzy, Diane K.）與米爾恩，R.S.（Milne, R.S.）《人民行動黨統治下的新加坡政治》。倫敦：羅德里奇出版社 2002年

敏勤，詹姆斯（Minchin, James）《沒有人是孤島：李光耀寫照》。雪梨：澳大利亞艾倫與昂溫出版社 1990年

梁文松與曾玉鳳《動態治理：新加坡政府的經驗》。新澤西：世界科技圖書出版公司2007年

拉欣，莉莉·朱拜達（Rahim, Lily Zubaidah）《新加坡的困境：馬來社群的政治與教育邊緣性》。吉隆坡：牛津大學出版社 2001年

羅斯，史蒂文（Steven, Rose）、路翁亭，理查 C.（Lewontin, Richard C.）、卡明，利昂 J.（Kamin, Leon J.）《不在我們的基因中：生物學、意識形態和人性》。紐約：潘神出版社 1984年

桑德胡，克尼爾星（Sandhu, Kernial Singh）、惠特利，保羅（Wheatley, Paul）編輯《管理成功：塑造現代新加坡》。新加坡：東南亞研究所出版 1989年

白石隆（Shiraishi, Takashi）編輯《跨越海峽：多角度研究馬來西亞與新加坡的關係》。新加坡：東南亞研究所出版 2009年

特羅基，卡爾 A.（Trocki, Carl A.）《新加坡：財富、權力和控制文化》。倫敦和美

國：羅德里奇出版社 2006年

瓦西麗，拉傑（Vasil, Raj.）《統治新加坡》。新加坡：華文出版社 1992年

威爾遜，E.O.（Wilson, E.O.）《人的本性》。劍橋：哈佛大學出版社 1978年

札卡里亞，法里德（Zakaria, Fareed）《自由的未來：美國國內和世界各地的不自由的民主制度》。紐約：W.W.諾頓出版公司 2003年

札卡里亞，法里德（Zakaria, Fareed）《後美國世界》。紐約：W.W.諾頓出版公司 2008年

國家圖書館出版品預行編目資料

李光耀：新加坡賴以生存的硬道理／韓福光等合
著. -- 一版. -- 臺北市：大地, 2013.05
　面：　公分. --（經典書架：22）
　　　譯自：Lee Kuan Yew: hard truths to keep
Singapore going

　ISBN 978-986-6451-99-7（平裝）

　1. 李光耀　2. 訪談　3. 新加坡

783.878　　　　　　　　　　　　　102007173

李光耀　新加坡賴以生存的硬道理　　經典書架 022

作　　　者	韓福光、朱萊達、蔡美芬、林惠敏、劉意慶、林悅忻、陳子敬
發 行 人	吳錫清
出 版 者	大地出版社
社　　　址	114台北市內湖區瑞光路358巷38弄36號4樓之2
劃撥帳號	50031946（戶名　大地出版社有限公司）
電　　　話	02-26277749
傳　　　真	02-26270895
E - m a i l	vastplai@ms45.hinet.net
網　　　址	www.vasplain.com.tw
美術設計	普林特斯資訊股份有限公司
印 刷 者	普林特斯資訊股份有限公司
一版一刷	2013年5月

臺
大地

定　　價：450元

版權所有·翻印必究

Originally published as "Lee Kuan Yew-
Hard Truths to Keep Singapore Going"
© 2011 Straits Times Press Pte Ltd

Printed in Taiwan